U0136071

臺灣史研究名家論集

（二編）

尹章義　王見川　吳學明

李乾朗　周翔鶴　林文龍

邱榮裕　徐曉望　康　豹

陳小沖　陳孔立　黃卓權

黃美英　楊彥杰　蔡相輝

蘭臺出版社

作者簡介（依姓氏筆劃排序）

尹章義　社團法人臺灣史研究會理事長、財團法人福祿基金會董事、財團法人兩岸關係文教基金會執行長。中國文化大學民國 106 年退休教授，輔仁大學民國 94 年退休教授，東吳、臺大兼課。出版專書 42 種（含地方志 16 種）論文 358 篇（含英文 54 篇），屢獲佳評凡四百餘則。

赫哲人，世居武昌小東門外營盤（駐防），六歲隨父母自海南島轉進來臺，住臺中水湳，空小肄業，四民國校、省二中、市一中畢業，輔仁大學學士，臺灣大學碩士，住臺北新店。

王見川　1966 生，2003 年 1 月取得國立中正大學歷史所博士學位。2003 年 8 月至南臺科技大學通識教育中心任助理教授至今。研究領域涉及中國民間信仰(關帝、玄天上帝、文昌、媽祖)、預言書、明清以來民間宗教、近代道教、佛教、扶乩與慈善等，是國際知名的明清以來民間宗教與相關文獻專家。著有《從摩尼教到明教》(臺北新文豐出版公司，1992)、《臺灣的齋教與鸞堂》(臺北南天書局，1996)、《漢人宗教、民間信仰與預言書的探索：王見川自選集》(臺北：博揚文化公司，2008)、《張天師之研究：以龍虎山一系為考察中心》(臺北：博揚文化公司，2015)等書。另編有《明清民間宗教經卷文獻》、《中國預言救劫書彙編》《臺灣宗教資料彙編：民間信仰、民間文化》、《中國民間信仰、民間文化資料彙編》、《明清以來善書叢編》等套書。

吳學明　國立臺灣師範大學歷史學碩士、博士，現任國立中央大學歷史研究所教授，曾任國立中央大學客家社會文化研究所所長、客家研究中心主任等職。主要研究領域為臺灣開發史、臺灣客家移墾史、臺灣基督教長老教會史與臺灣文化史，關注議題包括移民拓墾、北臺灣隘墾制與地方社會、南臺灣長老教會在地化歷程等。運用自民間發掘的族譜、契約文書等地方文獻，從事區域史研究，也對族群關係、寺廟與社會組織等底層民眾行動力進行探討。著有《金廣福墾隘與新竹東南山區的開發（1835-1895）》、《頭前溪中上游開墾史暨史料彙編》、《金廣福隘墾研究》、《從依賴到自立──臺灣南部基督長老教會研究》、《變與不變：義民爺信仰之擴張與演變》、《臺灣基督長老教會研究》

與學術論文數十篇，並着編《古文書的解讀與研究》（與黃卓權合編著）、《六家林氏古文書》等專書。

李乾朗　中國文化大學建築及都市設計系畢業，現任國立臺灣藝術大學古蹟藝術修護學系客座教授。致力於古建築田野調查研究，培養古蹟維護的專業人才，並積極參與學術研討會發表研究成果。曾出版了《臺灣建築史》、《古蹟入門》、《臺灣古建築圖解事典》、《水彩臺灣近代建築》、《巨匠神工》等八十餘本與傳統建築或近代建築相關之個人著作，同時也主持多項古蹟、歷史建築的調查研究計劃，出席各縣市政府之古蹟評鑑會議或文化資產議題會議，盡其所能地為臺灣古建築的保存與未來發聲。2011 年榮獲第十五屆臺北文化獎，2016 年榮獲第三十五屆行政院文化獎。

周翔鶴　廈門大學臺灣研究院歷史研究所副教授。

林文龍　南投竹山人，現寓彰化和美。1952 年生，臺灣文獻館研究員。喜吟詠，嗜藏書，旁及文房雅玩。近年，以科舉與臺灣書院研究為重點。著《臺灣的書院科舉》、《彰化書院與科舉》、《臺灣科舉家族──新竹鄭氏人物與科名》，以及《掃籜山房詩集》、《陶村夢憶雜詠》等集。別有書話《書卷清談集古歡》，含〈陶村說書〉、〈披卷餘事〉二編。

邱榮裕　臺灣省桃園縣中壢市人，1955 年生，臺灣省立臺北師專、國立臺灣師範大學、日本立命館大學文學碩士、博士。歷任國小、國中教師、臺灣師範大學專任助教、講師、副教授，全球客家文化研究中心主任；兼任中央大學客家學院副教授、臺灣大學客家研究中心特聘副研究員、中華民國斐陶斐榮譽學會榮譽會員等；曾任國立臺灣師範大學校友總會秘書長、臺灣客家研究學會第六屆理事長、考試院命題暨閱卷委員、客家委員會學術暨諮詢委員、臺北市客家事務委員會委員等。
學術專長領域：臺灣史、客家研究、文化資產與社區。專書有：《臺灣客家民間信仰研究》、《臺灣客家風情：移墾、產業、文化》、《臺灣桃園大溪南興庄纘紳公派下弘農楊氏族譜》、《傳承與創新：臺北市政府推展客家事務十週年紀實（民國 88 年至 98 年）》、《臺北市文獻委員會五十週年紀念專輯》等，並發表相關研究領域學術研討會論文數十篇。

徐曉望　生於 1954 年 9 月，上海人。經濟史博士。現為福建社會科學院歷史研究所研究員，閩臺文化中心主任。2000 年獲評國務院特殊津貼專家，2012 年獲評福建省優秀專家，2016 年獲評福建省文史名家。廈門大學宗教研究所兼職教授，福建師範大學歷史系兼職教授，福建省歷史學會副會長。2006 年被聘為福建師範大學社會歷史學院博士導師。主要研究方向為明清經濟史、福建史、海洋史等。發表專著 30 餘部，發表論文 300 餘篇，其中在《中國史研究》等核心刊物上發表論文 100 餘篇，論著共計 1000 多萬字。主要著作有：主編《福建通史》五卷本 186 萬字，《福建思想文化史綱》40 萬字，個人專著有：《福建民間信仰源流》《閩國史》《福建經濟史考證》《早期臺灣海峽史研究》《媽祖信仰史研究》《閩商研究》《明清東南山區經濟的轉型——以閩浙贛邊山區為核心》等；近著有：《福建文明史》《福建與東南：海上絲綢之路發展史》等。獲福建省社會科學優秀著作一等獎一次，二等獎三次，三等獎二次。

康　豹　1961 年在美國洛杉磯出生，1984 年耶魯大學歷史系學士，1990 年美國普林斯頓大學東亞系博士。曾經在國立中正大學歷史研究所與國立中央大學歷史研究所擔任過副教授和教授。2002 年獲聘為中央研究院近代史研究所副研究員，2005 年升等為研究員，並開始擔任蔣經國國際學術交流基金會研究室主任。2015 年升等為特聘研究員。研究主要集中在近代中國和臺灣的宗教社會史，以跨學科的方法綜合歷史文獻和田野調查，並參酌社會科學的理論。

陳小沖　1962 年生，廈門大學歷史系畢業。現為兩岸關係和平發展協同創新中心文教平臺首席專家，廈門大學臺灣研究院歷史研究所所長、教授，《臺灣研究集刊》常委副主編。出版《日本殖民統治臺灣五十年史》等多部專著及臺灣史學術論文數十篇。主持或參加多項重大科研課題。主要研究方向：海峽兩岸關係史、殖民地時期臺灣歷史。

陳孔立　1930 年生，現任廈門大學臺灣研究院教授、海峽兩岸和平發展協作創新中心學術委員會委員。曾任廈門大學臺灣研究所所長、中國社會科學院臺灣史研究中心副理事長、中國史學會理事。主要著作有：《臺灣歷史綱要》（主編）、《簡明臺灣史》、《臺灣歷史與兩岸關係》、《臺灣史事解讀》，《臺灣學導論》、《走近兩岸》、《心繫兩岸》、《臺灣民意與群體認同》等。

黃卓權 1949 年生於苗栗縣苗栗市，現籍新竹縣關西鎮。現任客委會諮詢委員、新竹縣文獻委員、國立交通大學客家文化學院客座專家、《關西鎮志》副總編纂。專長臺灣內山開墾史、客家族群史、清代地方制度史。發表研究論著約百萬言，主編「新竹研究叢書」及文史專輯等十餘冊。主要著作：《苗栗內山開發之研究》、《跨時代的臺灣貨殖家：黃南球先生年譜 1840-1919》、《進出客鄉：鄉土史田野與研究》、《古文書的解讀與研究》上、下篇（與吳學明合著）等書；出版詩集《人間遊戲：60 回顧詩選》、《笑看江湖詩選》二冊；參與編撰《新竹市誌》、《獅潭鄉志》、《大湖鄉志》、《北埔鄉志》等地方誌書。

黃美英 政治大學宗教研究所博士生、法鼓佛教學院碩士（主修：佛教史、禪學）。清華大學社會人類學研究所碩士（主修：歷史人類學、宗教人類學、族群史）。臺灣大學中國文學系畢業、臺灣大學考古人類學系肄業。中央研究院民族學研究所研究助理、國立暨南國際大學歷史學系兼任講師。相關學術著作《臺灣媽祖的香火與儀式》、《千年媽祖》及論文二十多篇，主編十多冊書籍。

楊彥杰 男，廈門大學歷史系畢業，長期從事臺灣史和客家研究。歷任福建社會科學院研究員兼臺灣研究所副所長、科研組織處處長、客家研究中心主任、中國閩臺緣博物館館長等職，2014 年退休。代表作：《荷據時代臺灣史》、《閩西客家宗族社會研究》。撰著或主編臺灣史專題、客家田野叢書十餘種，發表論文百餘篇。

蔡相輝 中國文化大學史學研究所博士，歷任任國立空中大學人文學系主任、圖書館館長、總務長等職。現任臺北市關渡宮董事、臺南市泰安旌忠公益文教基金會董事、北港朝天宮諮詢委員、中華媽祖交流協會顧問等職。
著有：《臺灣的王爺與媽祖》（1989）、《臺灣的祠祀與宗教》（1989）、《北港朝天宮志》（1989、1994）《臺灣社會文化史》（1998）、《王得祿傳》（與王文裕合著）（1998）、《媽祖信仰研究》（2006）、《關渡宮的歷史沿革》《關渡宮的祀神》（2015）、《天妃顯聖錄與媽祖信仰》（2016）等專書及論文篇多。

《臺灣史研究名家論集》——總序

　　《臺灣史研究名家論集》即將印行，忝為這套叢刊的主編，依出書慣例不得不說幾句應景話兒。

　　這十幾年我個人習慣於每學期末，打完成績上網登錄後，抱著輕鬆心情前往探訪學長杜潔祥兄，一則敘敘舊，問問半年近況，二則聊聊兩岸出版情況，三則學界動態及學思心得。聊著聊著，不覺日沉西下，興盡而歸，期待半年後再見。大約三年前的見面閒聊，偶然談出了一個新企劃。潔祥兄自從離開佛光大學教職後，「我從江湖來，重回江湖去」（潔祥自況），創辦花木蘭出版社，專門將臺灣近六十年的博碩士論文，有計畫的分類出版，洋洋灑灑已有數十套，近年出書量及速度，幾乎平均一日一本，全年高達三百本以上，煞是驚人。而其選書之嚴謹，校對之仔細，書刊之精美，更是博得學界、業界的稱讚，而海峽對岸也稱許他為「出版家」，而不是「出版商」。這一大套叢刊中有一套《臺灣歷史文化叢刊》，是我當初建議提出的構想，不料獲得彼首肯，出版以來，反應不惡。但是出書者均是時下的年輕一輩博、碩士生，而他們的老師，老一輩的名師呢？是否也該蒐集整理編輯出版？

　　看似偶然的想法，卻也是必然要去做的一件出版大事。臺灣史研究的發展過程，套句許雪姬教授的名言「由鮮學經顯學到險學」，她擔心的理由有三：一、大陸學界有關臺灣史的任務性研究，都有步步進逼本地臺灣史研究的趨勢，加上廈大培養一大批三年即可拿到博士學位的臺灣學生，人數眾多，會導致臺灣本土訓練的學生找工作更加雪上加霜；二、學門上歷史系有被社會科學、文學瓜分，入侵之虞；三、在研究上被跨界研究擠壓下，史家最重要的技藝——史料的考訂，最後受到影響，變成以理代証，被跨學科的專史研究壓迫得難以喘氣。另外，中研院臺史所林玉茹也有同樣憂慮，提出五大問題：一、是臺灣史研究受到統獨思想的影響；二、學術成熟度仍不夠，一批缺乏專業性的人可以跨行教授臺灣史，或是隨時轉戰研究臺灣史；三、是研究人力不足，尤其地方文史工作者，大多學術訓練不足，基礎條件有限，甚至有偽造史料或創

造歷史的情形，他們研究成果未受到學術檢驗，卻廣為流通；四、史料收集整理問題，文獻資料躍居成「市場商品」，竟成天價；五、方法問題，研究者對於田野訪查或口述歷史必須心存警覺和批判性。

　　十數年過去了，這些現象與憂慮仍然存在，臺灣史學界仍然充滿「焦慮與自信」，這些焦慮不是上文引用的表面問題，骨子裡頭真正怕的是生存危機、價值危機、信仰危機，除此外，還有一種「高平庸化」的危機。平心而論，臺灣史的研究，不論就主題、架構、觀點、書寫、理論、方法等等。整體而言，已達國際級高水準，整個研究已是爛熟，不免凝固形成一僵硬範式，很難創新突破而造成「高平庸化」的危機現象。而「高平庸化」的結果又導致格局小、瑣碎化、重複化的現象，君不見近十年博碩士論文題目多半類似，其中固然也有因不同學門有所創見者，也不乏有精闢的論述成果，但遺憾的是多數內容雷同，資料重複，學生作品如此；學者的著述也高明不到哪裡，調研案雖多，題材同，資料同，析論也大同小異。於是乎只有盡量挖掘更多史料，出版更多古文書，做為研究創新之新材料，不過似新實舊，對臺灣史學研究的深入化反而轉成格局小、理論重複、結論重疊，只是堆砌層累的套語陳腔，好友臺師大潘朝陽教授，曾諷喻地說：「早晚會出現一本研究羅斯福路水溝蓋的博士論文」，誠哉斯言，其言雖苛，卻是一句對這現象極佳註腳。至於受統獨意識形態影響下的著作，更不值得一提。這種種現狀，實在令人沮喪、悲觀，此即焦慮之由來。

　　職是之故，面對臺灣史這一「高平庸化」的瓶頸，要如何掙脫困境呢？個人的想法有二：一是嚴守學術規範予以審查評價，不必考慮史學之外的政治立場、意識形態、身分認同等；二是返回原點，重尋典範。於是個人動了念頭，很想將老一輩的著作重新整理，出版成套書，此一構想，獲得潔祥兄的支持，兩人初步商談，訂下幾條原則，一、收入此套叢書者以五十歲（含）以上為主；二、是史家、行家、專家，不必限制為學者，或在大專院校、研究機構者；三、論文集由個人自選代表作，求舊作不排除新作；四、此套書為長期計畫，篩選四、五十位名家代表

作，分成數輯分年出版，每輯以二十位為原則；五、每本書字數以二十萬字為原則，書刊排列起來，也整齊美觀。商談一有結論，我迅即初步擬定名單，一一聯絡邀稿，卻不料潔祥兄卻因某些原因而放棄出版，變成我極尷尬之局面，已向人約稿了，卻不出版了。之後拿著企劃書向兩家出版社商談，均被婉拒，在已絕望之下，幸得蘭臺出版社盧瑞琴女史遞出橄欖枝，願意出版，才解決困局。但又因財力、人力、市場的考慮，只能每輯以十人為主，這下又出現新困擾，已約的二十幾位名家如何交代如何篩選？兩人多次商討之下，盧女史不計盈虧，終於同意擴大為十五位，並不篩選，以來稿先後及編排作業為原則，後來者編入續輯。

　　我個人深信史學畢竟是一門成果和經驗累積的學科，只有不斷累積掌握前賢的著作，溫故知新，才可以引發更新的問題意識，拓展更新的方法、理論，才能使歷史有更寬宏更深入的研究。面對已成書的樣稿，我內心實有感發，充滿欣喜、熟悉、親切、遺憾、失落種種複雜感想。我個人只是斗膽出面邀請同道之師長友朋，共襄盛舉，任憑諸位自行選擇其可傳世、可存者，編輯成書，公諸同好。總之，這套叢書是名家半生著述精華所在，精彩可期，將是臺灣史研究的一座豐功碑及里程碑，可以藏諸名山，垂範後世，開啟門徑，臺灣史的未來新方向即孕育在這套叢書中。展視書稿，披卷流連，略綴數語以說明叢刊的成書經過，及對臺灣史的一些想法、期待與焦慮。

卓克華

2016.2.22 元宵　於三書樓

《臺灣史研究名家論集》——推薦序

　　陳支平教授在《臺灣史研究名家論集》第一輯之《推薦序》裡精闢地談論海峽兩岸學者共同參與「臺灣史研究」學科建設的情形，並謂「《臺灣史研究名家論集》，在一定程度上體現了當今海峽兩岸臺灣史學術研究的基本現狀和學術水準。這套論集的出版，相信對於推動今後臺灣史研究的進一步開拓和深入，無疑將產生良好積極的作用」。誠哉是言也！

　　值此《臺灣史研究名家論集》第二輯出版之際，吾人亦有感言焉。

　　在中國學術史上不乏「良好積極」的示範：一套叢書標誌著一門學科建設的開啟並奠定其「進一步開拓和深入」的基礎。

　　譬如，1935—1936 年間，由編輯家、出版家趙家璧策劃，蔡元培撰序，胡適、鄭振鐸、茅盾、魯迅、鄭伯奇、阿英（錢杏邨）參與編選和導讀，上海良友圖書公司編輯出版了十卷本《中國新文學大系》。於今視之，《中國新文學大系》之策劃和序論、編選與導言、編輯及出版，在總體上標誌著「中國新文學史研究」學科建設的開啟並為其發展奠定基礎。

　　「臺灣史研究」的學科建設亦然。1957—1972 年間出版的《臺灣文獻叢刊》具有發動和發展「臺灣史研究」學科建設的指標意義和學術價值。1988 年 1 月 30 日至 2 月 1 日在臺北舉辦的「臺灣史學術研討會」開始有邀請大陸學者、邀請陳孔立教授「共襄盛舉」的計畫。由於政治因素的干擾，陳孔立教授未能到會，他提交了論文《清代臺灣移民社會的特點》，由臺灣學者尹章義教授擔任評論人。陳孔立、尹章義教授的此次合作，值得記取，令人感慨！2005 年，陳支平教授主持策劃的《臺灣文獻彙刊》則是大陸學者對於「臺灣史研究」學科建設的一大貢獻。

　　在我看來，作為叢書，同《臺灣文獻叢刊》、《臺灣文獻彙刊》一樣，《臺灣史研究名家論集》對於「臺灣史研究」學科建設的意義和價值堪當「至重至要」四字評語。

　　《臺灣史研究名家論集》第二輯的作者所顯示的學術陣容相當可觀。用大陸學界的習慣用語來說，陳孔立教授、尹章義教授及其他各位教授

均屬於「臺灣史研究」的「學科帶頭人」、「首席學者」一類的人物。

　　臨末，作為學者和讀者，我要對出版《臺灣史研究名家論集》的蘭臺出版社與籌劃總主編卓克華教授表達敬意。為了學術進步自甘賠累，蘭臺出版社嘉惠學林、功德無量也。

汪毅夫

2017 年 7 月 15 日記於北京

《臺灣史研究名家論集》──編後記

　　《臺灣史研究名家論集》〈二編〉就將編校完成，出刊在即，蘭臺出版社編輯沈彥伶小姐，來電囑咐寫篇序，身為整套論集叢書主編，自是不容推辭。當初構想在每編即將出版時，寫篇序，不過（楊）彥杰兄在福州一次聚會中，勸我不必如此麻煩，原因是我在《初編》中已寫過序，將此套書編集成書經過、構想、體制，及對現今研究臺灣史的概況、隱憂都已有完整交待，可作為總序，不必在每編書前再寫篇序，倒不如在書後寫篇〈編後記〉，講講甘苦談，說說些有趣的事兒，這建議非常好，正合我意，欣然同意！

　　當初以為我這主編只要與眾位師長、好友、同道約個稿，眾志成城，共襄盛舉就好了，沒想到事非經過不知難，看似簡單不過的事兒，卻曲折不少。簡言之，有三難，邀稿難，交稿難，成書更難。此話怎說？且聽我一一道來：

　　一、邀稿難：這套論集是個人想在退休前精選兩岸臺灣史名學者約40-50 位左右，將其畢生治學論文，擇精編輯，刊印成書，流傳後世，以顯現我們這一代學人的治學成績。等到真的成形，付諸實踐，頭一關便遇到選擇的標準，選誰？反過來說即是不選誰？雖然我個人對「名家」的標準指的是有「名望」，有「資望」，尤其是有「重望」者，心中雖有些譜，但真的擬定名單時，心中卻忐忑不安，擔心得罪人。一開始考慮兩岸學者比例，以三分之二、三分之一為原則，即每編 15 位學者中，臺灣學者 10 人，大陸學者 5 人，大陸學者倒好處理，以南方學者為主，又集中在廈門大學。較困難的是北方有那些學者是研究臺灣史的？水平如何？不過，幸好有廈大諸師友的推薦過濾，尚不構成困擾。較麻煩的反倒是臺灣本地學者，列入不列入都是麻煩，不列入必定會得罪人，但列入的不一定會答應，一則我個人位卑言輕，不足以擔此重任，二則有些學者謙虛客套，一再推辭，合約無法簽定，三則或已答應交給某出版社出版，不便再交給蘭臺出版社，四則老輩學人已逝，後人難尋，難以

簽約。最遺憾是有些作者欣然同意，更有意趁此機會作一彙編整理，卻不料前此諸多論文已賣斷給某出版社，經商詢該出版社，三番兩次均不答應割愛，徒呼奈何。此邀稿難。

二、交稿難：我原先希望作者只要將舊稿彙整擇精交來即可，以15萬字為原則，結果發現有些作者字數不足，必須另寫新稿，但更多的作者都是超過字數，結果守約定的學者只交來15萬字，因此割愛不少篇章，不免向我訴苦，等出版社決定放寬為20萬字時，已來不及編輯作業，成為一大憾事。超過的，一再商討，忍痛割捨才定稿。更有對昔年舊稿感到不滿，重新添補，大費周章，令我又佩服又慚愧。也有幾位作者真的太忙，拖拖拉拉，一再延遲交稿，幸好我記取《初編》經驗，私下有多約幾位作者，以備遞補，遲交的轉成《三編》、《四編》。但最麻煩的是有一、二位作者遲遲不簽合約，搞得出版社不敢出版，以免惹上著作權法的法律問題。

三、成書難：由於不少是多年前的舊稿，作者雖交稿前來，不是電子檔，出版社必須找人重新打字，不免延擱時間。而大部份舊稿，因是多年前舊作，參考書目，註釋格式，均已改變，都必須全部重新改正，許多作者都是有年紀的人，我輩習慣又要親自校對，此時已皆老眼昏花，又要翻檢原書，耗費時日，延遲交稿，所在皆是。而蘭臺出版社是一家負責任且嚴謹的公司，任何學術著作都要三校以上才肯出版，更耗費時間。

不可思議的在《二編》校對過程，有作者因年老不慎跌倒，顱內出血；或身體有恙，屋漏偏逢連夜雨，居然又逢車禍；或有住家附近興建大廈，整日吵雜，無法專心校對，又堅持一定要親自校對……等等，各種現象都有，凡此都造成二編書延遲耽擱（原本預計九月底出版），而本論集又是以套書形式出版，只要有一本耽誤，便影響全套書出版。

邀稿難，交稿難，成書更難，這是我個人主編《臺灣史研究名家論集》最大的切身感受，不過忝在我個人自願擔負此一學術工程的重大責任，這一切曲折、波折都是小事，尤其看到即將成書的樣稿，那心中的

喜樂是無法言宣的，謝謝眾位賜稿的師友作者，也謝謝鼎力支持，不計盈虧的蘭臺出版社負責人盧瑞琴女士。

卓克華

106 年 12 月 12 日 於三書樓

蔡相輝

臺灣史研究名家論集

（二編）

蘭臺出版社

目　錄

《臺灣史研究名家論集》序

　　蔡相輝先生是我在國立空中大學服務多年的同事與好友，民國八十年代中期，我們二人同時擔任學校的系主任，過從甚多。民國九十年我接長國立空中大學校務，力邀相輝兄擔任工作最繁雜的秘書處長職務。三年間，內則安頓人事，外則爭取校地、建立新據點，助我良多，也因而成為莫逆之交。相輝兄雖長期兼任行政工作，但從未忘情於學術研究，尤其對於明末清初臺灣史、民間信仰涉獵甚深，著有：《媽祖信仰研究》、《天妃顯聖錄與媽祖信仰》、《北港朝天宮志》、《臺灣的王爺與媽祖》、《臺灣的祠祀與宗教》等書，也曾應邀至日本、馬來西亞、印度、澳門、中國大陸等地參與學術會議，為知名學者。

　　蘭臺出版社在卓克華教授主持下，編印《臺灣史研究名家論集》，邀請相輝兄參與此學界盛事。相輝兄由其多年論著中選出十六篇，以〈臺灣寺廟與地方發展之關係〉開其端，前五篇：〈明末清初臺海政局之演變與臺灣社會之變遷〉、〈二王廟與鄭成功父子陵寢〉、〈清代臺灣的鄭成功祠祀考〉、〈找尋失落的鄭成功祠祀〉、〈鄭成功家族與金門〉，闡述鄭成功家族開拓臺灣及後人追思祠祀的情形。

　　後八篇：〈林堯俞與《天妃顯聖錄》的編撰〉、〈媽祖元始金身考〉、〈從季麒光《蓉洲詩文稿選輯》析論清初臺灣媽祖信仰〉、〈臺灣地區的媽祖祠祀〉、〈歷史文獻中的北港朝天宮〉、〈日據時期的北港朝天宮〉、〈媽祖信仰與社區文化的融合—以北港朝天宮為例〉、〈兩岸交流與臺灣媽祖認同的轉變—以大甲媽祖進香為例〉，把媽祖史傳的編撰、媽祖信仰的宗教源流、傳入臺灣和北港朝天宮的卓然屹立、近年兩岸媽祖信仰交流的實況忠實呈現。篇末，以〈孫中山先生的宗教理念與作為〉作總結，可以看到民國肇建後的宗教政策張本。

　　這本書，以臺灣二大信仰為論述核心，常引據原文支持論證，可為後起者參考範例，是關心臺灣社會，想要認識臺灣歷史、研究臺灣史學

者，應該細讀的一本好書，特別向大家推薦。

黃深勳(前國立空中大學校長)

2017 年 8 月 15 日

臺灣寺廟與地方發展之關係

一、鄉土神與移民

　　國人移民臺灣，始自明季，惟其人多落籍番社，遂無從稽考，至天啓四年（1624），荷人據臺，從事經濟掠奪式之殖民政策。其時正值明、清鼎革之際，國內白蓮教、流寇諸亂迭起，荷蘭東印度公司乘其便，從閩、粵兩省招徠大批漢人，以從事經濟作物之種植，國人季節性居臺者更眾。永曆十五年（1661），鄭成功抗清失敗，乃率兵入臺，驅逐荷人，徙其將士、眷屬居之，並為設官治民，中華文化之丕基於此奠下，清領後，閩、粵移民更蜂擁而至，蔚為臺灣開發之全盛時期，直至光緒二十一年（1895）臺灣淪日，移民運動始告一段落。

　　移民之主要類型有二，一為政治性之集體移民，如鄭成功及其部屬，是出於精密計劃後的行動，故規模頗大；另一為經濟性之移民，係民間自發之行為，其規模小而零散。政治性移民，因基於特定目的而為之，非個人意願所在，個人無選擇權利，但以其背後有政府力量支持，個人所冒風險少，成效亦較可觀；經濟性移民，大多為經濟力所迫而為之，其行動既屬少數人所為，缺乏計劃與組織，所冒風險較大。明鄭時代臺灣移民運動，雖已有相當成果，但清領後，基於政治之因素，不少移民自動或被遣返原籍，清廷則禁止大陸沿海居民移居臺灣。在此限制下，繼起之移民，多為民間自發者，其規模零散，卻多具地域色彩，臺灣多彩多姿之信仰，即此輩移民所帶來。

　　農業社會之特徵為安土重遷，人民非不得已，不會向外移民。明季清初，閩、粵人口已達飽和，生產無法滿足消費之需求，且當時社會動盪不安，及有天災人禍，便有移民潮產生。唐宋以降，閩、粵沿海如泉州、廣州等處，常有大食船前來貿易，南洋及大陸沿海諸島嶼，已為國人所詳知，如趙汝适之《諸蕃志》記載之甚詳；明代對南洋之交通尤為頻繁，如《三保太監下西洋》等傳說，更播騰於民間。故閩、粵移民潮

發動時，便以南洋、臺灣為目的地。移民雖對海外創業頗有一番雄心，但漂洋過海遠託異國之舉，終屬冒險，當事人心情之悲壯，可以想見，安溪民間有〈過番歌〉云：

> 日中行到東嶺頭，想起心酸目滓流，轉眼鄉關看不見，前路風波使人愁[1]。

實為閩、粵人初次移民出國，內心痛苦之寫照。在此情況下，足以聊慰鄉思並克服人類對海洋之畏懼心者，只有象徵家鄉寺廟神之香火或神像；當遊子離鄉時，戴上一個香火，宛如攜走鄉中父老之無限關懷，對遊子在海外創業，所發生之精神支持力量，當無法估計，及移民在海外經濟力量許可時，為紀念其家鄉父老，便在僑居地建立其家鄉式之神廟以為回報，臺灣所見之廟宇，如媽祖、開漳聖王、廣澤尊王、清水祖師、三山國王、保儀大夫、保生大帝、霞海城隍、靈安尊王及觀音佛祖等，大都是在此因素下而建立。寺廟與移民之關係，於此可見。

二、寺廟與聚落之發展

我國寺廟之性質，非僅為人民信仰中心之所在，且與民俗生活打成一片。民間節慶、禮俗、教化往往藉寺廟以推進，基於此特性，國人在海外建立聚落後，無不以寺廟之建設為優先考慮。臺灣於明季始入版圖，至清，政府一直未對臺灣之移民事業加以輔助，百姓僅能自力經營，寺廟遂被用為推進地方建設，維持社會治安之主要工具。

（一）土地之開發

國人移民至臺灣，當其聚落成立後，即從事寺廟之建設，以為安心立命之處。康熙二十年（1681），閩籍漁人徐阿華，在臺海捕魚，遭風漂至旗后（今高雄市旗後），發現當地適宜居住、捕魚，遂返原籍莆田，

---

[1] 見《安溪縣志》（臺北市安溪同鄉會印行）附篇七，〈居民與禮俗〉。

邀友朋十餘家，遷至旗后，於康熙三十年（1691）建立村落，並於村落建立後，開始營建媽祖廟，以為聚落保護神[2]，此即漁業移民聚落發展模式之一例；另嘉慶十一年（1806），彰化縣東螺社，因漳、泉械鬥而遭焚毀，後又經洪水沖圮，居民集體遷至北斗，重建街肆，更建媽祖廟，額曰奠安宮，以寓「奠定厥居，安集乎民」之意[3]。由此二例，可見寺廟最初之作用，係給移民心理上一種安定之力量。大凡未經開發之區域，其自然環境不適人類居住，早期從事開墾者，率多死於非命，明季清初之臺灣即屬此類型，即使知書達禮者，亦不免望之生畏[4]，何況市井小民？對此無可如何之命運，遂轉而寄託於信仰神靈上，此即寺廟產生之主要因素之一。

　　移民在臺灣定居後，便須開墾土地，以從事種植，如何與山胞相處，則為漢人首先須面對之問題。漢、番最初接觸，因語言不通，習俗各異，易起衝突，加以生番原有出草獵人頭之習，移民為之十分頭痛，咸謂生番為虎[5]，至雍正、乾隆年間，清廷為防民番糾紛，遂沿山設土牛線，禁止漢人入墾，但私自入墾者仍眾，此批開墾沿山地帶之墾戶，多自募隘丁建寮望守，但生番出沒無定，墾丁仍因工作區之開展而時常受侵襲，其次，生番出草，少數人又不足以自衛，墾丁除隨身攜帶武器防禦外，亦將生命之安全，寄託在神祇信仰上之靈驗上[6]，故可謂臺灣各區開闢初期，寺廟之功能，多偏於宗教情操上，如南投縣鹿谷、魚池、草屯等鄉之慚愧祖師廟即在這種要求下所營建，鹿谷鄉之祝生宮，建於道光九年（1829），據說該廟建立以後，墾民外出工作，必先至廟禱拜，苟生番有所舉動，所奉慚愧祖師必先示警。示警方式有二，一是香爐所燃線香會發為火炬，稱發爐；其次是慚愧祖師附靈於該廟乩童身上，而

<hr />

2　詳〈臨時臺灣舊慣調查會第一部調查第二回報告書〉（臺北，臺灣總督府印行）附錄參考書。
3　見彰化縣北斗鎮奠安宮，重建奠安宮碑記。
4　道光二十七年，徐宗幹受命任臺灣道，於所著《斯未信齋雜錄》，記其行程云：「自蘇至浙入閩，山嵐海瘴在在堪虞……以廟中香灰帶於行篋……。」即其例。
5　據《臺灣私法人事編》（臺北市，臺銀印行）所收神明會契文云：「……莊墾於康熙四十七年，東邊沿山莊少，常有生番之患，生番猶虎也。」
6　《臺灣私法人事編》，神明會契文云：「生番猶虎也，相傳天燈尊神能禦虎患，前父老屢述其事甚悉，是以建壇於莊首，早夜燈火輝映，莊人星出夜歸，晏如也。」

出警語。每當上述情形發生，居民輒不敢外出耕種，否則必遭番害，然其時間有定限，當地居民稱為山禁。由於該廟有此類靈異傳說，故本區後至之移民，亦多建廟奉祀，如同鄉秀峰村祖師公廟、中寮鄉八仙村永安廟、埔里鎮桃米里福同宮等，皆為其分靈所建之廟[7]。同治十三年（1874），日本派兵攻打恆春之牡丹社事件發生，清廷決心開山撫番，擬從北、中、南三路開通橫貫中央山脈公路，當時奉派開中路山之福建福寧總兵吳光亮，親督兩營官兵，擬從鹿谷鄉鳳凰村打通山路以通臺東璞石閣（今花蓮縣玉里鎮）。當吳氏抵鳳凰村時，其弟吳光忠即循當地習慣，建立鳳凰山寺，奉祀慚愧祖師以求其庇佑[8]，吳氏此舉，實可反映漢人開發臺灣土地，對神靈依賴之心理。

　　土地開墾之外，移民最關心的是農作物生產問題，農作豐收之必要條件，除個人勤奮工作外，尚需無水旱、蟲鳥等災害；臺灣土地肥沃，苟無災變，豐收不成問題；而水、旱係人力所無法操縱，蟲、鳥人力亦少可為，遂有藉神力以祈雨、陽，驅蟲、鳥之舉，如清水祖師、媽祖等輒被用以祈雨。保儀大夫以驅蟲，至於一般祈求豐收，則以福德正神為主要對象，這些信仰習慣，皆為移民自閩、粵家鄉攜來者。總之，寺廟與土地開發之關係，先則基於宗教之需要，建廟祈求神之保佑，再者為祈求農作之豐收，及遇上外界壓力，則藉神力以求克服，鹿谷鄉祝生宮慚愧祖師顯靈之傳說，與其謂神顯靈赫，倒不如說是居民藉之以管制出入，並集中力量以自衛之舉。

（二）聚落之自治

　　臺灣之開發，自始即由閩、粵居民零星為之，鄭氏入臺，亦以各營兵丁及其眷口為主，故乏巨族[9]；而潮、泉、漳三籍居民，語言、風俗互有出入，雖得相通，但不無隔閡，故聚落之成立，多以同鄉為主，各聚落亦多建立廟宇，以取代家族性祠堂之功能，加以清代臺灣素稱

---

[7] 詳《南投縣風俗志稿・宗教篇》（南投縣文獻委員會印行）第三章第二節。
[8] 同上，按該廟尚存吳光忠所獻「佑我開山」額一方。
[9] 《重修臺灣縣志》（臺北市，臺銀印行）卷十二，〈風土志〉，風俗條語。

難治[10]，守牧苟非閩、粵籍，與居民語言不通，胥役易從中取利；益以任事各官，多有五日京兆，推諉後任之意[11]，遂造成民間自治之實責。

　　臺灣大部份聚落既非以家族為組成基礎，居民彼此間多無血統之統屬關係，鄉長街耆欲領導眾民，除領導者本身品望、能力及官方支持之程度外，尚須以寺廟神為輔，始易收到顯著效果。在此場合下，寺廟首先被用於敘鄉誼。因聚落多屬同鄉性質，居民間之地緣關係特重，首代移民，明白彼此間之患難關係，易於和衷共濟，至次代，未必明其理，苟不申明之，則不足以維持鄉人間互相容忍、互助之精神，故各街堡紳耆，每藉寺廟神誕，肆筵設席，俾同鄉「會面而歡，且使子孫不失木本水源之由[12]。其實意則在求地方之安定與團結；其次，寺廟往往被用為安頓後來同鄉之所，清朝前期，臺灣未墾地甚多，足以容納廣大的移民，閩、粵移民遂不斷移入。但移民並非個個能成功立業，失敗者多返回原籍或另謀出路，在此出入之間，頗需安頓之所，此係當時社會一般之情形；其墾殖有成之先來者，有感於自己早年所受之苦，為了安頓初抵之同鄉，並便利同鄉間之聯繫，便建立寺廟以為會館；然並非每廟皆有會館功能，僅開發較早之港口都市廟宇有之。如臺南市中區銀同祖廟為同安會館，彰化縣鹿港鎮浯江館蘇府大王爺廟為金門會館，新北市淡水區鄞山寺為汀洲會館[13]，寺廟此一功能，使後抵之移民，能得暫時棲身之處，俟其出路謀定，再行遷出，使鄉莊不會因為移民出入而導致秩序不穩與社會不安，對移民社會之穩定，功不可沒。

　　欲求社會安定，除使居民飽食暖衣外，須以教育、宗教等教導其走正路，並給予適當之娛樂，種種社會問題始不易發生，聚落才能正常發展，臺灣寺廟恰含教育，宗教及娛樂此三功能於一身。關於教育方面，因我國舊式教育之基礎教育，係由民間自行延師教導，官設學校所收學生，均已有相當學養，至光緒十六年（1890）時，教育此輩生員之各類

10　藍鼎元、姚瑩等人論臺灣治事，均有其論。

11　詳藍鼎元，〈請行保甲責成鄉長書〉（臺北市，臺銀印行，《平臺記略》。）

12　見屏東市天后宮咸豐元年立長泰碑記語。

13　參閱臺南市中區銀同祖廟道光二十五年〈臺郡銀同祖廟碑記〉；鹿港鎮金門館道光十四年〈重建浯江館碑記〉；淡水區鄞山寺同治十二年〈鄞山寺碑記〉。

學校，臺灣共有府設儒學三所，縣設儒學十所，介於官學與鄉學者三十七所，總共五十所[14]，此類非實施基礎教育之學堂數目已達五十所，基礎教育之私塾，所需數目至少又為其十倍以上。臺灣聚落，既多以同鄉為構成基礎，民間教育多由街坊耆老董理，在教室不足之情況下，寺廟遂多兼充學堂使用[15]，如同治九年（1870）新竹縣增設義塾，即以南城外竹蓮寺、中港堡天后宮充學堂[16]，在此情況下，寺廟替臺灣教育提供了適當場所，使培養人才之事業得以順利發展，是寺廟對教育之有形貢獻之一。

　　至於無形之社會教育，所發生之影響更為可觀。宗教之主要作用，即在給百姓予安心立命之處，神之美言懿行，在在皆為民之楷模，寺廟節慶中，神靈之威儀足以儆頑傲，城隍、神差等又以監陰私，益以十殿地獄之傳說，使百姓不敢萌為非作歹之念；再而教導百姓，使其明白仁義、五倫、是非等觀念；寺廟中之雕塑、繪畫、圖案，率以忠孝節義為內容，皆係本此教化之目的而為之者。又寺廟多附有曲館，係子弟閒暇時消遣之主要處所，平時，百姓各忙生理，餘暇，則學曲學劇，不僅個人有適當娛樂，且可藉戲劇所演出之內容以教化民眾[17]，其用意頗深，故寺廟節慶，例須演劇慶祝，其作用即在此。

　　每一個社會，由於個人稟賦與機遇不同，加以天災人禍之無法避免，致有貧富貴賤之分，臺灣開拓初期，不乏「羅漢腳[18]」至臺灣從事冒險，苟有天災地變，此輩在在須人救濟，益以當時社會常有變亂，居民彼此須團結互助之處頗多，遂有各種互助救濟團體組成，籌募相當基金以為不時之需，如書院書田，對清寒士子給予相當補助，使其能安心讀書或順利赴考[19]，義塾則使貧民子弟有機會就學，神明會則為各行業

14　見《臺灣省通志》卷五，〈教育志‧教育行政篇〉。

15　高雄市內門區觀亭村觀音亭〈新建萃文書院碑記〉云「新建聖廟，時祀聖帝，足見尊崇，而東西兩翼室可令延西席，教子弟讀書其中，將闊里藉以增光。」即其例。

16　詳《新竹縣志》初稿（新竹縣文獻委員會印行）卷三，學校志。

17　臺灣民間票房演出劇目頗多，但多以忠孝節義為內容，如最常演出之《斬經堂》一劇，即以新莽時吳漢殺妻之故事為情節。

18　羅漢腳係臺灣居民對無家室之單身漢的稱呼。

19　如臺南市歸仁區後市里仁壽堂〈新充祀費碑記〉即例有條款云：「公定里內入泮，幫銀十五

互助互濟之團體，齋堂業則為齋教教友間養瞻救濟之所，善養所則為救濟外來客旅貧病之機構，養濟院則以收容痲瘋病人，育嬰堂則為針對清季重男輕女，溺棄女嬰之俗而設，俾貧家不願養育之女嬰免遭溺棄之禍，義塚則使病故外鄉之羅漢腳或窮人免遭屍骨暴露之慘，厲壇則為客旅暫借停棺之所，義渡、茶亭、路旁休憩所則使行人免遭涉水、渴累之設施。上述諸團體、公業之組成，無非本儒家仁民愛物之思想發展而成，其性質是積極的，適足以補宗教消極之警惕、教化作用，兩者相輔，使臺灣社會有最完美的一面。

綜上所述，寺廟最初為移民渡海即開闢初期精神上之依賴，繼而以寺廟神為中心組成各種團體，以教育誘導居民，使人人奮發向上，彼此水乳交融的結合在一起，更進而救濟貧困、修橋鋪路、維持社會治安，使社區之開墾工作得以順利發展，其貢獻頗巨。

（三）經濟之發展

臺灣經濟之發展，最初以聚落自給自足式之自體性經濟為主，而不與其他聚落或區域發生交流，其形成因素與聚落發展型態有關。當聚落成立時，寺廟亦隨之建立，而居民宅邸之建築，便以寺廟為中心向四周或呈帶狀發展[20]。久之，寺廟自成聚落之地理中心，兼以寺廟具有地方自治中樞之特性，故民間交易，多結集於寺廟四周，寺廟附近，輒為店舖門市，廟前後廣場，多為攤販聚集區，故寺廟自始即為聚落經濟活動中心，為人民生活不可缺之一環。自體性經濟活動，因受當地生產之限制，可為交易之貨物種類不多，當民間經濟富裕時，便無法滿足人民需要，商人勢必擴展其貿易圈以輸進更多貨品，此又受臺灣地理環境與開發程序之影響。

臺灣在地理上屬海上孤島，國人移入臺灣須藉海舶之力，在開發程序上，係先以河口港岸為基點，再沿河岸向兩旁發展，又因河川多，地

員，鄉試幫銀二十員，會試幫銀六十員。」
[20] 如新北市新莊區舊街（即今新莊路），便以慈祐宮（媽祖廟）、廣福宮（三山國王廟）、關帝廟為中心，兩旁呈帶狀發展；雲林縣北港鎮聚落則以朝天宮為中心，向四周建立街肆。

區間多阻隔，陸路交通反較水路不便，區域間之貿易多以海舶為主，港口都市成為貿易中心，此因素對臺灣之貿易形態有很大影響。至康熙末年，臺灣開發已有相當成果，居民生產能力及消費需求均已大量提高，自給式經濟活動已無法滿足民眾需要，於是有郊行以從事販運。此行業以其販運地區之不同而分為三大類，其中從事臺灣與上海、寧波、烟台、牛莊等處之貿易者，稱北郊；配運金門、廈門、漳州、泉州、香港、汕頭、南澳等處者稱南郊。在臺灣各口岸間從事販運者稱港郊[21]，此外泉州貿易商組成商會者稱泉郊，廈門貿易商組成者稱臺廈郊。藉著行郊之營運，臺灣經濟得以漸趨繁榮。然各行業間，因利益衝突，難免有惡性競爭之弊，惡性競爭或資本壟斷，皆足以妨礙經濟發展，各行業遂起而籌組同業團體，以為互助並互相約束之機關，前述北、南、港三郊係其最著者，另如布行組成布郊，油行組成油郊，雜貨行組成簽郊皆屬此類性質。各行自有其守護神，從事海上貿易之行郊，例奉水仙或媽祖，因其貿易惟海舶是賴，而媽祖與水仙皆為航海守護神，故為行商所信，如臺南三郊[22]以水仙尊王為守護神，並於水仙宮旁建三益堂以為聯合辦事處，其年會亦於五月水仙王誕日舉行[23]，此外尚有奉祀土地公、關聖帝君者，惟其數較少，且多屬區域性之商業團體。

　　行郊奉祀神明之主要用意，乃在求同業間之和樂相處，互禁惡性競爭，並藉著神靈之監督，以求做到賺取合理利潤之原則，如臺北臺廈郊，在其郊規中，將崇奉天上聖母列為首章，再要求各會員間之守信、互助等事[24]，由此可見神靈在行郊中，確是居於監督之超然地位。臺灣各行郊之組成，係出於自力，並無官方監督，以其貲力之富，非不可能造成壟斷局面，進而形成英國東印度公司式之資本主義商業團體，然竟藉寺廟神之靈，使行郊不致變態發展，此當為行商假神之靈以為約束之結果，而商人之剩餘資本，又在街紳耆老誘導下，用於地方公共設施之建

---

[21] 南北郊之分，係以廈門為界，從事廈門以北販運者組成北郊，以南者組成南郊，而臺南眾郊行更聯合組成三益堂，以統籌內外諸事。

[22] 即北郊、南郊、港郊等三郊之聯合。

[23] 見《臺灣私法‧商事篇》（臺北市，臺銀印行）第一章第二節，郊規。

[24] 同上。

設，使臺灣經濟得以穩定發展，不致造成社會上貧富懸殊之現象，直至咸豐八年（1858）臺灣開港以後，洋商勢力侵入，行商衰疲不振，各郊行無力維持，故有林本源等財閥崛起，造成商業資本集中之現象。

　　商賈既以神靈為守護神，寺廟之興修，亦由商賈總其責，故商賈往往兼任寺廟董事，基於此因素，可由臺灣寺廟建築，看出當地經濟繁枯之情形。概言之，位於城市之寺廟規模較大，鄉間者較小[25]，如鹿港龍山寺，為泉屬七邑紳民公建，泉籍居民，操當地海渡大陸之貿易，其貲力雄厚，所建廟宇亦大。同一地區之廟宇，亦因建築年代不同而有差異，其分野，則以道光二十二年（1842）鴉片戰爭為準，戰前所建者，規模宏偉美觀，戰後建者，則相去甚遠，蓋臺灣居民吸食鴉片，道光以前人數較少，至道光末年，吸食人數已數十萬[26]，每人每日吸食鴉片所需費用，在數十文至千餘文間，此為不輕之負擔，加以有烟癮者，平時精神萎靡，工作量相對降低，收入減少而支出增加，故患者窮。本來臺灣經濟富厚聞名全國，早為官者視為金穴之區[27]，復以嘉慶、道光以降，樟腦、茶葉生產漸盛，民間經濟本應更富足，但以吸烟者眾，各種農產品輸出僅得換回鴉片，不僅不能裨益民生，反而促使鴉片普及，降低百姓工作能力。其次鴉片走私為進口之大宗，行郊呈無貨可進之狀態，致商賈貿易機會減少，生意日敗，而外商挾鉅額資本，在臺灣從事貨品預購，致生產、貿易落入外商控制，行郊團體皆瀕臨崩潰邊緣，自無力以從事地方建設，寺廟建築亦受其影響而衰頹。

三、寺廟與民治

　　明鄭時代，臺灣係軍事移民區，以軍治民，管理較易，且其年代較短，僅知鄭氏在臺建廟，除文廟、玄天上帝、關帝廟、保生大帝外，都

---

[25] 此處所謂大、小，係以同性質寺廟之比較而言。

[26] 徐宗幹《斯未信齋存稿》（臺北市，臺銀印行），請籌議備貯書云：「就臺地貴賤貧富良莠男女，約略喫烟者不下數十萬，以五十萬計之……」。

[27] 見林豪《東瀛紀事》（臺北市，臺銀印行）卷下，〈叢談〉。

依明朝禮制建廟。清朝以滿族入關,惟恐漢人反抗,於治民之策上費煞苦心經營,其治民,先訂定宣講鄉約之制以教化百姓使循規蹈矩,然以清初臺灣居民多含民族思想,屢起抗清,造成多變亂之局面,清史遂宣揚神靈福善禍淫之道並地獄輪迴等傳說,使百姓之所戒懼,及變亂發生時,又以關帝、媽祖等附會傳說以定民心、平叛亂。

四、教化之輔助

　　清廷以滿族入主中國,其立國之初,即頗重民間之教化,順治九年(1652)首頒《六諭》臥碑文於八旗直隸各省,十六年(1659),准譯書《六諭》,令五城各設公所,擇善講人員講解開諭以廣教化。康熙九年(1670),聖祖又頒《聖諭》十六條以行於全國。其內容主要在勸人敦孝弟、篤宗族、和鄉黨、種農桑、尚節儉、隆學校、黜異端、講法律、明禮讓、務本業、訓子弟、息誣告、誡窩逃、完錢糧、聯保甲、解仇忿[28]。二十五年(1686)又令頒行營伍將弁及各官,通行講讀。雍正元年(1723),更頒行《聖諭廣訓》十六章,都萬餘言,令生童誦讀,每月朔望,地方官聚集公所逐條宣講[29]。臺灣實行鄉約制度,則始於康熙二十八年(1689),時臺廈道王效宗於天妃廟前庭,闢地創興講約所,以開其風氣。適當時,臺灣初定,康熙皇帝對守牧人才頗注重,其品德皆優,如高拱乾、蔣毓英、靳治揚等人,皆為良吏,對此制亦能確實遵守,進而使兵民漸知禮節倫序[30]。因康熙年間,臺灣變亂較多,其後承平日久,文憩武嬉,政事不治,遂有康熙六十年(1721),朱一貴抗清事件發生,一週內全臺皆陷,幸賴藍鼎元佐其族兄廷珍以平之。事後,巡臺御史吳達禮以藍鼎元轉戰南北,深悉民情,而詢以治臺之道;而藍氏即覆以「選一鄉之秀者,於市鎮村莊人多處,宣講《聖諭廣訓》及古今善

---

[28] 詳《重修臺灣府志》(臺北市,臺銀印行),卷首,上諭十六條。

[29] 見《重修臺灣府志》,卷十,〈典禮志〉。

[30] 《臺灣府志》附〈臺灣縣知縣李中素跋〉,即讚高拱乾政績謂:「宣揚聖諭,命耆老以鄉語解說,兵民敬聽,漸知有等威、貴賤、尊卑、長幼之別。」

惡故事，為教化之良方[31]。」藍氏此一主張，當可證明鄉約於治民必有相當功效，並顯示當時守牧官吏已不實行矣。其後，至道光二十八年（1848），徐宗幹任分巡臺灣道時，再有斯舉，並隆其儀、厚其賞、嚴其責[32]，總期能振頹起弊。但政隨人為，肯行者終究不多，鄉約之制，終被城隍崇祀與鸞壇所取代。

鄉約宣講之地點，最初係在寺廟人多之處，如天后宮前廣場處，乾隆以後，鄉約之宣講，更擴及各書院、學堂，道光以後，其制似與民眾脫節而為地方官所不顧，其失敗之必然性就無法避免矣。同治《澎湖廳志》謂，當時臺灣「異說流傳蔓延甚廣，於老佛揚墨之外另闢法門」，僅澎湖「隨在宣講聖諭暨感應篇、陰隲文諸書而弗染異說[33]」，足以證明鄉約制久已為地方官所忘，而取代之者，即為混合儒、道、佛三家思想所產生之鸞壇也。

古人謂，不教而誅謂之虐，鄉約制度之實行，可謂為教，苟能澈底實行，臺灣之民變當可減少，也不必過份依賴神道教化。然鄉約制度之本身，亦有其致命傷存在，蓋此制度之實行，須人、事、環境相配合始能有成。

清廷藉神道以申教化，代表者為城隍。城隍之祀，源於《周禮》八蠟之水庸。城隍之名，始見於《北史》[34]，至唐中葉，其祀乃漸遍各州郡，至宋始入祀典。明太祖洪武二年（1369）詔封京都及天下城隍[35]，三年（1370）詔天下府、州、縣立城隍廟，太祖詔曰：「朕設京師城隍，俾統各府、州、縣之神，以鑒察民之善惡而禍福之，俾幽明舉，不得倖免[36]。」，此實為政府利用城隍神，以為治民工具之始。清室入主中國，亦沿襲此制度，城隍仍為府縣之主要祀典所在，城隍廟亦仿政府之組織，內設六部，下轄二十四司，又有文武判官、鬼卒獄吏等，以治理民

---

[31] 見《治臺必告錄》（臺北市，臺銀印行），〈藍鼎元與吳觀察論治臺事宜書〉。
[32] 詳徐宗幹，《斯未信齋文集》（臺北市，臺銀印行），重校聖諭廣訓直解恭紀。
[33] 見《澎湖廳志》（臺北市，臺銀印行），卷九，〈風俗〉。
[34] 詳趙翼，《陔餘叢考》，〈城隍神〉。
[35] 詳《文獻通考》，卷七十九，群祀三。
[36] 同上。

事，宛如一地方政府之縮影。

臺灣曾為反清復明之根據地，居民亦不乏鄭氏子弟兵，清領初期，不時有抗清之舉，社會之不穩定，實較內地為甚，故清吏針對民間敬鬼神之心理，加強運用城隍威靈以治理民事。清廷首將城隍之神格提高，使城隍立於守、令監督之地位，規定地方官甫抵任，必先齋宿，告於城隍之廟而履任[37]。其次，城隍又有統管邑厲，監察民隱之責，如府、縣之治郡、邑一般，故中元祭厲典禮時，守令必迎城隍出為主祭[38]。當時地方官吏，將邑厲、城隍、人民、守牧之關係組織起來，謂人民倘有忤逆不孝、不敬六親、奸、盜、詐、不畏公法、拗曲作直、欺壓善良、逃避差遣，使舉家並染瘟疫，六畜蠶絲不利。反之，孝順、和睦、畏官、守禮法、正直之人，邑厲報於城隍，陰加護佑。官吏如有上欺朝廷，下枉良善，貪財作弊，蠹政害民者，邑厲亦一併報於城隍，讓神懲罰之[39]。此藉百姓畏鬼敬神之心理，以伸之教化，雖可收一時之效，但也導致黎民迷信禨祥之弊端。

城隍除協助守牧以臨民事外，尚兼管郡邑之水旱疾疫，每當災禍發生，守令必先牒告[40]，如道光八年至十一年（1829—1831），臺灣府鄧傳安以當時臺海洶湧，船隻往往失事，遂牒臺灣府城隍以求平靜[41]。隨著城隍信仰之深入民心，其被運用之範圍益廣，道光三十年（1850）庚戌科試，應考士子父兄有不少為之鑽謀迎合者，臺灣道徐宗幹即藉城隍威靈以禁之[42]；同治元年（1862）戴潮春起事，淡水（新竹）紳民林占梅等共推候補通判張世英權理廳事，並率眾至城隍廟刑牲設誓，民心始定[43]城隍之影響力，終清之世，可謂大矣。

---

[37] 詳《臺灣府志》卷六，〈典秩志〉，又《鳳山縣志》卷五，〈典禮志〉。

[38] 同上。

[39] 詳《臺灣府志》卷六，〈典禮志〉，〈邑厲壇祝文〉。

[40] 同上。

[41] 詳鄧傳安《蠡測彙鈔》（臺北市，臺銀印行），〈牒臺灣府城隍〉文。

[42] 詳《斯未信齋文集》，〈庚戌歲試手諭〉。

[43] 詳《臺灣通史》卷二十三，〈林占梅傳〉。

五、民變之釐定

　　臺灣信徒最眾，影響力最鉅之神，則為媽祖與關帝，因其神格光明正大，且為歷朝褒封，足以鎮壓邪魔，遂常被用於平叛亂、收人心，並以此故，兩者遂發展成超越諸神之共同信仰。

　　清廷運用媽祖以靖難，首見於康熙二十年（1681）平臺之役，當施琅率水師取澎湖時，即散佈傳說，謂有神兵引導，又謂莆田平海天妃宮，見媽祖神像臉汗未乾，始悟神助，且當時澳中僅有一井，僅可供數百口飲用，及駐師數萬，忽湧甘泉，汲之不竭等[44]。施琅此舉，實為運用民間信仰以助戰之先驅，蓋鄭、清之戰，即為海軍之戰，當時海員莫不崇祀媽祖，媽祖支持清軍之傳說一經散播，對鄭氏軍心之瓦解，實有很大影響，故澎湖兵敗後，鄭克塽即奉表請降。康熙二十三年（1684）清朝將臺灣納入版圖，施琅即易寧靖王宅邸為天后宮，水師所在地均建媽祖廟以為守護[45]。康熙六十年（1721）朱一貴抗清事件發生，福建水師提督施世驃、南澳總兵藍廷珍奉命征討，復師施琅故智，造出媽祖顯靈之傳說，謂水師甫抵鹿耳門，水驟漲數尺，舟師乃得揚帆並進[46]，終克服全臺。雍正四年（1726），巡臺御史禪濟布以其事聞於上，乃詔賜神昭海表額，分懸臺灣、廈門、湄洲等廟。[47]

　　乾隆五十一年（1786），林爽文舉事，其中有一番婦，名金娘，習符咒，能為人治病。爽文軍攻鳳山時，請為軍師，臨陣令其誦符咒，祈神助攻；及鳳山破，軍中皆推其功；爽文封為一品柱國夫人[48]。爽文利用宗教迷信若此，清吏不能不為籌對策。當爽文移師府城時，知府楊廷理即謂關帝協助守城，並保護與賊交戰官軍之安全以為抵制[49]，及福康

---

[44] 詳《重修臺灣縣志》（臺北市，臺銀印行），卷六〈祠宇志〉。

[45] 臺灣沿海媽祖廟部份為水師所建，如嘉義縣東石鄉港口宮，臺東鎮馬蘭街天后宮，恆春鎮天后宮皆是。

[46] 同註44。

[47] 詳《彰化縣志》（臺北市，臺銀印行）卷十二，〈藝文志〉，〈勅建天后宮碑記〉。

[48] 見《平臺紀事本末》（臺北市，臺銀印行），不著撰人，記乾隆五十一年至五十三年間林爽文、莊大田之亂事。

[49] 參閱本章第一節第二目。

安奉命申討，在其登陸之時，便謂媽祖助順，以奪叛軍之氣。及事平，上其事，乾隆為崇德報功，下令於大軍登陸處鹿港及臺灣府城，擇地建廟以奉祀之[50]；楊廷理亦於府城重修關帝廟。

《雲林縣采訪冊》記同治元年（1862）戴潮春之役，謂：

> 萬生陷彰化，圍嘉義，遣股撲北港，港民議戰、避，莫衷一是，相率禱於天后，卜戰吉，議遂定。及賊至，居民迎神旂出禦，賊不戰而退。後擄賊二人，訊以前次不戰之故，賊稱見旂下兵馬雲集，雄壯如神，故不敢戰[51]。

由此段記載，益以前節新竹紳民至城隍廟刑牲設誓民心始定之事，可見當時百姓對神靈之依賴頗重，且叛軍有見到神祇不敢攻打之事實，此實為清朝官吏運用宗教政策成功之旁證。

六、寺廟與社會道德之維持

臺灣民間信仰之發展，大致可分為三個時期，第一期為鄉土信仰期。開闢初期，居民各以其鄉土神為中心信仰以從事開墾。其次，則為共同信仰發展期。即開拓大致完成，各地居民間之來往接觸相當頻繁，且由於社會上間有變亂發生，遂發展成以關帝、媽祖、城隍等神為共同信仰之基礎，並以之互相約束。最後，則為儒釋道合一信仰期，道光以後，臺灣經濟衰退，變亂迭起，揉和儒、釋、道三家思想之齋教，遂得在臺灣普遍發展，然其教義，終屬消極，雖足為良民託身立命，卻不足以儆頑強、挽頹風，乃有假藉神靈降臨訓示之鸞壇出現，造善書、講善道是其特徵。此兩種信仰，一直維持至現今而不衰。

---

[50] 同註47。

[51] 見《雲林縣采訪冊》（臺北市），臺銀印行，〈大棟榔鄉東堡・兵事〉。

七、齋教

　　齋教係山東省即墨縣人羅因所創，羅因通稱羅祖，其教稱羅祖教。羅因生於明英宗正統七年（1442），三歲喪母，七歲喪父，十四歲從軍，二十八歲皈依臨濟宗寶月和尚，四十八歲開悟得道，武宗正德二年（1507）在檀州（今北京密雲）靈山建立道場，以非僧非道之白衣，開設大乘正宗龍華聖教[52]。其後齋教又發展成三派，即龍華、金幢、先天；其教理、經典互有出入，惟其非僧非道之特性皆同，故屢被政府視為邪教而加取締；三派皆以此保有秘密社會性質，其徒有階級之分，龍華分為空空、太空、清熙、四偈、大引、小引、三乘、大乘、小乘等九級；金幢分為上恩師、師父、首領師、護法、眾生等五階；先天分為道、運、永、昌、明等五級[53]。

　　齋教教義，是揉合儒、釋、道三家思想而成的，其外貌為佛，內在為儒，其科儀則近道，如不圓顱、方頂、出家，可自謀生活於市井中；而特嚴三皈五戒規，三皈為皈佛、法、僧，而終於自性之修持；五戒為戒殺、偷盜、邪淫、誑語、開葷飲酒，終其極，則為儒家仁、義、禮、智、信五常之實踐[54]。其主要經典，龍華派有：《羅祖五部經》、《蘭芳註解》、《佛說明宗孝義經》、《大乘龍華科儀》等；金幢有《內經》、《鑰匙經》、《多羅經》、《九蓮經》等；先天有《三官感應妙經》、《玉皇心印妙經》、《大梵王經》、《玉皇經解》等[55]。為方便無法領三皈五戒者受其教，齋教又定有早齋及不定期齋，以方便信徒信守，故其教門大盛。

　　齋教傳入臺灣，以康熙年間金幢派蔡文舉門下最早[56]，但嘉慶後，其教始盛。乾隆五十八年（1793）白蓮教亂發生，齋教因受其連累，遂多至臺灣開教，且其教義、修持方式及互助之性質，頗能為臺灣居民接受，故發展大盛，如嘉義福善堂創於嘉慶六年（1801），臺南善化堂創

---

[52] 見《在家佛教龍華科儀》（臺北市，慈雲寺印行），〈羅祖簡史〉。
[53] 見《臺灣宗教沿革志》（臺北市，臺灣佛教月刊社印行），卷中，〈齋教沿革〉。
[54] 同註 52，皈依科。
[55] 同註 53。
[56] 見《臺灣省通志》，卷二〈人民志·宗教篇·齋教〉。

於嘉慶十九年（1814）。道光中葉，更有臺北慈雲堂、彰化曇花堂之創立，至民國八年，臺灣共有齋堂一七二座[57]，發展之迅速，實足以證明其適應社會需要之程度頗高。揆其原因，不外有三，即：嚴信徒之招，內部組織合作化，經濟上獨立自主。其招收信徒，必先經人介紹，再經光場之考驗，即於一週中，須摒除一切外務，在齋堂中學習佛法，及考驗合格，始為最低階級之教徒，並授以二十八字真言，及晉至相當階級後，再授以百零八字無字真經[58]，教內事情，對外保密。其次，教徒間因有階級之分，辦事時，秩序井然，且高級教徒率多不重名利，以身作則，發起各種慈善事業，其在外能為人敬重，而為社會領導中心。最後，因教徒對教會之向心力之很高，在經濟上絕對支持佛堂之維持，如獻地、捐款等，且年老教徒多將財產獻給佛堂，而食住賴之。佛堂既擁有田產，便得放租或自種，不必依賴外力之支援，更得廣宣教化，故能日興月盛。

同治元年（1862），戴潮春起事，林豪記其事，謂：

> 戴逆兄早死，其嫂年十八過門，長齋守節，戴逆敬憚之，將作亂，羅氏力諫不從。迨賊黨迎之入城，羅與逆婦許氏長跪大哭，請勿殺百姓。逆許之，約入齋堂者不殺。後雷知縣不死，以逃入齋堂故也。或曰：賊於雷令懷中搜出佛經一卷，知為奉佛者，故釋之[59]。

由此可見當時社會對齋教徒敬重之態度，抗官者竟不殺避入佛堂之官員，可見齋教教化之功矣！

八、鸞壇

鸞壇即藉神靈降乩著書，以勸戒百姓為善之宗教團體，壇內亦供奉

---

[57] 見蔡相煇，〈臺灣寺廟與地方發展之關係〉，第一章，附表四，中國文化學院史學研究碩士論文。

[58] 無字真經即教徒間相互辨識之語，即連父母妻子，亦不能透露，其語書於冊，由當地階級最高並負有傳教任務之教徒保管。

[59] 見林豪，《東瀛紀事》〈叢談〉，臺北市，臺銀印行。

各種神仙，並開放給民眾參拜，與寺廟差別不大。

　　清康熙年間，臺灣即有鸞堂存在，惟稱其名曰仙堂[60]；其時僅為讀書人休憩並藉降乩之名以唱酬之所，故奉祀讀書人之守護神五文昌[61]。至於其功能之轉變，已在咸豐、同治年間，當時社會秩序混亂，有心世道人士，競謀改善之方，故一面推展齋教，一面藉降乩著書以勸世。降乩之儀式頗繁，先為水讚、香讚，再為淨口神咒、淨心神咒、淨身神咒、淨三業神咒、安土地神咒、淨天地神咒、金光神咒，再為太上起經讚，開經偈，志心皈命禮，其下則分感應、揭惡、勉善、成功四節；其下再為經文正文：收經讚，最後則殿以《醒世詩》、《救劫寶訓》、《破窰賦》等文[62]，由於鸞壇之著經方式，間用宗教儀式，且其間並無男女之防，故為官方目為邪門[63]。其實，降鸞一事，雖謂仙佛下臨，苟無知識份子出為扶乩，何能出字作書，並詳引博參，出為勵風俗而正人心？易言之，其事全為讀書人假神之靈以整世風之舉，故其勸戒之主要內容，皆針對當時社會之弊病而發，如清末臺灣民間吸食鴉片之風氣頗盛，知識份子即藉降乩以禁戒之，臺北行忠堂降鸞刊行之《戒烟文》云：

> 夫洋烟之貽害也，遍於中華矣，男女老幼見此而迷情，士農工商因斯而亡業，吁嗟痛哉……吾今下界登鸞降筆，願爾世人共相勸勉，此物貽害匪淺，有犯者，作速回頭醒悟……[64]。

即為其例，而此藉神佛暗示而使人戒烟之法，竟能行於一時，據《臺灣慣習記事》卷一之十，《降筆會與鴉片之關係》記載，謂明治三十四年（清光緒二十七年，1901）四月至十月，臺灣南部降筆會藉神佛暗示以勸人戒烟，致使申購鴉片者，從七百六十五人降至四百四十六人，此亦可謂為神道設教之成績。

---

[60] 《鳳山縣志》卷十，〈外志‧寺廟‧仙堂條〉云：「仙堂……鄉人何侃鳩眾所建，祀五文昌，能降乩。」

[61] 同上。

[62] 詳《關聖帝君桃園明聖經》（嘉義市，普安佛教修養所印行）。

[63] 如《澎湖廳志》，卷九〈風俗〉云：「近時海上異說流傳甚廣，於老佛墨楊之外，另闢法門，在大庭廣眾之中，男婦混雜。」即代表地方官之看法。

[64] 見《臺灣慣習記事》，卷三之二，〈鴉片烟始末〉（臺北，臺灣總督府印行）。

　　藉神佛下降著書之舉，實脫胎於鄉約之制，且善書之內容，能因應社會需要而調整，其發生效果較著，故讀書人願盡力推行之，尤其咸豐、同治、光緒三朝，內外局勢激盪不安，抽鴉片烟之惡習最盛，此時亦為鸞壇之全盛時期。日人據臺後，其勢漸微，最近，則又有漸盛之勢，其所著善書，僅筆者所見，即數十種。由鸞壇之復盛，可證臺灣耆老，對其事之精神，必有一翻體認，亦可證其於世道人心之維持，必有不可忽視之貢獻。

九、結論

　　寺廟在臺灣開發過程中，始終扮演重要角色。在建設性之功能上，士紳街耆運用它以協助政府維持地方秩序，發展公共建設，使各地開發之工作進行得更順利，更完美。在破壞性上，寺廟因具有鄉土區域之性質，移民易以寺廟為中心各成派系，只要有人從中挑撥，便有種種械鬥事件發生，更有進而引起抗官事件者，其破壞力之強，遠超各種天災，臺灣許多建設之成果，即因此而被抵消。寺廟能於漢人社會中發生如此巨大作用，重要原因之一，在於寺廟是中國文化成長過程中所孕育出者，其醞釀之過程，即以先民對天地山川、自然庶物、祖先靈魂等崇拜為基礎，加上能滿足農業社會人民心理需要之各類祭祀對象，而構成其雛形。後來道教產生，佛教輸入，此三者互相融合，決定了民間信仰之性質。此民間信仰，隨著漢民族之不斷擴張而遍佈全國，益以各地生活環境與歷史演進之不同，漸漸形成名目甚多之鄉土神，這些神祇大都是對地方有巨大貢獻者，故民俗生活往往與神祇及其祭祀活動打成一片，而為漢人社會不可分割之部份。在漢人往海外移殖過程中，各地鄉土神祇亦隨在移民足跡所至之處建立，而為當地僑民自治互助之主要媒體機關。明清政權之轉移，漢、滿兩族之對立及閩、粵民俗有關，具有變態性質，非為寺廟必然之結果，綜其功過，寺廟對臺灣之貢獻超越破壞的一面。

　　寺廟與臺灣之開發關係，最初係以宗教姿態出現，即基於庇佑人民

其地已經荷蘭東印度公司數十年經營，土番皆聽約束，[11]並住有漢人數千戶，十萬人，[12]誠為生聚教訓之好基地。遂於永曆十五年（順治十八年，1661）二月傾師取赤嵌，圍荷人於王城，分兵屯墾各地。十二月，荷酋揆一降，臺灣正式入明版圖。成功乃以王城為安平鎮，赤嵌為承天府，設天興、萬年二縣，總號東都。時清廷為防沿海居民接濟復明軍，下遷界令，自遼東下至廣東，沿海三十里內村莊田宅悉皆焚棄，百姓失業流離，死亡者不可數計，[13]成功乃馳令各處，收沿海之殘民，移至臺灣從事耕種。[14]臺灣之漢人數目因而劇增，奠立爾後漢人社會及中華文化生根之基礎。

　　鄭成功所部入臺後，臺海政局旋即發生巨大變動。在清廷方面，康熙皇帝即位，四輔蘇克薩與鄭芝龍有隙，於十月初三日殄殺芝龍於柴市，又殺其子孫家眷凡十一人。報至，成功雖叱為妄傳，但中夜悲泣，居常鬱悒。[15]永曆十六年（康熙元年，1662）正月，成功嚴諭金、廈諸將搬眷至臺，但其族兄鄭泰，元老宿將洪旭、黃廷等皆不欲行，更不發

謂：「臺灣沃野千里，實霸王之區。若得此地，可以雄其國，使人耕種，可以足其食。上至雞籠、淡水、硝磺有焉。且橫絕大海，肆通外國，椗舵、銅錢不憂乏用。移諸鎮兵士眷口其間，十年生聚十年教養，而國可富、兵可強，進取退守，真足與中國抗衡也」。

[11] 夏琳，《海紀輯要》卷一，辛丑，永曆十五年三月，大將軍興師攻臺灣條云：「臺灣在東南海中……紅夷據其地……立法甚嚴，土番皆聽約束，無敢犯者」。

[12] 《海上見聞錄》卷二，順治十八年正月條云：「賜姓議取臺灣，其地在東南海中，延亙數千里，土番雜處。天啟四年歐羅巴紅夷居之。於港口築城，與中國、日本、廣南貿易。海邊貧民流寓者，種蔗煮糖為業，殆數千戶」。另施琅，《陳海上情形剿撫機宜書》云：「查自故明時，原住澎湖有五六千人，原住臺灣者有二、三萬，俱係耕漁為生」，時距明亡已二十年，臺灣人數必已增高數倍。又曹永和所撰《荷蘭與西班牙佔據時期的臺灣》，四、荷蘭之經營臺灣與漢人在臺灣的活動云：「荷蘭對於中國人的移住非常獎勵，故難民不斷地流居臺灣，在荷蘭佔領時代的末期，漢人在台者，大概有十萬名左右」。

[13] 《海上見聞錄》卷一，辛丑（順治十八年）八月，云：「京中命戶部尚書蘇納海至閩，遷海邊居民之內地，離海三十里村莊田宅，悉皆焚棄。……至是，上自遼東，下至廣東，皆遷徙，築垣牆、立界石，撥兵戍守。出界者死。百姓失業流離，死亡者以億萬計。」

[14] 《臺灣外記》卷十二，康熙元年壬寅正月云：「（成功）每與諸將言及五省沿海人民移徙內地，嘆曰：吾欲留此數莖髮，累及桑梓人民，且以數千里膏腴魚鹽之地，百萬億眾生靈，一旦委而棄之，將以為得計乎……。今當馳令各處收沿海之殘民移我東土，開闢草萊，以相助耕種，養精蓄銳，俟有釁隙，整甲而西，恢復迎駕未為晚也」。

[15] 參閱《海上見聞錄》卷二，辛丑十月條。

一船至臺灣，陰為聯合抵制。四月，成功長子經與其弟乳母私通生子之事發，成功遣兵官楊都事至思明州，奉令箭欲殺董夫人及經。洪旭等又不肯奉令箭，反殺楊都事。接著永曆帝遇害之訊傳至，成功覽訊，悲憤填膺，旋又染疾，於五月八日以三十九歲英年崩殂。鄭成功去世，即引發復明軍內部一連串政爭及分裂，也激起清人積極謀取臺灣之心。

成功薨，長子鄭經因留守思明，並未隨侍在側。永曆十六年五月十四日鄭經接訃音，先在思明州嗣位，稱曰世藩，布告各島、臺灣後方舉哀。而成功弟襲，在黃昭、蕭拱宸慫恿下擬在臺灣自立為東都主。二十一日，諸將奉鄭襲護理。消息傳至廈門，鄭經於六月二日以周全斌為五軍都督，陳永華為諮議參軍，馮錫範為侍衛，整兵欲東征。然以清靖南王耿繼茂聞成功薨，遣都司李振華至廈門招降，經因而未果行。

七月，清總督李率泰飛書請靖南王耿繼茂暨安輯投誠郎中賁岱、金世德等星馳抵漳，共商攻撫事宜。鄭經聞訊，與其戶官鄭泰、兵官洪旭、前提督黃廷等密商，決定一面命楊來嘉、吳蔭為使，將前日征戰所得各州縣印共十五顆入漳，偽與清軍談判以延緩清軍出兵，一面由鄭經親自率兵至東都臺灣靖難。

楊來嘉、吳蔭兩人至漳州後，李率泰啟耿繼茂曰：「海上屢執朝鮮例，遲延觀望。茲因成功已死，叔姪爭權，勢已動搖。其佐如鄭泰、洪旭、黃廷等，可用反諜計間之，使自相猜疑，然後剿撫兼用。」茂曰：「此誠妙論。」[16]乃以所有侯、伯印，並楊來嘉送回諸印，將楊來嘉改稱鄭泰、洪旭、黃廷之使，以密獻兩島題報，倡揚以動搖復明軍軍心。

當耿繼茂、李率泰合謀分化復明軍之際，鄭經迅速把握機會，於十月六日率師東征，七日次澎湖，十七日入臺灣，靖內亂，殺蕭拱宸、黃昭，餘人不問，待叔襲如初。並意外於黃昭營中搜出鄭泰書數封，悉係囑昭扶襲拒經，金、廈他自為主之語。經密藏之。十一月，鄭經同周全

---

[16] 李、耿語見《臺灣外記》卷十二，康熙元年八月條，另民國四十四年四月，《台南文化》第四卷第二期，史料叢輯之六，刊出日本東京帝國大學原藏該校教授市村瓚次郎抄自北京內閣之《鄭氏關係文書》一至六號，第一號《鄭泰、洪旭、黃廷咨靖南王書》，第二號《官員兵民船隻總冊》，第三號《鄭泰、洪旭、黃廷咨李率泰書》，第四號《賁岱有關鄭泰等投誠奏摺》，第五號《偽冊底等》，即為耿繼茂、李率泰實施反間計的證物。

斌往南北二路巡視撫綏；至永曆十七年（康熙二年，1663）正月，始率兵偕叔鄭襲等返廈門。

鄭經返廈門，諸將皆前往迎接並祝賀，惟鄭泰在金門稱疾不至，鄭經始確知泰存有異心；復觀其舉止，益得印證，乃謀擒之。遂採周全斌計，鑄金廈總制印，餌泰至廈門擒之。六月，鄭泰被擒，鄭經命周全斌率隊往金門併其軍。泰弟鳴駿倉促與泰子纘緒率同忠靖伯陳輝、左武衛楊富、左虎衛何義、左鎮陳平、右鎮許雄、前鎮黃鎬、後鎮林宗珍、水師一鎮洪陞、二鎮蔡璋、三鎮曾和、四鎮吳泗、五鎮張治、參軍蔡鳴雷、雷子協吉、蔡協、黃良驥、陳彭、陳佳策、楊來嘉、陳遂等文武四百餘員，船三百餘號，眾萬餘人入泉州降清。[17]

鄭泰為成功族兄，成功在世頗倚重之，鄭軍財政，悉歸其經營，且追隨成功多年，於明鄭軍中影響力頗大，及其子纘緒等降清，泰亦自縊亡。

鄭泰之死及鄭鳴駿率大批宿將降清，對復明軍陣容打擊甚大，明鄭軍中一時乏人。時被鄭成功所逐荷人，認為此係其恢復占領臺灣良機，乃謀與清軍聯合攻臺灣。而耿繼茂、李率泰更欲乘機消滅明鄭武力，即於九月調鄭鳴駿等一應降清官兵，會同荷人夾板進攻諸島。十月中旬兩軍會戰，明軍主將黃廷戰敗，陳昇降，廈門失守，金門亦破，復明軍撤守銅山。永曆十八年（康熙三年，1664年）正月，援剿右鎮林順從鎮海降清；二月，守南澳護衛左鎮杜輝從廣東揭陽港降清。三月，鄭經退守澎湖，四月初十率師至臺灣。奉命斷後的黃廷受黃梧招，從漳浦雲霄降清，周全斌則因與洪旭、黃廷有宿嫌，恐過臺灣為其所嫉，復率部從漳浦鎮海衛降。

明清雙方劇戰之際，鄭氏家族成員亦不斷有人乘間率家口兵弁降清。永曆十七年十一月，鄭成功弟鄭襲率文武官員二百二十四員，水陸兵一百二十名及家口、船隻、盔甲、器械等物；鄭泰之弟都督鄭賡率官

---

[17] 參閱《臺灣外記》卷十三，康熙二年六月條，另《康熙實錄》康熙二年八月十五日條云：「……鄭纘緒統所部文武各官四百餘員，水陸兵丁七千三百餘員，各帶家眷，駕舟艦一百八十餘號直抵泉港口投誠」。

兵三百十五名，家屬三百四十二名，分別降清。[18]鄭芝豹生母黃氏亦率子姪眷屬赴閩投降。

總計自永曆十六年至十八年（康熙元年至三年），復明軍降清者共有文武官三千九百八十五員，食糧兵四萬零九百六十二名，歸農弁兵民六萬四千二百三十名，眷屬人役六萬三千餘名，總數十七萬二千餘名，大小船九百餘隻。[19]明鄭宿將叛亡泰半，復明大業陷入最艱苦之局，鄭經只得全力建設臺灣，以圖他日再舉。

二、明鄭時代臺灣之經營

鄭氏入臺，首需面對之問題為如何定位其所部將士及新來移民與先住民（含土番及漢人）之關係，而對自然資源之分配，則為問題之核心。

永曆十五年五月，鄭成功於臺灣設一府二縣之後，即令府尹楊朝棟查報田園冊籍，並親赴南北兩路巡視，以瞭解臺灣土地之分配及使用情形。[20]五月十八日，成功頒佈一道開墾田園的諭令，對臺灣自然資源之運用原則作明確指示，其內容云：

> 東都明京，開國立家，可為萬世不拔基業，本藩已手闢草昧，與爾文武各官及各鎮大小將領官兵家眷口來胥宇，總必創建田宅等項，以遺子孫，計旦一勞永逸，當以己力京（經）營[21]，不准混侵土民及百姓現耕物業，茲將條款開列於後，咸使遵依。如有違越，法在必究。著戶官刻板頒行。特諭：
> 一、承天府安平鎮，本藩暫建都於此，文武各官及總鎮大小將領

---

[18] 《清康熙聖祖仁皇帝實錄》（以下簡稱《康熙實錄》）卷十，康熙二年十一月初四日靖南王耿繼茂疏報云：「偽平國公芝龍子世襲素蓄歸順之心，緣鄭成功攜往臺灣，及鄭成功暴亡，復被逆豎鄭經帶回廈門，脫身無術。至是乘間率偽文武官二百二十四員，水陸兵一百二十名，家口、船隻、盔甲器械等物投誠。又偽都督鄭賡係同安伯鄭鳴駿之弟，攜帶官兵三百一十五員，家屬共三百四十二名口投誠，下部議敘」。

[19] 《康熙實錄》卷十二，康熙三年秋七月初五日管理福建安輯投誠事務戶部郎中賁岱疏報云：「自康熙元年至三年止，合計投誠文武官三千九百八十五員，食糧兵四萬九千六百六十二名，歸農弁兵民六萬四千二百三十名口，眷屬人役六萬三千餘口，大小船九百餘隻。」

[20] 楊英《從征實錄》，永曆十五年五月條。

[21] 應為經字，避鄭經諱，改稱京，以下皆同。

家眷暫住於此。隨人多少圈地，永為世業，以佃以漁及京商取一時之利，但不許混圈土民及百姓現耕田地。

二、各處地方，或田或地，文武各官隨意選擇，創置莊屋，盡其力量永為世業，但不許紛爭及混圈土民及百姓現耕田地。

三、本藩閱覽形勝，建都之處，文武各官及總鎮大小將領設立衙門，亦准圈地創置莊屋永為世業，但不許混圈土民及百姓現耕田地。

四、文武各官圈地之處，所有山林及陂地具圖來獻，本藩薄薄定賦稅便屬其人掌管，須自照管愛惜，不可斧斤不時，竭澤而漁，使後來永享無疆之利。

五、各鎮及大小將領派撥汛地，准就彼處擇地起蓋房屋開闢田地，盡其力量永為世業，以佃以漁及京商，但不許混圈土民及百姓現耕田地。

六、各鎮及大小將領派撥汛地，其處有山林陂地，具啟報聞本藩即行給賞，須自照管愛惜，不可斧斤不時，竭澤而漁，使後來永享無疆之利。

七、沿海各澳，除現有網位罟位本藩委官徵稅外，其餘分與文武各官及總鎮大小將領前去照管，不許混取，候定賦稅。

八、文武各官開墾田地，必先赴本藩報明畝數而後開墾。至於百姓必開畝數報明承天府方准開墾。如有先墾而後報，及少報而墾多者，察出定將田地沒官，仍行從重究處。[22]

　　因荷據時期臺灣土地之主權，部份為荷蘭東印度公司所有（即俗稱王田），部分屬於各土著或部落，部份為漢人取得，部份則無所屬。荷人既經戰敗而向鄭成功投降，鄭成功自然取得荷人土地之所有權。但成功入臺之初，其部將吳豪誤認臺灣為其征服地，縱兵搶掠百姓銀兩，盜匿粟石，[23]鄭成功馬上置之以法，遂未釀成巨變。故鄭成功於所頒八條墾田令中，有四條特別強調對土番及先來漢人現耕物業不許妄意侵佔，

---

[22]　同註20，楊英《從征實錄》。

[23]　楊英《從征實錄》，永曆十五年五月云：「五月初二日，藩駕駐臺灣，集文武各官會審搶掠臺灣百姓銀兩、盜匿粟石罪犯，宣毅後鎮吳豪伏罪，被誅。」

以維內部之安定和諧。對於接收自荷蘭東印度公司之王田應為鄭氏產業，至於無主荒地、山林川澤等，則許文武各官及總鎮大小將領、家眷、人民等，或設立衙門，或創建莊屋，永為世業。然為防止不肖官員再有掠奪行為發生，乃規定文武各官圈地之處，所有山林及陂地須具圖呈獻，開墾田地必先報明畝數始得開墾。

　　經如此規劃，臺灣之社會秩序始安定下來。復明軍既取得臺灣為根據地，乃積極招徠人口，生聚教訓，以奠立復國基礎。而當時清廷為斷絕大陸沿海百姓暗中接濟復明軍，遂下令遷界，迫使沿海數百萬生靈離鄉背井。鄭成功卻趁此機會，派將士收納沿海殘民，移至臺灣從事耕墾。[24]《華夷變態》一書亦云：

> 因遷界，很多百姓喪家廢業。沿海居民是依海邊為生，遷界以後，無家可歸，無業可營，故有很多餓死或變成遊民。於是就有很多百姓不憚禁令，越界潛出，歸錦舍充兵卒。故錦舍方面見得勢。[25]

　　此次漢人大量湧入臺灣，對開發臺灣當有莫大裨益。

　　永曆十六年五月八日鄭成功薨於臺灣，鄭經一面偽與清軍談判，一面迅速出兵臺灣，有效制止內部之分裂。次年鄭經返思明州，卻發生鄭泰擬自立失敗，其子姪率部降清之事。清廷因而銳意南下，遣人入海聯絡荷人，以進政明鄭根據地。永曆十八年（康熙三年，1664）復明軍退守銅山，宿將如周全斌、黃廷等皆降清，鄭經於四月率所部軍民退守臺灣。鄭經入臺，究竟給臺灣帶來多少人口雖未見史籍記載，但其數目應當較其麾下軍民降清總數十七萬二千餘名為多，[26]否則其政權基礎必因之動搖而不堪一擊。

　　鄭經退守臺、澎後，清廷與復明軍雙方維持相當長時間之和平，永

---

[24] 《臺灣外記》卷十二，康熙元年壬寅正月條云：「（成功）每與諸將言及五省沿海人民移徙內地，嘆曰：吾欲留此數莖髮，累及桑梓人民，且以數千里膏腴魚鹽之地，百萬億眾生靈，一旦委而棄之，將以為得計手……今當馳令各處收沿海之殘民移我東土，開闢草萊，以相助耕種，養精蓄銳，俟有釁際，整甲而西，恢復迎駕未為晚也」。

[25] 轉引自曹永和：《鄭氏時代之墾殖》。

[26] 同註 19。

能引決者，對此寧無厚顏耶？

居於敵對之立場，論前朝人物，而有「節烈之教，留而不衰」之美評，由此可知明鄭時代臺灣教化之成功，雖於異朝後世，亦不能不加讚賞。

綜上所述，可知明鄭時代在臺灣二十二年生聚教訓，成果十分輝煌，不論是人口之移進、土地之開發、教育之推廣、生產技術之改良、外貿之拓展等，皆燦然可觀；儒家文化在鄭成功祖孫三代努力經營下，已在臺灣奠立不拔之根基。其後清廷為恐遺民懷念故國善政，對這些成果諱而不言，致後人探討明鄭時代經營臺灣之各種努力不易窺得全貌，十分可惜。

三、鄭、清和戰與鄭克塽降清

鄭經退守臺澎後直至鄭克塽降清，臺海政局大體可分成三個階段，第一階段自永曆十七年至二十八年（清康熙二年至十三年），明清雙方維持和諧自律狀態。臺灣之得在教育、經濟等方面有長足進步，實拜此十二年長期和平安定之賜。第二階段自永曆二十八年至三十四年（康熙十九年）止，此期三藩陸續反清，駐福建之靖南王耿繼茂邀鄭經率師入閩始，至鄭師敗退撤離大陸止，雙方處於劇烈攻伐狀態。第三階段自永曆三十四年起至三十七年（康熙二十二年）止，清軍氣運日盛而明鄭則隨著鄭經之去逝而發生政變，民心盡失，並在清廷武力壓迫下舉國降清。

永曆二十八三月，耿精忠囚福建省總督範承謨，殺巡撫劉秉政，令軍民剪辮，自稱總統兵馬上將軍，反清。並傳檄八閩，以復明為號召，略曰：

> 共奉大明之文物，適還中夏之乾坤。高皇大業，必留隆準之遺；明室中興，斷有舂陵之瑞。誓當推誠翊戴，戮力匡襄。申李、郭再造之功，振晉鄭相依之業；會周師而反商政，除新法以復漢儀。

非惟日月重光，直令河山改色。[46]

　　事前，耿精忠慮其起事，下游郡邑不服，故遣黃鏞赴臺乞師，並以漳、泉二府及沿海船隻許之。不料起事後未及一月，全閩降附，浙之溫、處；江右廣信；粵之潮州相繼納款，聲勢大振。及鄭經率師至廈門，耿藩見其兵不滿萬人，船近百隻而已，清忠遂輕之而生悔意，乃通飭邊汛，不許往來，雙方兵端遂起。

　　永曆二十八年四月，鄭經率兵攻同安，旗開得勝，不數月，泉、漳、潮諸州縣城，全入掌握，粵東之惠州、東莞亦降。聲威所至，閩中舊部皆望風來歸，鄭軍之兵員、軍實皆得充實不匱。然耿精忠不甘泉、漳之失，於九月遣都尉王進率兵三萬圖復泉州。耿、鄭雙方發生殊死鬥，結果耿軍大敗而還。

　　十一月，吳三桂知鄭、耿搆兵，遣禮曹員外周文驥來泉調解。永曆二十九年（康熙十四年）正月，耿精忠遣張文韜至廈門賀元旦，且選船五隻以踐前約。鄭經許之，雙方約以仙遊縣楓亭為界，互不侵犯。二月，鄭經摩下左虎衛何祐大破粵兵於饒平，清守將沈瑞以城降。

　　五月，劉國軒率諸鎮入潮，清平南王尚可喜率精銳來攻，大敗而遁。六月，鄭經率諸將圍漳州，十月初六日，漳州守將吳淑及弟吳潛開門延鄭師，漳州至是收復。

　　永曆三十年（康熙十五年）正月，鄭經遣右虎衛許耀、前衝鎮洪羽等率舟師南下，會在潮各軍進攻廣東。吳三桂亦派兵攻廣東，已克肇慶、韶州等處。時清平南王尚可喜昏病日甚，廣州人人自危。駐潮尚軍聞報，燒營遁走。劉國軒等遂分兩路，進圍惠州，攻博羅，破長樂、龍門諸縣。尚可喜子之信見勢窮蹙，遂乞降於三桂。三桂封為輔德公，令以惠州予鄭經。至是三藩遂成。閩、粵、滇、黔、湖廣盡入漢人掌握。而鄭經郤陷於閩南、粵東一隅，北限於泉州楓亭，南止惠州，陸路已無法再事擴展。而海路則可以舟師往北取金陵或天津。

　　三藩初成，尚之信乃致書吳三桂，約會師。尚欲率舳艫入瓜鎮，遣

46　見《閩海紀略》，甲寅永曆二十八年三月條。

諸將出豫章；而請三桂統滇、黔、秦、楚勁旅，共清中原。三桂贊成其說，並知會耿精忠出師，以合師江南。

三藩合師並未邀請鄭經出師，此因雙方立場不同，縱屬一時合作，亦難長久。永曆二十八年吳三桂遣祝治國、劉定先齎書赴廈門約鄭經會師，鄭經覆書勸三桂「擇立先帝之苗裔，則足以號召人心，而感奮忠義」[47]而三桂未之應，且於永曆三十二年（康熙十七年，1678）三月即位，改元昭武，國號曰周，三桂取明而代之的野心亦完全曝露。鄭經既奉永曆正朔，自不可能改奉三桂為盟主。背盟互攻乃遲早之事。

永曆三十四年四月，吳三桂既約耿精忠會師江南，耿乃檄汀州守將劉應麟出關，另派總兵蔡達率其本部兵往汀州協守。應麟原為清廷守汀副將，恐耿藩藉機圖已，乃密遣人赴漳州見鄭經，約以城獻。經遂馳書精忠，言欲借道汀州以出江右，並命吳淑督兵觀變。吳淑兵至汀州，見耿軍有備，欲回師；應麟勸淑攻之。結果汀屬各邑皆降。

耿精忠與鄭經修好，實欲以全力圖江、浙，然直至永曆三十年秋仍師老無功，及汀州復失，諸將遂密謀降清，引康親王入閩。精忠聞變，知為王進等所謀，乃殺王進及範承謨、蕭震諸人；欲乘船出海，為都尉徐文耀等人所脅，不得出，精忠乃遣王進功赴泉州請救兵。然鄭經不發兵，清軍遂入延、建。精忠勢困，不得已於九月十九日削髮，迎康親王入福州。復怨鄭經背盟，遂導清師來攻。十月，鄭軍棄邵武、汀州；永曆三十一年正月，興化失守，泉、漳亦隨之陷落，二月鄭經退守廈門，清軍旋入粵，尚之信降；六月，劉國軒棄惠州；劉進忠亦叛於潮州，復明軍事逆轉。

當鄭經軍事屢次失利時，漳州人蔡寅，以朱三太子為號召，聚集散兵，襲擊泉、漳諸屬縣，使鄭軍稍有喘息之機。十二月，清和碩康親王遣興化知府卞永譽、泉州知府張仲舉赴廈門議和，鄭經不允。永曆三十二年二月，鄭清雙方戰事再起。鄭經以劉國軒為中提督，總督諸軍，並以吳淑副之。自是清軍每戰皆敗，五月，清廷不得已召總督郎廷相入京，

---

[47] 參閱《台灣外記》卷十六，康熙十三年四月，《鄭經答吳三桂書》。

以布政使姚啟聖代之；令巡撫楊熙致仕，以按察使吳興祚代之。六月，劉國軒破海澄，清兵死者三萬餘。七月乘勝圍泉州，泉屬諸邑皆下。

泉州圍急，清軍林賢、黃鎬等督舟師出閩安鎮，遙為聲援。鄭軍蕭琛守定海，欲據上流牽制之，蕭所部水師五鎮章元勳欲先發制人，率所部十舟進戰。林賢等擊之，元勳眾寡不敵，全軍皆沒。蕭琛所部大潰，退泊銅山，懼罪，乃妄報福州水師大至。鄭經聞報，恐廈門有失，檄劉國軒軍退保海澄，俾與廈門成犄角。所得州縣皆失。

八月，周帝吳三桂去世，孫世璠立，年甫十二，改元洪化。三桂姪應奇守岳州，驕而貪；清兵攻之，棄城遁回，於是湖南、雲、貴皆不守，馴至於亡。周亡後，清軍遂得傾師圍攻福建，鄭軍處境日益艱困。九月，劉國軒與清師戰於漳州龍虎山，敗績；十月，清總督姚啟聖遣中書張雄入思明州議和，鄭經不從。十二月，清廷再於福建省行遷界之令。

永曆三十三年（康熙十八年，1679）二月，援剿左鎮陳諒督水師敗清軍於定海；七月，劉國軒築潯尾寨，廈門西北藉以無憂。清康親王命中書蘇礦赴廈議和，鄭經遣賓客司傅為霖報之。十月，劉國軒大破清兵於坂尾寨；十一月，後提督吳淑卒於軍；十二月，清總督姚啟聖、巡撫吳興祚大集舟師攻廈門，鄭經遣右武衛林陞等督舟師北上禦之。

永曆三十四年（康熙十九年，1680）正月，清水師提督萬正色入海壇；二月，林陞與萬正色戰於崇武，突然海風大作，萬正色率師收泊泉州港，吳興祚則督陸師沿海濱放砲。林陞等船無所取水，朱天貴勸其進泊海壇，林陞不聽，反下令全師退泊金門遼羅灣。報至，廈門人心惶惶，以為戰敗。鄭經急令國軒撤離海澄返廈門。然兵心已變，鄭經乃於二月二十六日撤離思明，於三月十二日返抵臺灣。

臺海對峙時期，鄭、清雙方除有軍事衝突之外，亦不斷有談判行為穿插其間；所有和談之舉動，皆為清方所提出。

清廷倡和議，早在鄭成功之世即已為之。清廷屢挾鄭芝龍以招降鄭成功，並提出優厚條件，許成功「駐原地方防剿浙、閩、廣東海寇，往

來船隻令管理。」[48]，並封為海澄公。然成功感隆武帝知遇之恩及民族大義，堅拒之。最後清廷乃誅芝龍於北京，以示絕裂。

鄭成功去逝後鄭經嗣位，清廷復不斷倡和議，自永曆十七年至三十七年止，清方先後發動十次和議，其概略狀況如下：（附表一）

<h2 style="text-align:center">附表一鄭、清和議表[49]</h2>

年份	主持人	肇因	過程	結果
永曆十六年（康熙元年）秋冬	清：靖南王耿繼茂等人　明：鄭　經	鄭成功薨、弟鄭襲在東寧自立，內部發生分裂。	耿繼茂遣王維、李有功至思明談判，鄭經為爭取時間以靖內亂，先遣楊來嘉、吳蔭為使，持前日所得各州縣學印共十五顆入漳以示誠意，但仍執朝鮮例，不削髮，繼茂果為題報，至十二月，清廷乃執意必剃髮登岸，和議遂寢。	鄭經於十月乘雙方息兵談判之機率軍赴臺，平定內亂。
永曆十七年（康熙二年）冬	清：耿繼茂等人　明：鄭　經	鄭經族叔泰有異心經收之，泰弟鳴駿、子緒昌率文武官四百餘員，船三百號、眾萬餘人降清，清廷令鳴駿及施琅、黃梧等降將攻鄭軍，雙方互有勝負。	耿繼茂、李率泰差官至銅山，備宣清廷招降意旨，鄭經仍執朝鮮例難之。	鄭經乘機安定內部，將人員物資運往臺灣，次年三月十六日，鄭經退守臺灣。
永曆二十一年（康熙六年）五月	清：康熙帝　明：鄭　經	河南籍總兵孔元章在京候補，陳情願往臺灣招撫立功，清廷允其入閩與藩、院商討招撫。	孔元章親至臺灣，鄭經仍以朝鮮例難之。	清廷以其無定局而止。清水師提督施琅上請剿疏。

---

[48] 見《清史稿》列傳，鄭芝龍傳，順治九年三月。

[49] 本表參考江日昇《台灣外記》、阮旻錫《海上見聞錄》、臺灣省政府《臺灣省通志》革命志拒清篇等史料編製。

永曆二十三年（康熙八年）六至九月	清：康熙帝 明：鄭　經	康熙調施琅入京，將降將分發各省墾荒，下令沿海各省展界後，想順便解決雙方敵對問題。	康熙命刑部尚書明珠、兵部侍郎蔡毓榮入閩與靖南王耿繼茂、總督祖澤沛執行招撫，鄭經命協理刑官柯平、協理禮官葉亨入閩研商、清廷許「蕃封、世守臺灣」，鄭經仍執不薙髮。	雙方皆以對方無誠意而罷。
永曆二十九年（康熙十四年）十月	清：平南王 　　尚可喜 明：鄭　經	三藩亂起，鄭經復泉、漳、潮三府，直接威脅廣東省，尚可喜致書鄭經，約其降清，雙方合攻福建耿繼茂師。	尚可喜致書鄭經自泉州出發，彼自汀州出發，夾攻耿繼茂。果事成，尚欲極力保奏將閩省封予鄭經。	鄭、耿雙方修好，約定互不相攻，反致書尚，勸其棄邪歸正，並力王事，以盡洗前怨。
永曆三十一年（康熙十六年）四月	清：康親王 　　傑　書 明：鄭　經	鄭經漳、泉二府失守，尚保潮、惠及沿海諸島，清軍一時乏船進攻。	康親王遣朱麟、莊慶祚持書往廈門招撫，以共享茅土之封，世世食報無疆為誘。	鄭經覆書，以萬古正綱常之論，春秋嚴夏夷之辨拒之。
永曆三十一年七月	清：康親王 　　傑　書 明：鄭　經	蔡寅以朱三太子為號召於閩南之同安、長泰、南靖等處起義，清軍無力攻擊明鄭。	請照朝鮮事例，稱臣納貢，以息兵養民，鄭經則要求邊海島嶼悉為其有，並以泉、漳、潮、惠四府資給糧餉。	康親王未將其條件往上報，雙方戰事再起。
永曆三十二年（康熙十七年）九、十月	清：總　督 　　姚啟聖 明：鄭　經	復明軍事逆轉，僅保有海澄縣及沿海諸島，姚啟聖以鄭軍佈署堅固，不易攻下，企圖以和談瓦解之。	姚啟聖先後遣進士張雄、泉紳黃志美持書往廈門招撫，勸鄭經退出海澄，以免徒苦士卒，塗炭生靈，鄭經覆以海澄為廈門門戶，不肯退讓，且謂其起兵是為拯民於水火。	招撫不成，清廷仍照甲辰年例，遷徙人民於內地，築界牆守望。

永曆三十三年（康熙十八年）五月	清：康親王傑書 明：鄭經	復明軍佈置周密，清軍一時無法攻下。	康親王採中書蘇礦招撫之議，遣礦姪埕持書往廈門申前約，請復明軍退守臺灣，以澎湖為界，通商貿易。鄭經以傅為霖為使者，重申以海澄為公所，清廷年納東西兩洋餉六萬兩予鄭經。	和議失敗，姚啟聖具疏題請保施琅為福建水師提督，擬以武力平台，清廷擢湖廣岳州總兵萬正色為福建水師提督，次年明鄭水師副總督朱天貴率眾二萬餘，舟三百降清，明鄭水師元氣大喪。
永曆三十六年（康熙二十一年）十二月至次年二月	清：總督姚啟聖 明：鄭克塽劉國軒等人	鄭經薨，明鄭發生政變，監國克㙉被殺，馮錫範立其婿克塽，軍心渙散，十月施琅奉命專征，以北風太強未敢進剿，啟聖認為招降即可奏功。	姚啟聖遣劉國軒舊友黃朝用往澎湖見國軒，許其「不削髮，只稱臣、照朝鮮事例」國軒轉送過臺，鄭克塽遣林良瑞為使入福州詳議，但施琅堅決反對，議未合。	啟聖之招撫反更激起施琅積極攻台之心，康熙二十二年五月琅密題進剿，六月，舟師齊集銅山，十三祭江、十四出師，十六至二十二日於澎湖與劉國軒所部發生激戰，克捷、國軒逃回臺灣，閏六月十五日克塽降。

　　鄭清雙方十次和議，互有得失，大體言之，明鄭方面常藉和談息兵之機會穩固本身陣容，如永曆十六年鄭成功薨逝，鄭經叔鄭襲在臺灣自立。該次和議鄭經即利用使節往北京之機，率部赴東部靖內亂。

　　而清方則達到分化明鄭內部團結之目的。如永曆三十三年傅為霖代表明鄭赴福建交涉，反為姚啟聖所籠絡，而萌叛意，並於永曆三十五年七月與施明良合謀生擒鄭經而獻諸島。

　　此外，由鄭經歷次向清廷所提之條件，亦可知鄭經根本無意與清廷妥協，如永曆十六年鄭經以仿照朝鮮例，不削髮、稱臣納貢為條件，以難耿繼茂。至永曆三十一年，清康親王傑書已許以照朝鮮例稱臣納貢，要求鄭經退兵；但鄭經卻更進一步要求以閩粵邊海島嶼悉予之，並以漳、泉、潮、惠四府資給糧餉。永曆三十三年，明鄭軍隊雖處劣勢，但鄭經除重申前議外，更要求清廷每年向其繳納東西兩洋餉銀六萬兩。清康親王傑書謂鄭經「盡節為明」，[50]實為持平之論。

　　明鄭部隊主力，撤回臺灣時，其水師副總督朱天貴因受清廷招降變節並未隨之撤離，反而率舟師前往尚由明鄭守將左衝鎮馬興隆、昭義鎮楊德、中衝鎮鄭添等所控制之銅山澳，計殺馬、楊諸將、併其軍，於五月十九日率師入海澄港，薙髮降清。朱天貴降清，因其所部人員、船隻眾多，對明鄭海軍實力打擊頗大。《清史》卷二百六十一，朱天貴傳云：

> 朱天貴，福建莆田人，初為鄭經將。康熙十九年，師下海壇，以所部二萬人，舟三百來降。授平陽總兵官。[51]

　　二萬水師與三百艘戰艦究竟佔明鄭水師幾成，雖因史料欠缺，無法詳細比較，然其數目已與康熙二十二年施琅攻臺之水師人船總數相當。此消彼長，清廷海軍實力因而劇增，明鄭則元氣大損，日後施琅率領此批降將人船攻打澎湖，卒造成明鄭降清之局，其影響之大，可以想見。

　　永曆三十四年三月，鄭經率師返臺。馮錫範見陳永華把握重權，且諸事方正敢為，心頗忌之，乃陰與劉國軒合謀奪其兵權。七月，永華悒悒而卒，繼而柯平、楊英等人相繼逝世，經以老宿相繼凋零，不勝感嘆，遂就洲仔尾造庭園為居，移諸嬖倖於內，縱情花酒。又下令長子克𡒉監國秉政，凡文武啟章一切事宜悉聽克𡒉決斷。克𡒉剛斷果決，有乃祖遺風，兵民愛戴，唯鄭經之親信權倖莫不畏憚。

　　永曆三十五年正月二十八日，鄭經薨於承天府行臺，臨危，托孤於劉國軒。三十日，馮錫範、劉國軒調兵駐承天府，會六官議嗣。監國克

---

[50] 見《台灣外記》卷二十，康熙十六年六月，康親王致鄭經書。
[51] 見張其昀，《清史》，卷二百六十一，朱天貴傳。民國五十年，臺北，國防研究院。

璽係陳永華婿，不容於馮錫範等人，馮乃聯絡鄭經諸弟聰、明、智、柔諸公子，以克璽非骨肉為藉口而殛殺之，改立錫範婿，鄭經次子克塽。克塽立後，封劉國軒為武平侯，馮錫範為忠誠伯，以鄭聰為輔政公，領護衛；三月，以鄭智為右武驤將軍，募兵。四月，以鄭明為左武驤將軍，募兵。六月，成功夫人董妃薨，陳永華侄兒陳繩武罷事，國事皆由馮錫範主之，兵事則劉國軒主之。

　　從鄭經薨逝，經克璽被殛殺、立鄭克塽、罷陳繩武等一連串事件，可以看出鄭經去世後，內部發生一場劇烈之軍事政變，明鄭之政治核心，已由以鄭克璽為領袖，陳永華、陳繩武等文人為主幹之集團轉移至以鄭克塽為名義領袖，馮錫範、劉國軒等軍人為主導之系統上。因鄭經入臺以後，即在陳永華輔佐下，以建立文人政府為主導，一旦軍人攫得政權，其結果必導致內部之不安與人心之危疑。此一安狀況，無異提供清廷一消滅明鄭政權之最佳時機。而清廷亦能充分掌握此機會。

　　永曆三十五年五月，清總督姚啟聖、巡撫吳興祚等密摺云：

> 本年四月，臣等密探得偽藩病故，幼主嗣襲，文武解體，此天亡之時，不可失也。會同具題，請旨密示臣等遵奉施行。[52]

並保題施琅為水師提督攻臺，康熙允之。姚啟聖並撰《告示文》云：

> 海逆鄭氏，世為國賊，竊永曆之虛號，實非有心為民。……方今鄭經已伏冥誅，而嫡庶爭立，奸黨竊權。此內亂方深，揆之天時、人事兩端，不可不為敗亡之兆，固不待智者而後知……凡有親屬陷身海島者，不妨密報本將軍給照前去，勸其及早效命……如果翻然悔悟慕義前來，除將本員立照原銜敘用外，其勸化之人，功亦難泯……若有見機之哲，舉土地而來歸，斬巨魁而獻璽，操舟納款，率眾輸誠，本將軍更當分別具疏題請，從優錄用。[53]

　　命人刻印，張掛沿海地方，另裝二箱並禮物移文，差船送至澎湖；

---

52 阮旻錫《海上見聞錄》，康熙二十二年五月。
53 《台灣外記》卷二十五，永曆三十五年五月。

一箱交守澎將領董騰轉送臺灣予劉國軒。

　　六月，以董騰代喇哈達轉送告示，且招待使者將一月，動搖人心，令右武衛林陞往澎湖代董騰鎮守。十月，傳為霖通清事發，逃亡。十一月，誅殺傳案相關人員及眷屬。

　　永曆三十六年（康熙二十一年）正月，施琅出京至閩，於廈門各處調兵整船。二月，翰林學士李光地請假回閩，施琅前往與密議機宜後，密疏請准專征。到京投進後留中。

　　五月，臺灣北部雞籠、竹塹等社番，因不堪運送軍需勞累饑餓，相率殺各社通事，搶奪糧食，並逃入深山，後經征剿始平之。七月，施琅復密請專征，十月，奉旨相機辦理；施琅遂密遣心腹入臺，勾結舊部，陰為內應。十二月，姚啟聖遣黃朝用往臺灣招撫，不成。

　　永曆三十七年（康熙二十二年）六月十三日，施琅祭江，十四日統諸船從銅山出師東征。十六日，雙方在澎湖發生接觸戰，鄭軍以擁有熕船，琅軍初嚐敗績。邱輝以施琅犯兵法所云：「半渡可擊、立營未定可擊、乘虛可擊」等三忌，欲乘勝趕擊。劉國軒卻不允，邱輝等怏怏而退。

　　施琅敗後，知清軍舟師雖眾，然鄭軍兵械犀利，易為所制，乃采吳英之議，採五梅花以破鄭軍；[54]復許前日臨陣退縮之戰將詹六奇等十二員戴罪立功，一面不斷散播媽祖顯靈濟師之說以鼓舞水師將弁，[55]故人人感奮，終於六月二十二日擊敗明鄭澎湖守軍，劉國軒退守臺灣。

　　國軒退守臺灣，建威中鎮黃良驥等議取呂宋，鄭克塽允之。閏六月初四，施琅遣劉國軒原副將曾蜚赴臺招撫，許保題劉國軒為現任總兵。劉國軒遂啟克塽，命禮官赴澎湖施琅軍前議降。馮錫範雖撓其事，國軒卻不為所撓，且調擬奉命取呂宋之鄭明等登岸；撥兵監守鄭氏子姪親疏，恐其脫漏遺禍將來；命鄭德瀟修進降表，請准削髮稱臣，仍居臺灣以為朝廷屏藩。然施琅不允，必將人民、土地併入圖版，各官兵悉遵朝廷安輯，如有不從，當誓命決戰。克塽聞訊，茫然而躊躇。七月五日，劉國軒啟克塽曰：「人心風鶴，守則有變，士卒瘡痍，戰則難料。當請

54　五梅花陣，以五艘船為一組，圍敵船於中央，同時進攻，宛如一朵梅花，故名。
55　參見《天妃顯聖錄》歷朝誥封。

降聽天，勿貽後悔。」[56]

克塽不得已從之。七月十一日，寧靖王朱術桂見馮錫圭等齋降表出鹿耳門，遂與五姬投繯殉節。八月十三日，施琅率吳英等抵臺，十八日，鄭克塽等削髮降清，明祚完全斷絕。

明鄭憑藉臺海天險及優勢制海權，本可長治久安，然終不免覆亡之運，究其原因，約有下列數端：

第一，永曆帝亡故後，未立新君，無以號召天下英傑戮力復明。三藩抗清事起，本為復明一大良機，鄭經雖曾受耿精忠之邀率師西征，但吳、耿、尚三藩皆未奉永曆為宗主，即以永曆已逝未立新君所致。清寧海將軍喇哈達於鄭經逝後所出告示批評鄭氏「竊永曆之虛號，實非有心為民，竄遠嶼之窮陬，不過僅名為寇。」亦非空謾之詞。

第二，無擔當天下大任之氣度。三藩合謀抗清，鄭經既取得漳、泉、潮、惠等府縣為腹地，且與三藩約定互不相攻。鄭軍兵源、糧餉不虞匱乏，又可免受清軍直接攻擊，鄭經本可率舟師北上取金陵，斷絕清軍糧道，壯大復明軍聲勢。但鄭經不此之圖，反而與耿繼茂爭汀州先壞聯盟之誼，及耿繼茂被清軍所攻打勢蹙，向鄭經乞師，鄭經拒不發兵，致耿繼茂憤而降清，反率師攻打鄭軍，使復明軍事一敗塗地。

第三，無法克服水師作戰之缺點，攻城不能拔而棄之若弊履，使海內供餽餉之父老人受毒痛。鄭成功取江南時如此，鄭經率師西征時亦如此，致淪陷百姓不敢公然為之助；民眾既不支持，其勢自日蹙。第四，人謀不臧。明鄭政權內部極不穩定，鄭成功薨逝時，內部發生嚴重分裂，先有鄭襲之自立、降清，次有鄭泰之被拘，其子姪率部降清等事發生；鄭經薨逝，又發生軍事政變，馮錫範等軍人殪殺監國克壓，改立鄭克塽，致民心喪失之事。陳寅恪論明亡事云：

　　嗚呼！建州入關，明之忠臣烈士，殺身殉國者多矣！甚至北里名媛、南曲才娃，亦有心懸海外之雲（指延平王）日斷月中之樹（指永曆帝），預聞復楚亡秦之事者。然終無救於明室之覆滅，豈天

[56] 《台灣外記》卷二十九，永曆三十五年七月初五日。

意之難迴，抑人謀之不臧耶？君子曰：非天也，人也！[57]

實可為論明亡事之定論。

四、鄭克塽降清後臺海局勢之演變

鄭克塽降清後，清廷首需決定臺灣棄留。康熙二十二年十二月一日，施琅在臺灣佈署妥當後，即往福建與兵部侍郎蘇拜、總督姚啟聖、巡撫金鉉會議臺灣棄留。眾以留恐無益、棄虞有害，各議不一。而施琅以公益、私利皆以留為上策，遂上疏主留。康熙覽奏後，下部議。議：「臺灣偽為承天府、萬年州、天興州，今改為臺灣府，轄三縣，以附郭為臺灣縣，南路為鳳山縣，北路為諸羅縣。仍設道官一員，兼轄廈門地方；又在一萬額制兵內撥出五百多名，守備一員轄之，為道標，其營制陞轉額設，悉依琅所議。」[58]議上，奉旨依議。臺灣於康熙二十三年四月正式收入清朝版圖。

清廷雖已吞併臺灣，但明鄭武裝力量並未被摧毀，明鄭將領有不降清而流亡海外或匿藏臺灣山區以俟機復興者頗多。康熙二十二年十月，施琅奏云：

> 據劉國軒云：偽禮武鎮總兵楊彥迪一隊船艍在廣南、柬埔寨；偽水師二鎮總兵周雲隆船艍一隊在舟山；房錫鵬一隊船艍在浙江烏洋。察楊彥迪妻子□□臺灣，臣已令保釋安插，當俟正月間遣人往調。其周雲隆、房錫鵬亦當遣人諭令來歸，如不順從，應行浙江總督、提督發兵撲滅。鄭克塽等興販外國船艘，已遣外委守備曾福等往察，悉令返棹。[59]

---

[57] 陳寅恪《柳如是別傳》，第五章復明運動。收《陳寅恪全集》。民國七十一年，臺北，里仁書局。

[58] 《台灣外記》卷三十，康熙二十二年十二月。又，《清康熙聖祖仁皇帝實錄》卷一百十四，康熙二十三年春正月。

[59] 《清代官書記明台灣鄭氏亡事》康熙二十二年十月施琅奏摺。民國十九年，中央研究院歷史語言研究所。

　　說明鄭氏內附後，殘餘部隊及興販外洋船隻、人員散佈於大陸沿海及東南亞一帶者頗多。至康熙二十三年三月，房錫鵬、周雲隆、阮繼先等已率領部份官兵降清；浙江烏洋尚有房錫鵬餘部及降而復叛之劉會集艘數十隻游移海洋。[60]

　　在琉球，則有黃進所部盤駐。黃進流亡駐琉球事，見於葉舒穎《閩中即事詩》。詩云：

　　　　受降城接海天雲，越鳥難依代馬群，
　　　　別向東波新結寨，今將軍是故將軍。

　　詩註云：「鄭將黃進亡至琉球，為大將軍，立寨東波，閩督招撫之，不至。」[61]至康熙二十四年（1685），黃進率所部至越南廣南，與楊彥迪合綜，廣南遂為明鄭不願降清部隊聚集之處。

　　在廣南之楊彥迪因妻、子皆在臺灣，施琅遂藉以招降楊氏。黃進乃進而代領其餘部，並入殖越南南部的美湫。黃進在美湫積極訓練士卒，製造武器、船隻；對農業生產不甚重視，而以劫掠往來船隻獲取生活物資，雖然當時美湫仍為荒涼未闢之區，但黃進之入殖，卻導致越南阮府之疑忌，認為黃進所部控制湄公河交通，可能成為獨立勢力，危及阮府在南圻之權益，因而於康熙二十八年（1689）出兵加以攻擊。黃進所部遂破，部份被俘押送廣南，部份逃逸。阮府遂令在邊和墾殖之陳上川代領其部。[62]

　　陳上川之出身，未見南明史料記載，但他與楊彥迪同時投奔廣南，自應為明鄭舊將。陳上川之作風開明，除仍不斷訓練士卒，保持所部戰鬥能力不墜外，亦不斷招致華商，營建舖街，使邊和成為一舳艫相啣，富商大賈特多之都會，對當地社會經濟有頗大貢獻，故阮府頗能接納之。康熙五十四年（1715）陳上川逝世後，所部由其子大定；孫大力繼

---

[60] 《康熙實錄》卷一百十四，康熙二十三年三月初五日辛未條云：「福建巡撫金鋐疏報海上烏洋、舟山偽將軍房錫鵬、周雲隆，偽都督阮繼先率偽官兵一百餘員，兵四千一百餘名投誠。」

[61] 葉舒穎字學山，明朝工部尚書葉紹遠孫，清順治貢生，係當時人，所吟詩為當時事，其史料價值很高。

[62] 陳荊和，《清初鄭成功殘部之移殖南圻》，刊《新亞學報》第五卷第一期及第八卷第二期。

續率領，前後三世，駐守廣南達五十年之後，始從歷史舞台上消失。[63]

陳上川所部在廣南奮鬥，傳至子孫三代而保持戰鬥力不衰，益以在墾區建廟宇皆兼祀明朝歷代皇帝神位，其不忘故明態度十分明顯。由於史料缺乏，明鄭舊部似陳上川等在海外匿居者不知有多少。此類軍事移民，對清廷而言，皆為潛在威脅。

由於海外尚存有抗清勢力，清廷於處理臺灣善後問題即更小心，其中包含鄭克塽家族，降清將弁兵卒之處理，消除明鄭在臺灣影響力等皆是。

康熙二十二年八月，施琅入臺後，即將鄭成功之子輔政公鄭聰等六人、鄭經之子鄭克塽九人，武平侯劉國軒、忠誠伯馮錫範等家人及明裔朱桓等十七人及家口，陸續撥船派兵護入內地。[64]當鄭克塽降清時，所上降表曾提出「就近閩地方撥賜田莊、廬屋，俾免流移之苦，且獲養贍之資」及「籍沒產業，俱行賜復」，[65]但清廷並未接納其請求，至康熙二十三年，侍郎蘇拜等疏言：

> 鄭克塽、劉國軒、馮錫範、明裔朱桓等俱令赴京。其武職一千六百有奇、文職四百有奇，或願回籍，或願受職，應聽部察例議敘。兵四萬餘人，願入伍、歸農各聽其便。[66]

結果，康熙裁定，命鄭克塽家口、親族及劉國軒、馮錫範本身家口，俱令遣發來京，各官及明裔朱桓等俱於附近各省安插墾荒。十二月十三日，克塽等至京，康熙授克塽為漢軍公，劉國軒、馮錫範俱伯銜，隸上

---

[63] 同上，陳荊和，《清初鄭成功殘部之移殖南圻》。

[64] 《康熙實錄》卷一百十一，康熙二十二年八月二十九日福建水師提督施琅提報。

[65] 高拱乾《台灣府志》，卷一封域志，沿革，附《偽藩鄭氏降表》。

[66] 《康熙實錄》卷一百十八，康熙二十三年十二月十三日條云：「先是，侍郎蘇拜等疏言，鄭克塽、劉國軒、馮錫範、明裔朱桓等俱令赴京。其武職一千六百有奇，文職四百有奇，或願回籍或願受職，應聽部察例議敘。兵四萬餘人，願入伍，歸農各聽其便。上命鄭克塽家口親族及劉國軒、馮錫範本身家口，俱令遣發來京。其偽官並明裔朱桓等，俱於附近各省安插墾荒。餘如議。至是，鄭克塽等至京，上念其納土歸誠，授鄭克塽公銜，劉國軒、馮錫範伯衍，俱隸上三旗」同卷十二月十四日條云：「諭兵部，征羅剎所需藤牌官兵，應分遣司員至山東、河南、山西三省於安插墾荒福建投誠官兵內選擇。」

三旗。[67]

　　清廷表面雖予克塽漢軍公之封爵，卻有銜無職，克塽家族只得坐吃山空。至康熙三十二年（1693），因鄭家自福建搬取壯丁至京，乏養贍之資，清廷乃賞給佐領一個，[68]但鄭家因人丁眾多，食指浩繁，家計仍無法維持。克塽乃請求清廷「將曾寧等十一戶並原留在閩家口查提來旗，及閩、廣被佔產業查還」[69]康熙覽奏後，准將鄭克塽弟克圻等發往廣東、福建巡撫衙門會同清查。至康熙四十八年（1709）鄭克塽病逝前，「閩省旗丁一項，業經府、縣查明，晉江、同安二縣產業已經查出，尚未交還，漳州府產業，現在行查未果，其廣東產業，俱被土豪霸佔，及至歸善、海豐兩縣，以無契推諉，並不以部冊為憑。即有佔產之人具呈還產，地方官不容清還，反將家人誘往數載，拖斃兩命。再如歸善縣鹽町等業，復被勢豪陳舜卿等霸佔。」[70]故克塽遺本奏稱「家道貧寒，難以養贍，懇籲天恩，再添一個佐領。」[71]清廷乃准其請，將克塽親弟閑散鄭克塙編管。

　　物資有形困頓之外精神上之壓力更大。鄭氏族人入旗以後，行動即喪失自由，欲出京、離營，皆需請准，如康熙三十八年（1699）鄭克塽雖奏請准將鄭成功、夫人董氏、鄭經等祖先在臺靈柩遷回大陸祖籍南安改葬，但清廷卻僅准鄭克壆一人請假回南安襄事；又康熙四十年代，鄭克塽及其母黃氏先後請求協助清查閩、粵兩省產業，清廷始將克塽弟克圻似犯人般發往廣東、福建巡撫清查。鄭氏族人在北京所做所為，動輒得咎，如克塽親弟克壆曾因轄下兵丁匿逃事被發遣；克塽親子安福因命

[67] 同註66《清康熙聖祖仁皇帝實錄》卷一百十八。

[68] 據瞿蛻園《歷代職官簡釋》佐領條云：「清代八旗制度中牛彔章京之漢名為佐領，為正四品官，佐領之制有世襲，有公中世襲。佐領又有四等，初期所授之來歸各部落長，世代相承者曰勳舊佐領，率眾歸附立功者曰優異世管佐領，其他則曰世管佐領。若戶少丁稀，兩三姓合併而更迭統轄者，則曰互管佐領。公中佐領則因戶口蕃衍撥出餘丁所增編」。是年因鄭家自福建搬取壯丁至京，乏養贍之姿，乃將克塽弟克舉初次編管為佐領。

[69] 《明清史料》丁編，第三本，《已故公鄭克塽母黃氏再籲天恩請查產業》殘葉。

[70] 同註69。

[71] 《明清史料》己編，第七本，《正紅旗漢軍佐領緣由冊》。

案罣誤被革職；克塽親子安德因鍾沛捏造謠言案被降調。[72]鄭家丁壯因不斷減少，原編二個佐領至雍正六年（1728）時，僅剩半個佐領。號稱「聖君」之康熙，對待鄭氏族人尚且如此，則雍正、乾隆之態度，自可想而知。

鄭成功嫡裔外，鄭氏家族近親之較具影響力者，亦被送入旗看管，如鄭泰兄階、弟鳴駿、子纘緒、孫修典、姪纘祖、纘昌、侄孫修敏等皆是。[73]至如纘祖次子修敏，將入都，道聞母逝，仍被強舁入京，至哭母而死。聞之令人鼻酸。鄭氏家族受此摧殘，乃從歷史舞台上消失。

至於降清將弁，除劉國軒因身分特殊，可用以招撫明鄭流亡海外官兵，而由清廷授任天津總兵外，其餘俱於山東、山西、河南三省安插墾荒，並藉對外戰爭之機會以消磨其精銳。[74]其中以對抗羅剎（今俄羅斯）及外蒙古厄魯特準噶爾部兩役最著。

清廷對於羅剎之態度，一貫以招降、撫緩為主要策略，在康熙二十二年以前，對越過黑龍江之俄人皆加以安插，並將其眾編為一個佐領，使彼此互相照應。[75]至康熙二十三年，清廷突然要求居住在雅克薩城之羅剎人歸國，並藉羅剎人遷延不返之理由，對其發動戰爭。[76]明鄭降清將弁，即在此次戰役中扮演重要角色。

康熙二十三年十二月十四日，康熙諭兵部云：

> 征勦羅剎所需籐牌官兵，應分遣司員至山東、河南、山西三省，於安插墾荒福建投誠官兵內選擇五百人，令地方大臣給銀贍其妻子，兼為整裝遣行。又傳令八旗漢軍察明福建等處投誠官兵內，

---

[72] 同註71。

[73] 《重纂福建通志》卷一百四十、封爵，鄭鳴駿、鄭纘緒傳，《泉州府志》卷五十五，文苑，鄭纘祖傳，卷六十篤行，鄭階傳，卷六十三、藝術，鄭纘昌傳等。

[74] 同註66。

[75] 《清通典》卷一百，邊防四，俄羅斯條云：「康熙二十二年……羅剎之眾有過黑龍江者，其兵目三十餘人，上赦不誅，並安插之。時羅剎屬人多來歸者，令編為一佐領，使彼此相依有資。」《清史》卷五，世祖本紀二、卷二百八十一，列傳六十七，朋春傳等。

[76] 《清通典》卷一百，邊防四，俄羅斯條、《清史》薩布素傳云：「（康熙二十二年）……擢薩布素為黑龍江將軍，招撫羅剎剩人，授以官職，更令轉相招撫。」《清史》聖祖本紀二云：「（康熙）二十二年癸亥……十一月癸未，授羅剎降人宜番等官」。

善用籐牌及滾被刀者，勿論主僕，開列石數並器具送部。其在天津鄭克塽、馮錫範諸處，亦遣人察取前項人員、器具。[77]

將明鄭部隊降清之精銳抽調至京。康熙二十四年（1685）清廷派明鄭前左都督何祐率籐牌兵赴盛京，命都統彭春統之進剿羅剎，以副都統班達爾沙、副都統衛瑪拉、鑾儀使建義侯林興珠、護軍統領佟寶參贊軍務。

雅克薩之役，從康熙二十四年開始，雙方時戰時和，拖延至康熙二十八年（1689）十二月，雙方始議定尼布楚為界，立碑界上。此役清、俄羅斯雙方互有傷亡，尤其北方氣候嚴寒，閩人不能適應，病者頗多，致清廷不得不遣醫官前往雅克薩為軍士治病。[78]

雅克薩之役結束後，又發生厄魯特之役，閩兵復被派出征。厄魯特即明代之瓦剌，明末其族分為準噶爾、和碩特、土扈特、都爾伯特四部，以準噶爾部最強大。康熙初年，準噶爾部豪酋噶爾丹崛起，統一厄魯特四部，更將回部併吞，威制青海、西藏等地，乘勢東侵喀爾喀。[79]康熙二十九年（1690）六月，噶爾丹追喀爾喀，侵入中國邊界。七月，清廷命裕親王福全為撫遠大將軍，以皇子胤禔副之，出兵，雙方互有勝負。延至康熙三十五年（1696）二月，康熙不得已親征。次年二月，噶爾丹兵敗飲藥自殺，康熙班師。從此厄魯特叛降莫定，至乾隆二十三年（1758）始全入清朝版圖，清廷新設伊犁將軍以統之。

清廷以福建降兵攻打羅剎、噶爾丹，文獻上記載頗多。如《重纂福建通志》卷一百四十，林興珠傳云：

林興珠，字而樑，永春人，順治間歸誠，授福寧總兵……康熙時，俄羅斯築城於索倫，上命興珠領籐牌兵五百征之。俄羅斯自古未通中國，見之，驚曰：此大帽軍也，皆潰。興珠乘勝毀其城。師

---

[77] 《康熙實錄》卷一百十八，康熙二十三年十二月十四日。

[78] 《清史》聖祖本紀，康熙二十六年條。另《廣陽雜記》卷二亦云：「侯（林興珠）之眾，在瀋陽墜騎而死者一人，病死於途者三、五人耳，未嘗亡一夫於敵也」。

[79] 程光裕，《清初平定西北諸戰役》，民國四十五年四月，中華文化出版事業委員會，《中國戰史論集》二。

還，以功官其子三人。旋落職。又從征厄魯特，還，復其官。

同卷，鄭纘緒傳云：

鄭纘緒，字哲孜，南安人，康熙二年……從其叔鳴駿率戰艦甲士來歸，封慕恩伯，世襲，隸籍……年三十卒，子修典襲爵。康熙二十九年從征噶爾旦，得一等功牌二。

《泉州府志》卷五十六，國朝勳蹟，施世驃傳云：

施世驃，字文秉，晉江人，靖海侯琅子。以從征臺灣功，授左都督銜，為濟南參將。從征噶旦，深入沙漠。逆賊平，論功晉三秩。

同卷，馬儼傳云：

馬儼，字溫如，惠安人，登康熙丙辰武會試。從水師提督萬正色討海寇，陳靖海三策。以平兩島功，授汀州遊擊，遷大同參將。隨軍征噶爾旦，以功擢平遠副將。

同卷，洪範傳云：

洪範，字壽箕，晉江人……從平金、廈，克澎湖，招撫偽房錫鵬等，晉左都督，管同安營事。轉湖廣參將，調江南，會用兵西陲，趲糧赴事，遷慶陽副將，凱旋，陞海壇總兵卒。

同卷，林政傳云：

林政，字協山，晉江人……以從征澎湖，功加左都督，復隨征噶爾旦有功，歷官臺灣陸路提督中軍，陞江西袁臨副將。

由上述諸人傳記，可知清廷征剿噶爾旦動用閩南籍軍人甚眾。因噶爾旦盤踞之厄魯特，地屬大漠地區，適宜騎兵作戰，閩南籍軍人擅長水戰，根本無用武之地，充其量只能當步兵，供驅馳而已，清廷欲藉戰爭以消磨閩省降清兵弁之目的昭然若揭。

強壯者送至西北當炮灰，留在國內屯墾之老弱亦流離顛沛，甚至最起碼之居住環境亦不得安寧。康熙二十四年，閩人黃元驤任山東布政

使，因憐憫這些同鄉流人，構屋以居之，不意卻遭罷官，[80]滿人心態實可想見。

除了人事之安排外，清廷在臺灣則全力清除明鄭史蹟文物，以消除遺民對故國思戀之情。其著者如全面更改地名，遷移鄭成功家族墳墓、廟宇，湮滅文物等。

鄭成功時代之行政區劃，以臺灣為安平鎮（今臺南市安平區）、赤嵌為承天府（今臺南市），總名東都，設府曰承天府，縣曰天興縣、萬年縣。成功薨，長子經嗣立，改東都為東寧，改二縣為二州，設安撫司三，南北路、澎湖各一。清廷置臺灣府後，將東寧改稱臺灣，設府曰臺灣府，附廓為臺灣縣，北路為諸羅縣，南路為鳳山縣，廢安撫司，另設海防總捕同知兼理番事，而其實皆承明鄭舊制，可知清廷更改行政區域名稱，政治上之考慮重於實質之需要。[81]

關於明鄭史蹟之破壞，最著者即為對鄭成功祖孫三代墳墓、廟宇之遷移與廢燬。鄭成功於永曆十六年五月八日薨逝，葬於臺灣縣武定里洲仔尾；永曆三十五年正月二十八日鄭經薨逝，亦祔葬於成功之墓，[82]至康熙三十八年（1699），成功家族靈柩突被遷回大陸福建南安祖籍改葬，所有在臺灣遺蹟全被毀除。雖然鄭克塽於所撰祔葬祖父墓誌銘中，謂遷墳之事係鄭氏後裔以臺海遠隔祭掃維艱而乞請清廷批准辦理，[83]但更可說是清廷藉克塽主動之名而陰為操縱之實。其理由有四，第一、康熙三十八年時，鄭家財力將竭，本身已自顧不暇，實無力負擔遷葬所需龐大

---

[80] 《泉州府志》卷五十，國朝循績二，黃元驥傳云：「黃元驥字德臣，號天馭，晉江人，由海上歸命……擢山東布政使，乙丑（康熙二十四年）夏，蝗遍野，出示，捕蝗若干給米如其數，是歲大熟，泉郡流民例配山左，憫其流離，構屋居之，名棲流所。既罷歸，惟與同志弈棋賦詩。」

[81] 楊文魁《台灣紀略碑》文云：「康熙二十二年歲在癸亥之六月也，進克澎湖，台眾奪魄，納土歸誠，朝命允可，即籍其戶口歸我版圖，改制台郡，分隸三縣。……但經始之區，諸凡草創，繼之原任興化鎮吳條陳屯田減船事宜，往返戞戞，幾三載，終仍舊制。」又台灣各坊、里社之名，亦沿明鄭之舊。

[82] 高拱乾《台灣府志》卷九外志、墳墓，鄭成功墓條云：「在台灣縣武定里洲仔尾。男經祔葬焉」，其地從今台南市東北郊至永康區鹽行村一帶。

[83] 《鄭克塽祔葬祖父墓誌銘》云：「念台灣遠隔溟海，祭掃維艱，具疏陳請乞遷葬內地。」奉特旨恩准。

經費。[84]第二、遷移過程係由清廷派官兵為之，鄭氏僅克塽弟克塈奉准假回南安襄事，於情於理皆不合。第三、鄭氏家族墳墓雖遷回南安改葬，但其後裔仍被羈於北京，無法自由祭掃，祖墳在臺或在南安，實際上並無兩樣。第四、清廷遷墳之後，即將墳墓遺蹟全部清除，有關府、縣志亦不載其事。若清廷真心敬佩成功，更可詔示臺灣府建祠祀之矣。

除成功父子墳墓之外，奉祀成功父子之廟宇、各相關重要將領之宅邸遺蹟，甚至鄭成功之實錄等皆被清除一空，使後人有欲尋而不得之憾。[85]

對於臺灣內部之控制，清廷之做法大體上可分成五點：

第一、將明鄭遺民之具有影響力者遣回大陸。除了鄭克塽、劉國軒、馮錫範、陳永華、陳夢煒及明朝遺裔朱桓等人之家族外，文職官員四百餘人、武職官員一千六百餘人之家口亦被遣回內地，散歸故里，「**強有力者歸故土，所留者瑣尾殘黎耳。**」[86]

第二、招徠新移民以填補遷出人口之空虛。此項工作由當時治臺之文、武官員分途進行，康熙二十四年諸羅縣令季麒光《條陳臺灣事宜》，即曾云：

> 臺灣自偽鄭歸誠之後，難民丁去之，閒散丁去之，官屬兵卒又去之，卑縣設法招徠，雖時有授廛附籍之人，然重洋間隔，聞多畏阻不前。況南北草地一望荒蕪，得人開墾可成沃壤。合無請照昔年奉天四州招民之例，酌議名口，就現任候選官員，或紀錄，或加級，廣勸召募；在貧民有渡海之費，相率而前。到臺之日，按丁授地，并將偽鄭遺生熟牛隻照田給配，按三年起科之令，分則

---

84 早在康熙二十三年鄭克塽即因家貧，乏養贍之資，請求康熙賞給家人一個佐領職務，康熙三十八年遷墳，因施琅入臺後開二王墳，運鄭成功屍至北京行獻俘禮，鄭氏在臺墳陵尚有：鄭芝龍靈主、鄭成功正妃董氏、鄭經夫婦、嬪妃等多具棺槨，工程浩大，由福建水師承辦，鄭家族人不得赴臺灣襄理。

85 永曆九年鄭成功承永曆帝授權，設置政府組織六官後，可任命文、武官員，已有小朝廷的規模，至臺灣後，更建置完整的政府組織，已是一個小王國。故鄭成功去世後，鄭經下令為他編修實錄，民國十八年出土的楊英《從征實錄》就是為供編修鄭成功實錄而撰。

86 高拱乾《台灣府志》卷十藝文志，李光地撰，《台灣郡侯蔣公去思碑》云：「夫台民悉偽停，強有力者歸故土，所留者瑣尾殘黎耳。」

徵收。[87]

另康熙二十九年（1690）諸羅縣令張玿於招徠移民工作頗著績效，「見邑治新造多曠土，招徠墾闢，撫綏多方，流民歸者如市。」[88]武官招徠移民，則以施琅為代表。《靖海將軍侯施公功德碑記》載施琅委參將陳遠致招徠移民云：

> ……臺去內地千里，戶不啻十萬……迨勾當事畢，奏凱旋師，題留總鎮吳公諱英者暫留彈壓；而又念弁目之新附未輯也，兆庶之棄業虧課也，則又委參將陳君諱遠致者加意鈴束之，殫心招徠之。[89]

《重纂福建通志》陳致遠（按為遠致之誤）傳亦云：

> ……康熙二十二年以軍功署參將，從提督施琅攻克澎湖。平臺後，留致遠安插民居，募佃，開墾田園二萬餘畝。[90]

此類移民之數目頗為可觀，僅在康熙二十五年以前移入人數即佔當時臺灣府賦役冊成丁口數之四分之一，而蔭丁尚不在其內。[91]如此，臺灣社會基層便有許多樂意為清朝效力之群眾，對清朝日後之治理臺灣更有強固作用。

第三、佈署新移民居住戰略要地以控扼形勢。例如控扼澎湖出入臺灣之大嶼（又名南嶼，為今澎湖群島南方之七美嶼），明鄭時代即居民稠密，清軍入臺後，將島上居民全部移往八罩嶼，以便新來移民居住。如此便可達到確實控扼戰略要地以防制抗清軍事活動之目的。[92]

---

[87] 陳文達，《台灣縣志》卷十藝文志，季麒光《條陳台灣事宜文》。

[88] 《諸羅縣志》，卷三秩官，列傳。

[89] 高拱乾，《台灣府志》武備志作陳遠致。

[90] 《重纂福建通志》卷二百三十七陳致遠傳。

[91] 《康熙福建通志》卷十二，戶役，台灣府屬云：「原偽額男子成丁二萬二千二百五十三丁，底定存冊男子成丁一萬三千二百七十丁，新收男子成丁三千五百五十丁，台灣縣一千四百九十六丁，鳳山縣六百九十四丁，諸羅縣一千三百六十丁。」

[92] 《康熙福建通志》卷五山川，台灣府台灣縣，澎湖三十六嶼條云：「曰南嶼，亦名大嶼，偽時民居稠密，今移在八罩嶼。」

　　第四、長期任用攻臺水師將弁以鎮懾臺局。如福建水師提督一職，從康熙二十三年至康熙六十年之三十七年間，共歷施琅、張旺、吳英、施世驃等第四任提督，其中僅康熙三十五、六年任職之張旺非攻臺將領，尤其施琅父子兩人前後任職長達二十三年，更為長久。曾任福建陸路提督者如萬正色（康熙二十三年至二十五年）、吳英（康熙三十六、七年）、藍理（康熙四十四年至五十年）等亦為攻臺將領。其目的即在藉這批將領之實戰經驗以鎮懾臺灣。

　　第五、曲意保全攻臺將領，以備平定明鄭遺民抗清軍事之需。如藍理於福建陸路提督任內，霸市抽稅，婪贓累萬，被害一方，流毒已極。依清朝律令應斬立決，然康熙以藍理在臺灣澎湖對敵時，奮勇向前，著有勞績，著從寬免死，調取至京入旗。[93]康熙似此做法，並非偏愛藍理，而係預知「天下太平日久，曾經戰陣大臣已少，知海上用兵之法者益稀。日後臺灣不無可慮。」[94]「臺灣之人時與呂宋地方人相互往來，亦須豫為措置」[95]不得不曲意迴護攻臺將領以備他日之需。至康熙六十年果然朱一貴登高一呼，全臺響應。康熙之深謀遠慮，亦不得不令人佩服。

　　從表面上看，清廷之努力似已達到澈底控制臺灣之目的，但因明鄭殘部部份流亡海外，部份匿居山區、市井，皆俟機而動，使臺海政局，表面看似平靜，底下卻隱藏著洶湧暗潮。

五、清初臺灣社會之變遷與抗清活動

　　臺灣經過荷蘭及鄭成功祖孫三代共六十年之經營，已非為單純未開發之社會，臺灣自有其政治、經濟體系。政治上、文化上幾乎可說完全

---

[93] 《康熙實錄》卷二百五十二，康熙五十一年冬十一月初六日條云：「先是，福建巡撫覺羅滿保同浙閩總督范時崇列款糾參革職原任福建提督藍理貪婪酷虐，流毒士民，見在京師，應請拏究。上命兵部左侍郎覺和托等將藍理帶往福建會審。至是，覺和托察審藍理霸市抽稅，婪贓累萬，被害不止一家，流毒已極，應擬斬立決。得旨，藍理應依議處斬，但在台灣澎湖對敵之時，奮勇向前，著有勞績，著從寬免死，調取來京入旗。」

[94] 《康熙實錄》卷二百二十六，康熙四十五年十月十六日。

[95] 《康熙實錄》卷二百二十七，康熙五十五年十月二十六日。

承襲明朝之制度並賦於新精神；財政、經濟方面則因部份承襲自荷人制度，而與明制互有出入。及清朝接收臺灣後，由於明、清雙方敵對之政治立場因素作祟，諸多舉措，皆非出於愛民、安民，而係以如何充分達成控制之目標為出發點，臺灣之社會結構因而被嚴重扭曲而無法自然發展。

清代臺灣社會被扭曲最嚴重者為與土地生產有關之經濟結構。而其背景即因明、清制度不同所致。

按鄭成功入臺之時荒地甚多，故許其文武各官及總鎮大小將領、家眷隨人多少圈地開墾永為世業，又許文武各官及總鎮大小將領於派撥汛地開闢田地、起蓋莊屋，永為世業，以佃以漁及經商；其中除山林及陂地，可用於抽籐、採樵及捕漁，沿荷人舊制，需向政府繳稅外，文武各官、總鎮大小將領、兵弁屯田、及百姓私人田園皆不需向政府納稅。[96]田園需向政府繳納田賦者只有兩種，其一稱為官佃田園，即荷人之王田為鄭成功接收者；其二稱文武官田園，係文武官衙門募佃開墾之田園。此二類田園耕種所需之種籽、牛隻、耕具皆由官方供給，故收成部份需繳交官方以為各衙門之開支。當清朝接收臺灣時，此兩類田園總數共有三萬零五十四甲七分三釐餘，[97]其餘各鎮屯田及文武各官、總鎮大小將領私人創建之莊屋田園及百姓私墾田園，因政府檔案未詳加記載而成一片空白。[98]但清朝入主臺灣後，攻臺將領、文武百官卻利用此一制度上之差異而遂行其侵佔田園之私慾。首任諸羅縣令季麒光於任內《條陳臺灣事宜文》中即云：

> ……賦從田起，役從丁辦，此從來不易之定法也。臺灣……既入版圖，酌議賦額，以各項田園歸之於民，照則勻徵，則尺地皆王

---

[96] 魏源，《聖武紀略》《康熙戡定臺灣記》，謂：荷蘭專治市舶，不欲田賦，與流民耦，俱無猜，鄭成功沿其制。

[97] 季麒光《覆議康熙二十四年餉稅文》，曾分析明鄭所徵各項餉稅，第一條稻粟之徵共十三萬八千一百九十一石三斗，內官佃田園九千七百八十二甲餘，共徵粟八萬四千九百二十石餘，文武官田園共二萬二百餘甲，共徵粟四萬一千四百餘石，其餘萬餘石為番社丁口之徵，並非由田所出之徵，可見明鄭時代的徵稅基礎並非以土地滋生之田賦為主要稅收。

[98] 同註97。

土，一民皆王人，正供之外無復有分外之徵矣。乃將軍以下，復取文武遺業，或託招佃之民，或借墾荒之號，另設管事照舊收租。

季氏復於《豫計糖額詳文》中指出：自將軍以下各自管耕督墾，即為官田，其數已去臺灣田園之半。[99]所指「將軍以下」即為靖海侯施琅以下軍官，其所佔領田園竟達臺灣田園之半，十分可觀。其中施琅一人所佔田園即有五十五莊。《南瀛文獻》第二卷第一、二期合刊，錄有《施侯租田園》一文，云：

施靖海侯以其勳業，使在臺之闔屬分墾，而由此徵收大租，以永久業主靖海侯施之名管理之。其地除臺南城內樣仔林施公祠地外，計有：
漚汪堡：將軍庄、巷口庄。
學甲堡：中洲庄、溪底寮庄、北門嶼庄、蚵寮庄、學甲庄。
打貓西堡：舊南港庄、埠頭庄。
牛稠溪堡：番婆庄、菜公厝庄、月眉潭庄、潭仔墘庄。
觀音中里：大社庄、保舍甲庄、楠梓坑庄、土庫庄、林仔邊庄、三奶壇庄。
半屏里：後勁庄、八卦寮庄、右沖庄、大灣庄。
大竹里：籬仔內庄。
興隆內里：覆鼎金庄。
興隆外里：左營庄。
小竹上里：翁公圓庄、山仔頂庄。
仁壽上里：漯底庄、港口崙庄、白米庄、梓官庄、大舍甲庄、蚵仔寮庄、茄苳坑庄、街尾崙庄、後協庄、鹽埕庄、彌陀港庄、海尾庄、舊港口庄、石螺潭庄。
阿公店街：前鋒庄、赤嵌庄。
仁壽下里：下鹽田庄。
觀音下里：灣仔內庄、赤山仔庄、仁武里庄、竹仔門庄、新庄。

當初設施公租館十處，置管事分掌收租，經縣、府、省送致京師，

---

[99]《重纂福建通志》卷五十，田賦，雜課。

二三百人，將給錢的放了，不給錢的責四十板，俱逐過海等。[111]

　　由此可見當時在臺官吏，大都將臺灣當作徵逐個人私利之場所，並未以建設臺灣，安定民生為要務。明鄭遺民與土著，生活在此惡劣環境中，自必俟機起而抗之矣。

　　明鄭遺民抗清，亦非皆烏合之眾。清廷雖曾將明鄭主臣將帥兵弁遷回內地，但因其事牽涉太廣，難免無法周全，遺民中仍有不少重要人物未被遣回或逃匿。最著者有魯王之女，鄭哲飛妻朱氏一家。余文儀《續修臺灣府志》云：

> 朱氏，故明魯王之女也，聰慧，知書，工針繡。適南安儒士鄭哲飛，生一男三女。哲飛歿，扶姑挈子女寄養父家。父卒，渡臺依寧靖王。康熙癸亥，我師克澎湖，寧靖王將自盡，氏欲從死，寧靖王以姑存子幼為諭。氏涕泣奉姑攜兒別居。勤女紅，忍饑養姑撫兒十餘年。女嫁姑亡子繼歿，遂持長齋。孀居五十餘載，冰操無玷，年八十餘卒。[112]

　　魯王曾經監國，於南明史上自居一席之地，朱氏之夫鄭哲飛，從姓名及籍貫上推論，應為鄭成功子姪輩人物，朱氏一家，實無不被遷回內地之理由，但朱氏及其子女卻未被遣回內地。似朱氏及其子女，皆可為號召遺民反清復明之適當人選。又如明鄭先鋒右鎮陳澤家族亦未被遣回，陳氏後裔繁衍頗盛，擁有田園數千甲，蔚為一大家族。[113]沈光文、王忠孝、李茂春等人之後裔亦皆留臺。逃匿將弁亦有如蔡機功、陳辛等人，故明鄭臺灣遺民中，仍留存相當多之人才，可為抗清之張本。

　　遺民抗清，多藉結盟以固結人心，如康熙四十年劉卻之役；六十年朱一貴之役，皆為其典型。因此，清廷治臺，亦特嚴民眾結盟之禁，犯者，為首者絞，為從者杖一百，流三千里。[114]而治臺官吏除出示嚴禁外，亦對百姓再三告誡，如季麒光、高拱乾皆曾為之，但臺灣社會所存各種

---

[111] 《明清史料戊篇》，《朱一貴供詞》。
[112] 余文儀《續修臺灣府志》卷十二，人物，朱氏。
[113] 黃典權，《霞漳陳氏家譜研究》。《臺灣文獻》第八卷第一號。
[114] 陳文達，《臺灣縣志》卷十藝文志，季麒光《嚴禁結拜示》。

弊端既無法解決，各種禁令與告誡當然無法壓制住民眾反抗之怒潮。

從康熙二十三年清廷將臺灣收入版圖至康熙六十年（1684－1721）之三十七年間，臺灣即發生九次抗清事件，茲將之作成表如下：（附表三）

附表三：清康熙年間臺灣抗清活動記錄表

主持人	時間(康熙)	地點	資料來源	備考
林盛	二十三年	臺灣府	李欽文、平臺記	陳文達《臺灣縣志》卷十藝文志
蔡慶功（公）	二十三年	小岡山	李欽文、平臺記　楊文魁傳	《重纂福建通志》卷一百四十四
陳辛	二十五年至三十年	水沙連三十六社	李日煜傳	《重纂福建通志》卷一百二十九
吳球	三十五年	新港社	《諸羅縣志》卷十二雜記志	
卓介、卓霧	三十八年	吞霄	《諸羅縣志》卷十二雜記志	吞霄土官
冰冷	三十八年	淡水	《諸羅縣志》卷十二雜記志	淡水內北投土官
劉卻	四十年	諸羅縣	《諸羅縣志》卷十二雜記志	漫延十六個月，破家者甚眾
鄭盡心	四十九、五十年	淡水	《諸羅縣志》卷七兵防志	清廷因而增設大甲以北七塘防備
朱一貴	六十年	全臺灣	《重修鳳山縣志》卷十一雜志	至雍正元年始平定

其中，蔡機功、陳辛兩役，《重纂福建通志》中明確宣稱係明鄭遺黨，兩次係土著自為發起，可見清代臺灣之抗清活動，除民族意識之對立外，社會不公平及官吏貪贓、欺壓百姓亦為潛在誘因。上述因素一日無法排除，臺灣社會即永無安定之日。

六、結 論

明末清初是臺灣政權更迭最迅速之時期，在天啟四年以前，臺灣只有海盜、倭寇出入及少數漢人居此補漁與土著貿易及小規模開墾等行為。天啟四年以後，荷蘭、西班牙人相繼入據，雖然漢人亦隨之大量移入，但多為季節性工作之移民，臺灣之社會制度與文件設施仍以荷人為

主導，荷人諸制，如財稅、田制等皆為明鄭時代所沿用，其著者有：專徵市舶、收丁口稅不斂田賦、對土著部落採包稅制（贌社）、港灣漁區行贌港、王田等。明鄭入臺後，對政治、教育、文化等皆有大建樹或更張，臺灣之成為漢文化社會即奠基於此。

鄭成功父子在臺灣經營二十餘年，其間三藩抗清事起，本為復明大業最佳時機，但以永曆帝崩後，鄭成功以僅係傳聞不敢輕信，並未別立新君，仍遙奉永曆虛號。因此，三藩雖邀鄭經率師西征，卻不奉永曆為宗主，彼此各自為戰互不支援。後吳三桂改號稱帝，更見其立場反復而無理想，光復良機瞬息即滅。三藩既敗，鄭經所部亦叛亡泰半而返。鄭經返臺後志氣消沉，遂委政長子克𡒉；日與親倖縱情聲色，內亂亦因之而萌。永曆三十五年正月，鄭經薨，政變亦起。軍人馮錫範聯合劉國軒殺克𡒉，別立錫範婿，年僅十二之鄭克塽嗣位。復國理想既已蕩然無存，軍心民志皆喪。不旋踵澎湖兵敗，明鄭遂降。

臺灣既降，清廷因顧慮抗清勢力復起，在政策上一面消磨鄭氏家族人力物力，一面藉戰爭消耗降清將弁以除心腹之患。其治臺策略則放任攻臺將領恣肆自為，故治臺將弁官吏紛紛自故鄉引進親戚故舊，佔居要地、蔭佔田園，或成立官莊、侵漁百姓，種種不法亦隨之滋長，臺灣社會因而形成新來統治階層與原住被統治階層對立之型態。明清兩朝原已有民族畛域存在，再加上盟會組織之凝聚力，臺灣社會遂有隱形之對抗團體存在，一旦有機可乘，或當統治者所施之壓力超過被統治者能忍受之程度時，被統治者便起而為抗清運動，清廷再以武力壓制，如此造成惡性循環，終清之世，清廷與臺灣居民遂皆無寧日。光緒甲午之役敗後，李鴻章之勇於割讓臺灣予日本，當與這種因人謀不臧而導致嚴重、持續的社會衝突不無關係。撫今追昔，真令人不勝唏噓。

二王廟與鄭成功父子陵寢

一、臺南市永康區二王廟

臺南市永康區網寮有一座二王廟，奉祀鄭王爺，為臺灣地區王爺廟中碩果僅存之奉祀二王神者，頗值注意。

二王廟廟宇建築為三間起，單進式。中間為正殿，中央神龕內奉祀三尊鄭王爺及關聖帝君，左邊奉祀註生娘娘，右邊奉祀福德正神。右殿奉祀八家將，左殿附設幼稚園。廟前一埕，約二百坪大小，為鄉人曝曬農產品及活動之場所。廟內三座鄭王爺神像完全相同，皆濃眉、巨眼，蓄長鬚，臉色鮮紅。當地居民對神之來歷已不清楚，僅知其姓鄭，為鄭成功家族人物，卒於當地。

二王廟內現存幾副對聯，係由前清時代留傳下來者，正門對聯云：

> 鄭神秉孤忠，浩氣磅礡留萬古，
> 府民留正義，莫教勝議論英雄。

神龕上對聯云：

> 二座奉明臣，神恩浩蕩罩臺島，
> 王衷懷漢族，廟貌堂皇鎮永康。

山川門對聯云：

> 千巖尊重，赫赫威靈，民且胝瞻，
> 歲欽神像，浩浩凜冽，人間希望。
> 甲住東西，靄靄瑞氣，凌雲永慶，
> 內鎮南北，興興有味，耀日呈祥。

上述幾副對聯中，以正門及神龕上之兩幅內容最具體，如譯成白話，即是說：兩位王爺姓鄭，是明朝臣子，生前秉孤忠，為漢族復興大業而奮鬥，其浩氣磅礡充塞天地，足以留傳萬古。二王事業最後雖未成

功，但對臺灣卻有大功德，臺灣府居民不以成敗論英雄，為表彰正義，故在永康建廟祀之。根據上述資料，如果讓學過臺灣歷史者來研判二王廟主神為誰，其答案必是鄭成功、鄭經父子兩人。

　　二王廟右殿牆上嵌有兩方石碑，係清咸豐七年（西元 1857 年）舉人鄭朝蘭所撰，原碑缺題，碑文云：

> 郡城之北，相去六七里，有二王崙焉。前里人立廟於此，崇祀關聖帝君，旁列二王，故其崙並號曰二王，夫祀帝君而繫之以二王者，以二王為之始基也。其始不知建自何人，迄於今，相延百有餘年矣。其廟屢經風、蟻，棟瓦傾頹，不為之興工修葺，恐神亦有所難安。矧夫帝君之赫濯古今，加之二王之靈應，禳災植福，實重賴之。共荷忭懷，蒙神降乩，稍移其地，改立座向，締造更新。然工費浩繁，必為集腋成裘而後廟可告成。幸有同志之人，前後捐貲相加，以共成其事。蓋起造於壬子之冬，而完工告成於丁巳之春。庶幾廟宇重興，馨香勿替，凡茲境土內外，皆獲福於無疆矣。戊子科舉人截取知縣鄭朝蘭序。選擇吉課日師甘時雍。謹將前後兩次合捐喜助芳名開列於左（下列捐款者姓名、數目。捐款者約三百人（或單位）、共捐銀一千五百三十六兩一錢）。

　　從碑文內容，可知此廟是以二王為始基，並稱當地為二王崙，後來不知何故，迎祀關聖帝君為主神，二王反降為陪祀神。

二、臺灣史上之二王

　　臺灣史上人物擁有王爵者，頗不乏人，如鄭成功延平王父子，明監國魯王、寧靖王朱術桂等皆是，但二王合稱，指的應是武王鄭成功、文王鄭經，兩人合葬、同廟，合稱二王。

　　鄭成功於明永曆十五年（清順治十八年，1661）驅逐荷人，收復臺灣，次年五月八日即薨逝於安平鎮王城，旋葬於洲仔尾之地。至永曆三十五年（清康熙二十年，1681）正月八日，鄭經亦薨於承天府行臺。嗣王鄭克塽將其祔葬於鄭成功之陵。

　　鄭成功父子在世時非常謙恭，雖曾受永曆帝延平王及潮王之封爵，但父子二人終身祇用隆武帝所封招討大將軍之銜，如現存英國倫敦博物館，鄭經所頒之大明中興永曆二十五年（1671）大統曆上所鈐印文，即為招討大將軍印。

　　成功父子為復明大業竭畢生心血，義問昭于六宇。既薨之後，已無朝廷可予贈諡，嗣王克塽乃為拜表請追諡鄭成功為武王，鄭經為文王。夏琳於《閩海紀要》載其事云：

> 初，永曆封成功為延平王，尋晉潮王，成功謙讓不敢當，終身祇稱大將軍。至是（永曆三十五年四月），克塽拜表，請諡為武王，併世藩為文王。其略曰：
> 竊維國有蓋臣，世篤棐忱，朝行諡典，用闡幽光，所以昭公道而勵臣節者也。粵自甲申板蕩以來，虜氛肆播，不共之仇，惟臣家罹禍最慘；匡復之業，亦惟臣門匪躬不懈。伏念臣祖成功，賜姓封延平王晉潮王，誓師奮武，蠻震三吳。暨臣父經，奉朔討罪，恢復七郡，天運未回，事多廢沮，而義問昭于六宇，心血亦竭於畢生，此祖宗神明所共鑒其精誠也。臣祖臣父，咸以勞瘁致殞，年皆不踰四十。生荷朝廷王爵之頒，屬籍之賜，猶欿然以國恥未雪，夙夜靡遑，不敢坐享榮貴，虛席名號。茲既徂喪，即欲更捐膚髮筋骨，圖報國恩，亦痛心於無從矣。緬稽古典，勳臣勤死，厥有贈諡，今君門萬里，弗獲請命。惟是諸臣以臣祖父勳在社稷，例有易名，僉舉諡法，以表忠貞，敢借一字之華袞，用慰九泉之忠魂，伏乞俯循公論，錫以譽命，庶稽勳有光於史冊，而志士亦樂效於疆場矣。

　　因此，鄭成功父子各有諡號，成功為武王，經為文王。然不旋踵，鄭克降清，明鄭史蹟文物被清朝摧毀一空，鄭成功父子之諡號遂鮮為各界所知，僅反清復明團體天地會等團體，奉鄭成功為武宗，當與此有關。

三、鄭成功父子陵寢

　　鄭成功於永曆十六年五月薨逝於安平鎮王城，葬於洲仔尾；永曆三十五年正月，鄭經亦薨，祔葬於成功之陵。至永曆三十七年（清康熙二十二年，1683）六月，鄭克塽即降清，臺灣淪於清人掌握，至康熙三十八年（1699）成功家族人員靈柩被遷回福建南安改葬。在清吏高壓統治下，漢人不敢提及成功父子陵寢所在，其地漸不為人所知，至今日竟成臺灣歷史上之一大謎題。

　　鄭氏家族靈柩遷回祖籍改葬之因，據鄭克塽之說法，係臺灣遠隔溟海，祭掃維難，乃具疏陳情遷葬，並奉特旨恩准。[1]即遷墳之舉，出於鄭氏家族之請求，而獲清廷特准辦理者。

　　據鄭克塽向清廷提出遷墳之請，似寓祈求首丘故土之意。因當時臺灣已入清朝版圖十六年，克塽家族人被納入漢軍八旗看管亦已十六年。鄭氏黨徒羽翼殆將散盡，已不再能動搖清室根基。克塽之意，或想藉請求遷葬祖父靈柩之便，向清廷祈求脫離旗籍，以免受監禁拘束之苦。殊不知當時臺灣抗清意識仍甚濃厚，抗清事件，史不絕書，如康熙二十三年有林盛（臺灣府）、蔡機功（小岡山）之役；二十五年至三十年有明鄭部將陳辛入水沙連（南投縣山區），結三十六社番抗清之役；三十年有吳球（新港）之役；三十八年有卓介、卓霧（吞霄）；冰冷（淡水）土官之役，使清廷疲於奔命。如放鄭克塽家族出旗歸故里，無異縱虎歸山，給予抗清勢力一大精神鼓舞，故清廷實不可能讓鄭氏家族出旗。

　　漢人抗清意識既濃，鄭成功父子陵寢在臺，宛若留一抗清典型供其效法。居於清人統治立場言，實為一大不利事[2]，鄭克塽既上疏祈請遷

---

[1]　康熙三十八年，鄭克塽撰《祔葬祖父墓誌銘》云：「……歲癸亥，不孝克塽等舉國內附，挈眷入京，蒙恩封漢軍公。念臺灣遠隔溟海，祭掃維艱，具疏陳情，乞遷葬內地，奉特旨恩准。」

[2]　鄭成功陵寢遺址至康熙末年尚為遺民抗清之精神號召中心。王必昌《臺灣縣志》，卷十五雜記志，兵燹云：「（康熙六十年五月）初四日，（朱一貴）自鳳山逆居道署，越日，詭言洲仔尾海中浮出玉帶、七星旗，鼓吹往迎，以為造逆之符，僭號永和，蓋應賊黨之相併也。」其時鄭成功父子靈柩已被遷回祖籍改葬二十餘年，朱一貴尚需藉其遺物發現以資號召，難怪清人必欲將鄭成功父子靈柩遷回原籍。

葬，康熙乃順水推舟，遣官兵赴臺董其役，而成功遺裔，僅克塽弟克塈獲准假，回南安襄助。[3]此應為鄭成功父子陵寢遷葬之實情。

清同治十三年（1874），巡臺使者沈葆楨奏請在臺建延平王祠，曾提及遷墳時康熙之態度，云：

> ……臣等伏思，鄭成功丁無可如何之厄運，抱得未曾有之孤忠，雖煩盛世之斧斯，足砭千秋之頑懦。伏讀康熙三十九年聖祖仁皇帝詔曰：「朱成功係明室遺臣，非朕之亂臣賊子，敕遣官護送成功及子經兩柩歸葬南安，置守塚，建祠祀之。」[4]

觀其文，似清廷待鄭成功父子頗優，但細考康熙、雍正兩朝待成功遺裔之態度，即知此為清人表面功夫而已。

按康熙二十二年夏，鄭克塽降清時，即於降表中，請求准於閩南地方，撥賜田莊、廬屋，並將籍沒產業俱行發還，云：

> ……獨念臣全家骨肉，強半孺孤，本係南人，不諳北土，合無乞就近閩地方撥賜田莊、廬屋，俾免流移之苦，且獲養贍之資……籍沒產業，俱行賜復。[5]

康熙對其請求，無一允許，且剋期令鄭氏家族入京。鄭克塽入京後，康熙在表面上雖予正紅旗漢軍公之封，卻有銜無職，鄭氏家族只得坐吃山空。至康熙三十二年（1693），始賞給佐領一個。但鄭家因人丁眾多，食指浩繁，家計仍無法維持。克塽乃請求清廷，「將曾寧等十一戶，並原留在閩家口查提來旗，及閩、廣被佔產業查還。」[6]康熙覽奏後，准將鄭克塽弟克圻發往廣東、福建巡撫清查。其事進行至康熙四十八年（1709）克塽病故前，「閩省旗丁一項，業經府縣查明，晉江、同安二縣產業已經查出，尚未交還。漳州府產業，現在行查未果。其廣東產業，俱被土豪霸佔。及至歸善、海豐兩縣，以無契推諉，並不以部冊為憑。

---

[3] 其事見鄭克塽撰，《祔葬祖父墓誌銘》。

[4] 見沈葆楨，《沈文蕭公政書》，卷五，《請建明延平王祠摺》。

[5] 見高拱乾，《臺灣府志》，卷一封域志，附《偽藩鄭氏降表》。

[6] 見《明清史料丁編》第三本，《已故公鄭克塽母黃氏再籲天恩請查產業》殘葉。

即有佔產之人具呈還產，地方官不容清還，反將家人誘往數載，拖斃兩命。再如歸善縣鹽町等業，復被勢豪陳舜卿等霸佔。」[7]故克塽遺本奏稱「家道貧寒，難以養贍，懇籲天恩，再添賞一個佐領。」[8]清廷乃准其再添一個佐領，將克塽親弟克塙編管。至雍正年間，克塽子安福被革職，克塙子安德被降調，鄭家僅剩半個佐領。終清之世，清廷又未將籍沒之鄭家產業發還，鄭氏子孫逐漸沒落，慢慢從歷史舞台上消失。

由上述康熙待鄭氏遺裔之態度，可知其真心並無敬重鄭成功之意，其遣官護送成功及子經兩柩歸葬南安之舉動，實為對臺灣居民抗清活動之釜底抽薪計，毫無善意可言。因此，清吏至臺遷墳後，即將成功父子陵寢遺物及有關史蹟徹底毀滅；清吏編修臺灣方志，更不敢妄言成功父子事蹟及陵寢以免賈禍。時日一久，鄭成功父子陵寢何在，遂成懸案。

四、二王崙與成功父子陵寢遺址

清室覆亡，民國肇建以後，即有學者從事考究成功父子陵寢之活動，但皆無結果。連雅堂即其著者。連氏於其所撰《雅言》，述其事云：

> 臺灣石刻之最古者，當推延平郡王墓誌，今已不存，或當時攜歸石井亦未可知。余讀鄭克塽所撰先王父墓誌銘，謂王父生平事蹟，先卜葬臺灣，已悉前誌。茲第敘其生卒年月世系子姓，納諸幽壙，用示後之子孫。嗚呼，前誌而在，必為一篇大文，且東都建造之時，無所忌諱，則王之功勳文采，昭然炳然，又何求缺漏哉？而最可恨者，莫如舊時府縣各誌，王之事蹟，既不敢言，則王之墓址亦不一載，執筆者之獻媚新朝，亦可鄙也。

民國十九年十月，日人在臺南市兩廣會館舉行臺灣文化三百年紀念會。時任臺灣圖書館館長之山中樵氏，於其編著之《臺灣三百年之史料》亦云：

7　同註6。
8　見《明清史料己編》第七本，《正紅旗漢軍佐領緣由冊》。

　　鄭氏三代事蹟存於臺人腦中頗深，故為艾除臺人腦中之記憶，一
對歷史或史蹟之態度必有所考慮，二見臺人崇拜中心之鄭成功
墓，恐使一般人追懷已往善政而影響其統治，故乘克塽疏請歸葬
祖父遺骨，准其將墓移築石井，直至於今，其墓舊址亦遺失而不
明矣。

　　臺灣光復以後，學術界又興起尋找鄭成功父子陵寢之行動。其中部
份學者認為臺南縣永康鄉鹽行村之鄭其仁墳墓遺址即為成功父子陵寢
所在，但亦有人持相反看法。民國六十六年二月，石萬壽等人在鄭其仁
墳墓遺址從事考古挖掘，結果證明該處並非鄭成功父子陵寢所在。[9]

　　鄭成功父子陵寢遺址，雖經學界多年追尋無結果，但位於洲仔尾網
寮村之二王崙，是否為成功陵寢所在，卻無人加以措意。

　　「崙」字之意，指寬坦之高地，即小山丘之意，亦可當貴官墳墓講；
崙之得名，常具特殊典故。如諸羅縣境有一地名皇帝崙，即因鄭經征南
社番，親屯兵於其地而得名。[10]葬鄭成功曾、蔡二姬之土山稱曾蔡二姬
崙[11]。依此類推，二王崙之得名應與二王有關；二王既專指鄭成功父子
兩人，二王崙自應與成功父子相關。而成功父子生前並未同時駐紮臺
灣，二王崙自非因兩人曾在其地駐紮而得名。崙既非小山，自有可能為
陵寢之所在。如二王崙為成功父子陵寢所在，則二王崙上之二王廟應為
二王陵寢之享殿。如此，再反過來看永康鄉二王廟之對聯及碑文，便不
會覺得突兀，並可以接受。而當地人迎祀關聖帝君為主神，降二王為陪
侍神，則因清廷崇祀關帝，可藉之避清吏耳目，暗中保存二王祀統於不
絕也。

[9]　參閱石萬壽，《洲仔尾鄭墓遺址勘考報告》，《南瀛文獻》第二十四卷，頁5-35。
[10]　《諸羅縣志》卷十二雜記志，外紀云：「地高而寬坦，臺人謂之崙。邑有黃地崙，偽氏踞臺
　　時，征南社番，親屯兵於此。番呼皇帝，遂以名崙。猶麻虱目之呼為皇帝魚也。相沿已久
　　不可復改，沿其音而易其字。
[11]　道光十年，《臺灣采訪冊》，載溪仔墘溪，源出東門外太爺廓前，過竹溪寺邊，轉過曾蔡二
　　姬崙。其墓至今尚存。

五、二王廟與代天巡狩神

　　清初所修方志，對二王廟尚有記載，要至康熙末年以後始無之。有關二王廟最早之記載，見於康熙二十三年（1684）福建巡撫金鋐、鄭開極等人所修之《福建通志》。該志卷十一祀典，臺灣府祠廟云：「二王廟，在府治東安坊，乃代天巡狩之神，威靈顯赫，土人祀之。」將二王廟置於祀典志，代表修志者視其神為符合《禮記》祭法所云「夫聖王之制祭祀也，法施於民則祀之，以死勤事則祀之，以勞定國則祀之，能禦大災則祀之，能捍大患則祀之。」之原則，為國家祀典之所在，每年春、秋二祭需由政府官員主祭，非一般淫祠雜祀之對象。據此原則來考究代天巡狩之意，即可獲知二王所祀神為誰矣。

　　巡狩兩字，原為天子巡歷諸侯國之意，引伸成天子應行執行之職權。其制春秋時代即已有之。《孟子，梁惠王篇下》載齊景公問於晏子曰：「吾欲觀於轉附、朝儛，遵海而南，放於琅邪。吾何脩而可以比於先王觀也。」晏子對曰：「善哉問也，天子適諸侯曰巡狩，巡狩者，巡所守也。諸侯朝於天子曰述職，述職者，述所職也。」即其明例。其事慢慢演變成制度。《禮記》王制篇云「天子五年一巡狩，諸侯三年一朝覲」即為巡狩已經定型成制度之證，此後《史記》封禪書、《漢書》郊祀志，皆有帝王巡狩之記載。其制傳至明代，已經非常豪奢。據《明史》之記載，巡狩之制僅扈從馬步軍一項，即動用五萬人[12]，人力、物力之耗費十分可觀。因此有人評其不切實際。

　　明萬曆年間，閩人謝肇淛曾評巡狩之事，云：

> 古者，天子五載一巡狩，周於四岳。今一巡幸而所過郡邑囂然騷動矣。……蓋古者不獨上之節省，其儀從有限，亦且下之富饒，其物力可供。今則千乘萬騎，徵求無藝，而尺布斗粟，無非派之丁田者。至於供億之侈靡，中涓之需索，日異而歲不同。十年之間已不啻倍蓰矣。自此以往，安所窮極。故天子之不巡守也，侯

---

[12]　參閱《明史》卷五十六，禮十，嘉禮四，賓禮。

王之不朝覲也，亦時勢使然也。[13]

因天子親自出為巡狩耗費繁多，賢天子為免民間疾苦，輒有派遣大臣代為執行職權之舉，此稱為代天子巡狩或代天巡狩。

代天巡狩之觀念，在清初尚普遍存於一般人心目中。由乾隆本《泉州府志》楊旬瑛傳之記載，即可證之。《泉州府志》卷四十五，楊旬瑛傳云：

> 楊旬瑛，字維六，晉江人。明大學士景辰子。天啟丁卯舉人，順治己丑進士，選庶常，推為御史。巡按廣東時，尚、耿二藩擁重兵，得便宜行事，欲坐受使者拜。旬瑛至，一拱手，遽登共座。曰：春秋，王人雖微，坐諸侯上，況代天子巡狩乎！二藩改容謝之。

楊旬瑛所處年代，與纂修《福建通志》之金鉉、鄭開極等人相同。用語既同，所代表之意義自亦相同。因此，《福建通志》所說之代天巡狩神，即其人生前曾代行天子職權，生前對國家有大貢獻，符合《禮記》祭法之原則，故死後被政府建廟崇祀。而代天巡狩神僅被奉祀於臺灣府，表示其人功在臺灣。範圍縮小至此，則其人除鄭成功父子外，不作第三人想矣。

《福建通志》何以稱鄭成功父子為代天巡狩神呢？此迺因當時滿洲人以異族統治天下，對漢人猜忌箝制，無所不用其極。成功祖孫三代堅決抗清，編志者諸羅縣令季麒光避諱言之以免賈禍，但其祀典在臺灣頗盛，又不能不存其真，遂以代天巡狩神稱之。且稱成功父子為代天巡狩神亦有所本。

按成功初出仕，隆武帝即封之為招討大將軍，賜尚方寶劍，許便宜行事，至永曆帝時，以行在遠在桂西，成功藩前文、武官員欲一一奏請委任，實有未便。永曆帝特許成功藩前設立六官，武官許封至一品，六官許設主事，秩比侍郎。及成功父子相繼入臺，明祚雖已斷絕，但成功

---

[13] 見謝肇淛，《五雜組》，卷十五，事部三。

父子，繼續奉永曆正朔，以承天府為東都，中央設六官，地方設一府、三縣，南、北、澎湖三安撫司，開科取士，代行天子職權達二十餘年，稱其為代天巡狩神不亦宜乎。

《福建通志》於描述二王廟時，尚敘及所奉祀為「代天巡狩神，威靈顯赫，士人祀之」等語，雖有隱諱，但卻能傳其神。至康熙三十四年（1694）高拱乾修《臺灣府志》時，已不敢多言。其描述二王廟僅云：「二王廟，在附郭縣東安坊。」[14] 寥寥數語，閱志者已無法窺知二王廟所祀何人矣；尤有甚者，高拱乾未將二王廟列於《典秩志》，而降於《外志》，使二王列於叢祠眾神之流，其情雖可憫，但其行卻也反映出當時清朝官方已不承認鄭成功父子的開拓功勞。

康熙三十八年，鄭成功父子靈柩既被遷回原籍改葬，陵寢被毀，二王廟自應被拆除或任其傾圮，故康熙朝以後所修各版臺灣府、縣方志，即不再見及二王廟之記載。而現存二王崙之二王廟，可能是在乾隆年間臺灣百姓暗中重建[15]，故未見清修方志記載。

六、結語

鄭成功父子陵寢，自康熙三十八年被遷回福建南安祖塋改葬，迄今已三百多年。因清人遷墳時，全力毀除成功家族在臺遺蹟，以消除漢人抗清之意識。其後編纂臺灣府縣志之官吏遂不敢稍提鄭氏家族事蹟，時日一久，致後人欲尋成功父子陵寢遺址而不可得，此誠臺灣史一大遺憾事。

臺南市永康區二王崙上之二王廟因地震遷建於網寮[16]，原廟後地形

---

[14] 見高拱乾，《臺灣府志》，卷九寺觀，附宮廟。

[15] 現存二王廟碑記立於咸豐七年（1857），碑中謂不知創自何人，相沿百有餘年，即其廟之創建年代可再上溯百餘年，茲以百有餘年為一百十年計，咸豐七年上溯一百十年，為乾隆十二年（1747）。而二王崙之稱呼，康熙年間已見民間流傳，故二王廟真正創建年代必在康熙年間以前，由此可推知二王廟曾一度被毀，至乾隆年間始再暗中創建，並迎祀關聖帝君為主神以掩清吏耳目。

[16] 二王廟於臺灣光復後，因地震傾圮，今已遷往其東方五百餘公尺之網寮村內重建，原址部份改建成市場，部份仍為廢墟。

高聳[17]，廟內奉祀鄭王爺。由廟中聯語給予之啟發，並從文物上加以考察，當地可能為鄭成功父子陵寢遺址所在，該廟所奉祀神為鄭成功父子。該處遺址值得相關學術單位前往調查挖掘，或能因而找出鄭成功父子陵寢遺址，解開百餘年來之謎團。

---

[17] 日本大正十五年測繪臺南市北部地形圖時，該處標高為二十九米，地形突出。

清代臺灣的鄭成功祠祀考

一、前言

《史記》卷一百三十，太史公自序云：

> 《春秋》者禮義之大宗也，夫禮禁未然之前，法施已然之後。法之所為用者易見而禮之所為禁者難知。

此言《春秋》大義：為處理國事之根本，禮與法則為治國之兩端。而禮之功能則在事前之防範誘導。禮之要旨，錢賓四師曾加以推衍，云：

> 禮之最重最大者惟祭，孔子推原祭之心理根據曰報本反始。此即原於人類之孝弟心。孝弟心之推廣曰仁，曰忠恕。是為人與人相處最要原理，即所以維持人類社會於永久不弊者。[1]

古代貴族封建，立基於宗法，國家即是家族之擴大。宗廟裡祭祀輩分之親疏，規定貴族間地位之高下。宗廟裡的譜諜，即是政治上之名分，因此，自春秋時代以降，中國有關祭祀之原理原則皆已粲然大備，後世有國者，莫不視為治國要端。

《禮記》卷十二，王制云：「天子祭天地，諸侯祭社稷，大夫祭五祀。天子祭天下名山大川。……諸侯祭名山大川之在其地者。」此為有國有家者對天地山川報本反始之表現。卷四十六，祭法云：「夫聖王之制祭祀也，法施於民則祀之，以死勤事則祀之，以勞定國則祀之，能禦大災則祀之，能捍大患則祀之。」

更進一步肯定人性之高貴品格。對能護衛眾民，或為其犧牲奮鬥者建祠祀之，使其馨香百代，不僅報其德，且可勵來者，於社會風氣之振滌，不無裨益。

鄭成功祖孫三代畢生致力反清復明大業，卒年皆不出四十，可謂以死勤事；又闢臺灣，定制度，法施於民，兩者皆符《禮記》祭法。然清

---

[1] 見《國史大綱》第二編第六章，民間自由學術之興起。

代臺灣所修府、縣志，未嘗有明記延平王祀事者，似於此前臺灣未曾有延平王祠祀似存在。

明制，功臣可肖像立廟，供官民祭祀。《明史》卷五十，禮四，功臣廟云：

> 太祖既以功臣配享太廟，又命別立廟於雞籠山。……初胡大海等歿，命肖像於卞壺、蔣子文之廟。及功臣廟成，移祀焉。

明朝制度如此，鄭成功亦頗重祭祀事，如其入長江祭孝陵，於廈門建功臣廟，以金塑母像祠之[2]，有大事，祭山川，出兵則祭江，傳至其子孫皆然。既有先例可循，成功崩逝後，嗣王鄭經必為立廟始合情理，況成功逝世時，距清軍入臺尚二十二年，若謂臺灣無其廟，似不無斟酌之餘地。

二、失落之延平王祠祀

鄭成功逝世後，南明當局如何祠祀之，雖未見文獻記載，然明鄭時代臺灣有鄭成功廟存在，則仍可證於清人著述。康熙中葉，閩人鄭亦鄒撰《鄭成功傳》，曾描述成功叛將施琅於康熙二十二年（1683）八月入臺後，前往成功廟刑牲設誓之情形，云：

> ……琅乃刑牲奉幣，告于成功之廟曰：自同安侯入臺，臺地始有居民，逮賜姓啓土，世為巖疆，莫可誰何。今琅賴天子威靈，將帥之力，克有茲土，不辭滅國之誅，所以忠朝廷而報父兄之職份也。獨琅起卒伍，于賜姓有魚水之歡，中間微嫌，釀成大戾，琅於賜姓，剪為讐敵。情猶臣主，蘆中窮士，義所不為，公義私恩，如是則已。

可知清領初期臺灣尚有鄭成功廟宇存在。此後清人所修方志及文人筆記，皆未見明確提及有關延平王祠祀事。至清季外患頻仍，漢滿政治

---

[2] 查繼佐，《魯春秋》云：「成功母出自日本，嘗金塑母像，謹祠之，懸以真珠簾，馬（得功）、黃（澍）出卻鄭，私有之。」

對立之形勢已因外夷侵逼而轉變成一致敵愾同仇。同治十三年（1874），巡臺使者沈葆楨赴臺處理牡丹社事件時，始奏請清廷在臺灣建延平王祠。其奏摺中稱引臺灣府進士楊士芳之稟，始透露出清代臺灣民間暗中熱烈祠祀延平王事。其奏摺云：

> 明末延平王賜姓鄭成功者，福建泉州府南安縣人，少服儒冠，長遭國恤，感時仗節，移孝作忠。顧寰宇難容洛邑之頑民，向滄溟獨闢田橫之別島，奉故主正朔，墾荒裔山川，傳至子孫，納土內屬。維我國家，宥過錄忠，載在史宬。厥後陰陽水旱之沴，時聞吁嗟祈禱之聲，肸蠁所通，神應如答，而民間私祭，僅附叢祠。身後易名，未邀盛典，望古遙集，眾心缺然。[3]

摺中敘述清代臺灣民間普遍私祭鄭成功之情形，頗出人意料之外，然因鄭成功祠祀未得清廷許可，故各延平王祠宇僅得附於民間雜祀叢祠之列，並未列入臺灣官方祀典。

沈葆楨奏請於臺灣建延平王祠事，旋經清廷批准，光緒元年（1875）臺灣延平王祠建妥。臺灣之鄭成功祠祀遂分成兩類，一類為官方祀典之延平王祠及以後所建之鄭成功廟；第二類則為清代臺灣民間以其他名義私祭之鄭成功。

三、臺灣居民與祖籍地居民祠祀神之比較

因臺灣歷年所修方志未曾明言鄭成功祠祀之情形，欲明瞭其實情，首需比較臺灣居民與祖籍地居民祠祀習慣之異同。據民國十五年調查資料臺灣人之祖籍百分之八十三為福建省，百分之十五點六為廣東省。[4]如以府別統計，泉州府佔百分之四十五，漳州府佔百分之三十五，嘉應州佔百分之八，惠州佔百分之四，潮州佔百分之三點六，其餘汀、福、永

3　見沈葆楨，請建明延平王祠，《沈文肅公政書》卷五，同治十三年十二月初五日。
4　據《臺灣省通志》卷二〈人民志〉氏族篇，第三章臺灣之居民；所附民國十五年調查臺灣人之祖籍別人口統計表。

春、興化、龍巖等府州合佔百分之三。茲以道光九年（1829）《重纂福建通志》及嘉慶二十三年（1818）《廣東通志》所載上述十府祠祀資料加以統計，所得如下：

表一　臺灣居民祖籍地主要祠祀統計表

	真武廟	關帝廟	東嶽廟	天后宮	威惠廟	慈濟宮	雙忠廟	三山國王廟	王爺廟	五顯廟
福州	6	18	5	17	1	0	0	0	0	1
興化	1	2	3	5	1	0	0	0	0	0
泉州	3	7	4	9	2	4	0	0	0	0
漳州	2	10	6	9	5	2	0	0	0	0
汀州	7	14	7	8	0	1	0	0	0	0
永春	1	3	2	3	0	0	0	0	0	0
龍巖	0	3	0	3	0	0	0	0	0	0
嘉應州	0	5	0	2	0	0	0	0	0	0
惠州	2	14	2	7	1	0	0	0	0	0
潮州	2	10	1	4	0	0	0	0	0	0
總數	24	86	30	67	10	7	4	2	0	1
名次	4	1	3	2	5	6	7	8	10	9
註備	來源：清嘉慶二十三年《廣東通志》；道光九年《重纂福建通志》。關帝廟祀關羽；天后宮祀媽祖；真武廟祀玄天上帝；威惠廟祀陳元光；慈濟廟祀保生大帝；雙忠廟祀張巡、許遠；三山國王廟祀潮州巾山、明山、獨山山神；五顯廟祀五瘟神；王爺廟祀代天巡狩神。									

其得名次序，依序是關帝、天后、東嶽、真武、威惠、慈濟、雙忠、三山國王、五顯。臺灣方面，據民國八年調查資料[5]，統計臺灣民間主要祠祀對象如下：

表二　臺灣民間主要祠祀對象表

種別 廳名	福德正神	王爺	媽祖	觀音	玄天上帝	關帝	三山國王	保生大帝	三官大帝	太子爺	開漳聖王	鄭成功
臺北	55	20	28	34	2	5	2	4	4	0	11	2

---

[5] 據民國八年（日本大正八年）臺灣總督府文教局社會課編，《臺灣宗教調查報告書》第一卷附表六。

宜蘭	48	2	10	15	9	9	22	3	4	4	15	16
桃園	20	3	7	17	1	4	2	2	30	0	9	0
新竹	45	33	23	46	8	21	19	2	10	0	0	4
臺中	204	96	69	38	24	13	27	6	9	14	7	8
南投	36	9	11	9	9	7	3	1	1	1	0	3
嘉義	111	119	57	55	47	31	14	29	6	10	5	9
臺南	112	102	81	58	49	29	10	55	6	26	4	2
阿緱	122	19	27	22	11	3	19	3	1	6	1	2
臺東	2	0	3	1	1	0	1	0	0	0	0	0
花蓮港	1	0	0	2	0	1	0	0	0	0	0	2
澎湖	3	44	5	7	11	9	0	4	1	5	1	0
總計	669	447	320	304	172	131	119	109	72	66	53	48
名次	1	2	3	4	5	6	7	8	9	10	11	12
註備	一、資料來源：大正八年臺灣總督府編，《臺灣宗教調查報告書》第一卷，附表六。二、開漳聖王及陳元光。另五顯廟全臺共六座。											

　　其得名次序，依序是福德正神、王爺、媽祖、觀音、玄天上帝、關帝、三山國王、保生大帝、三官大帝、太子爺、開漳聖王、鄭成功。兩者互相比較，可發現臺灣居民之主要信仰多由大陸傳來，其中數目最者為福德正神，其次則為王爺（代天巡狩神）。福德正神，據《臺灣省通志》卷二〈人民志宗教篇〉之說明，為土地公之別名，係臺灣農民春祈秋報所產生之祠祀，與閩粵社會普遍存在之賽社活動類似。而閩、粵兩省通志全無載錄之代天巡狩神王爺竟為臺灣民間僅次於土地神之祠祀對象，且其他各神祇皆有明確之歷史背景可尋，僅王爺（代天巡狩神）無明確來歷可稽，故有學者認為王爺即鄭成功之祠祀，有的則反對，眾說紛紜。

四、學者對代天巡狩神王爺之看法

　　近代學者對代天巡狩神王爺來歷之看法，可分成二種，第一種認為代天巡狩神係臺灣民間於清人高壓統治下，仿花蕊夫人以梓潼祀其故夫之法。將鄭成功詭稱為王爺加以祠祀之行為。此派以連雅堂氏為代表。連雅堂於《臺灣通史》卷二十二，〈宗教志・神教〉，提出其看法云：

　　王爺之事，語頗鑿空，或曰：『是澎湖將軍澳之神也。舊志為神之姓名、事蹟無考。豈隋開皇中虎賁陳稜略地至此，因祀之歟？

又曰：

　　府志載邑治東安坊有開山王廟，今圮。按開山王廟所祀之神，為明招討大將軍延平郡王，即我開臺之烈祖也。乾隆間，邑人何燦鳩資重建。同治十三年冬十月，欽差大臣沈葆楨與總督李鶴年、巡撫王凱泰、將軍文煜合奏，改建專祠，春秋致祭，語在《建國紀》。是開山王廟固祀延平也。……唯臺灣所祀之王爺，自都邑以至郊鄙，山陬海滋，廟宇巍峨，水旱必告，歲時必禱，尊為一方之神。田夫牧豎，靡敗憒謾。而其廟或曰「王公」，或曰「大人」，或曰「千歲」，神像俱雄而毅。其出游也，則曰「代天巡狩」。而語其姓名，莫有知者。烏呼！是果何神，而令臺人之崇祀至於此極耶？顧吾聞之故老，延平郡王入臺後，闢土田，興教養，存明朔，抗滿人，精忠大義，震曜古今。及亡，民間建廟以祀，而時已歸清，語多避忌，故閃爍其辭，而以「王爺」稱。比如花蕊夫人之祀其故君，而假為梓潼之神也。亡國之痛，可以見矣！其言代天巡狩者，以明室既滅，而王開府東都，禮樂征伐，代行天子之事。故王爺之廟，皆曰「代天府」，而尊之為「大人」，為「千歲」，未敢昌言也。

　　第二種看法則認為王爺為瘟神，以日本民族學者前島信次、我國民族學者劉枝萬為代表。前島氏於昭和十三年（民國二十七年）於《東京民族學研究》第四卷第四號發表〈臺灣の瘟疫神王爺と送瘟の風習に就いて〉一文，該文除序言外，分成六部份，第一部份介紹臺南市將軍區

南鯤鯓王爺廟之創廟源起及神異傳說。第二部份以佳里鎮金唐殿、安平妙壽宮等為例，說明臺灣王爺廟不少係因漂來王船而建立。第三部份引述其師法人多黑（Henri-Dore）對中國瘟神之分類，謂臺灣瘟神傳說，與江蘇省三義閣屬同一系統。第四部份描述臺灣之王醮習俗，第五部份解釋送瘟為王船習俗發生之根源。第六部份結論，認為王爺信仰為迷信行為。

　　民國五十二年底，劉枝萬於《臺灣省立博物館科學年刊》第六期發表〈臺灣之瘟神信仰〉，劉氏云：

> 瘟神之原始形態是死於瘟疫之屬鬼，故其信仰是一種極素朴之靈魂崇拜。……瘟神信仰之第二階段是取締疫鬼，除暴安良之神……此一蛻化，想是放流王船之俗盛行以促其成。……因瘟神與海洋文化之發展息息相關，遂被賦與保護航海平安之海神功能，是為瘟疫神信仰演化之第三階段……瘟疫神演化之第四階段是醫神……第五階段是保境安民之神……第六階段是萬能之神。

　　然未對王爺為瘟神之原由，提出充分文獻依據。民國五十五年，劉氏復於《中央研究院民族學研究所集刊》二十二期發表〈臺灣之瘟神廟〉，文中蒐羅頗多文獻，對瘟神可能在閩、粵及臺灣被崇信之背景加以說明。

　　民國五十八年元月，蘇同炳氏撰《臺灣今古談》，書中第二篇〈民俗〉，丁、宗教信仰，王爺由來，對連橫所持王爺是鄭成功之說法加以批駁，云：

> 有關王爺廟的由來，自來頗多不同的傳說。如果以科學的眼光加以分析考證，就可知道都是靠不住的。……至於連雅堂的《臺灣通史》，則相信臺灣民間所奉祀的王爺，實際即是延平郡王鄭成功，祇因清人滅鄭，臺灣人民不敢公然倡言，纔假托了莫須有的王爺來奉祀。他甚且不相信這是一種迷信，以為『先民雖愚，斷無如是之昧也。』
> 連雅堂之說法，恐怕是別有寄託；事實上則當時的民間信仰，確

實是極為迷信的。⋯⋯《同安縣志》引述明人盧若騰的《島居隨筆》（錄）說：同安風俗，每隔三年就要舉行一次請王爺的逐疫大典。每屆舉行之期，都要先期醵金建造王船，以牲禮致祭，並有各種賽神活動，然後將王船送出海洋，任牠隨風所之。船中所載，一應器具設備，色色俱全，其方式一如清代泉漳二府所行的「送王船」。根據這一條記載，可知不但「王爺」之由來極早，甚至也不是連雅堂所說的是為了紀念鄭延平王。

可惜蘇同炳誤用史料將《同安縣志》所引清季閩人楊浚之《島居隨錄》誤為明季兵部尚書同安盧若騰之作品。楊浚是左宗棠幕僚，活躍於咸、同及光緒初年（約 1851－1880）之福建政壇，所述之事，自是清季廈門、同安一帶之習俗。蘇同炳撰〈王爺之由來〉一文，誤以楊浚為盧若騰，乃造成將清季同安之請王習俗上推二百餘年，致有王爺信仰在鄭成功逝世以前即有之誤判。此後學者討論王爺信仰，皆不出王爺為鄭成功或瘟神之兩種說法。

五、代天巡狩神應為鄭成功父子

文獻最早記載代天巡狩神（王爺）之資料為清康熙二十三年（1684）修之《福建通志》，其記載尚未與瘟神傳說混雜。《福建通志》卷十一，〈祀典〉臺灣府祠廟，二王廟條云：

二王廟在府治東安坊，乃代天巡狩之神，威靈顯赫，土人祀之。

此座二王廟，在康熙末年以後即不再見於文獻記載，其廟址似即今之臺南市延平郡王祠。今臺南市永康區網寮另有一座二王廟，兩座二王廟所祀神不知是否相同，但永康二王廟所見文物，卻與鄭成功父子有密切關係，該廟正門對聯云：

鄭神秉孤忠，浩氣磅礴留萬古。
府民留正義，莫教勝議論英雄。

神龕對聯云：

二座奉明臣，神恩浩蕩覃臺島。
王衷懷漢族，廟貌堂皇鎮永康。

該廟奉祀的王爺姓鄭，為明臣，所在地又為明季清初所稱之洲仔尾範圍內，洲仔尾為鄭成功父子陵寢所在地，諸多巧合，似非偶然，該廟極可能原為祀成功父子之享殿。

二王一詞，在臺灣史上指武、文二王，即鄭成功父子二人，其詞起源於鄭經薨逝後。明永歷三十五年（清康熙二十年）正月，鄭經薨，祔葬於成功之墓，四月，鄭克塽為拜表請追諡成功為武王，經為文王。夏琳《閩海紀要》載其事云：

初永歷封成功為延平王，尋晉潮王。成功謙讓不敢當，終身祇稱大將軍。至是克塽拜表，請諡為武王。併世藩諡為文王。其略曰：「竊惟國有藎臣，世篤棐忱，朝行諡典，用闡幽光，所以昭公道而勵臣節也。粵自甲申板蕩以來，虜氛肆播，不共之仇，惟臣家罹禍最慘；匡復之業，亦惟臣門匪躬不懈。伏念臣祖成功賜姓封延平王晉潮王，誓師奮武，鬯鎮三吳。暨臣父經，奉朔討罪，恢復七郡，天運未回，事多廢沮，而義問昭于六宇，心血亦竭于畢生，此祖宗神明所共鑒其精誠也。臣祖臣父，咸以勞瘁至殞，年皆不踰四十。生荷朝廷王爵之頌、屬籍之賜，猶欿然以國恥未雪，夙夜靡遑；不敢坐享榮貴，虛席名號。茲既殂喪，即欲更捐膚髮筋骨，圖報國恩，亦痛心於無從矣。緬稽古典，勳臣勤死，厥有贈諡；今君門萬里，弗獲請命。惟是諸臣以臣祖父勳在社稷，例有易名，僉舉諡法，以表忠貞，敢借一字之華袞，用慰九泉之忠魂，伏乞俯循公論，錫以譽命，庶稽勳有光於史冊，而志士亦樂效於疆場矣。

如是，二王廟應為此時明鄭主臣在臺所建，用以合祀成功父子二人之廟。然康熙二十三年修《福建通志》時，臺灣已入清朝版圖，纂志者諱言其詳，僅以隱喻方法加以暗示，此由二王廟條所記資料可得印證。

二王廟條所云「在府治東安坊，乃代天巡狩之神，威靈顯赫，土人祀之。」所謂代天巡狩一詞，係由天子巡狩衍化出來者。古代諸侯為天子守土，故稱守，天子巡行諸國，稱巡守，亦作巡狩。《孟子》〈梁惠王下〉云：

> 天子適諸侯曰巡狩，巡狩者，巡所守也。

《禮記》〈王制〉，亦有「天子五年一巡守，諸侯三年一朝覲」之語。古史中，如《史記》〈封禪書〉、《漢書》〈郊祀志〉，皆有帝王巡狩之記載。巡狩之習，傳至明世尚存。《明史》卷五十六，禮十，嘉禮四，賓禮之首即為巡狩之禮。其制僅扈從馬步軍一項即有五萬人，規模頗大。又萬曆年間，閩人謝肇淛曾批評當時天子巡狩之事，云：

> 古者天子五載一巡守，周於四岳。今一巡幸而所過郡邑囂然騷動矣。古諸侯王三載一朝覲，絡繹不絕，今一封藩而舟航傳置，疲於奔命矣！蓋古者不獨上之節省，其儀從有限，亦且下之富饒，其物力可供。今則千乘萬騎，征求無藝，而尺布斗粟，無非派之丁田者，至於供億之侈靡，中涓之需索，日異而歲不同。十年之間已不啻倍蓰。自此以往，安所窮極，故天子之不巡守也，侯王之不朝見也，亦時勢使然也。[6]

謝文所云「千乘萬騎，征求無藝，而尺布斗粟，無非派之丁田者，至於供億之侈靡，中涓之需索，日異而歲不同。……自此以往，安所窮極」，恐非只明代如此，其對民生物力之耗費十分可觀，承平時期，偶而為之，應無大礙，欲經常如此，恐於國於民兩皆不便，因此謝文所評「天子之不巡守也，侯王之不朝見也，亦時勢使然也」應為切合實際之評論。

賢天子既不願經常巡狩郡邑以節省物力，對各地政務之推行又需定期加以檢查，勢必派官員代表往各地巡視，此官員便稱為代天巡狩。乾隆版《泉州府志》卷四十五，〈國朝列傳一〉〈楊旬瑛傳〉云：

> 楊旬瑛，字維六，晉江人，明大學士景辰子，天啟丁卯舉人，順

治己丑進士，選庶常，推為御史。巡按廣東時，尚耿二藩擁重兵，得便宜行事，欲坐受使者拜。旬瑛至，一拱手，遽登共座。曰：「《春秋》，王人雖微，坐諸侯上，況代天子巡狩乎！」二藩改容謝之。有梗化者，單車往諭即就撫，再按兩浙，風裁益廣，以終養乞歸。

　　楊旬瑛因具有代表皇帝巡察地方之身分，即自稱為代天巡狩。楊氏為順治、康熙時人，與《福建通志》之編纂年代相當，可證在清代以前，代天巡狩是官員代表皇帝執行職權之觀念。據此，《福建通志》以「代天巡狩神」隱喻成功父子亦頗貼切。因早在隆武帝時代，鄭成功即受封為招討大將軍，賜尚方寶劍[7]，許便宜行事，其身份已夠格稱為代天巡狩。隆武薨，永曆帝立，以行在遠在桂西，藩前文武職銜，欲一一奏請委任，實不可行，遂特許鄭成功藩下：文銜許設六部主事，並許其軍前所設六部主事，秩比行在侍郎，都事秩比郎中，都吏秩比員外，成功乃於永曆九年（順治十二年，1655）承制設六官[8]，此後直至永曆十六年五月（康熙元年，1662），成功一直代行天子職權，成功卒後，稱其神為代天巡狩，實頗適當。

　　稱鄭經為代天巡狩神，其理與稱呼鄭成功一致。因成功逝世前，永曆帝已殉難，鄭經嗣位後，軍國大事皆北面望永曆帝座焚告後執行，代行天子職權，亦達二十年之久。故《福建通志》二王廟條所載代天巡狩之神，應為成功父子。

　　其次，二王廟所在地東安坊，為明鄭時代新開發區域，康熙三十四年纂修之《臺灣府志》卷一，〈封域志〉有記載云：

　　鄭成功取臺灣，稍為更張，設四坊以居商賈，設里社以宅番漢，治漢人有州官，治番民有安撫。

7　《海紀輯要》卷一，丙戌隆武二年春正月條云：「以忠孝伯成功為御營都督，賜尚方劍，儀同駙馬；尋命佩招討大將軍印，鎮仙霞關。」

8　參閱楊英，《從征實錄》；夏琳，《海紀輯要》；阮旻錫，《海上見聞錄》，永曆九年二月條。

　　四坊分別為東安、西定、甯南、鎮北，為明鄭東都明京所在地，為當時政治中心，居民全為商賈，為一新興之都市要區，二王廟建於此處，其祀神之地位自可想而知。

　　另「土人祀之」四字，因當時臺灣土著番人頗多，易使人懷疑「土人」兩字與土番有無關係？幸康熙二十六年（1687）臺灣府儒學教諭林謙光所撰《臺灣紀略》，文中用詞可供參證之資。《臺灣紀略》沿革云：

> 壬辰年土民郭懷一反，西王氏召土番擒之，戮于赤崁城。民被土番讎殺漸以消索。蓋至此歸紅毛已三十餘年矣。辛卯年為鄭成功敗自長江，歸漂無所，土人勾之往，乃發大小船千餘號，遣何斌引港，由鹿耳門入。

　　其中提及漢人兩次，一稱土民，一稱土人；提及土著民族二次，皆稱土番。由此可知當時通用稱呼，稱土著民族為土番，稱居臺漢人為土人或土民。據此，可知二王廟之祭祀群體，為清領前原已居臺之漢人，此益可徵二王廟神為鄭成功父子。而臺灣民間稱成功父子神靈為王爺，則起於鄭經逝世、鄭克塽拜表請諡成功為武王，鄭經為文王以後。

六、清廷遷墓與王爺傳說之複雜化

　　鄭成功父子畢生為復明大業而努力，卒年皆不出四十，可謂以死勤事。兩人逝世後，既得血食於臺灣，受百姓馨香奉祀，臺灣無形中保存著反清復明之典型。清領後，其墓尚存，對清人治臺，應不無影響。據統計，從康熙二十二年鄭克塽降清至康熙六十年（1721），三十八年間，臺灣發生之抗清活動至少有九次，其概略情況如下表：

表三　清康熙年間臺灣抗清活動紀錄表

主持人	時間（康熙）	地點	資料來源	備考
林盛	二十三年	臺灣府	李欽文《平臺記》	陳文達《臺灣縣志卷十藝文志》
蔡慶功（公）	二十三年	小岡山	李欽文《平臺記》《楊文魁傳》	《重纂福建通志》卷一百四十四
陳辛	二十五年至三十年	水沙連三十六社	《李日煜傳》	《重纂福建通志》卷一百二十九

吳球	三十五年	新港	《諸羅縣志》卷十二雜記志	
卓介、卓霧	三十八年	吞霄	《諸羅縣志》卷十二雜記志	吞霄土官
冰冷	三十八年	淡水	《諸羅縣志》卷十二雜記志	淡水內北投土官
劉卻	四十年	諸羅縣	《諸羅縣志》卷十二雜記志	漫延十六個月，破家者甚眾
鄭盡心	四十九、五十年	淡水	《諸羅縣志》卷七兵防志	清廷因而增設大甲以北七塘防備
朱一貴	六十年	全臺灣府	《重修鳳山縣志》卷十一雜志	至雍正元年始平定

　　由於文獻不足徵，無法窺知鄭成功父子祠祀對明鄭遺民抗清之影響強度如何，然由康熙六十年朱一貴抗清時，需依託鄭成功父子陵寢所在地洲仔尾海濱浮現玉帶及七星旗以資號召[9]一事觀之，鄭成功父子之葬於臺灣，對反清復明運動應有誘發作用存在。

　　有鑒於此，清廷迺於康熙三十九年（1700）藉鄭克塽疏請遷葬祖、父墳墓之機，下令將鄭成功父子墳墓遷回福建南安。沈葆楨《請建明延平王祠》所云：

> ……伏讀康熙三十九年聖祖仁皇帝詔曰：「朱成功係明室遺臣，非朕之亂臣賊子，敕遣官護送成功及子經兩柩歸葬南安，置守塚，建祠祀之。」

　　即指其事。清廷遣官遷墳之舉，做得非常徹底，成功父子和長孫克塽墳墓遺址，至今已無人能指出其確實位置矣！

　　與遷墳相伴隨之舉，厥為對鄭成功父子遺蹟之清除。如前述之二王廟，康熙《福建通志》記載「在府治東安坊，乃代天巡狩之神，威靈顯赫，土人祀之。」至康熙三十四年高拱乾修《臺灣府志》時，其記載僅

---

[9]　乾隆《臺灣縣志》卷十五〈雜記志〉，兵燹云：「（康熙六十年五月）初四日，（朱一貴）自鳳山逆居道署，越日，詭言洲仔尾海中浮出玉帶、七星旗，鼓吹往迎，以為造逆之符，僭號永和，蓋慮賊黨之相併也。」因洲仔尾為鄭成功父子陵寢所在，浮出玉帶，可視為成功父子遺物。而七星旗，係黑布上繪北斗七星之圖。北斗在占星術上原有其王者之威力，淮南子所謂「北斗所擊，不可與敵」之語。七星旗在臺灣史上更有特殊意義，因明鄭時代普遍崇祀北斗七星化身之玄天上帝為守護神，浮現七星旗應含有明鄭政權復現之意。

剩「二王廟，在附郭縣東安坊。」等字，已不敢言其神代天巡狩事。至康熙五十九年《臺灣縣志》，更無二王廟之記載。此後直至臺灣割讓日本，二王廟不曾再見於有關臺灣志書之中。

七、送王船習俗之產生與王爺被稱為瘟神

清廷遷墳毀廟之舉，並未能如期遏止臺灣百姓對鄭成功父子之懷念，反而導致送王船習俗之產生。清廷遷墳之舉，據鄭克塽所撰〈鄭氏祔葬祖父墓誌銘〉云：

> ……歲在癸亥，不孝克塽等舉國內附，挈眷入京，蒙恩封漢軍公。念臺海遠隔溟海，祭掃維艱，具疏陳情，乞遷葬內地。奉特旨恩准。爰令弟克壆假回襄事，以康熙三十八年五月二十二日卯時祔葬於南安縣樂齋公塋內，並曾大父靈主，曾祖母翁、祖母董、母唐柩附焉……。

由銘文可知此次遷葬，僅靈柩至少即有五具，除成功父子外，尚含成功母翁氏，妻董氏、鄭經妻唐氏及鄭芝龍靈主。遷移過程所需動用人、物力必甚可觀，而鄭氏子弟皆被拘於北京，僅克壆一人奉准假回襄事，不可能獨力完成其事，整個遷移工程，必如沈葆楨所云，係由康熙皇帝敕遣官護送歸葬。清廷遣官護送之因，乃當時清廷尚未能完全控制臺灣局勢，恐遷墳之舉遭明鄭遺民阻撓。臺灣百姓既無力阻撓清廷遷墳之舉，殆僅能備辦牲醴於成功父子靈前祭奠以盡主臣之誼，並送運靈柩船入海。此後，百姓為紀念鄭成功父子靈柩被遷回大陸事，乃造王船，設王爺像祭祀後送之入海，沿成習俗，即為送王船之由來。

文獻上最早記載送王船習俗者，為康熙五十五年（1716）所修《諸羅縣志》，該志卷一〈輿地志〉，風俗，雜俗條云：

> 斂金造船，器用幣帛服食悉備，召巫設壇，名曰王醮。三歲一舉，以送瘟王。醮畢，盛席演戲，執事儼恪跪進酒食。既畢，乃送船入水，順流揚帆以去。或泊其岸，則其鄉多厲，必更禳之。相傳

> 昔有荷蘭人夜遇船於海洋，疑為賊艘，舉礮攻擊，往來閃爍。至
> 天明，望見滿船皆紙糊神像，眾大駭，不數日，疫死過半。近年
> 有興船而焚諸水次者。代木以竹，五采紙褙而飾之，每一醮動費
> 數百金，少亦中人數倍之產，雖窮鄉僻壤，莫感惜者。

文中並未將王醮之源起交代清楚。與《諸羅縣志》同年代，康熙五
十九年陳文達等修之《臺灣縣志》卷一〈輿地志〉，風俗，雜俗亦有類
似記載云：

> 臺尚王醮，三年一舉，取送瘟之義也，附郭鄉村皆然，境內之人
> 鳩金造舟，設瘟王三座，紙為之，延道士設醮，或二日夜、三日
> 夜不等，總以末日盛設筵席演戲，名曰請王，進酒上菜，擇一人
> 曉事者跪而致之。酒畢，將瘟王置船上，凡百食物、器用、財寶，
> 無一不具。
> 十餘年以前，船皆製造，風篷、桅、舵畢備。醮畢，送至大海，
> 然後駕小船回來，近來易木以竹，用紙製成，物用皆同。醮畢，
> 抬至水涯焚焉。凡設一醮，動費數百金，即至省者亦近百焉。真
> 為無益之費也。沿習既久，禁止實難。節費省用，是在賢有司加
> 之意焉耳。相傳昔年有王船一隻，放至海中，與荷蘭舟相遇。炮
> 火矢石，攻擊一夜，比及天明，見滿船人眾，悉係紙裝成。荷蘭
> 大怖，死者甚多，是亦不經之談也。

上述兩段，為最早記載送王船習俗之資料，亦為文獻將王爺由代天
巡狩神改稱為瘟王之首次，為後人視王爺為瘟神之一大轉變關鍵。

諸羅、臺灣兩部縣志，纂修年代相當，編纂人員互相通用。《諸羅
縣志》為陳夢林、李欽文、林中桂等人所修，李、林兩氏分別為鳳山縣
生員及諸羅縣貢生，兩人實負史料蒐羅之責。《諸羅縣志》修成後，兩
人亦同時受聘參與《臺灣縣志》之編纂工作，故兩部縣志有關王爺之記
載可視為同一史料，但卻含有時間轉化因素在內。有關王爺敘述之由略
而詳，實為該項習俗之一種進化，且表示臺南地區較諸羅地區人民更重
視送王船此一事件。

為何當時編志者如此忌諱提及鄭成功祀事呢？其主要原因，當是恐

怕觸犯清廷忌諱；其次則因修志之時，施琅之子施世驃正在提督福建等處地方軍務統轄臺澎水陸官兵事務總兵官左都督任內，兩部縣志修成後，皆先經其寓目後始刊行[10]。鄭、施既為世讎，臺灣民間熱烈祠祀鄭成功父子，自為施琅子弟所不樂見及，修志者將送王船習俗說成「取送瘟之義」，或即受此類政治壓力影響而來。

　　修志者將送王船說成送瘟，亦有其社會背景。本來送王船習俗，與送瘟習俗不同，但至康熙五十年代，因閩海不靖，清廷下令實施海禁，欲出入臺灣者，需經福建水師衙門批准並派兵船護送，此外片板不准入海。臺人送王船時，原於醮畢送到大海，然後駕小船回來。海禁後，只得改在水涯焚之，並易木以竹，用紙製成，物用皆同，迺與福州之送瘟習俗相似。

　　福州瘟神信仰，明朝萬曆年間閩人謝肇淛撰《五雜俎》已曾提及。《五雜俎》卷六，人部二云：

> 閩俗最可恨者，瘟疫之疾一起，即請邪神香火奉祀於庭，惴惴然朝夕拜禮，許賽不已，一切醫藥付之罔聞。不知此病原為鬱熱所致，投以通聖散，開闢門戶，使陽氣發洩自不傳染，而緊閉中門，香烟燈燭焄蒿蓬勃，病者十人九死，即幸而病愈，又令巫作法事，以紙糊船送之水際。此船每以夜出，居人皆閉戶避之。余在鄉間夜行，遇之輒徑行不顧，友人醉者至隨而歌舞之，然亦卒無恙也。

　　清人曾異《紡綬堂集》亦載其事，云：

> 閩俗病瘟，獨信巫，謂謁醫必死，雖至親亦懼傳染，不相顧問，死亦不發喪。按神俗稱大帝，像設凡五，其貌猙獰可畏，殿宇煥儼，過其前者，屏息不敢諦視。又傳五月五日為神生日，前後月餘，酬愿演劇，各廟無虛日。即無疾之人亦皆奔走呼籲，惟恐怨恫獲罪譴。或疫氣流染，則社民爭出金錢延巫祈禱謂之禳災。國朝康熙三十九年知府遲惟城毀五帝廟，撤其材以葺學宮，民再祀者罪之。乃遲卒未踰時而廟貌巍然，且增至十有餘處，視昔尤盛。

---

[10] 康熙五十年施世驃序《臺灣縣志》云：「余承先人後，八載於茲，諸志脩，得而觀之，鳳志脩，從而序之，今臺志脩，又從而序之。」

蓋巫覡藉以掠金錢，愚民冀以免殃咎，故旋毀旋復，法令所不能
禁也，閩中多淫祀，此特其尤甚者耳。

　　取上述記載與諸羅、臺灣兩部縣志所載送王爺船習俗相較，可以發
現兩者並不相同。第一，福州之瘟神稱五帝，臺灣之王爺，或稱將軍、
王公、大人、老爺，不稱為帝。第二，福州所奉五帝為五位神，其面貌
猙獰可怖；臺灣所奉王爺只三座，神貌俱雄而毅，臉色則分別為黝、赭、
白皙三色，並不可畏。第三，福州人祀瘟神，是在瘟疫流行之時始迎祀
之，建立在病人與瘟神驅疫鬼之對等關係上，並由個人之行為發展圍群
體行為；臺灣之王醮則固定三年一舉，不須有瘟疫流傳為前題，且其行
為自始至終，並無病人與神間之生病→祈求治病→病癒→迎神回饋之現
象表現出來。第四，福州居民對瘟神五帝乃敬而遠之，過其廟前屏息不
敢諦視，送瘟儀式，僅由少數人於夜晚為之，聞之者皆閉戶避之；而臺
灣居民視王爺恰似父母官，有不平則爭投告牒，王醮曰請王，請王時，
須由曉事者跪進酒食，送王船更是萬人巷空，熱鬧無比。但因康熙後期
福州瘟神之信仰已傳入臺灣，送王船習俗復已變得與送瘟習俗相近，致
不明其事者視王爺為瘟神，請王、送王船之習俗為驅瘟矣！

　　咸豐年間，劉家謀《海音詩》，有〈詠鯤鰷王〉一首，云：

　　　競送王爺上海坡，烏油小轎水邊多，
　　　短幨三尺風吹起，斜日分明露翠娥，
　　　解從經史覓新傳，自有文章動鬼神，
　　　夢裡幾曾分五色，年年乞筆問鯤鰷。

　　詠王爺而有「解從經史覓新傳，自有文章動鬼神」之語，隱含義蘊，
當可不言而喻矣。

八、將軍廟神與王爺之關係

　　乾隆年以後，臺灣所修方志，多將王爺有關敘述繫於澎湖將軍廟項
下。乾隆十七年（1752）所修《臺灣縣志》卷六，祠宇、廟、將軍廟條

云：

> 將軍廟，在澎湖將軍澳。神之姓名、事蹟無考。舊有此廟，因以名澳。豈隋開皇中，遣虎賁陳稜略地至此，因祀之歟？又有大王廟三：一在八罩嶼，一在龍門港、一在通梁澳。俱莫詳所自始。又舊志府志載，邑治東安坊有開山王廟，今圮。長興里有王公廟。俱明鄭時所建。茲查各坊里社廟，以王公大人稱者甚夥：東安坊則山川臺、坑仔底，西定坊則王宮港、草仔、海防署前，寧南坊則馬兵營、打石街，鎮北坊則普濟殿、三老爺宮、以及安平鎮、青鯤身、北線尾、喜樹仔、永豐里、紅毛寮、中路、南潭等處，廟宇大小不一概號曰代天府。神像俱雄而毅；或黝、或赭、或白而皙；詰其姓名，莫有知者。所傳王誕之辰，必推頭家數人，沿門釀資演戲展祭。每三年即大斂財，延道流、設王醮二三晝夜，謂之送瘟。造木為船，糊紙像三，儀仗儼如王者。盛陳優觴，跪進酒食，名為請王。愚民爭投告牒畢，乃奉各紙像置船中；競賚柴米。凡百器用、兵械、財寶，以紙或網為之，無一不具。推船入水順流揚帆而去則已，或洄泊岸側，其鄉必更設醮造船以禳，每費累數百金，少亦不下百金。雖窮村僻壤，罔敢吝惜，以為禍福立至。噫！此誣神惑民之甚者也！

　　乾隆之時，文網雖已疏，然漢人餘悸猶存，故將代天巡狩之事蹟繫於澎湖將軍廟條之下，並造出「神之姓名、事蹟無考。舊有此廟，因以名澳，豈隋開皇中，遣虎賁陳稜略地至此，因祀之歟？」之說法，以避清人耳目。

　　考澎湖將軍廟，康熙二十三年《福建通志》卷十一〈祠祀志〉，附澎湖祠廟已有記載云：

> 將軍廟，在將軍澳，神之事蹟莫考，自有澎湖即有此廟，故澳亦以為名。

　　雖云神之事蹟莫考，然其後所云「自有澎湖即有此廟，故澳亦以為名」，卻似編者有難言之隱。其後高拱乾編《臺灣府志》亦有類似記載，然皆未提及陳稜事。按將軍澳之名，始見於明鄭時代。永曆三十七年（康

熙二十二年）六月，施琅攻打澎湖時，所上《報捷疏》云：

> （六月）十五日……時值天晚，將船灣泊八罩水垵澳，遣官坐小
> 哨到將軍澳、南大嶼等島安撫島民[11]。

　　可知明鄭時代，將軍澳已得名，並有居民居住，且將軍澳係以將軍廟得名，則其廟所祀神，應為鄭成功。此迺將軍兩字，在明鄭時代，可視為專有名詞，非常人所能用。鄭成功初出仕，即受隆武帝封為招討大將軍，其後倡義師，亦以招討大將軍印理兵事，闢臺灣，軍、經、政、令咸用之，至鄭經之時皆然。現存英國倫敦博物館之《大明中興永曆二十五年大統曆》上即鈐有「招討大將軍印」的印文。因此，明鄭藩下諸將皆諱「將軍」兩字不用，如楊英《從征實錄》中，稱呼各鎮將領時，皆稱某鎮而不稱爵銜，即為其例。至鄭經逝世，鄭克塽拜表請封成功為武王，經為文王，建二王廟以祀之後，鄭成功之祠祀神始有將軍或王爺兩種不同稱呼。且將軍廟之創建，當在二王廟之前，故乾隆《臺灣縣志》將代天巡狩神記載於將軍廟神之下，不僅得以避清人耳目，且與臺灣居民祠祀鄭成功父子之實情相符，實為高明之至。

　　嘉慶十二年（1807）謝金鑾等再修《臺灣縣志》，於卷五外編，〈寺觀〉，開山王廟條載臺灣民間祠祀王爺之事，云：

> 開山王廟，在東安坊，舊圮，乾隆年間邑人何燦鳩建。邑又有稱
> 王公廟、大人廟、三老爺廟者，不知何神，或云皆即澎湖將軍澳
> 之神也。舊志云，神之姓名、事蹟無考，豈隋開皇中虎賁陳稜略
> 地至此，因祀之歟？（下與乾隆《臺灣縣志》同）

　　將各王爺廟繫於開山王廟條之下，可知開山王廟為當時主要的王爺廟之一。而此開山王廟即為同治十三年沈葆楨在臺創建延平王祠原址；在原開山王廟址建延平王祠，應為當時人視鄭成功為開山王爺之證。開山王廟早見於康熙三十四年高拱乾之《臺灣府志》，其後廢毀，至乾隆年間，禁網稍疏，何燦等人始再鳩建。可見異族統治之下，百姓諸多避

---

[11] 見施琅《靖海紀》；謝金鑾，《臺灣縣志》卷六，〈藝文志〉。

忌，連雅堂所云：

> 雍、乾之際，芟夷民志，大獄頻興，火烈水深，何敢稍存故國之
> 念。故府縣舊志，雖載開山王廟，而不言何神，東都之事，一切
> 抹殺。

應為持平之論。

九、鄭克𡒉亦被民間祠祀

克𡒉為鄭經長子，陳永華季女婿。三藩亂起時，鄭經率師西征，臺
灣軍經政事，一委陳永華經理。永華持己廉正，法嚴約束，夜不閉戶，
百姓樂業。後見經諸弟，微有恃勢，佔奪民田。永華雖屢遏止，似若艱
於破面執法。遂以「元子年登十六，聰明特達，宜循君行則守之典」，
請元子克𡒉監國。經允其請，乃於永曆三十三年（康熙十八年）四月初
六遣禮官鄭斌持諭抵臺灣，同陳永華立克𡒉監國。此後諸叔不敢橫為，
百姓喜有天日。至永曆三十四年（康熙十九年），鄭經敗回東寧，怠忽
政事，遂委政克𡒉。至永曆三十五年（康熙二十年）正月，鄭經逝世，
克𡒉實秉國政兩年。鄭經逝後，馮錫範擁其婿克塽發動政變，殺克𡒉。
克𡒉生前，因勤政愛民，百姓受其惠者頗多，故逝世後百姓亦尊為神而
祀之。故嘉慶《臺灣縣志》卷五，外編，遺事記載云：

> 陳烈婦者，永華季女，鄭經長子欽舍（克𡒉）婦也。……與欽舍
> 合葬郡治洲仔尾海岸間。……既葬，臺人常見監國乘馬呵殿往
> 來，或時與烈婦並出，容服如生，導從甚盛，人以為神云。

即為其例。

克𡒉卒年十八，生前雖有秉政之實，卻未正式承襲延平王之封爵。
逝世後，自不得比照其祖父稱為王。臺灣民間所祀太子爺，應即為克𡒉
之神，其廟始見於康熙二十三年《福建通志》。康熙《福建通志》卷十
一〈祀典〉，臺灣府祠廟，沙淘宮條云：

在府治西定坊，神之事蹟莫考，土人稱為沙淘汰子。

附澎湖祠廟，太子廟條云：

有二，一在鼎灣澳，一在赤崁灣。

臺人稱克𡒥為太子，亦係歷史自然演進而來。鄭成功一生皆以招討大將軍自居，不用王銜，故百姓以將軍目之。但至鄭經以後，永曆帝已亡，所有軍民大政，均出其手，鄭經雖無黃屋左纛帝制自為之事，但百姓心中，卻自然以皇帝視之，如鄭經酷嗜之麻虱目魚，臺人即名之曰皇帝魚[12]；鄭經軍隊駐紮之地則稱為皇帝崙[13]。既稱鄭經曰皇帝，當鄭經西征，克𡒥監國之時，百姓自然會稱之曰太子，其亡故後所建之廟，自必以太子廟稱之。

其後克𡒥復被列為王爺祠祀，應與民間建醮送王船事有關。康熙三十八年，清廷遣官兵將鄭成功家族靈柩遷回福建南安，克𡒥之柩應亦不能免。其後臺灣民間舉行王醮送王船時，設王爺像三座，當即為鄭成功、鄭經、鄭克𡒥三人，此因三人皆有治理臺灣之實，且均為國而死，故特受百姓崇敬。克𡒥雖未襲王爵，但民間合祭三人時，必通稱王爺，而不加細分，此後鄭克𡒥於民間信仰上，便兼具太子爺與王爺之身份與稱呼，而使王爺信仰愈加複雜化。

據康熙《臺灣縣志》之記載，瘟王三座，臉色分別為黝、赭、與白皙三色，經實地考察祀此三位王爺，其廟曾記載於康熙二十三年《福建通志》之臺灣縣大人廟（今臺南市永康區大人廟），發現黝、赭臉二位王爺神像俱蓄長鬚，白皙者年紀甚輕，未蓄髭鬚，與沙淘宮太子爺神像相似。鄭成功逝時年三十九、鄭經則四十，克𡒥僅十八歲，則蓄鬚者當為鄭成功父子兩人，未蓄鬚者當為鄭克𡒥矣！

---

[12] 《諸羅縣志》卷十二〈雜記志〉，外紀云：「地高而寬坦，臺人謂之崙。邑有黃地崙，偽氏踞臺時，征南社番，親屯兵於此，番呼皇帝，遂以名崙，猶麻虱目之呼為皇帝魚也。」

[13] 《臺灣縣志》卷一〈輿地志〉，風俗，雜俗，臺尚王醮條中云：「沿習既久，禁止實難」當為其證。

十、同治以後祠祀更盛

　　臺灣地區祠祀鄭成功祖孫三代之廟,康熙二十三年《福建通志》所載共有八座,至康熙三十四年《臺灣府志》之記載已有十三座,至康熙末年所修三部縣志,諸羅、鳳山兩志未曾記載,僅《臺灣縣志》載有六座。康、雍年間清廷雖有意加以禁止,但成效似不大[14],民間仍繼續奉祀王爺。至乾隆十七年修《臺灣縣志》時,所載王爺有關祠廟已達二十三座以上,乾隆二十九年(1764)修之《鳳山縣志》有池王爺廟一座,道光十年(1830)修之《彰化縣志》載有王爺廟六座。至清季咸、同年間,外患頻仍,漢、滿之對立已轉變為對外之同讎敵愾,沈葆楨遂奏請在臺灣建立明延平王祠,「俾臺民知忠義之大可為,雖勝國亦華袞之所必及,於勵風俗,正人心之道,或有裨於萬一。」摺奏上後,旋得清廷首肯,准於臺灣府建專祠祀之。光緒元年正月初十日,內閣奉上諭:

> 沈葆楨等奏請將明室遺臣賜諡建祠一摺,前明故藩朱成功,曾於康熙年間奉旨准在南安地方建祠,茲據奏稱,該故藩伏節守義,忠烈昭然,遇有水旱,祈禱輒應,尤屬有功臺郡,著照所請,准於臺灣府城建立專祠,並予追諡,以順輿情,欽此。

並追諡鄭成功號忠節。禮部咨文如下:

> 禮部為移咨事,祠祭司案呈,內閣抄出,追諡前明故藩朱成功諡號,奉硃筆,圈出忠節,欽此。欽遵到部。相應抄錄諡號,清漢各字樣知照,該督遵照辦理可也。需至咨者。計開:忠節;危身奉上曰忠,艱危莫奪曰節。

光緒元年二月日

　　旋由臺灣府知府周懋琦等著手募款,就原開山王廟址改建為延平郡王祠。廟成後,前殿奉祀鄭成功像及「予諡忠節明賜姓延平郡王神位」,左右配以部將甘輝及張萬禮,後殿中央奉祀成功生母「翁太妃之神位」,

---

[14] 康熙、雍正年間,清朝雖對鄭成功家族邊墳毀廟,但王爺信仰繼續增加,朱一貴事變也以二王廟所在地永康區洲仔尾為聖地。

右邊奉祀寧靖王及其五妃神位，左邊奉祀「監國王孫諱克𡒄神位」及「監國夫人陳氏之神位」等，左右兩廡，奉祀明鄭諸臣一百十四人。

　　清廷既准在臺建立延平王祠，鄭成功之祠祀，已由叢祠提升為政府祀典對象，民間亦得公開建廟祠祀之。民國四十八年，臺灣省文獻委員會曾對臺灣寺廟加以調查，共得鄭成功廟五十八座[15]。其中建於清同治十三年以前者有十八座，以後者三十五座，年代不明者五座。可知清廷准將鄭成功祠祀提升為祀典對象之後，民間建廟者，有顯著增加，而以王爺（代天巡狩）神出現之廟宇，則共有六百一十三座之多。這些王爺廟已因年代久遠，早已與臺灣百姓生活不可分離，絕大部份百姓亦不知其神即為鄭成功、鄭經、鄭克𡒄之祠祀而加以正名了。

十一、結論

　　鄭成功一生忠節無虧，於兩間留正氣，其開發臺灣，更為明朝遺民闢一新天地。光緒元年（1875）臺南延平郡王祠落成，沈葆楨撰聯語云：

> 開萬古得未曾有之奇，洪荒留此山川為遺民世界；
> 極一生無可如何之遇，缺憾還諸天地是創格完人。

　　實為最佳寫照。後人對其崇拜，實出至心。惜其後臺灣淪於異族統治，不敢公然祀之，乃仿花蕊夫人以梓潼祀故夫之法，託為「代天巡狩神」以祀之，傳之數百年，其事日晦，至日據時期已罕有知其源由者矣！

---

[15] 據《臺灣省通志》卷二〈人民志〉宗教篇資料統計數目。

找尋失落的鄭成功祠祀

一、失落的鄭成功祠祀

《禮記》卷四十六，祭法云：

> 夫聖王之制祭祀也，法施於民則祀之，以死勤事則祀之，以勞定
> 國則祀之，能禦大災則祀之，能捍大患則祀之。

對能護衛眾民，或為其犧牲奮鬥者建祠祀之，使其馨香百代，不僅報其德，且可勵來者。鄭成功祖孫三代畢生致力反清復明大業，卒年皆不出四十，可謂以死勤事；又闢臺島，定制度，法施於民，兩者皆符《禮記》祭法。然清代臺灣所修府、縣志，未嘗有明記鄭成功祠祀事，似於此前臺灣未有延平王祠祀存在。

明制，功臣可肖像立廟，供官民祭祀。鄭成功亦頗重祭祀事，如其入長江祭孝陵，於廈門建功臣廟，以金塑母像祠之[1]，有大事，祭山川，出兵則祭江，傳至其子孫皆然。既有先例可循，成功崩逝後，當局必為立廟始合情理，況成功逝世時，距清軍入臺尚二十一年，若謂臺灣無其廟，似不無斟酌餘地。

鄭成功逝世後，鄭經如何祠祀之，雖未見文獻記載，然明鄭時代臺灣有鄭成功廟存在，則仍可證於清人著述。康熙中葉，閩人鄭亦鄒撰《鄭成功傳》，曾描述成功叛將施琅於康熙二十二年（一六八三）八月入臺後，前往成功廟刑牲設誓，可知清領初期臺灣尚有鄭成功祠祀存在。此後清人所修方志及文人筆記，皆未見明確提及有關延平王祠祀事。至清季外患頻仍，漢滿政治對立之形勢已因外夷侵逼而轉變成一致敵愾同仇。同治十三年（一八七四），巡臺使者沈葆楨赴臺處理牡丹社事件時，奏請清廷在臺灣建延平王祠。其奏摺始透露出清代臺灣民間暗中熱烈祠祀延平王事云：

---

[1] 查繼佐，《魯春秋》云：「成功母出自日本，嘗金塑母像，謹祠之。」

明末延平郡王賜姓鄭成功者，福建泉州府南安縣人，少服儒冠，
長遭國恤，感時仗節，移孝作忠。顧寰宇難容洛邑之頑民，向滄
溟獨闢田橫之別島，奉故主正朔，墾荒裔山川，傳至子孫，納土
內屬。維我國家，宥過錄忠，載在史宬。厥後陰陽水旱之沴，時
聞吁嗟祈禱之聲，肸蠁所通，神應如答，而民間私祭，僅附叢祠。
身後易名，未邀盛典，望古遙集，眾心缺然。[2]

摺中敍述清代臺灣民間普遍私祭鄭成功之情形，但各祠宇僅附於民
間雜祀叢祠。

沈葆楨奏摺旋經清廷批准，光緒元年（1875）臺灣延平王祠建妥。
臺灣之鄭成功祀遂分成兩類，一類為清代臺灣民間私祭之鄭成功；第二
類則為官方祀典之延平王祠及以後所建之鄭成功廟。

二、王爺（代天巡狩神）源於鄭成功父子

文獻最早記載代天巡狩神（王爺）之資料為清康熙二十三年（1684）
修之《福建通志》，其祀典志，臺灣府，祠廟，二王廟條云：

二王廟在府治東安坊，乃代天巡狩之神，威靈顯赫，土人祀之。

此座二王廟，被民間稱為開山王廟，後被沈葆楨改為延平郡王祠。
另臺南市永康區網寮有一座二王廟，廟中文物顯示最初應是奉祀鄭成功
父子的寢殿。該廟正門對聯云：

鄭神秉孤忠，浩氣磅礡留萬古。
府民留正義，莫教勝議論英雄。

神龕對聯云：

二座奉明臣，神恩浩蕩覃臺島。
王衷懷漢族，廟貌堂皇鎮永康。

---

[2] 見沈葆楨，〈請建明延平王祠〉，《沈文肅公政書》卷五，同治十三年十二月初五日。

奉祀的王爺姓鄭，為明臣，所在地又為明季清初所稱之洲仔尾範圍內，洲仔尾為鄭成功父子陵寢所在地。

二王一詞，在臺灣史上指武、文二王，即鄭成功父子二人，永曆三十五年（清康熙二十年）正月，鄭經薨，祔葬於成功之墓，四月，鄭克塽為拜表請追諡成功為武王，經為文王。夏琳《閩海紀要》載其事云：

> 初永曆封成功為延平王，尋晉潮王。成功謙讓不敢當，終身祇稱大將軍。至是克塽拜表，請諡為武王。併世藩諡為文王。

如是，二王廟應為此時明鄭主臣在臺所建，用以合祀成功父子二人之廟。然康熙二十三年修《福建通志》時，臺灣已入清朝版圖，纂志者不便明言其事，僅以隱喻方法加以暗示。所謂代天巡狩一詞，係由天子巡狩衍化出來者。古代諸侯為天子守土，故稱守，天子巡行諸國，稱巡守，亦作巡狩。《孟子・梁惠王下》云：

> 天子適諸侯曰巡狩，巡狩者，巡所守也。

《禮記・王制》，亦有「天子五年一巡守，諸侯三年一朝覲」之語。古史中，如《史記・封禪書》、《漢書・郊祀志》，皆有帝王巡狩之記載。巡狩之禮，傳至明世尚存。賓禮之首即為巡狩之制。

天子（皇帝）欲瞭解各地政務之推行，故必需派官員代表往各地巡視，此官員便稱為代天巡狩。明末清初，代天巡狩之例亦常見，如康熙年間的楊旬瑛即是。

楊旬瑛，字維六，晉江人，明大學士景辰子，天啟丁卯舉人，順治已丑進士，選庶常，推為御史。巡按廣東時，尚耿二藩擁重兵，得便宜行事，欲坐受使者拜。旬瑛至，一拱手，遽登共座。曰：春秋，王人雖微，坐諸侯上，況代天子巡狩乎！二藩改容謝之。有梗化者，單車往諭即就撫，再按兩浙，風裁益廣，以終養乞歸。[3]

楊旬瑛因具有代表康熙皇帝執行職務之實，即自稱為代天巡狩。楊

3 乾隆《泉州府志》卷四十五，國朝列傳一，楊旬瑛傳。

氏於康熙朝任官，與《福建通志》之編纂年代相當，可證在清代以前，代天巡狩是官員代表皇帝執行職權之觀念。據此，《福建通志》以「代天巡狩神」隱喻成功父子亦頗貼切。因早在隆武帝時代，鄭成功即受封為招討大將軍，賜尚方寶劍[4]，許便宜行事，其身份已夠格稱為代天巡狩。又永曆帝立，以臨時政府遠在桂西，鄭成功所轄文武職官，欲一一奏請委任實有困難。永曆乃許其便宜委用，武職許封至一品，文銜許設六部主事，鄭成功乃於永曆九年（順治十二年，1655）承制設六官[5]，建立自己管轄的小朝廷，代行天子職權，故稱為代天巡狩，名實相符。

鄭成功逝世後，鄭經嗣位，也代行天子職權達二十年之久，故《福建通志》二王廟所載代天巡狩之神，應為鄭成功父子。

其次，二王廟所在地東安坊，為明鄭時代新開發區域，《臺灣府志》封域志云：

> 鄭成功取臺灣，稍為更張，設四坊以居商賈，設里社以宅番漢，治漢人有州官，治番民有安撫。

四坊分別為東安、西定、寧南、鎮北，為明鄭政治中心，二王廟建於此處，彷如台北市之中正紀念堂，其祀神之地位自可想而知。

另「土人祀之」四字，因當時臺灣土著番人頗多，易使人懷疑「土人」兩字與土番有無關係？幸康熙二十六年（1687）臺灣府儒學教諭林謙光所撰《臺灣紀略》，其文中用詞可供參證之資。《臺灣紀略》沿革云：

> 壬辰年土民郭懷一反，西王氏召土番擒之，戮于赤嵌城。民被土番讎殺漸以消索。蓋至此歸紅毛已三十餘年矣。辛卯年偽鄭成功敗自長江，歸漂無所，土人勾之往，乃發大小船千餘號，遣何斌引港，由鹿耳門入。

其中提及漢人兩次，一稱土民，一稱土人，提及土著民族二次，皆稱土番。由此可知當時通用稱呼，稱土著民族為土番，稱居臺漢人為土

---

[4] 乾隆《泉州府志》卷四十五，國朝列傳一，楊旬瑛傳。

[5] 參閱楊英《從征實錄》；夏琳《海紀輯要》；阮旻錫《海上見聞錄》，永曆九年二月條。

人或土民。據此，可知二王廟之祭祀臺體，為清領前原已居臺之漢人，此益可徵二王廟神為鄭成功父子。

三、清廷遷墓與王爺傳說轉變

鄭成功父子逝世後，既得受百姓馨香奉祀，臺灣無形中保存著反清復明之典型。但清領後，臺灣卻迭有抗清活動，康熙六十年朱一貴抗清時，更依託鄭成功父子陵寢所在地洲仔尾海濱浮現玉帶及七星旗以資號召[6]，鄭成功父子之葬於臺灣，對反清復明運動應有誘發作用存在。因而清廷於康熙三十九年（1700）藉鄭克塽疏請遷葬祖、父墳墓之機，下令將鄭成功父子墳墓遷回福建南安，同時將鄭成功父子遺蹟清除。如前述之二王廟，康熙二十五年《福建通志》記載「在府治東安坊，乃代天巡狩之神，威靈顯赫，土人祀之。」至康熙三十四年高拱乾修《臺灣府志》時，其記載僅剩「二王廟，在附郭縣東安坊。」等字，已不敢言其神代天巡狩事。至康熙五十九年修《臺灣縣志》時，更取消二王廟之記載。此後直至臺灣割讓日本，二王廟不曾再見於有關臺灣志書之中。

四、送王船習俗之產生與王爺被稱為瘟神

清廷遷墳毀廟之舉，並未如期遏止臺灣百姓對鄭成功父子之懷念，反而導致送王船習俗之產生。清廷遷墳之舉，據鄭克塽所撰《鄭氏祔葬祖父墓誌銘》云：

> 歲在癸亥，不孝克塽等舉國內附，挈眷入京，蒙恩封漢軍公。念臺海遠隔溟海，祭掃維艱，具疏陳情，乞遷葬內地。奉特旨恩准。爰令弟克塈假回襄事，以康熙三十八年五月二十二日卯時祔葬於

6 乾隆《臺灣縣志》卷十五雜記志，兵燹云：「（康熙六十年五月）初四日，（朱一貴）自鳳山逃居道署，越日，詭言洲仔尾海中浮出玉帶、七星旗，鼓吹往迎，以為造逆之符，僭號永和，蓋應賊黨之相併也。」因洲仔尾為鄭成功父子陵寢所在，浮出玉帶，可視為成功父子遺物，含有明鄭政權復現之意。

南安縣樂齋公塋內，並曾大父靈主，曾祖母翁、祖母董、母唐柩
附焉…。

此次遷葬，僅靈柩至少即有五具，除成功父子外，尚含成功母翁氏、
妻董氏、鄭經妻唐氏及鄭芝龍靈主。遷移過程所需動用人、物力必甚可
觀，而鄭氏子弟皆居北京，僅克塽一人奉准請假回福建襄事，不可能獨
力完成其事，整個遷移工程，係由康熙皇帝敕遣官護送歸葬。臺灣百姓
既無力阻撓清廷遷墳之舉，殆僅能備辦牲醴沿路祭奠並送運靈柩船入海
以盡主臣之誼。此後，百姓為追念鄭成功父子靈柩被遷回大陸事，乃造
王船，設王爺像祭祀後送之入海，沿成習俗，即為送王船之由來。

文獻上最早記載送王船習俗者，為康熙五十五年（1716）所修《諸
羅縣志》與康熙五十九年陳文達等修之《臺灣縣志》。諸羅、臺灣兩部
縣志，纂修年代相當，編纂人員互相通用。《諸羅縣志》為陳夢林、李
欽文、林中桂等人所修，李、林兩氏分別為鳳山縣生員及諸羅縣貢生，
兩人實負史料蒐羅之責。《諸羅縣志》修成後，兩人亦同時受聘參與《臺
灣縣志》之編纂工作，故兩部縣志有關王爺之記載可視為同一史料。《臺
灣縣志》卷一輿地志、風俗、雜俗記載云：

> 臺尚王醮，三年一舉，取送瘟之義也，附郭鄉村皆然，境內之人
> 鳩金造舟，設瘟王三座，紙為之，延道士設醮，或二日夜、三日
> 夜不等，總以末日盛設筵席演戲，名曰請王，進酒上菜，擇一人
> 曉事者跪而致之。酒畢，將瘟王置船上，凡百食物、器用、財寶，
> 無一不具。十餘年以前，船皆製造，風篷、桅、舵畢備。醮畢，
> 送至大海，然後駕小船回來，近來易木以竹，用紙製成，物用皆
> 同。醮畢，抬至水涯焚焉。

上述記載稱王醮為「取送瘟之義」，意即王醮原非送瘟，只是取其
義而已。蓋鄭氏父子困擾清朝四十餘年，於清朝視之，實若瘟神也，但
此為文獻將王爺由代天巡狩神改稱為瘟王之首次，是後人視王爺為瘟神
之一大轉變關鍵。

為何當時編志者如此忌諱提及鄭成功祀事呢？其主要原因，當是怕

觸犯清廷忌諱；其次則因修志之時，施琅之子施世驃正在提督福建等處地方軍務統轄臺澎水陸官兵事務總兵官左都督任內，兩部縣志修成後，皆先經其寓目後始刊行[7]。鄭、施既為世讎，臺灣民間熱烈祠祀鄭成功父子，自為施氏子弟所不樂見，修志者將送王船習俗說成「取送瘟之義」，或即受此類政治壓力影響而來。

後世會將送王船與送瘟混淆，亦有其社會背景。本來送王船習俗，與送瘟習俗不同，但至康熙五十年代，因閩海不靖，清廷下令實施海禁，欲出入臺灣者，需經福建水師衙門批准並派兵船護送，此外片板不准入海。臺人送王船時，原於醮畢送到大海，然後駕小船回來。海禁後，只得改在水涯焚之，並易木以竹，用紙製成，物用皆同，遂與福州之送瘟習俗相似。

福州瘟神信仰，明朝萬曆年間閩人謝肇淛撰《五雜俎》已曾提及：

> 閩俗最可恨者，瘟疫之疾一起，即請邪神香火奉祀於庭，惴惴然朝夕拜禮，許賽不已，一切醫藥付之罔聞。…病者十人九死，即幸而病愈，又令巫作法事，以紙糊船送之水際。此船每以夜出，居人皆閉戶避之。余在鄉間夜行，遇之輒徑行不顧，友人醉者至隨而歌舞之，然亦卒無恙也。

清人曾異所撰《紡綬堂集》亦載其事，云：

> 閩俗病瘟，獨信巫，謂謁醫必死，雖至親亦懼傳染，不相顧問，死亦不發喪。按神俗稱大帝，像設凡五，其貌猙獰可畏，殿宇煥儼，過其前者，屏息不敢諦視。又傳五月五日為神生日，前後月餘，酬愿演劇，各廟無虛日。即無疾之人亦皆奔走呼籲，惟恐怨恫獲罪譴。或疫氣流染，則社民爭出金錢延巫祈禱，謂之禳災。…蓋巫覡藉以掠金錢，愚民冀以免殃咎，故旋毀旋復，法令所不能禁也，閩中故多淫祀，此特其尤甚者耳。

取上述記載與諸羅、臺灣兩部縣志所載送王爺船習俗相較，可以發

---

[7] 康熙五十九年施世驃序《臺灣縣志》云：「余承先人後，八載於茲，諸志修，得而觀之，鳳志修，從而序之，今臺志修，又從而序之。」。

現兩者並不相同。第一，福州之瘟神稱五帝，臺灣之王爺，或稱將軍、王公、大人、老爺，不稱為帝。第二，福州所奉五帝為五位神，其面貌猙獰可怖；臺灣所奉王爺只三座，神貌俱雄而毅，臉色則分別為黝、赭、白皙三色，並不可畏。第三，福州人祀瘟神，是在瘟疫流行之時始迎祀之，建立在病人與瘟神驅疫鬼之對等關係上，並由個人之行為發展為臺體行為；臺灣之王醮則固定三年一舉，不須有瘟疫流傳為前題，且其行為自始至終，並無病人與神間之生病→祈求治病→病癒→迎神回饋之現象表現出來。第四，福州居民對瘟神五帝乃敬而遠之，過其廟前屏息不敢諦視，送瘟儀式，僅由少數人於夜晚為之，聞之者皆閉戶避之；而臺灣居民視王爺恰似父母官，有不平則爭投告牒，王醮曰請王，請王時，須由曉事者跪進酒食，送王船更是萬人巷空，熱鬧無比。但因當時福州瘟神之信仰已傳入臺灣，送王船習俗復已變得與送瘟習俗相近，加以官方定義王爺為瘟神，請王、送王船之習俗為驅瘟，後人更難以辨識。

咸豐年間，劉家謀《海音詩》有《詠鯤鯓王》一首，云：「競送王爺上海坡，烏油小轎水邊多，短幨三尺風吹起，斜日分明露翠娥，解從經史覓新傳，自有文章動鬼神，夢裡幾曾分五色，年年乞筆問鯤鯓。」詠王爺而有「解從經史覓新傳，自有文章動鬼神」之語，隱含義蘊，當可不言而喻矣。

五、將軍與王爺之關係

將軍廟亦與王爺信仰有關，康熙二十三年《福建通志》卷十一祠祀志已有記載云：

> 將軍廟，在將軍澳，神之事蹟莫考，自有澎湖即有此廟，故澳亦以為名。

雖云神之事蹟莫考，然其後所云「自有澎湖即有此廟，故澳亦以為名」，編者卻留下線索供人探求。其後高拱乾《臺灣府志》亦有類似記載。按將軍澳之名，始見於明鄭時代。永曆三十七年（康熙二十二年）

六月，施琅攻打澎湖時，所上報捷疏云：

> （六月）十五日……時值天晚，將船灣泊八罩水垵澳，遣官坐小哨到將軍澳、南大嶼等島安撫島民[8]。

可知明鄭時代，將軍澳已得名，並有居民居住。將軍澳係以將軍廟得名，其廟所祀神，應為鄭成功。按「將軍」兩字，在明鄭時代，可視為專有名詞，鄭成功父子之外非常人所能用。鄭成功初出仕，即受隆武帝封為招討大將軍，其後倡義師，亦以「招討大將軍」印理兵事，闢臺島，軍、經、政、令咸用之，至鄭經之時皆然。現存英國倫敦博物館之《大明中興永曆二十五年大統曆》上即鈐有「招討大將軍印」。因此，明鄭藩下諸將皆諱「將軍」兩字不用，如楊英《從征實錄》中，稱呼各鎮將領時，皆稱某鎮而不稱爵銜，即為其例。至鄭經逝世，鄭克塽拜表請追諡鄭成功為武王，經為文王，建二王廟以祀之後，鄭成功之祠祀神始有將軍或王爺之兩種不同稱呼。且將軍廟之創建，當在二王廟之前，故乾隆《臺灣縣志》將代天巡狩神記載於將軍廟神之下，不僅得以避清人耳目，且與臺灣居民祠祀鄭成功父子之實情相符，實為高明之至。

至乾隆以後，臺灣所修方志，多將王爺有關敘述繫於澎湖將軍廟項下，且將「將軍」遙指隋朝之陳稜。乾隆十七年（1752）所修《臺灣縣志》卷六，祠宇、廟、將軍廟條云：

> 將軍廟，在澎湖將軍澳。神之姓名、事蹟無考。舊有此廟，因以名澳。豈隋開皇中，遣虎賁陳稜略地至此，因祀之歟，又有大王廟三：一在八罩嶼，一在龍門港、一在通梁澳。俱莫詳所自始。又舊志府志載，邑治東安坊有開山王廟，今圮。長興里有王公廟。俱明鄭時所建。

乾隆之時，文網雖已稍疏，然漢人餘悸猶存，故將代天巡狩之事蹟繫於澎湖將軍廟條之下，並造出「豈隋開皇中，遣虎賁陳稜略地至此，因祀之歟？」之說法。按，陳稜略地，典出《隋書》《流求國傳》，係指

今日本國沖繩縣,非臺灣。《臺灣縣志》推測陳稜是將軍澳神的說法,使臺灣人對王爺的真正身分更加混淆。

嘉慶十二年(1807)謝金鑾等再修《臺灣縣志》,於卷五外編,寺觀,開山王廟條,載臺灣民間祠祀王爺之事,云:

> 開山王廟,在東安坊,舊圯,乾隆年間邑人何燦鳩建。邑又有稱王公廟、大人廟、三老爺廟者,不知何神,或云皆即澎湖將軍澳之神也。舊志云,神之姓名、事蹟無考,豈隋開皇中虎賁陳稜略地至此,因祀之歟?(下與乾隆《臺灣縣志》同)

將各王爺廟繫於開山王廟條之下,可知開山王廟為當時主要的王爺廟之一。而此開山王廟即為同治十三年沈葆楨在臺創建延平王祠原址;在原開山王廟址建延平王祠,應為當時人視鄭成功為開山王爺之證。開山王廟即康熙年間的二王廟,康熙三十八年遷鄭氏靈柩後廢毀,至乾隆年間,禁網稍疏,何燦等人始再鳩建。可見異族統治之下,百姓諸多避忌,連雅堂《台灣通史》所云:「雍乾之際,芟夷民志,大獄頻興,火烈水深,何敢稍存故國之念。故府縣舊志,雖載開山王廟,而不言何神,東都之事,一切抹殺。」應為持平之論。

六、鄭克㙝亦被民間祠祀

克㙝為鄭經長子,陳永華季女婿。三藩亂起時,鄭經率師西征,臺灣軍經政事,一委陳永華經理。永華持己廉正,法嚴約束,夜不閉戶,百姓樂業。後見經諸弟,微有恃勢,佔奪民田。永華雖屢過止,似若艱於破面執法。遂以「元子年登十六,聰明特達,宜循君行則守之典」,請元子克㙝監國。鄭經允其請,於永曆三十三年(康熙十八年)四月初六遣禮官鄭斌齎諭抵臺灣,同陳永華立克㙝監國。此後諸叔不敢橫為,百姓喜有天日。永曆三十四年(康熙十九年),鄭經敗回東寧亦委政克㙝。永曆三十五年(康熙二十年)正月,鄭經逝世,克㙝實秉國政兩年。鄭經逝後,馮錫範擁其婿克塽發動政變,殺克㙝。克㙝生前,因勤政愛

民，百姓受其惠者頗多，故逝世後百姓亦尊為神而祀之。嘉慶《臺灣縣志》卷五，列女，陳烈婦傳云：

> 陳烈婦者，永華季女，鄭經長子欽舍（克塽）婦也。……與欽舍合葬郡治洲仔尾海岸間。……既葬，臺人常見監國乘馬呵殿往來，或時與烈婦並出，容服如生，導從甚盛，人以為神云。

即為台灣人祀克塽為神之證。

克塽卒年十八，生前雖有秉政之實，卻未正式承襲延平王之封爵。逝世後，自不得比照其祖父般稱為王，而以太子爺稱之。臺灣民間所祀太子爺，其廟始見於康熙二十三年《福建通志》卷十一祀典，臺灣府祠廟，沙淘宮條云：

> 在府治西定坊，神之事蹟莫考，土人稱為沙淘太子。

附澎湖祠廟，太子廟條云：

> 有二：一在鼎灣澳，一在赤崁灣。

臺人稱克塽為太子，亦係歷史自然演進而來。鄭成功一生皆以招討大將軍自居，不用王銜，故百姓以將軍目之。但至鄭經以後，永曆帝已亡，所有軍民大政，均出其手，鄭經雖無黃屋左纛帝制自為之事，但百姓心中，卻自然以皇帝視之，如鄭經酷嗜之麻虱目魚，臺人即名之曰皇帝魚[9]；鄭經軍隊駐紮之地則稱為皇帝崙[10]；既稱鄭經曰皇帝，當鄭經西征，克塽監國之時，百姓自然會稱之曰太子，其亡故後所建之廟，自必以太子廟稱之。

太子爺之外，鄭克塽復被列為王爺祠祀，應與民間建醮送王船事有關。康熙三十八年，清廷遣官兵將鄭成功家族靈柩遷回福建南安，克塽之柩應亦不能免。其後臺灣民間舉行王醮送王船時，設王爺神像三座，

---

[9] 《諸羅縣志》卷十二雜記志，外紀云：「鄭經酷嗜麻虱目，臺人名之曰皇帝魚。」

[10] 《諸羅縣志》卷十二雜記志，外紀云：「地高而寬坦，臺人謂之崙。邑有黃地崙，偽氏（指鄭經）踞臺時，征南社番，親屯兵於此，番呼皇帝，遂以名崙，猶麻虱目之呼為皇帝魚也。」

當即為鄭成功、鄭經、鄭克塽三人，因此三人皆有治理臺灣之實，且均為國而死，故特受百姓崇敬。克塽雖未襲王爵，但民間合祭三人時，必通稱王爺，而不加細分，此後鄭克塽於民間信仰上，便兼具太子爺與王爺之二種身份與稱呼，而使王爺信仰愈加複雜化。

據康熙《臺灣縣志》之記載，瘟王三座，臉色分別為黝、赭、與白皙三色，經實地考察奉祀此三位王爺，其廟曾記載於康熙二十三年《福建通志》之臺灣縣大人廟（今臺南市永康區大人廟），發現黝、赭臉二位王爺神像俱蓄長鬚，白皙者年紀甚輕，末蓄鬚，與沙淘宮太子爺神像相似。鄭成功逝時年三十九、鄭經則四十，克塽僅十八歲，則蓄鬚者當為鄭成功父子兩人，末蓄鬚者當為鄭克塽矣！

七、結　論

鄭成功一生忠節無虧，於兩間留正氣，其開發臺灣，更為遺民闢一新天地。光緒元年（1875）臺灣延平郡王祠落成，沈葆楨撰聯語云：

> 開萬古得未曾有之奇，洪荒留此山川為遺民世界；
> 極一生無可如何之遇，缺憾還諸天地是創格完人。

實為最佳寫照。後人對其崇拜，實出至心。惜其後臺灣淪於異族統治，不敢公然祀之，託為「代天巡狩神」以祀之，傳之日久，其事日晦，至今已不易分辨矣！

鄭成功家族與金門

一、前言

民國九十六年十二月二十日中時電子報刊出記者丁文玲：〈金門百姓多不尊崇鄭氏家族〉的報導，謂：

> 自明朝以來即不斷受到日本倭寇、西方與大陸沿海海盜、土匪騷擾的金門居民，一提到鄭氏家族，評價不似在台灣受到尊崇。根據《金門縣志》記載，歷史上金門曾遭盜匪屠城，因此出身海盜家庭的鄭成功，很難得到金門鄉親認同。金門文史工作者暨地方作家宋夢琪、楊樹清等人透露，金門人傳說鄭成功墾木造軍船，才使得原本青翠蓊鬱、古木參天的金門，後來變得童山濯濯、黃沙遍野，種植農作物困難。加上金門未曾割讓給日本，不像日本人鼓勵人民膜拜有一半日本血統的鄭成功為神，因此金門早期並沒有鄭成功廟。現今的延平郡王祠，還是民國以後由國民政府所建的，而且香火相當冷清。[1]

這篇報導指出早年金門民間信仰沒有公開建廟奉祀鄭成功的實況，及因為鄭成功出身海盜、曾於金門伐木造船破壞金門生態等事，致無法獲得金門人認同。但近代金門出土明末有關文物，卻可提供一些另類的思考方向。

民國四十年代，是中華民國政府遷台後，國、共二方武裝抗爭最劇烈的時期，民國四十八年七、八月國軍在修築軍事工程時，陸續發現鄭經埋葬祖先之八具骸骨及《明石井鄭氏祖墳墓誌》、魯王塚和相關壙誌等物，鄭氏及魯王以金門為埋骨之地，金門於明鄭君臣眼中應具舉足輕重的地位，鄭成功家族與金門的關係究竟如何？希望從歷文獻中找出一些資料，來補證這段歷史的過程。

---

[1] 民國九十六年十二月二十日中時電子報：丁文玲，〈金門百姓多不尊崇鄭氏家族〉。

二、金門為鄭氏家族發蹟之地

據《石井鄭氏族譜》，鄭氏於唐末入閩，宋末元初移居南安縣石井，明末已為當地巨族。石井行政區屬泉州府南安縣管轄，但其地理位置卻在南安縣最南端濱海之處，西邊與同安縣毗鄰。從石井出海，必需經過圍頭灣、金門島，金門成為控扼石井、安平水路的戰略要地，鄭成功家族以海上貿易致富貴，金門對鄭氏的價值不容忽視。

明末中國積弱不振，從十七世紀初，閩海及金門屢遭海盜侵凌、屠戮，最初入侵者為日本倭寇，《金門志》卷十六〈舊事志・紀兵〉云：

> （萬曆）三十八年（1610）五月，倭掠大嶝，村民保於虎頭寨。賊破寨，殺戮蹂躪極慘。三十九年（1611）三月，倭酋阿士機等自料羅登岸，掠十七都，死者數百人。四月，攻陽翟，合社與戰，敗，死者百餘人。於是諸鄉自危……相率竄於官澳巡司城，男女萬餘人。[2]

同時，華籍海盜跟著入侵，且行為更凶狠：

> 漳賊謝萬貫、一貫復率十餘船自浯嶼月港而來，……賊縱火屠城……四散飽掠，自太武山西北，靡有或遺。……金帛貨谷、戶牖器械盡載以歸；廬舍則一炬焚之。[3]

荷蘭東印度公司船艦到中國求互市，但也時而為盜，曾登陸金門料羅灣：「天啟三年（1623），紅毛夷登料羅，浯銅把總丁贊出汛拒戰，死焉。」[4]金門被蹂躪，南安石井也不能倖免，鄭芝龍下海為盜是否有保鄉衛土的意涵，文獻雖不可考，但研究這段史事，似不能忽略海盜侵凌的時代背景。鄭芝龍招募成員時，更以金門、廈門為主要據點。《金門志》云：

2　《金門志》卷十六〈舊事志・紀兵〉。
3　同上，《金門志》。
4　同上，《金門志》。

（天啟）六年（1626）春，海寇鄭芝龍泊金門、廈門，樹旗招兵。芝龍字飛虹，南安石井人；嘗亡命日本，娶倭婦，生子鄭成功。是春，船泊金、廈，樹旗招兵，從者數千；所在勒富民助餉。[5]

鄭芝龍在金門、廈門招兵，從者數千，可知鄭芝龍的海盜集團成員有數千人為金、廈二島子弟，鄭芝龍雖曾勒富人助餉，但二年後即自己養兵，不曾侵擾金、廈，未給兩地人民留下惡劣印象。《金門志》云：

（天啟）七年（1627）十月，大徵各衛所軍及於將軍澳，互相擊殺；……遇賊敗績；芝龍入中左所城，不侵擾。至崇禎元年（1628），芝龍始投誠；授遊擊。[6]

因為金、廈為桑梓之地，鄭芝龍佔領之後自不加侵擾，崇禎元年芝龍受明朝招撫，被任為水師遊擊，他的金廈籍子弟兵當然也跟著成為政府海軍官兵，受命平定閩海群盜。數年後鄭芝龍擊敗入侵荷蘭人，積功被授總兵官，又掌控海外貿易龐大經濟利益，貴、盛遂甲於七閩。鄭亦鄒，《鄭成功傳》云：

芝龍幼習海，群盜皆故盟或門下。就撫後，海舶不得鄭氏令旗不能來往。每舶例入三千金，歲入千萬計，以此富敵國。自築城於安平鎮，舳艫直通臥內。所部兵自給餉，不取於官。鐵鑿剽銳，徒卒競勸。凡賊遁入海者，檄付芝龍，取之如寄。以故鄭氏貴振於七閩。[7]

鄭芝龍親弟鄭鴻逵也以金門為駐地，晚年築宅第於白沙，卒於金門。《金門志》云：

國朝順治三年（1646）秋，芝龍弟鄭鴻逵自安平鎮屯距金門。鴻逵，崇禎間武進士，累遷副總兵，鎮守南贛。福王立，授九江總兵。順治二年，我師入鎮江，鴻逵引回；奉唐王入閩，晉封定國

---

[5] 同上，《金門志》。

[6] 同上，《金門志》。

[7] 鄭亦鄒，《鄭成功傳》。

公。我師進仙霞關，芝龍獻款；鴻逵與成功諫不聽，乃擁甲兵退安平、屯金門，迎淮王於軍中，請寧靖王監其師。合成功兵攻泉州，經月不下，乃回金門，築寨於白沙，搆亭沼、蒔花木，日事笙歌。我師攻之，不克。未幾，卒。[8]

鄭芝龍族弟鄭彩也曾迎魯王監國至金門駐駕。《金門志》云：

三年秋，芝龍族弟鄭彩與其弟聯遁居金、廈，北迎監國魯王於舟山，進彩建威侯。[9]

至金門籍明鄭藩下著名人物，武將有位居軍事最高指揮職的洪旭、周全斌，文官有思明州知州、協理禮官蔡政等人，金門是明鄭抗清重要據點，金門人在鄭氏抗清復明的運動中扮演重要角色。

三、鄭成功以金門為抗清據點

鄭芝龍在金門招兵買馬創立基業，同樣，鄭成功的發蹟地也是金門。《清史稿》鄭成功傳，云：

（順治）三年（隆武 2 年，1646）貝勒博洛師次泉州，書招芝龍，芝龍率所部降，成功諫不聽，芝龍欲以成功見博洛，鴻逵陰縱之入海。[10]

因鄭成功反對芝龍降清，而鄭芝龍又欲其同往見博洛，故拘之。幸芝龍親弟鴻逵私縱之，並以舟送至金門躲避，始未被挾往降清，故金門是鄭成功福地。芝龍降清被挾北上後，鄭成功在鄭鴻逵協助下赴南澳募兵，芝龍舊部多往應募，迅速練成一支勁旅。順治七年（1650）八月乃正式取得金門。《金門志》云：

六（七）年八月，成功夜渡金門。成功本名森，十五歲，餼於庠。

---

[8]《金門志》卷十六〈舊事志・紀兵〉。

[9] 同上。

[10]《清史稿・鄭成功傳》

唐王一見奇之，命典禁旅，佩招討大將軍印。福州破，芝龍議降。成功持裾泣諫，不聽；乃與所厚陳輝、甘輝等遁入金門，隨往南澳收兵，得數千。中秋夜，揚帆至廈門，襲取鄭聯軍；聯竄金門訴於彩，成功復夜襲之，遂踞二島，遙奉粵中朱由榔年號。由榔遣使詣島，封延平郡王；尋晉潮王。[11]

鄭成功從軍後的重要作為，據《清史稿》鄭成功傳，編次如下：

順治四年，會將誓盟，仍用唐王隆武號，自稱招討大將軍。以洪政、陳輝、楊才、張正、余寬、郭新分將所部兵，移軍鼓浪嶼。鄭彩奉魯王以海屯廈門。彩弟聯，據浯嶼，相與為犄角。成功與彩合兵攻海澄；又與鴻逵合兵圍泉州。

五年，成功陷同安，攻泉州。

六年，成功遣施琅攻漳浦，取雲霄鎮，進次詔安。遣所署光祿卿陳士京朝桂王，始改用永曆年號，桂王遣使封鄭成功延平公。

七年，鄭成功攻潮州碣石寨，不克。襲廈門，併鄭聯、取金門。

八年，桂王詔成功援廣州，其族叔芝莞守廈門。福建巡撫張學聖、泉州總兵馬得功乘虛入廈門，盡攫其家貲以去。成功還，引兵入漳州，取漳浦。鄭成功迎魯王居金門。

九年，取海澄、詔安、南靖、平和，圍漳州八閱月。

十年，清朝封芝龍同安侯，而使齎敕封成功海澄公、鴻逵奉化伯，授芝豹左都督。成功不受命。復出擊福建興化諸屬縣。

十一年，改中左所為思明州，設六官理事，分所部為七十二鎮，遙奉桂王，承制封拜。又攻漳州，千總劉國軒以城獻。再進取同安、仙遊。

十二年，清廷奪芝龍爵，下獄。成功遣將陷舟山，進取溫、台二州。清大軍來攻，成功撤各地兵聚守思明。

十三年，清軍濟度以水師攻廈門。黃梧以海澄降濟度；清詔封黃梧海澄公，駐漳州，盡發鄭氏墓，斬成功所置官。

十四年，鴻逵卒。成功陷台州。

---

[11] 《金門志》。

十五年，與甘輝、余新等率水師破溫州。將入江，遇颶舟敗，退泊
舟山。桂王使進封為潮王，成功辭，仍稱招討大將軍。

十六年五月，成功整軍復出，取瓜州，攻鎮江，溯江上。進攻江寧。
大敗；清軍分兵出漳州、同安，規取廈門。成功督巨艦，鄭泰亦自浯嶼
引舟合擊，清師大敗；引還。

十七年，清廷命靖南王耿繼茂移鎮福建，又以羅託為安南將軍討成
功。

十八年，用黃梧議，移濱海居民入內地，增兵守邊。鄭成功自江南
敗還，勢日蹙，遂取臺灣。圍七閱月，紅毛存者僅百數十；城下，皆遣
歸國。號臺灣為東都，示將迎桂王狩焉。

康熙元年，五月朔，鄭成功尚坐胡床受諸將謁；數日遽卒，年三十
九。[12]

從順治四年到康熙元年前後十四年間，鄭成功從募兵成軍後一直處
於南征北討的戰爭中，盛時曾統有漳、泉、潮、興化等府、州，但金、
廈一直是他堅守的據點，未曾予以放棄。

四、鄭成功曾否在金門伐木造船？

鄭芝龍雖是海盜出身，但卻始終扮演金門守護者的角色；鄭成功雖
也東征西討，他的軍隊成員，大多為其父、叔舊部移轉或前往應募投靠
者，這些軍人原就有自己的船艦，鄭成功似不必為伐木造船傷腦筋，而
且金門是其龍興之地，有必要將金門樹木砍來當船料嗎？這個說法又從
何而來呢？

鄭成功在金門伐木造船的說法，似出自《鄭成功與金門》第一章第
二節：史蹟壯山河，甲、現存遺蹟（六）伐木造船。原文云：

> 金門志乘載：「舊多樟木，因鄭成功造船，砍伐殆盡。」宋紹興
> 間朱子主簿同安視學金門時，有：次牧馬侯（陳淵）祠詩：「雲

---

12 《清史稿・鄭成功傳》。

樹蔥龍神女室，崗巒連抱聖侯祠。」足見今庵前蓮山一帶，更是林木如蓋。鄭成功當年出發征戰，皆非船艦不可，且所部最高額達二十餘萬，需用造船修艦木材必多，就近取之金門，乃屬常理。加以清初清兵入金門，林木焚砍淨盡，故自清初迄民國三十八年以前，三百年間，這些昔日林區，始終童山濯濯。近十餘年來，金門軍民大大力造林，全面綠化，現已恢復舊觀。[13]

原來《鄭成功與金門》所據為「金門志乘」。《鄭成功與金門》於民國五十八年九月由金門縣文獻委員會發行。書中〈弁言〉謂：

> 本書參考史料有：《閩海紀要》《從征實錄》《鄭成功紀事編年》《鄭成功傳》《台灣通志稿》及陳致平教授之《鄭成功與台灣》，並採列徐玉虎、魏瀚兩先生大作……等稿為內容。[14]

引用書籍，並未見任何《金門志》，僅於此提及「金門志乘」等字。查《金門志》流傳於世者有二種版本，一為清道光年間林豪等人所修，光緒年林焜熿等增訂的版本，另一為民國四十八年三月許如中編輯，金門縣政府發行的《新金門志》二種。林焜熿《金門志》卷二〈分域略．沿革〉描述鄭氏二代時期的金門，謂：

> 熙豐間，始立都圖。都有四，其統圖九，為翔風里，並統於綏德鄉。嘉定十年，真德秀知泉州府，巡海濱、屯要害，嘗經略料羅戰船。咸淳間，復稅弓丈量田畝，給養馬。元始建場征鹽。國初，鄭氏竊踞。康熙二年，官軍大蒐兩島，毀其城，遷其居民界內，浯洲遂墟。十三年，復為鄭經所踞。十九年，兩島平，始開設標營。[15]

書中提及真德秀曾在料羅灣經略戰船及康熙二年浯州遂墟等事，但二者皆與鄭成功伐木造船無關。民國四十年代金門戰區在司令官胡璉領導下推動造林，被視為是當時政府在金門一大政績，當時許如中新編《新

13　郭堯齡，《鄭成功與金門》第一章第二節史蹟壯山河，甲、現存遺蹟（六）伐木造船。
14　郭堯齡，《鄭成功與金門．弁言》
15　《金門志．分域略．沿革》，卷二。

金門志》，〈經濟志〉，第二篇，即專講造林。該篇前言云：

> 考諸文獻：金門昔時有森林三區，多松、柏、樟、欅有用之材，
> 惜為元代之燒鹽，明代之倭寇，清初之兵燹，及官司眾民之濫伐，
> 破壞無遺。今遂童山濯濯，荒埔茫茫，年受風砂水旱之災，農作
> 艱難，回天費力。[16]

「童山濯濯」四字，同見於許、郭二文，看來許文應為《鄭成功與
金門》一書的史源。《新金門志》原指金門原有森林三區，並非全島皆
森林；樹有松、柏、樟、欅四種；被破壞則有元、明、清三代各種官、
民濫伐及天災人禍造成，但作者只取其部分，並自行推測鄭成功伐木造
船之語。謂：

> 鄭成功當年出發征戰，皆非船艦不可，且所部最高額達二十餘
> 萬，需用造船修艦木材必多，就近取之金門，乃屬常理。[17]

按，鄭成功所部軍隊曾達二十萬人是正確的，但這些人大多數為陸
軍；海軍人數以康熙十九年鄭經撤回台灣時，水師副總督朱天貴降清的
人船數：二萬餘人，艦三百艘（施琅攻台人船數亦同）推估，應不出四
萬人，船約六百艘，所需船料有一定限度；且樟木材質較軟，適宜雕造
神像；建造海船木材多來自東南亞。另海上戰艦，除非被砲火攻擊沈毀，
否則可使用多年，根本不必年年伐木造船。《鄭成功與金門》或許想表
彰胡璉將軍領導金門地區軍民造林功績，無意中卻讓後人對鄭成功產生
不良的印象。

五、金門的鄭氏遺塚

民國四十八年，共軍計劃攻打金門，國軍積極備戰，挖掘防空坑道，
七月金門山前村國軍清理坑道時發現一墓室，內有八具骸骨及一塊《皇

---

[16] 許如中新編，《新金門志·經濟志·造林》。
[17] 郭堯齡，《鄭成功與金門》第一章第二節史蹟壯山河，甲、現存遺蹟（六）伐木造船。

明石井鄭氏祖墳誌銘》，為永曆三十年（康熙十五年，1676）季夏鄭成功長子鄭經所撰，文云：

> 于野公妣許氏，經之六世祖也，與叔祖深江公為伯仲，暨叔祖妣郭氏，俱附葬康店大墓。五世祖西庭公譚氏媽，原葬於陳厝鄉。四世祖象庭公葬南安三十三都金坑山。祖妣徐氏，原葬大覺。累受皇恩，疊加誥贈。歲丙申（1656）逆臣黃梧據澄謀叛，既背恩而事虜，為人所不敢為，復慮虜奴之未信，遂忍人所不可忍，倡發掘墳以結虜歡。至戊戌年（1658），協理五軍陳堯策厚賂獄人，計脫八骸，時疑信參半，姑淺寄思明。無何而先王賓天，經嗣位東寧，叛臣之辜，竟未獲誅。至甲寅歲（1674），胡運告終，經親率大師，克復閩粵……神人共憤，興師致討，而父子授首。……爰於是年丙辰（1676），卜地於浯江山前合葬焉。戎馬倥傯，筆墨無文，姑略書其事，以為墓誌云。[18]

據墓誌，鄭成功部將黃梧於順治十三年（永曆 10 年，1656）降清，為取信清軍，倡議挖掘鄭氏祖墳，置屍骨於獄，賴協理五軍陳堯策厚賂獄人，計脫八骸，因不知真假，先淺寄廈門。至康熙十三年三藩之役，鄭經揮師回閩，證實祖墳被發，乃將八骸重埋於金門。因清軍的滅絕人性，鄭經雖將祖骸重埋，但仍恐他日被挖，故不封不樹，僅置於山洞中。鄭家祖骸之外，明宗室地位最高的魯王朱由榔，去世後埋於金門亦不封不樹；為魯王撰寫壙誌的寧靖王朱術桂雖死於台灣，也恐被清人挖墳而不封不樹，其墓至日治時期始被發現埋於台南市南郊的高雄市路竹區。

鄭氏祖墳發現後，八具遺骸由居住金門的鄭氏族人鄭維喬、鄭劍秋等遷葬金城北郊外。民國五十六年國防部長蔣經國以：鄭成功倡義金門，倡議為其建衣冠塚。然以鄭氏衣冠無處覓，乃於夏墅、后豐兩港間高崗建延平郡王祠，民國五十七年十二月興工，次年八月二十七日落成；鄭氏祖墳發現之八具遺骸同時遷葬於祠右側，成為金門現存與鄭家族有關的重要史蹟。如果不是重視金門，並認為可以保障金門安全，鄭

---

18 「皇明石井鄭氏祖墳誌銘」轉引自郭堯齡《鄭成功與金門》。

經大可把祖先骸骨移葬臺灣。

六、金門有沒有鄭成功廟？

鄭成功在隆武帝時被封為忠孝伯，掛招討大將軍印，永曆時被封為延平王、潮王，鄭克塽時被追諡封為武王。依制，有王爵者死後得建五廟，但鄭成功死後第二年鄭經即放棄金門，林焜熿《金門志》卷二〈分域略·沿革〉謂：「國初，鄭氏竊踞。康熙二年，官軍大蒐兩島，毀其城，遷其居民界內，浯洲遂墟。十三年，復為鄭經所踞。十九年，兩島平。」[19]所以縱使鄭成功死後鄭經曾在金門建廟，也會在第二年被清軍毀廢。康熙十三年鄭經雖收復金、廈，但處征戰頻繁時期，是否會在金門建廟也是疑問。

康熙二十二年，鄭克塽降清，鄭克塽及高級文武官員劉國軒等被納歸漢軍八旗管理，明朝宗室、官兵被遣送回大陸，軍士兵被安置河北、山東、山西墾荒，繼而被派參與對羅剎的雅克薩戰爭，戰勝後又被派參加對內蒙古的葛爾丹戰役，讓這些降兵在戰場上凋零。

明鄭時代台灣本島在鄭成功死後是有建廟奉祀的，但康熙三十九年清朝將鄭氏家族在台墳塚遷回大陸後，廟宇即被廢除；所以理論上清朝中葉臺灣不會有以鄭成功為祀神的廟，但同治十三年牡丹社事件發生，沈葆楨來台善後，建議光緒皇帝追諡鄭成功並勅建廟延平王祠時，卻指台灣百姓暗中祠祀鄭成功的情形：

> 明末延平郡王賜姓鄭成功者，福建泉州府南安縣人，少服儒冠，長遭國恤，感時仗節，移孝作忠。顧寰宇難容洛邑之頑民，向滄溟獨闢田橫之別島，奉故主正朔，墾荒裔山川，傳至子孫，納土內屬。維我國家，宥過錄忠，載在史乘。厥後陰陽水旱之沴，時聞吁嗟祈禱之聲，肸蠁所通，神應如答，而民間私祭，僅附叢祠。身後易名，未邀盛典，望古遙集，眾心缺然。[20]

---

19 林焜熿，《金門志》卷二〈分域略·沿革〉。
20 沈葆楨，請建廟延平王祠摺。

　　說明當時台灣百姓私祭鄭成功，其廟則附於叢祠。在清朝歷年官修台灣府、縣志中，康熙三十九年清廷遷鄭氏家族墳墓回大陸以前王爺廟被列為祀典，三十九年以後所修方志則連叢祠也未見有鄭成功廟的記載，至連橫《台灣通史》始在《宗教志》謂王爺是台人私奉鄭成功的神。金門會不會有類似情形呢？

　　林焜熿《金門志》卷四祠祀，附錄《叢祠》錄有北鎮、保生、威惠等廟二十二所，各廟除寺、庵外，主神多有來歷，曾流寓台灣的南明禮部侍郎王忠孝即其一。侍郎廟謂：「在賢聚村。祀故明禮部侍郎王忠孝。今為村人報賽之所，遂不知祠所由來」。[21]可知金門人未特別排斥明鄭人物。叢祠中，與王爺有關者有三，一為觀德堂，奉蘇公。云：

> 觀德堂內祀蘇公之神。神系同牧馬王陳淵來金門者，屢著靈蹟。咸豐三年，廈門會匪傾眾來犯，神先期乩示，令各戒備，賊果大敗。被獲者供稱，在海上見沿海兵馬甚多，賊各氣奪，以是致敗。其祖廟在新頭。俗稱四王爺，兩營官兵奉之甚謹。[22]

　　另二廟未提祀神來歷，為後浦東門的池府廟及雙山之南的居王庵。居王庵據《新金門志》〈人民志〉第四篇，附錄祠廟一覽表：金寧鄉，「居士菴」，引據《滄浯瑣錄》考證為居士菴之筆誤。

　　第三廟為池王廟。《新金門志》〈人民志〉第四篇，附錄祠廟一覽表：金城鎮同樣未寫祀神為誰；但同篇「某府王爺」條卻記載如下：

> 蘇王爺而外，各種王爺甚多。某府王爺亦稱某府千歲，或某府元帥其神之來歷，無可稽考。相傳有一百三十餘姓，多為明鄭忠貞之士。不獨浯人奉之，泉漳臺各地，亦多敬奉不衰。……浯之王爺，據調查有二十七種，朱、刑、李、邱、秦、金、池、吳、鄭……其中以朱、池、邱、溫、李為最多。據調查金門陳於廟宇之朱王爺偶像有十七軀，池王爺十六軀，僅次於關帝、土地。[23]

21　《金門志》卷四祠祀。
22　同上。
23　《新金門志》〈人民志〉第四篇，附錄祠廟。

　　《新金門志》編者把神像稱「偶像」，似非迷信之士，引用資料為民國四十六年調查資料，說王爺「為明鄭忠貞之士」應有其依據，魯王朱由榔既葬於金門，朱王爺是否與魯王有關？鄭成功被隆武帝賜姓朱，是否也在其中？這課題就值得詳加研究了。

七、結語

　　天啟六年（1626）鄭芝龍在金、廈二島樹旗，招募三千餘人下海，二十餘年間創下一片基業。明亡，鄭成功繼之而起，以二島從事抗清復明運動十餘年，並開拓台灣為海上長城，至鄭經經營台灣，間曾率師西征，至康熙二十二年（1683）鄭克塽降清，明末清初的六十年間，鄭氏家族掌控了閩海，而金門、廈門則為鄭氏家族活動的核心。

　　從歷史記載看，鄭家不曾在金門欺壓百姓，反而緊密的與金門人結合，鄭成功藩幕重用許多傑出的金門籍人士，如曾任前提督，封忠振伯的洪旭、五軍都督周全斌，都為鄭成功最信任將領；曾任賞勳司、審理所正、協理禮官建立司法、教育制度的蔡政，都是金門人。鄭成功曾合法統治金門，鄭家在金門無毀城之恨；對金門人則有提攜之恩，金門人若建廟奉祀，亦合禮制。

　　從歷史與出土文物看，鄭成功親叔父鴻逵終老金門，葬於金門；鄭經於康熙年間亦將其被清軍挖掘祖骸葬於金門；明朝宗室監國魯王死後亦葬於金門，明鄭君臣對金門的重視，不言可喻。反之，清朝於戰勝後對金門的破壞擄掠，才是金門殘破的主要原因。清領時期，台灣備受壓迫，金門與台灣都是鄭氏重要統治區，但台灣百姓仍私下祠祀鄭成功，或許在金門也可找到證據。

林堯俞與《天妃顯聖錄》的編撰

一、前言

　　天妃是元朝至清初中國官方誥封林默的封號。林默是五代北宋前期的人，生前從事宗教活動[1]，生人福人，不以死與禍恐人，故人人敬事如母[2]，死後鄉人祀之。巫祝是基層社會的靈媒，或為神靈附身代為指點迷津，為小民治治病，與國家政經軍事扯不上關係，死後也不會被政府立傳，因此天妃的真正家世、父母、生卒年月等均未被記錄下來。林默是個好巫祝，死後事蹟即在鄉里間流傳，接著被建祠奉祀。北宋宣和四年（西元 1122 年）林默開始顯現靈蹟庇佑使節船，次年朝廷賜予「順濟」廟額，成為可以公開信仰的合法祠廟。至南宋政府南遷，因庇佑水師抗金、平定草寇，靈蹟屢屢顯應，受朝廷多次誥封，其廟宇隨神蹟顯現，在長江以南宋政府管轄區域不斷增建。每當新廟宇落成，天妃靈應事蹟及朝廷誥封的資料就被鏤刻在石碑上，為天妃信仰留下甚多珍貴史料。元朝時，有人開始將之編輯成《明著錄》及《聖妃靈著錄》，惜今都已失傳。至明永樂年間三保太監鄭和奉明成祖朱棣之命率艦隊七下西洋，航程中有遭遇颶風天妃靈應助順之事，鄭和返航後奏請成祖褒封，成祖親撰《御製弘仁普濟天妃宮之碑》建廟於南京。萬曆年間國勢積弱，西北有瓦剌進逼，東南有日本倭寇侵凌，激發章回小說家羅懋登參考《星槎勝覽》、《瀛涯勝覽》和明成祖朱棣撰《御製弘仁普濟天妃宮之碑》、《靜海禪寺重修記》等資料撰為《三寶太監西洋記通俗演義》[3]於萬曆二十五年刊行以弘揚國威，書中第二十二回，「天妃宮夜助天燈，張西塘先排陣勢」即為天妃靈顯助風之事，但對天妃描述仍未具體。同時期另有

---

[1] 宋代儒家學者如莆田進士黃公度即以巫媼視之。

[2] 元代莆田籍太學博士李丑父語。

[3] 羅懋登《三寶太監西洋記通俗演義》，萬曆 25 年二南里人序刊本，上海古籍出版社，古本小
　　說集成編委會編。

福建小說家吳還初撰《天妃娘媽傳》[4]描述天妃助其兄林二郎協助國家平定西北弱水國入寇及天妃在福建平妖濟民故事。書中雖以天妃及其兄二郎為主角，但所述多神怪，惟可反映閩人對天妃神蹟有更的傳述與期盼，至明末遂有林堯俞《天妃顯聖錄》的編撰。

二、林堯俞事蹟

林堯俞（1560—1628），字咨伯，莆田人，明熹宗朝禮部尚書，但東林黨獄時被列入黨籍，被削籍，《明史》遂無其傳。清乾隆版《莆田縣志》卷十七人物志名臣傳錄其事蹟云：

> 林堯俞，字咨伯，烴章子，萬曆己丑（17 年，1589）進士，改庶吉士，讀書中秘，留心昭代典章故實，八直起居，教習內書堂，分校禮闈、冊封益藩，皆隨事庀職恪共周慎。在史館十年始量移宮坊贊善，隨請假省親，歸，連丁內、外艱，服闋，堅臥不出。以少宰楊止庵薦補原官，轉左諭德兼侍講。……熹宗改元，即家特起，以禮部右侍郎視祭酒事……旋以左侍郎還部，尋拜本部尚書，凡郊天、幸學、殿工、陵寢、冊號、選婚、實錄、貢舉諸大典，酌古準今次第肇舉，最稱明備。慶陵之役，相度獨勤，周行霜雪中，不憚勞勩。《光宗實錄》成，加太子太保。慶陵工成，敘錄加太子太保，予玉予廕。……時黨禍已成，魏廣微密揭入，兩魏謀合，雖聖眷倏屬，而泰交竟成釜鬻，堯俞亦恬不介懷，抵里門，與故人觴咏，築南谿草堂。所著有《谿堂詩集》四卷、《谿堂文》二卷，卒年六十有九。訃聞，贈少保，廕一子入監，諡文簡，賜祭九壇。[5]

林堯俞出生於莆田顯宦家族九牧林氏，其祖父林應采曾任廣西南寧府同知，父林烴章，曾任湖廣僉事。林堯俞三十歲中進士，因成績在二榜，依例被授為庶吉士，留在禮部擔任史官，曾八度輪值擔任明神宗皇

---

4 吳還初《天妃娘媽傳》，萬曆新春，忠正堂刊本，上海古籍出版社，古本小說集成編委會編。
5 參見《莆田縣志》卷 17 人物志，名臣，林堯俞。

帝起居注編撰官，期間曾兼任內書堂教習，教授皇室貴冑子弟，並為禮部辦理進士考試襄閱官。接著升任太子詹事府教職。不久即因父、母病，請假返鄉省親，銷假後父、母相繼去世，遵制返鄉守喪後即杜門不出。後因史部侍郎楊時喬（止庵）推薦，回補原官，並升任太子左諭德、兼任神宗皇帝侍講官。但當時顧憲成等清流學者在東林寺講學，對朝政頗多批評，形成朝、野對立。林堯俞為避免捲入爭端，上章自請為南京太學祭酒以離開北京是非之地。但東林學者仍極力拉攏，林堯俞知其前輩與東林學者唱和者多無善果，遂連續上章請免官返鄉。辭官後林堯俞返回莆田，曾纂修《興化府志》，重修文廟，並致力經世之學，鄉居十四年間為避免是非，不曾有片紙隻字致北京師友請託。

天啟元年（1621）明熹宗朱由校即位有心改革，特別啟用當時已六十二歲鄉居的林堯俞為禮部右侍郎兼國子祭酒。林堯俞雖上摺請辭，然熹宗不准。林堯俞只好上路，在往北京途中再度婉轉請辭，熹宗還是溫言要他上任，最後林堯俞以禮部左侍郎回部任職。據《明史》六卿年表，[6]林堯俞於天啟三年癸亥（1623）五月任禮部尚書，即林堯俞於天啟元年（1621）任禮部左侍郎三年後升禮部尚書。

林堯俞是帝師，也是皇帝親自拔擢復出政壇，主管全國教育、考試、典禮、陵工等大政，上任後也接辦新皇帝即位後的郊天大典、巡幸太學、宮殿修築工程、先皇帝陵寢、冊立皇帝年號、為皇帝選婚、編修前皇帝《神宗實錄》、《光宗實錄》、貢舉考試諸大典等。

林堯俞用力較深的事，一為《光宗實錄》的纂修，因光宗朱常洛即位僅一個月即去世，事蹟少，篇幅較短。天啟元年（1621）三月熹宗下詔修《光宗實錄》，監修官為少師兼太子太師英國公張維賢；總裁官為少師兼太子太師吏部尚書大學士葉向高，天啟三年（1623）六月修成，共八卷，而《光宗實錄》的「御製序文」即由林堯俞擬進。林堯俞在《光宗實錄》完成的天啟三年五月升任禮部尚書，並加太子太保銜。

另一林堯俞用力較深的慶陵陵工。慶陵是明光宗朱常洛與皇后郭

6　《明史》卷112，六卿年表，臺灣印書館據百衲百影印本。

氏、王氏、劉氏的合葬墓。朱常洛是明神宗長子，萬曆十年（1582）生，二十九年十月被立為皇太子，四十八年八月一日即位，九月一日駕崩于乾清宮，諡號：崇天契道英睿恭純憲文景武淵仁懿孝貞皇帝，享年三十九歲。朱常洛的生母是宮女，明神宗因而不喜歡他，想另立鄭貴妃子福王為太子，但大臣以違制力爭，經長達十五年的「立本之爭」才被立為太子。朱常洛當太子時發生有人持棒入太子宮圖謀不軌的「挺擊案」，當上皇帝後因病服用鄭貴妃提供的紅色丸藥後去世。因光宗即位不久驟逝，未預築陵寢，遂以廢棄百餘年的明代宗朱祁鈺修建未使用的陵園為陵寢。[7]林堯俞傳說：「慶陵之役，相度獨勤，周行霜雪中，不憚勞勤。」熹宗是光宗長子，看到林堯俞在修建光宗陵寢的表現，天啟五年（1625）陵工竣工後敘錄太子太保銜，賜玉並蔭一子為官，可知熹宗對堯俞的倚重。但明朝政治制度的設計，讓太監可以掌控皇帝，正直而不聽太監擺佈的大臣無法長久在朝廷立足。

明太祖朱元璋廢宰相，皇帝獨攬大權，六部公文均彙送皇帝裁決；皇帝一人體力心力無法裁決所有公事，遂產生公文由皇帝口頭指示，太監將裁定事項批在公文的情形。明成祖以後太監掌控皇室安全的錦依衛及特務單位東、西廠，錦衣衛又擁有司法裁判權，國家軍、政大權遂由太監全盤掌控。明熹宗，啟用林堯俞，但政治現實仍無法擺脫太監包圍，任魏忠賢為司禮監秉筆太監兼東廠總督太監，除替皇帝代筆外，還兼特務機關首腦。林堯俞擔任禮部尚書也必需與太監週旋。

魏忠賢最初也想拉攏林堯俞，請林為宅邸書匾，但被拒絕。魏忠賢為展現實力，遂請旨由皇帝令林堯俞書寫。林不得已之下寫了「畏天堂」三字。魏忠賢不悅，說：「宗伯豈無意綸扉一席地，何遽張拳相向」，正式宣告與林堯俞決裂，也斷絕林堯俞出任閣揆的路。

林堯俞與朝中權貴衝突有數事：一為代擬《光宗實錄》序文時將光宗死因點出，得罪鄭貴妃及其黨羽；二為奉旨選閣，故意不讓魏忠賢主

---

[7] 土木之變，明英宗被俘，弟弟朱祁鈺被立為皇帝，號代宗。一年後，英宗被釋回，代宗尊為太上皇。景泰八年，代宗病，武清侯石亨等人發動奪門之變，重立英宗為帝。代宗憂憤而亡，英宗廢朱祁鈺為王，將其已經開始施工的陵寢廢棄。

持其事，三為揭發懷沖太子誕生，魏忠賢與熹宗乳母客氏合謀危及母后生命問題，四為郊天導駕，阻攔中官逾位問題。林堯俞樹敵日多，敵對者也欲去之為快，魏忠賢遂與魏廣微[8]合謀，詭稱林堯俞宅中私用宮廷樂舞南樂有僭越之嫌。天啟五年（1625）八月，熹宗同意林堯俞去職，接著閹黨也將林堯俞列為東林黨人，削去一切官方職務。熹宗對林堯俞的態度轉變，林堯俞感受甚深，返鄉後築南谿草堂，與老友吟咏其間，至崇禎元年（1628）去世。

三、林堯俞編撰《天妃顯聖錄》

靖難之役惠帝失蹤，明成祖懷疑惠帝出走海外，遣太監鄭和率艦隊下西洋訪查並宣揚國威，鄭和雖為回族，但出使諸舶多從閩省長樂、莆田徵募而來，船員崇信天妃者眾，出航時例至浙、閩天妃廟祭拜；航海過程中也屢屢傳出天妃靈佑神蹟，返國後官員依例奏請朝廷敕封，遣官致祭、修建廟宇。天妃靈應事蹟如此，永樂年間《道藏》重修，即增造《太上老君說天妃救苦靈驗經》一篇，將天妃納入道教神仙譜系。鄭和下西洋時，朝廷派太監及道士至莆田舉辦開洋清醮，卻發現臨濟宗系僧侶已掌控天妃廟，遂放棄對媽祖信仰的經營，故明朝統治二百七十六年間僅在洪武五年及永樂七年誥封天妃二次，天妃信仰在明朝未受應有重視。

從儒家觀點來看，《天妃顯聖錄》天妃靈異事蹟不脫「怪力亂神」之嫌，有違孔子及理學家的宗旨。林堯俞是一位儒學的篤行者，鄉居時曾發起重建文廟，任官又重經世致用之學，若非他為《天妃顯聖錄》撰序及僧照乘提及《天妃顯聖錄》稿是由林堯俞提供，後人無法推知他是《天妃顯聖錄》初稿的編撰者。林堯俞在《天妃顯聖錄》序中說：

8　魏廣微，河南南樂縣人，萬曆三十二年（1604）進士，父允貞，曾任山西巡撫，為一代名臣。魏廣微以同鄉同姓與魏忠賢交，天啟年間召拜為南京禮部尚書，天啟三年入閣，天啟四年十二月編縉紳錄，將縉紳分為邪黨（東林黨人百餘人）與正人（閹黨六十餘人），開啟黨獄之路。

　　夫上古有功德在國家者皆登祀典，況天妃秉坤儀司水德，輔國庇
民之功著於百世，則謂神之靈爽，直與經天之日月，行地之江河，
運乾坤而不息可也。余自京師歸，偶於案頭得《顯聖錄》一篇，
捧而讀之，不覺悚然而起曰：天妃之英靈昭著有如是乎！余忝列
秩宗，三禮是司，異日肇舉祀典……庶佐我國家億萬年無疆之
治，余將有厚望焉。惜乎顯聖一錄尚多闕略，姑盥手而為之序以
俟後之采輯而梓傳。

　　序末落款為：「賜進士第榮祿大夫太子太保禮部尚書兼翰林院學士
裔孫堯俞」[9]。據《明史》六卿年表[10]，記載，林堯俞於天啟三年癸亥（1623）
五月任禮部尚書，五年（1625）二月加太子少保，八月致仕。從落款「太
子太保」爵銜來看，這篇文章是天啟五年二月以後的作品，但觀序文字
裏行間充滿想將家鄉天妃信仰推入國家祀典的雄心壯志，應是林堯俞接
任禮部尚書返鄉祭祖時的作品。林堯俞在莆田家中看到《顯聖錄》一篇，
看到天妃英靈昭著的傳說，因他職司國家三禮，希望將天妃列為國家祀
典，但《顯聖錄》的天妃事蹟尚未符《禮記》祭義規範，所以他鼓勵湄
洲天妃宮住持僧照乘去補輯闕略，並預為《天妃顯聖錄》撰序。

　　林堯俞任政府史官多年，博覽國家史館典籍，居鄉時曾主修《興化
府志》，總纂《光宗皇帝起居注》，不論史學造詣或編纂典籍都有一定水
準與經驗，且特別重視典章制度的研究，他所指《顯聖錄》的缺漏，應
是政府官方檔案中關於天妃的誥封等記載。林堯俞接任禮部尚書後，參
與慶陵修建、《光宗實錄》纂修等大事，一時之間恐無暇著手《顯聖錄》
補輯闕略的工作，但他以主管官員之便，仍可取得這些官方記錄。檢驗
《天妃顯聖錄》書中有官方檔案為史源的是〈歷朝顯聖襃封〉及〈歷朝
襃封致祭詔誥〉二部份，這些史料應非僧照乘及其他參與天妃顯聖錄編
輯人員可取得，這二部份史料可能是林堯俞從官方檔案取得。

　　天啟五年（1625）元月慶陵竣工[11]後，林堯俞因被魏忠賢、魏廣微

---

[9] 《莆田縣志》林堯俞傳：「《光宗實錄》成，加太子少保，慶陵工成，敘錄加太子太保」。
[10] 《明史》卷112，六卿年表，臺灣印書館據百衲百影印本。
[11] 《明史》卷22，本紀第22，熹宗，5年春正月。

合謀去職並被列入東林黨籍[12]，但他有皇帝老師身分，雖無殺身之禍，但已讓他心灰意冷趕忙返鄉。離開政壇，林堯俞親自參與《顯聖錄》的補輯闕略工作，並在原已撰就的《天妃顯聖錄》序文落款：「賜進士第榮祿大夫太子太保禮部尚書兼翰林院學士」[13]的頭銜。

《天妃顯聖錄》是以《顯聖錄》為底本加以增刪修訂而來，敘述天妃事蹟有一定風格，被天妃懲罰者多為盜匪，罕見譏諷政治人物。但〈托夢除奸〉[14]描寫明朝嘉靖年間嚴嵩當權，殘害忠良，御史林潤夢天妃鼓勵上本糾彈，並獲明世宗俞允，所述與歷史記載相符，可能為林堯俞增補內容。

林潤與林堯俞同為九牧林氏族人，於嘉靖年間任監察御史，其事蹟風範應會在莆田林氏家族間流傳，林潤卒時林堯俞已十三歲，景賢之心必然有之，故任官後居官也風骨凜然，對太監專擅朝政頗不以為然。明朝太監雖大權在握，但卻多迷信「堯俞向一、二中涓曉以古今順逆報應，中官遂安。」[15]〈托夢除奸〉故事以神道設教，利用鬼神因果報應說勸戒世人，也表彰莆田先賢風骨，振奮士大夫節操為國除奸，實即林堯俞主張裁抑宦官勢力並與宦官魏忠賢鬥爭的寫照。

天妃信仰的宗教本質為何，是困擾後世學者的問題，而林堯俞在《天妃顯聖錄》序中即點出林默的宗教屬性，他說：

> 天妃吾宗都巡愿公之女也，誕降於有宋建隆元年，生而靈異，少而穎慧，長而神化，湄山上白日飛昇。相傳謂大士轉身，其救世利人，扶危濟險之靈與慈航寶筏度一切苦厄，均屬慈悲至性，得

---

[12] 林堯俞致仕後次年被列名東林黨，被削籍（撤消官員資歷），《明史》遂無其傳。

[13] 《莆田縣志》林堯俞傳：「《光宗實錄》成，加太子少保，慶陵工成，敘錄加太子太保」。

[14] 參見《明史》卷二百一十林潤、《莆田縣志》卷十七，名臣，林潤。林潤是莆田人，字若雨，明嘉靖三十五年（1556）進士，除臨川知縣，後擢南京出東道御史。曾論嚴嵩子嚴世蕃大逆狀，御史鄒應龍聲援之，世宗震怒，戍嚴世蕃於雷州。嚴世蕃到戍所二日後即在官員放縱下陰行返家，居鄉里仍多行不法，林潤上疏論之，嚴世蕃終遭伏誅，籍其家，並究其黨羽。林潤隨被擢升南京通政司參議，轉任太常寺少卿，隆慶元年（1567）以右僉都御史巡撫應天諸府，居官三年卒，年四十。

[15] 同註8。

無大士之遞變遞現於人間乎！[16]

　　明白指出林默是白衣大士的轉世，其救世利人，渡一切苦厄都是大士慈悲至性的展現，在〈天妃誕降本傳〉也詳述林默誕生與觀音大士的因緣。

　　《天妃顯聖錄》記載明朝天妃靈應事蹟的最後年限是崇禎元年〈粧樓謝過〉故事，敘述明天啟乙丑至戊辰間（天啟五年至崇禎元年，1625-1628）海盜李魁奇入侵莆田濱海的吉了寨，抄掠後船隊漫延至賢良港，當地天妃信徒擁神像於海岸示以此地為天妃故里不可侵犯，而天妃也示夢於賊酋。然李魁奇船隊仍不離去，天妃遂起巨浪翻覆李魁奇船隊，李魁奇認錯，許願重興天妃宮粧樓後風浪始平。李魁奇是福建惠安人，於天啟至崇禎初年橫行閩海，當時閩海巨盜還有劉香老、鄭芝龍等股，但以李魁奇勢力最大，這個故事真實性很高。林堯俞之所以將之收錄，可能是暗喻盜亦有道，海盜不應騷擾海神天妃林默的家鄉。戊辰年（崇禎元年）是《天妃顯聖錄》故事出現的最後年代，也是林堯俞去世之年，可印證林堯俞在此年將《天妃顯聖錄》稿交給僧照乘。

　　林堯俞在天啟五年至崇禎元年（1625-1628）間完成了《天妃顯聖錄》稿本，並將之交給湄洲天妃宮的住持僧照乘。但當時閩海已經是荷蘭、西班牙東印度公司國際海權競逐的場域及華籍海盜出沒的場所，僧照乘無力刊行，二十多年後仙遊籍先賢林蘭友始在湄洲天妃宮看到林堯俞的稿本。林蘭友說：

> 余一日登湄山，揖僧而進之曰：天妃之異蹟彰彰如是，曷不彙集成帙以傳於世？僧曰：唯唯，昔大宗伯林公手授一編，將博采見聞以補其未備，願與同志者成之。

　　「大宗伯」是春秋時代掌管禮樂的春官首長，僧照乘以之為禮部尚書的雅稱，「大宗伯林公」是指原任禮部尚書的林堯俞，由此可知林蘭友看到的《天妃顯聖錄》是林堯俞交給僧照乘保管的原稿。

---

[16] 詳細內容請參考「天妃誕降本傳」原文。

四、《天妃顯聖錄》的主要內容

現存唯一《天妃顯聖錄》木雕本藏於臺灣國家圖書館臺灣分館，有圖版六幅，序文三篇二十頁，[17]目次二頁，內文六十八頁，初版不計序文僅六十三頁，滿格每頁十六行，每行二十字，不扣除留白，全書只有二萬字左右，是一本小書，其主要內容如下。

（一）、書題

本書書題為《天妃顯聖錄》。天妃為明、清二代給林默的封號，加上天妃二字可以清礎顯示書中所述為天妃的顯聖記錄，天妃二字是政府的封號，將媽祖的神格定位為國家祀神。

（二）、圖版

書眉題「湄洲勝境圖」，共三頁六面，經比對雍正版《天后顯聖錄》，其前尚缺天妃圖像及觀音石下山宮二幅，第一幅四週有磨損，中間部分蛀蝕。此六面圖已將整個湄洲嶼與天妃宮主要建築及山川、村落、廟宇繪出，後世重編及新編《天后顯聖錄》、《勅封天后志》都沿用此圖，為研究明末清初湄洲嶼與天妃宮空間位置的重要資料。

湄洲勝境圖的主體部分

---

17 比對雍正版《天后顯聖錄》，序文共 6 篇，與復明勢力有關官紳 3 篇被刪。

（三）、序文

　　現存序文共三篇，第一篇為林堯俞所撰，題〈天妃顯聖錄序〉，以明體大字雕刻，共十頁，每頁八行，每行滿字十字，逢「天妃」字即另行抬頭，其餘各行均排八字，約撰於明天啟五年（1625）。第二篇為黃起有所撰，題〈天妃顯聖錄序〉。黃起有為明崇禎元年（1628）進士[18]，自署「前賜進士第通議大夫禮部左侍郎兼翰林院侍讀學士」，是崇禎朝太子的老師，以行體大字雕刻，共五頁，每頁八行，每行滿字十二字，撰於鄭經控制閩南、僧照乘刊行《天妃顯聖錄》時，時為康熙十四至十九年間。第三篇為林麟焻所撰，僅題〈序〉字。林麟焻為清康熙九年（1670）進士[19]，其曾祖父林銘几是林堯俞親侄。[20]文末署「前賜進士出身戶部江南清吏司主事前內閣撰文中書舍人加一級辛酉順天同考試官奉命冊封琉球賜莽玉加正一品」，他也是將《天妃顯聖錄》雕板重新組合，編進自身使琉球事蹟的人。序文以行體中字雕刻，共四頁，每頁十二行，每行滿字十五字。

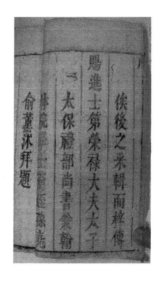

18　《莆田縣志》卷 13，選舉，明，進士。

19　《莆田縣志》卷 13，選舉，國朝，進士。

20　林銘几為崇禎元年進士，曾任湖廣道監察御史、江西巡按、山東按察副使以疾請退。《莆田縣志》卷 22 有傳。林銘几與另一為《天妃顯聖錄》撰序者黃起有為進士同榜。

（四）、目次

　　目次全稱為：〈敕封護國庇民昭孝純正孚濟妙靈昭應弘仁普濟天妃顯聖錄目次〉，將明朝天妃的正式官方誥封全名刻出。其左下有刊行者姓名，首行刻「住持僧照乘發心刊布」，第二行刻「徒普日薰沐重修」，第三行「徒孫通峻薰沐重修」。可知《天妃顯聖錄》經過二次增、刪，第一次重刊在普日擔任天妃宮住持時期，因《天妃顯聖錄》原稿撰於明朝，以明朝為正統，康熙二十三年清朝統一臺灣，需以清朝為正統，將涉及復明活動者所撰序文抽除，增補天妃陰佑清朝冊封琉球國及施琅平臺等奏章、靈應事蹟。第二次重刊在通峻住持天妃宮時期，因康熙六十一年藍廷珍平定臺灣朱一貴自立為中興王事件，增補天妃靈應及奏請雍正皇帝賜匾額事。

目次及刊布者姓名

　　從《天妃顯聖錄》目次現況推估林堯俞初編本內容應僅止於明朝時期，共四十八目，篇名依序為：

　　〈列朝誥敕〉，下分：1、〈宋朝〉：徽宗賜順濟廟額[21]、高宗、孝宗[22]、光、寧宗、理宗等朝誥封。2、〈元朝〉：世祖、成宗、仁宗、文宗等朝

---

[21] 《天后顯聖錄》於其下增「躅祭田稅，立廟江口」。

[22] 《天后顯聖錄》增列孝宗朝一則誥封：「乾道二年興化疫以神降白湖得甘泉飲者立愈郡使奏聞詔封靈惠昭應崇福夫人」31 字。

誥封。3、〈明朝〉：太祖、成祖誥封及宣宗遣官致祭。

　　〈誕降本傳〉，下錄：〈天妃誕降〉、〈機上救親〉、〈化草渡商〉、〈菜甲天成〉、〈掛蓆泛槎〉、〈鐵馬渡江〉、〈禱雨濟民〉、〈降伏二神〉、〈龍王來朝〉、〈收伏晏公〉、〈靈符回生〉、〈收高里鬼〉、〈奉旨鎖龍〉、〈斷橋觀風〉、〈收伏嘉應嘉祐〉、〈湄山飛昇〉、〈顯夢闢地〉、〈禱神起椗〉、〈枯槎顯聖〉、〈銅爐溯流〉、〈朱衣著靈〉、〈聖泉救疫〉、〈托夢建廟〉、〈溫台勦寇〉、〈救旱進爵〉、〈甌閩救潦〉、〈平大奚寇〉、〈一家榮封〉、〈紫金山助戰〉、〈助擒周六四〉、〈錢塘助隄〉、〈拯興泉饑〉、〈火燒陳長五〉、〈怒濤濟溺〉、〈神助漕運〉、〈擁浪濟舟〉、〈藥救呂德〉、〈廣州救太監鄭和〉、〈舊港戮寇〉、〈夢示陳指揮全勝〉、〈助戰破蠻〉、〈東海護內使張源〉、〈琉球救太監柴山〉、〈庇楊洪出使諸番八國〉、〈托夢除奸〉、〈粧樓謝過〉。

　　崇禎元年（1628）林堯俞將《天妃顯聖錄》手稿交給僧照乘後不久即去世，《天妃顯聖錄》並未刊印成書。此後中國內部有李自成張獻忠的農民運動，東北有滿洲人的入侵，福建則海盜四起，又有荷蘭東印度公司船隊入侵，迄明朝滅亡，僧照乘一直未能將書付梓。滿清入關後，福建成為南明政權的最後據點，順治九、十年間湄洲嶼一度成為魯王整合復明勢力的聚會點，僧照乘也見證了魯王與諸勳鎮的會面，民族的情感讓照乘不斷延宕《天妃顯聖錄》的刊行，一直到康熙十四至十九年（1675-1680）前後標榜復明的三藩之役鄭經控制閩南、莆田地區，僧照乘始將《天妃顯聖錄》付梓刊行，距林堯俞完成初稿已五十年。

五、林堯俞形塑的天妃

　　林堯俞用了許多時間編輯《天妃顯聖錄》，自有其深刻意涵與目的，試析如下：

（一）、將天妃納入莆田九牧林譜系。

　　宋代文獻即記載天妃為莆田湄洲林氏女，但其父系家族、家世及個

人生卒年月從未被詳細記載，且多異說，如明代何喬遠所編《閩書》，即謂天妃為來閩貿易的賈胡之女，所述天妃「機上救親」的故事為救護遠在中東貿易船上的父親。元朝天妃被視為南海女神以後，朝廷賜祭各廟時依例會賞賜神明族裔，變成家族的榮耀，所以林堯俞很勉強的將天妃納入莆田九牧林譜系，只要詳細檢視《誕降本傳》天妃先世數代祖先的生卒年代即可看出其破綻。

《誕降本傳》，謂林默曾祖父林保吉為後周顯德年間（954~959）統軍兵馬使，與宋太祖趙匡胤（927-976）為同僚，推估其年齡與趙匡胤應都是三十歲上下的青年軍官。顯德六年周世宗（921-959）以三十九歲英年早逝，次年（960）陳橋兵變，趙匡胤受禪建立宋朝。周世宗去世或許可解釋為林保吉辭官歸隱湄洲嶼的原因，但其時距建隆元年僅一年。一年間，林家從林保吉退隱湄洲，林保吉子林孚承世勳為福建總管，林孚子林惟愨任都巡官，後歸隱湄嶼育一子五女，年四十餘生林默。假設林保吉、林孚二人都二十歲生子，到林惟愨四十餘生林默，最少要四十五年，從時間上觀察，五年傳衍四代並不合理。更何況當時福建尚未被後周或宋朝納入版圖，林孚不可能承父蔭出任福建總管。所以，不論天妃林默出身九牧林的說法，還是其祖、父的官職都是林堯俞創造出來，榮耀天妃，也擡高自家聲望。

（二）、將天妃納入國家祀典系統。

自唐代開始，中國即已有道、佛二教的爭論，互有輸贏，帝王則各有偏好，如唐朝皇帝家族姓李，故推尊道教教主老子，但歷代皇帝似多偏好佛教，以僧為師，如唐中宗師事僧伽，武則天用法藏。宋朝則喜道教，如真宗、徽宗，徽宗朝還曾一度強制將佛教道教化。元朝則依蒙古人傳統信仰密教，明朝則又以道教為尊，從明太祖建國、成祖靖難都用道士為軍師，但整個國家祀典卻還是以儒家《禮記》祭義、祭法為依歸，並在政府職官中設置道籙、僧綱二司管理道、佛二教神職人員。易言之，不論是僧、道的神如何崇高，其性質還是一宗一教的神，但政府祀典神

卻是有功於國家社稷、生民百姓的神，如文廟奉祀代表國家文化思想的賢哲，武廟奉祀代表國防軍事思想的戰略家及名將，這些神為全民所共敬信，其地位更高，這也是林堯俞在其序言中說明禮部尚書任內想達成的目標。

　　為了此目標，林堯俞首先將天妃林默家世及誕生的各種傳說加以整合，創造出宋太祖建隆元年（960）三月二十三日出生，宋太宗太平興國四年九月九日白日昇天的說法，並將宋太祖出生的神異現象移植在林默誕生的場景以突顯其非凡性。其次，將林默十三歲師事老道玄通者的過程描述成華嚴宗初祖杜順選擇二祖惠嚴為徒的類似故事，強化林默從事宗教活動的宿命。接著四年後林默學成道法開始濟世，並在此後十餘年間逐漸收伏西、北二方的金、水二精，統領水族的晏公及水族仙班，建構成龐大的海上救護團隊，最後還可透過人間官僚體系帝王的授權，奏請玉皇上帝後擒拿違命降雨的龍王，以顯示天妃神的特殊性與超越性。

　　形朔天妃完美的神格與形象後，林堯俞以宮廷檔案為基礎，整理出《歷朝顯聖褒封》及《歷朝褒封致祭詔誥》的內容，讓天妃的神蹟與歷朝政府完美的結合在一起，讓政府官員、儒家學者、知識分子、社會各階層都能接受，擴大天妃信仰的社會基礎。

（三）、將天妃顯聖故事提升至宗教文學層次

　　林堯俞在家鄉看到《顯聖錄》，促成他編《天妃顯聖錄》的動機，《顯聖錄》的原始內容已無從考證，但考察萬曆年間流傳的章回小說，如吳還初在《天妃娘媽傳》中即錄有多則天妃顯聖靈應故事，如十六回〈林二郎鐵馬渡江〉[23]，二十七回〈天妃媽子江救護〉[24]，二十八回〈天妃媽莆田扶產〉[25]，二十九回〈天妃媽收伏白雞〉[26]，三十回〈天妃媽湄

---

[23] 描述天妃兄林二郎到湄洲學法，天妃贈以鐵馬（實為廟前泥馬），林二郎騎以渡江並平西疆故事。

[24] 描述天妃在揚子江斬蛇、鱔二精，救護商船，商人並於湄嶼建廟答謝故事。

[25] 描述天妃在莆田救護縣令夫人產子，縣令以幣、帛牲醴設壇致祭故事。

洲救護〉[27]，三十一回〈天妃媽收伏鼉精〉皆是。但這些故事都是神怪，閱後即知為虛妄。

　　吳還初在處理天妃收伏妖精時常出現幻想、暴力的寫法，如用劍劈開巨石為二半；斬殺妖精的血腥畫面觸目可見。林堯俞在撰《天妃顯聖錄》時，也收錄了《天妃娘媽傳》類似的故事：〈鐵馬渡江〉、〈靈符回生〉、〈化草渡商〉等，但林堯俞卻把屠殺的血腥場面轉變為有戰鬥，無屠殺的場景，讓天妃以高強的法術擊敗妖精，讓妖精鬥法失敗後心悅誠服，皈依天妃為部下，協助救護眾生。這種描述手法的改變，讓《天妃顯聖錄》的格局由神怪小說提升到宗教文學的境界，讓讀書人及政府官員能接受天妃，對清朝以後天妃信仰的快速擴張有很大助益。

（四）、保留天妃信仰發展線索

　　林堯俞在萬曆年間請假鄉居時，曾編修《興化府志》，對莆仙歷史、人物知之甚詳，因此在《天妃顯聖錄》裡，也將建立、推動天妃信仰有關的家族、人物收錄在故事中，如莆田白塘李氏家族始建聖墩祖廟，宣和五年（1122）路允迪奏請朝廷賜順濟廟額，莆田江口陳俊卿家族建白湖順濟廟，透過這些人物留下的線索，後人從文獻深入稽考，即可理出媽祖信仰發展的關鍵家族、人物及媽祖信仰早期傳播的路逕，這是一般民間宗教變文或善書所無法達到的水準。

　　此外，《天妃顯聖錄》也收錄天妃在鄭和下西洋時庇佑航海、與蠻邦戰鬥、治癒官員疾病等靈蹟，也記錄天啟年間橫行閩海的李魁奇受天妃懲罰的故事，讓神話小說與歷史人物結合為一，讀者可稽可考，似實又虛，似虛又實，除了可讀性，還有可信性，讓這本書由章回小說層級提升為媽祖廟宇的典藏經典。

　　除了嚴謹的編輯手法外，林堯俞也希望將天妃的宗教屬性加以保留，如他在序言中即謂：「相傳謂大士轉身」，在《誕降本傳》中提及天

---

[26] 描述天妃在胡公山斬殺欲加害縣令夫人的白雞精故事。
[27] 描述天妃在湄洲海域收伏各種水族救護商舟、漁民故事。

妃父母「二人敬祀觀音大士」「齋戒慶讚大士」「王氏夢大士告之曰：當得慈濟之貺」等，從林家世奉觀音大士、大士賜丸藥降生林默，將天妃信仰與佛教觀音大士信仰連結起來。但宗教的意函最不容易解開，尤其觀音有三十六應化，又有報身、應身、化身及現在、過去、未來的三界，要把背後隱含的意義解開十分不易，直到今天還只能得到一個概略的影像。

六、結語

　　《天妃顯聖錄》是一本記載天妃林默事蹟、靈蹟及歷代褒封的志書，也是將天妃信仰推向歷史舞臺，成為國家祀典的一部重要書籍，但因原創者未署名於書中，故後世僅知刊刻者為湄洲天妃宮住持僧照乘，而不知原稿創作者為林堯俞。

　　林堯俞是明朝萬曆、天啟年間官員，曾任明熹宗朱由校的老師，天啟元年（1621）朱由校登基後啟用林堯俞為禮部左侍郎，再升為禮部尚書。在榮膺尚書返鄉祭祖期間，林堯俞無意間看到記載天妃靈應事蹟的《顯聖錄》，基於與天妃同鄉、同宗及身任主管全國禮儀教化大政的官員，他有意將天妃信仰提升為政府祀典，也因而自任編修《天妃顯聖錄》的工作。

　　當時民間流傳的天妃靈應故事，多以神怪、暴力血腥呈現，但林堯俞用通俗易懂的語言形塑天妃為莆田九牧林氏的後裔，將其家世、父母，學習、成長、修道、救人濟世、成學的過程完整建構，讓讀者了解天妃為具有神通的女神。此外，林堯俞將莆田地區推動天妃信仰有關的家族、人物納入書中，讓讀者對數百年來天妃信仰的發展有蹟可尋，再以官方文書檔案為基礎將歷朝誥封天妃封號及誥勅文書資料彙整，展現天妃信仰是元朝以降政府祀神的地位。

　　《天妃顯聖錄》脫稿後交給湄洲天妃宮住持僧照乘不久林堯俞去世，十餘年後李自成陷北京，接著清軍入關，福建成為復明軍的最後據

點，書稿一直未付梓，至康熙十三年（1674）三藩之役鄭經率師回閩，控制沿海四郡，僧照乘始付梓印行。

　　《天妃顯聖錄》內容精湛，開創了廟宇祀神志書的格局，故後世迭加增補，如康熙二十三年、雍正五年二度予以修訂重梓，雍正五年更配合天后新封號增補易名《天后顯聖錄》梓行，乾隆四十年代更新編為《勅封天后志》及《天后昭應錄》，此後各種因應地區特色的類似版本廣泛流傳，《天妃顯聖錄》是媽祖信仰的第一部經典，這都是林堯俞精心巧思撰寫出的成果，林堯俞對宏揚天妃信仰有無比的貢獻。

媽祖元始金身考

一、前言

　　民國八十六年一月二十二日，福建省莆田市湄洲嶼的湄洲媽祖來臺灣進行為期一百天的宗教交流活動，主辦單位「湄洲媽祖游臺灣活動籌備處」宣稱此次活動最大特色是「具八百多年歷史的元朝石雕媽祖元始金身、湄洲祖廟寢殿的媽祖金身──這兩尊難得一見的國寶級古跡文物，及鎮宮之寶媽祖玉璽，都將展現在國人眼前。」

　　是日，臺灣電視公司主播劉麗惠小姐邀筆者至中正機場現場講解媽祖事蹟、信仰沿革、歷朝封誥、祭典等。在轉播過程中，有人質疑主辦單位宣稱首次來台的「元朝石雕媽祖元始金身」是假造的[1]，問余看法？

　　余謂：「一、媽祖信仰起源于宋代，北宋時即有祠祀之，元始金身應為宋代文物，此石像若為元代文物即不宜稱為元始金身；若為元始金身則其年代應為宋代。二、來台媽祖元始金身石像造型為婦女穿袍趺座，頭上覆軟帽，無飾物，服為交領，寬襟巨袖的罩袍，頗似元朝（蒙古人）民婦妝扮，並非朝廷命婦扮相，與目前流傳媽祖神像有很大歧異。若此神像為元朝文物，則當時媽祖已受朝廷誥封為「顯衛妃」，衣服應非素服，且頭上應有妃飾始合禮制。」

　　而主辦單位也預知石雕媽祖可能引起爭議，在預編之《湄洲媽祖游臺灣紀念專刊》對「元朝石雕媽祖元始金身」如何而來？形狀如何？有一段描述謂：

> 湄洲祖廟珍藏的這一尊媽祖石雕像，高二十九釐米，寬二十二釐米，青石質，圓雕，型制古樸，碩巾帕首，大襟廣袖，垂拱趺坐，頰頷豐實，具有唐宋婦女典型風格。它是八〇年代初祖廟寢殿修復時出土的，同時出土的還有一些宋代陶筒瓦、瓦當、青瓷片、石避邪等。……湄洲媽祖元始金身是元朝石雕，迄今已逾八百年

---
[1] 此宣傳散見當時臺灣各大傳播媒體、報刊及《湄洲媽祖游臺灣紀念專刊》頁48，編後感言。

歷史，大陸列為國家保護級文物，連一般前往湄洲媽祖廟進香的信徒都不易見到；此次是在大陸當局特准下，才得以出遊臺灣，可謂媽祖成道千年來之創舉。[2]

此外，吳鈴嬌撰的《湄洲媽祖廟牽動兩岸情》「石頭媽圓臉蒜鼻」裡，也說：

> 媽祖是真人真事，塑像卻永遠是工藝師們心中的影像，因此，祖廟謁靈時，宮庭樓閣裡的神像，造型大大不同於分靈的臺灣媽祖。不過，一位福建的對台辦官員說，媽祖是莆田人，大圓臉、蒜頭鼻比較接近典型，那尊『石頭媽』可信度自然高，只是，臺灣客烙在心頭的媽祖早已定型，要修改，難啊！

也未說明來台石像是「元朝湄洲媽祖元始金身石雕」的理由，僅以石像是在湄洲掘出，其臉型與莆田人典型相同，即斷定為元代媽祖元始金身，送來臺灣接受信徒香火。湄洲媽祖游台參訪團，在一百天之後返回大陸，媽祖元始金身的問題已沒有人加以注意，但臺灣已有虔誠信徒將「元朝石雕媽祖元始金身」的照片供奉在廟宇，對媽祖信仰而言仍產生些許影響。

二、湄洲祖廟

湄洲雖是媽祖的家鄉，但祖廟創建年代並未見文獻清楚記載，宋代文獻均僅簡單載：「妃（媽祖）莆田林氏女，湄洲故家有祠。」故媽祖信徒認同湄洲為媽祖的故鄉。元文宗天曆二年（1329）曾遣官致祭天下各廟，湄洲即為賜祭十二廟之一，其時湄洲廟應已具規模。明朝洪武年間因政府防範敵對勢力潛藏，曾實施海禁政策；嘉靖年間因倭寇侵襲；

---

[2] 見《湄洲媽祖游臺灣紀念專刊》，未載刊印年月，發行人陳適庸，編者陳春木，全書48頁。
　　收錄〈序言〉、曾繁俊：〈湄洲媽祖游台活動概況〉；陳春木：〈湄洲媽祖游台活動概況〉、
　　〈湄洲媽祖游台三大寶物亮相〉、〈海上守護神媽祖傳奇〉、〈全球綻慈暉媽祖分身廣〉；
　　吳鈴嬌：〈湄洲媽祖廟牽動兩岸情〉、楊柳青：〈中土發源地信徒急急追〉；陳緒播：〈臺
　　灣開拓史媽祖信仰史〉等九篇宣傳資料及廣告，22-47頁為民國八十六（丁丑）年農民曆。

清康熙初年，為防阻居民接濟鄭成功軍隊而下令遷界移民，這三件大事，使湄洲嶼曾出現無人居住的情形，也就是湄洲媽祖廟在歷史上曾有香火衰微或中斷的時期。

　　媽祖信仰奠立輝煌地位的年代是在康熙二十年（1681）清朝攻打臺灣前後數年。首先是康熙十九年（1680）福建總督姚啟聖、萬正色勸降明鄭水師副總督朱天貴成功，姚啟聖奏請朝廷遣官致祭，並捐貲重興湄洲廟殿宇。接著康熙二十至二十二年，施琅率朱天貴所部舟師攻打澎湖，媽祖多次顯靈濟師，施琅奏請清廷誥封媽祖為「天后」，並重興湄洲天妃宮殿宇。此後臺灣發生朱一貴、林爽文抗清事件，清朝迭次赴台靖難，官員均以媽祖顯靈濟師，奏請賜匾致祭並興修廟宇，湄洲天后宮因而形成幾個建築群，據傳殿宇共九十九間，上山步道石碑林立，駐錫僧侶數十人，遂成媽祖信仰本山，各地迎請神像分香者眾多。

　　民國十八年（1929）國民政府為啟迪民智，誘導百姓勿陷於迷信，一度查禁淫祠，媽祖廟被改稱「林孝女祠」藉以保留。中華人民共和國建立後，在沿海佈置重兵。湄洲島因係控扼湄洲灣出入的戰略要地，中共軍隊即駐紮當地。民國四十年代，共產黨在大陸各地建立人民公社，接著展開「大躍進」、「文化大革命」，廟宇備受摧殘。湄洲媽祖廟的建築群，除了地勢較低，被改為碼頭辦公室的聖父母祠建築物得以保留外，其餘都被拆除、破壞。

　　一九七〇年代後期，中共結束文革動亂，採取緩和開放的政策，湄洲居民在湄洲媽祖升天古跡岩壁左側（原天后宮寢殿）以舊有石材、磚瓦搭建一座數十平方公尺大小的祠宇，奉祀媽祖，一九七九年峻工，為一單殿式建築，規模約略與臺灣鄉村小廟相當。廟雖不大，但為湄洲島第一座重建成功的媽祖廟，為媽祖信仰重興開創契機。

　　一九八〇年代，中共在進入聯合國後，瞭解武力解放臺灣不易被國際社會接受，對臺灣的戰略，開始將「武力解放」改為「和平統一」。其手段，一方面敞開門戶，讓隨國民政府來台，已離鄉背井數十年的大陸人返鄉探親，藉親情、鄉情穩住原籍大陸居民的向心；另方面則開放

沿海漁場，讓臺灣漁民前往捕魚，且在閩、粵二省沿海設立十三個「漁民服務站」，免費為臺灣漁民提供飲水、加油、修補漁船等服務以拉攏漁民向心。此外，從中央到地方全面成立「對台辦公室」，沿海各省「對台辦公室」則由原海防部改組成立，專辦涉台事務。

　　對中共的開放措施，臺灣漁民最初並不相信，縱然遇到颱風，也不敢貿然進入共區漁港避風，只有在「對台辦」人員及船艦押制下才不得已「被俘」上岸。這些漁民最初小心翼翼，不敢妄動，後來看「對台辦」人員不僅未加刑問，反而友善提供各種免費加油、加水等服務，且在臺灣漁民請求下，協助購買各種物品，漸漸相信中共友善的態度是真的。大陸物價低廉，且中藥材素為臺灣進口主要商品，中共開放的消息迅速的在漁民間傳開。少數大膽、投機的漁民就主動到大陸，請求「對台辦」人員協助購買「片仔癀」（中藥，治無名腫毒）、當歸、川芎等中藥材，裝在塑膠筒中走私返台，有的以電子錶等貨物與大陸漁民交換漁獲，雙方各取所需，各得其利。

　　臺灣漁民因普遍信奉媽祖，著名媽祖廟如北港朝天宮、鹿港舊祖宮等都是由湄洲分香而來，湄洲媽祖的盛名，早就耳聞，至湄洲媽祖廟看看或祭拜的意願也較濃烈。當時湄洲媽祖廟雖值草創規模小，但當地物價低廉，雕造一尊二公尺高神像只需人民幣三百元，前往參拜的漁民都熱心捐資雕造神像，或獻香爐、器物，不一而足。海外信徒千里迢迢來祭拜媽祖，熱心捐獻的虔誠行為，看在湄洲人眼裡，也更堅定其對媽祖的敬信心。

　　一九八０年代開始，中共積極的研究、推動各種統一策略，在學術方面，於一九八三年由中共政協代表陳碧笙以紀念清朝統一臺灣三百周年名義，出版《臺灣府志三種》，強調施琅統一臺灣的功績。同年將莆田、仙遊二縣合併為莆田市，同時升格為福建省直轄市，同時啟用莆田望族，祖父曾在清末發起重建湄洲天后宮的前莆田一中校長，但卻在文革時被打為牛鬼蛇神的林文豪為首任政協主席，兼任湄洲媽祖廟董事長，賦予執行對外與媽祖信仰、交流有關事務，規劃在湄洲嶼全面擴建

媽祖廟，準備讓湄洲媽祖廟擁有最宏偉格局以君臨各地來朝聖的媽祖信徒。一九八九年成立湄洲島國家旅遊度假區管委會，配合開發湄洲嶼觀光資源。

三、媽祖元始金身的發現

一九八七年，中共莆田市政協在籌辦媽祖千年祭時，一面著手調查整理當地有關媽祖文物以便同時舉行「媽祖文物展覽」。曾前往參加媽祖千年祭的臺灣的民俗文藝基金會理事長徐瀛洲，向中共福建省方表達邀請來台辦理媽祖文物展並獲同意。福建省文化處乃擴大調查媽祖文物。其中一組人在莆田市西天尾鎮龍山村林氏祠堂左側神龕發現一尊穿袍的石雕神像，因當地為莆田九牧林氏肇基地，祠堂正中繪有林氏九牧圖，調查人員以該石像既然是林家祖傳奉祀的神像，即視為宋代媽祖加以登錄，並於一九九四年來臺灣鹿耳門天后宮展出百日。唯此次展出地點偏僻，「宋代媽祖」石像並未引起特別注意及討論。

第二次來台的「元朝石雕媽祖元始金身」是湄洲媽祖廟在文化大革命後第一階段重建時發現的，當時湄洲媽祖廟的修建，尚非中共國家法令許可的、民間的私人行為。一九九七年一月湄洲媽祖來台，《湄洲媽祖游臺灣紀念專刊》曾提及：「元朝湄洲媽祖元始金身石雕」、「是八０年代初祖廟寢殿修復時出土的，同時出土的還有一些宋代陶筒瓦、瓦當、青瓷片、石避邪等。」似乎湄洲媽祖廟寢殿重建時，曾有不少文物出土。

石像被發現後，因為林聰治及湄洲當地人幼年都沒有參加媽祖祭典時有祭拜媽祖石像的記憶，所以也未將之視為媽祖，而視為莆田地方民間崇奉的「泗洲文佛」，將之置於發現地旁「升天古跡」石壁下設一小神龕供人祭拜。

一九九四年「媽祖文物展覽」展出文物，除各地博物館典藏文物外，也徵調各廟宇宗祠文物，西天尾鎮林氏祠堂的石雕神像即被當成宋代媽

祖送來臺灣鹿耳門天后宮展出。在展出文物徵集工作完成時,湄洲媽祖廟聽說西天尾鎮林氏祠堂的石雕神像是宋代媽祖,也把自己也有石雕神像的事向政府反映,並由省文物專家鑒定為元代媽祖;但當時來台文物已經包裝上櫃,不能為湄洲的石像延宕行程,遂未來臺灣展出。湄洲媽祖廟發現的石雕神像,經福建省文物專家鑒定為元代文物,即搖身一變為國家級文物,湄洲媽祖廟乃加以裝框保護,改置於寢殿奉祀。

四、媽祖元始金身的田野考察

　　為解開媽祖元始金身石雕之謎,筆者於一九九八年三月前往莆田地區進行了十二天的田野考察,與湄洲祖廟名譽董事長林文豪、董事長林金榜及發現石像的林聰治等人見面,經告知媽祖元始金身石像是在中共未介入重建媽祖廟前,在刻有「升天古跡」石壁下原天后宮寢殿附近整地時無意中發現,因為當時中共仍視拜拜為迷信,也不是計劃性考古挖掘,所以沒有政府經費支持、沒有考古文物專家參與,當然沒有完整的出土過程及記錄留下。

　　媽祖金身石雕既然是從莆田市西天尾鎮龍山村林氏祖祠引發,筆者乃先往訪林氏祖祠。林氏祖祠主建築已經廢圮,基址尚留有殘壁,在遺址後方十公尺處重建新宇,為一字形平房,二幢連在一起,右側為林氏祖祠,左側為天后聖母祠,建於西元一九九一年,二祠間立一塊同治二年(1863)重修祖祠石碑。

　　經訪問時年八十二歲的林氏族長林世華,據謂:建築物是參酌早年格式重建,分為二間,一邊為林氏祠堂,奉祀始祖林披以下歷代祖先;另一邊名為「玉寶堂」,奉祀在莆田創立三一教的林氏祖先林龍江[3],祠

---

[3] 林龍江名兆恩,字懋勳,別號龍江,道號子穀子,晚年自稱混虛氏、無始氏,門人稱為三一教主、夏午尼氏道統中一三教度世大宗師。為林氏九牧端州刺史林葦二十六世孫,龍山村即林葦生前居住地。林龍江明正德十二年(1517)生,卒于萬曆二十六年(1598),壽八十二。祖父林富,弘治進士,曾以兵部右侍郎兼都察院右僉都御史總督兩廣,父樵谷以父蔭太學,辭不仕,兄兆金,嘉靖進士,官南京戶部主事,林家為莆田望族。林龍江屢試不第,轉而往慈善、宗教事業發展,創儒釋道合一的三一教。其事蹟參見董史撰《林子本行實錄》。

堂原未奉祀媽祖林默娘。原祠堂老舊，一九九一年重建時，因政府法令只開放媽祖祠宇重建，遂將玉寶堂改為天后聖母祠以奉祀媽祖，原來奉祀的林龍江石像乃移至祖祠左側神龕。被視為「宋代媽祖」的林龍江石像，高二十五公分，男像，頭戴軟帽，所穿袍服左上方靠襟處有一扣環，較似僧袍，與湄洲島發現的「元朝湄洲媽祖元始金身石雕」的女身素袍造型，有男女之異，而林氏族人雖謂石像為林龍江，但福建文史工作者卻不認同博物館界的看法，認為是泗洲文佛。

　　民國八十三年來臺灣展出的石像既是龍山村林氏祖祠奉祀的林龍江（或泗洲文佛），則所謂的「宋代媽祖石像」自然是錯誤的說法，同理，湄洲島發現的「元朝湄洲媽祖元始金身石雕」雖是女身，也應重加考證。據陪筆者從事田調的文史專家蔣維錟謂：莆田地區，有在三叉路口或丁字路口供奉佛公的習俗，佛公多以石雕為之，其尺寸大小及造型，有與湄洲島發現的「元朝湄洲媽祖元始金身石雕」神似者，然佛公或稱泗洲文佛。

　　據此線索，選定湄洲嶼、莆田市城廂區、仙遊楓亭鎮等地為調查對象。筆者首先往湄洲祖廟所在地「媽祖故里」的上林（行政區為東蔡大隊）、高朱等聚落考查，在上林聚落一條彎曲小路看到一正方形石敢當條石，高約一百一十公分，四邊每邊約二十公分，上刻「山方水順川，結末」等字，此似為古代上林廟神明管轄範圍之結界標。另一處看到同型長條石柱，上刻「土地正神」等字。湄嶼地形因文革及近年觀光區開發業經改變，故未發現有專祠泗洲文佛祠宇。

　　接著在蔣維錟引導下，至東里村東里巷找到找到民間供奉的泗洲文佛，佛像嵌在丁字路口交叉牆壁上。文佛豐腴碩壯，石雕，高約五十五公分，寬約四十五公分，男性，為彌勒佛坐姿造型，與湄洲發現的媽祖石媽祖像完全不同。神龕兩旁有二幅對聯，分別為「佛在三路口，人安東里居」、「佛遊歸回三路口，人安久居東里村」。據說原來石像在「湄洲媽祖元始金身」巡台後被偷，目前奉祀石像系新雕。經過文革的洗禮，新生代的石匠已不知泗洲文佛造型，而以彌勒佛當泗洲文佛。

　　涵江區白塘衙口村社廟「鼇江西社」（主神奉祀媽祖），新建於乙丑（民國七十四）年，廟內左側神龕也奉祀泗洲文佛，佛像繪在一塊磨平青斗石上，斜靠在側壁上。所繪泗洲文佛，是一個典型僧人樣，頭上有戒疤，表情嚴肅，與東里村泗洲文佛造型類似，神龕旁邊木柱刻有：「歲次戊辰年仲春月穀旦建造」等字，戊辰年為民國七十七年，因建築經費不足，泗洲文佛石像尚未聘請工匠雕琢。

　　涵江區延齡街後溝路丁字路口，有一座泗洲文佛小祠，祠建在交叉路側，四周砌有圍牆，側面開一小門，鎖上，非常隱密，若無當地人指引、找到管理人開啟，無法發現。神像為浮雕，頭上覆蓋軟帽，軟帽上有飾玉，著袍服，盤腿趺坐，臉頰較長，隆鼻巨眼，女性，與東里、衙口看到的泗洲文佛造型完全不同。

　　接著在當地居民引導，至延齡街後溝路三十九號也奉祀有泗洲文佛的許玉榮家拜訪。許玉榮時年約六十歲，為工人出身，泗洲文佛及一尊媽祖神像是其母生前傳下。媽祖像高約二十公分，外型不完整，眼、鼻等原始漆線及手部都已脫落，似為清代文物。文革期間紅衛兵破四舊，許玉榮母親將神像埋藏，開放後始予取出。泗洲文佛供奉在許家頂樓加蓋建築物神案上，神案中間供媽祖，左側供奉泗洲文佛。泗洲文佛以石塊刻成，高約四十五公分，向後呈約三十度傾斜，前面完整，後面粗略，似是準備讓人嵌在壁上。文佛為女性造型，臉部長圓，表情肅穆，似非華人，與前述後溝路泗洲文佛、湄洲媽祖石像之服飾造型雷同，但臉型則由色目人漸漸轉變為華人。

　　除了莆田市區，在仙遊楓亭鎮雙鳳橋（通湄洲灣）進入村落的路口也找到一座小祠，祠雙向，前後都是門，中間以牆壁隔開，向村莊面供奉福德正神，向村外面奉祀泗洲文佛。廟宇前橫樑上一對吊燈均書「泗洲文佛」四字，廟門對聯書：「南無佛，佛在西天。東有橋，橋通北海」，橫披：「慧眼渡人」。石像為女性浮雕，頭戴軟帽，著袍服，盤腿坐姿，巨眼高鼻，臉頰較長，明顯為色目人造型，與涵江區後溝所見石像一眼可見為外國女性造型。

　　根據上述考查，發現莆田地區目前仍廣泛存在泗洲文佛的信仰，年代較早神像造型以女相為主，為深目高鼻，臉頰修長的白色人種，穿袍服，頭戴軟帽，盤腿趺坐，雙手重疊置於膝間；其次則為較近華人婦女造型；近年新雕造型則轉為男性，且以彌勒佛或佛教僧人為主。湄洲島發現的「元朝湄洲媽祖元始金身石雕」與泗洲文佛女身造型雷同，應屬同類信仰雕像無誤；然其臉部輪廓已經為漢人的圓型臉，與女身泗洲文佛造型為白色人種不同，似乎泗洲文佛信仰是由中亞色目人種傳教師傳入，在莆田地區慢慢漢化，而「湄洲媽祖元始金身石雕」似為泗洲文佛漢化後的代表型。

五、泗洲文佛、觀音與媽祖

　　莆田人稱泗洲文佛為佛公或聖公，陳長城、鄭邦俊合撰的《祀佛公聽佛卦》描述莆田普遍信仰佛公習俗，云：

> 過去莆田各處逢三義路口，多建有小神龕，供奉佛公。佛公亦叫泗洲文佛或聖公，夏季一到，七、八月時，每當皓月當空，更深人靜，往往有老少婦女，三五成群，聚集佛公龕前前，焚香祝禱。[4]

　　又謂泗洲文佛與釋迦牟尼佛、彌勒佛鬥法失敗，被釋迦牟尼佛封於三義路口為人指點路徑、禍福，云：

> 釋迦牟尼佛、彌勒佛和泗洲文佛鬥法，誰修道成功，能使鐵樹開花的，大家奉他為尊者。鬥法後，彌勒佛最先使鐵樹真的開花，文佛告訴彌勒，彌勒一時高興，笑得雙眼眯眯，不留神時，開花的鐵樹被釋迦據為己有。彌勒佛未發覺。佛公背後不平，向彌勒揭發，彌勒一怒之下，拿起滿裝穀種的布袋返回西天。這時佛公又想，如果彌勒將滿裝穀種帶歸西天，那麼下界眾生將來糧食呢？佛公請准釋迦，放出老鼠，叫老鼠將彌勒佛的布袋給咬了幾

---

[4] 見《涵江文史資料》，陳長城、鄭邦俊合撰〈祀佛公聽佛卦　莆田習俗考源資料之一〉，1992年8月，中國人民政治協商會議莆田市涵江區委員會文史資料研究委員會編印。

　　個洞，彌勒一步一步走，後面布袋裡穀種慢慢散去滿地。這樣西天、下界都有穀種，都有得吃。事後以釋迦為主，論功行賞，釋迦封彌勒佛到大寺廟，說他經常開口便笑，很有人容，適合在寺廟大門口迎接客人；佛公好講閒話，封他在三叉路口為來往客人指點路徑、禍福。

　　這傳說把泗洲文佛塑造成為一個正直、公正、光明磊落、顧全大局的形象。

　　一個有資格與釋迦牟尼佛、彌勒佛鬥法的人，應該是祖師級的人物，但佛教典籍中卻無其名，故《祀佛公聽佛卦》又謂佛公：「在佛教典籍中是不登大雅之堂的無名小卒」並引周亮工《閩小記》、施鴻葆《閩雜記》，謂其人為《神僧傳》或《高僧傳》的泗洲僧伽大師。

　　僧伽最早見於文獻是唐中宗時，李邕（673~742）撰《泗州臨淮縣普光王寺碑》及李白《僧伽歌》，僧伽，是一位飽學、戒行高深，為弘法而來華之頭陀，被唐中宗奉為國師。僧伽之大宏於世是在五代末北周及北宋的統一南部戰爭，在戰爭前夕，僧伽托夢泗州州民，勿於周世宗的統一戰爭中草率應戰，結果促成泗州不戰而降。《宋高僧傳》云：

> 洎乎周世宗有事於江南，先攻取泗上，伽寄夢於州民，言不宜輕敵。如是，達於州牧，皆未之信。自爾，家家夢，同告之。遂降。全一郡，生民賴伽之庇矣。天下凡造精廬必立伽真相，榜曰：「大聖僧伽和尚」，有所乞願，多遂人心。李北海邕、胡著作浩各為碑頌德。

　　僧伽托夢故事對繼承北周政權，急欲統一江南的宋太宗而言十分具有啟發性，欲瞭解其生前事蹟，向僧綱贊甯索閱〈僧伽實錄〉。後來贊甯奉敕撰《宋高僧傳》時始將僧伽傳增補，題為〈唐泗州普光王寺僧伽傳〉（以下簡稱〈僧伽傳〉）。〈僧伽傳〉並未敘及宋太宗如何運用僧伽信仰，而割據福建的陳洪進亦於太平興國三年（978）不戰降宋，與周世宗之平吳越有異曲同工之妙。因北周、宋太宗特別推重僧伽，僧伽成為宋代朝野普遍敬祀的神僧。〈僧伽傳〉云：

今上（宋太宗）御宇也留心於此（僧伽事）。其年三月有尼遊五臺山回，因見伽於頂作嬰孩相，遂登剎柱捨身命供養。太平興國七年（982）敕高品、白承睿重蓋其塔，務從高，加其累層。八年，遣使別送舍利寶貨同葬於下基焉。續敕殿頭高品、李庭訓主之。先是，此寺因龕中金像刻其佛曰「普照王」，乃以為寺額。後避天后御名，以光字代之。近宣索僧伽實錄，上覽已敕還。題其額曰：「普照王寺」矣。

僧伽的國籍及來華年代，〈僧伽傳〉云：

釋僧伽者，蔥嶺北何國人也。自言俗姓何氏，亦猶僧會，本康居國人便命為康僧會也。然合有胡梵姓名，名既梵音，姓涉華語。詳其何國，在碎葉國東北，是碎葉附庸耳。伽在本土，少而出家，為僧之後誓志游四方，始至西涼府，次歷江淮，當龍朔初年（高宗661）。

據日本箭內亙博士編繪，和田清增補之《東洋讀史地圖》〈隋代亞洲形勢圖〉，何國位於東經六十六度，北緯四十度，即今烏茲別克斯坦共和國納沃伊州，在碎葉國（今吉爾吉斯斯坦共和國境內）西方而非東北，與波斯相去不遠。何國在隋朝大業年間即曾遣使貢方物，其人民早與中國往來。《隋書》西域，〈何國〉云：

何國都那密水南數里，舊是康居之地也，其王姓昭武，亦康國王之族類……，東去曹國百五十里，西去小安國三百里，東去瓜國六千七百五十里，大業中曾遣使貢方物。[5]

何國與康國人種相同，屬深目高鼻的色目人，善經商，宗教信仰與波斯人相同，信拜火教。《魏書》，西域，〈康國〉云：

康國者康居之後也，其王索髮，冠七寶金花，衣綾羅錦繡，白迭。其妻有髻，幪以皂巾。丈夫剪髮錦袍，名為強國，西域諸國多歸之。米國、史國、曹國、何國、安國、小安國、那色波國、烏那

5　見《隋書》卷八十三，列傳第四十八，西域，〈何國〉。

曷國、穆國皆歸附之。有胡律，置於祆祠。……人皆深目高鼻，多鬚，善商賈，諸夷交易多湊其國。[6]

　　僧伽為深目高鼻的色目人，與莆田楓亭，涵江所見泗洲文佛像應屬同人種，可證莆田流傳的泗洲文佛信仰與僧伽有關。

　　僧伽在華經歷，《僧伽傳》云：

登，即隸名於山陽龍興寺。自此始露神異。初將弟子慧儼，同至臨淮，就信義坊居人，乞地下標。志之言，決于此處建立伽藍。遂穴土，獲古碑，乃齊國香積寺也。得金像，衣葉刻「普照王佛」字。居人歎異云：「天眼先見，吾曹安得不舍乎！」其碑像由貞元、長慶中兩遭災火，因亡蹤矣。……中宗孝和帝景龍二年，遣使詔赴內道場，帝御法筵，言談造膝，占對休咎契若合符，乃褒飾其寺曰「普光王」。四年庚戌示疾，敕自內中往薦福寺安置，三月二日儼然坐亡，神彩猶生止瞑目耳。俗齡八十三，法臘罔知，在本國三十年，化唐土五十三載。……帝以仰慕不忘，因問萬回師曰：「彼僧伽者，何人也？」對曰：「觀音化身也。經可不云乎：『應以比丘身得渡者，故現之沙門相也。』」……二年（穆宗長慶，822）錫號「證聖大師」……先是，此寺因竈中金像刻其佛曰「普照王」，乃以為寺額。後避天后御名，以光字代之。近宣索僧伽實錄，上覽已敕還。題其額曰：「普照王寺」矣。

　　僧伽有弟子：木叉、慧儼、慧岸三人，中宗各賜衣盂令嗣香火。〈僧伽傳〉云：

弟子木叉者，以西域言為名，華言解脫也。自幼從伽為剃髮弟子，然則多顯靈異……中和四年（僖宗，884）賜諡曰「真相大師」，於今侍立于左若配饗焉。弟子慧儼，未詳氏姓生所，恒隨師僧伽執侍瓶錫，從楚州發至淮陰……，抵盱眙，開羅漢井。宿賀跋玄濟家，儼侍十二面觀音菩薩旁。自爾詔僧伽上京師，中宗別敕度儼並慧岸、木叉三人，各別賜衣鉢焉。

---

[6] 見《魏書》列傳第九十，西域〈康國〉。

綜上，可規納出僧伽其人：為中亞何國人，生於唐太宗貞觀二年，卒于景龍四年（628~710），壽八十三，後諡證聖大師。

三十歲來華，先至西涼府，再至長安、洛陽行化；後歷江淮，最後選定臨淮（今安徽省淮安）為傳教據點，在華傳教五十三年。

僧伽為頭陀，所奉神名普照王佛，卒後被視為觀音菩薩轉世。僧伽有弟子三人，木叉為西域人，自幼即師事僧伽，後諡真相大師；慧儼，常隨僧伽執侍瓶、錫；慧岸事蹟不詳，中宗各賜衣盂令嗣香火。

僧伽相貌，據清光緒年間葉德輝校梓《繪圖三教源流搜神大全》，〈泗洲大聖〉，所附「泗洲大聖」像[7]，其狀為一站立男人，頭戴軟帽，帽下緣垂至肩膀以下，著寬袖長胡袍，腰系長帶，右手持杖，與佛教僧人打扮迥異。但其著寬袖胡式長袍，頭戴軟帽，帽下緣垂至肩膀，卻與莆田市涵江區所見年代較早泗洲文佛造型相似，與湄洲嶼出土的「元朝石雕媽祖元始金身」造型也類同，唯一差別只在男、女性別的不同而已。

唐宣宗時僧伽信仰即傳入莆田，《莆田縣誌》，〈華嚴寺〉云：

> 在郡城西三里，本玉潤之北岩，唐大中六年（852）刺史薛凝題為華嚴，以僧行標能講《華嚴大乘經》也。…有泗洲像，舊經云：僧行標於泗州請大聖真像，會溪流暴漲，得樟木一根于水中，遂刻焉。乾寧五年（898）縣令呂承佑造塔三層，後火，塔自焚而像如故，俗異之。[8]

據《天妃顯聖錄》〈湄洲勝境〉圖，上林村上方原有一座觀音堂，今其祠已廢，然可見清朝乾隆以前當地有觀音信仰，而《天妃誕降本傳》亦謂天妃父母虔祀大士，可見觀音大士信仰在當地存在甚久，民間亦傳媽祖為觀音轉世，「媽祖元始金身石雕」之造型近似白衣大士，而白衣大士則由泗洲文佛演化而來。另有一座鏡峰寺，又名珠冠岩，面海，亦圮，兩廂土埆房尚存，主建築正在修復中，嶼上未見專供奉泗洲文佛的祠宇。

---

[7] 《繪圖三教源流搜神大全》〈泗洲大聖〉條。民國 69 年（1980），臺北聯經出版公司印行。
[8] 見《莆田縣誌》卷四，建置，寺觀，〈華嚴寺〉。

　　綜上所述，泗洲文佛是唐代由中亞何國來華傳教的僧伽，以神異靈
跡見稱於世，謂是觀音化身，其開創的普光王寺位於安徽臨淮，後來流
傳至福建福州、莆田地區。

六、結語

　　於一九九七年湄洲來臺灣進行百天宗教交流活動的「元朝石雕媽祖
元始金身」，經筆者至莆田市考察，確認是民間重建湄洲媽祖廟時發現，
並非偽造。主辦單位謂是元代媽祖，並無文獻根據；但經筆者赴莆田調
研，發現與泗洲文佛信仰有關。泗洲文佛史稱僧伽，是中亞何國人，奉
祀普照王及十二面觀音，於唐高宗朝來華傳教，常顯神通醫人濟世，唐
中宗迎奉為國師，死後被視為觀音顯化，所建道場泗洲文佛信仰為唐朝
中葉以後佛教四大道場之一，至宋太平興國年間風靡全國，並漸以女身
應現。其信仰于唐宣宗朝由僧人行標傳入莆田。唐朝人謂僧伽（泗洲文
佛）是觀音化身，宋朝人謂媽祖是觀音化身，觀音有脇侍神善財、龍女。
湄洲所發現媽祖元始金身石像是泗洲文佛由男像轉變為女像的造型，似
可反映一個外國人（僧伽）傳入中國的信仰（普照王、觀音）深入民間
後轉化為庶民信仰（泗洲文佛），最後再以本土形象（媽祖）成為政府
祀典；媽祖元始金身石像恰好是這個轉化過程的最佳佐證。

臺灣地區的媽祖祠祀

一、前言

　　臺灣四面環海，漢人移殖過程中均須面對海洋的挑戰，故早期移民會信仰海神玄天上帝或媽祖。媽祖信仰在明朝萬曆年間（1573-1619）即已傳入澎湖，康熙十九年（1680）因清軍運用媽祖信仰影響力逼鄭經軍隊退出福建，清廷首次誥封媽祖，至康熙二十二年（1683）施琅攻臺，更大肆宣揚媽祖助戰鼓舞士氣，終於在澎湖之戰後迫使鄭克塽降清，清廷因於次年誥封媽祖為天后。因媽祖庇佑清軍開疆闢土及冊封琉球使節，清廷乃於雍正八年（1730）將其列為政府祀典，通令沿江、沿海各省建廟，官員春秋致祭。

　　清代臺灣媽祖信仰得以蓬勃發展，與歷次軍事活動有關，如康熙六十年（1721）的朱一貴事件，乾隆五十二年（1787）的林爽文事件，嘉慶年間（1800-1810）的蔡牽事件，清軍出兵皆會散播媽祖助軍之說，事後也會予以致祭、賜匾，媽祖信仰因而成為民間最重要的祀神。

　　關於臺灣媽祖信仰較完整的論述，始見於民國六十八年李獻璋博士《媽祖信仰研究》之第三篇第二章〈臺灣諸島之拓殖與媽祖崇祀〉。筆者亦於民國七十七年六月《臺灣省文獻會成立四十週年專刊》發表〈臺灣之媽祖崇祀〉，然所述未及清朝末年。石萬壽教授於民國七十八年六月、九月刊行的《臺灣文獻》第四十卷第二期發表：〈明清以前媽祖信的演變〉，第四十卷第三期〈康熙以前臺澎媽祖廟的建置〉，七十九年三月四十一卷第一期〈清代媽祖的封諡〉等論文，並於民國八十九年彙為《臺灣的媽祖信仰》印行。

　　臺灣地區奉祀媽祖之廟宇，民國八年臺灣總督府統計有三百二十所，民國四十八年臺灣省政府統計有三百八十二所，民國九十一年內政部統計則有八百零二所，[1]如加上不符寺廟登記規則及未向政府登記之

---

[1]　分見：臺灣總督府印：《臺灣宗教調查報告書》，附錄，第六〈重要祭神〉，臺北：編者印

神壇，可能有千座之多，可見媽祖信仰在臺灣地區仍快速增長。本文以明、清二朝為斷代，而不及於日據以後，乃因媽祖信仰於清末已臻成熟、定型，且數量太多，無法一一加以敘及。

二、明鄭時代

明朝末年媽祖信仰即傳入澎湖，明天啟年間（1621-1627），董應舉致南居益書，即提及澎湖有天妃宮，云：

> 澎湖，港形如葫蘆，上有天妃宮，此沈將軍有容折韋麻郎處也。[2]

韋麻郎為荷蘭東印度公司督辦，其入侵澎湖為明朝萬曆三十年（1602）間事，今澎湖馬公天后宮尚存有「都司沈有容諭退紅毛番韋麻郎等」石碑，即至遲在萬曆、天啟年間，馬公即有天妃宮存在，為當地漢人信仰。

天啟二年（1622），荷蘭人再度入侵澎湖，名為求與中國互市，卻大肆焚掠，致洋販不通，海運梗塞，漳、泉諸郡坐困。天啟三年（1623），福建巡撫南居益親督副將俞咨皋專任剿夷之責。十一月，焚荷人巨艦一艘，生擒其艦長高文律等五十二名。[3]天啟四年（1624）五月，俞咨皋協同參將劉應寵率舟師圍攻澎湖娘媽宮，凡八閱月，荷人食盡計窮，乃乞降，拆城，遁踞臺灣。[4]澎湖娘媽宮似毀於其時，至清朝領有臺灣後始由水師重建之，至民國八年（1919），澎湖重建天后宮，「都司沈有容諭退紅毛番韋麻郎等」石碑始重見天日。

明永曆十五年（辛丑，清順治十八年，1661）鄭成功江南敗師後，取臺灣為反清復明根據地。次年，成功薨，長子經嗣位，致力臺灣之開

　　行，大正八年。李汝和等：《臺灣省通志》卷二，〈人民志〉，〈宗教篇〉，第十章〈通俗信仰〉，第三項〈媽祖之信仰〉，臺中：臺灣省文獻會印行，民國七十年。中華民國內政部民政司編印：《全國寺廟名冊》，臺北：編者印行，民國九十一年。

[2] 董應舉：《崇相集》，〈與南二太公祖書〉，臺北：臺銀經濟研究室，民國五十六年。

[3] 《明清史料戊編》第一本，〈澎湖汛地仍歸版圖殘件〉，臺北：維新書局，民國六十一年。

[4] 《明清史料乙編》第七本，兵部題〈澎湖捷功〉，臺北：維新書局，民國六十一年。

發建設，傳至其孫克塽止，前後共二十三年。高拱乾《臺灣府志》謂其「興市廛、搆廟宇，招納流民，漸近中國風土。」[5]可知古人視廟宇為代表中國文化之一要素，而明鄭時代臺灣官方已建有甚多廟宇。

有關明鄭時代臺灣之文獻，多已被清人銷毀，當時臺灣各種祠祀之情形，僅能由清初所編方志窺之。康熙二十三年（1684）福建巡撫金鋐修《福建通志》，臺灣府之下共錄有天妃宮三座。臺灣府、鳳山縣、澎湖各一所。臺灣府〈天妃宮〉條云：

> 在府治鎮北坊，赤崁城南。康熙二十三年臺灣底定，靖海侯施琅以神有效順功倡建。[6]

鳳山縣〈天妃宮〉條云：

> 在縣治安平鎮渡口。

澎湖〈天妃宮〉條云：

> 在東、西衛澳，澳前有案山。其澳安瀾，可舶百餘艇。

其中臺灣府鎮北坊之廟，明言係施琅倡建。另二座廟未書創建年代，尚無法判斷是否明鄭時代所建廟宇。其後，康熙三十四年（1695）高拱乾，康熙四十九年（1710）周元文所修兩部《臺灣府志》，於同廟宇之下，亦未提及創建年代。康熙五十九年（1720）陳文達等人所修之《臺灣縣志》，始對臺灣府、縣各廟宇有詳細記載。書中繫年，分為四類，對荷據時期所建廟宇，繫以「紅毛時建」四字，對明鄭時代所建廟宇，皆書「偽時建」三字。清領臺灣以後所建廟宇，則直書「康熙某年建」，對介於康熙二十二年八月至康熙二十三年四月，即自鄭克塽降清至清廷正式設立臺灣府之八個月間所建廟宇，則繫以「開闢後建」四字。[7]《臺灣縣志》

---

[5] 高拱乾：《臺灣府志》卷一，〈封域志〉，〈沿革〉，臺北：國防研究院，民國五十七年。

[6] 康熙二十五年金鋐、鄭開極等修：《福建通志》卷十一，〈祀典〉，〈祠廟〉，臺灣府。

[7] 按自鄭克塽降清至清廷決定將東寧收入版圖，正式設立臺灣府之八個月時間內，記載東寧史事，既不能再繫以永曆年，繫以康熙年亦覺不倫。此仿如《史記》之載秦亡至漢興之間事，以項王為繫年。在清人而言，為標榜其勇武，並抹殺明鄭三代開闢之功，遂以「開闢」兩

有關媽祖廟之記載共有四條，西定坊〈大媽祖廟〉條云：

> 即寧靖王故居也。康熙二十三年，靖海將軍侯施琅捐俸改建為廟，祀媽祖焉。[8]

下注云：

> 媽祖，莆田人，宋巡檢林愿女也。居與湄洲相對。幼時談休咎，多中。長能坐蓆亂流以濟人，群稱為神女。厥後，常衣朱衣，飛翻海上。里人因就湄建祠祀之，雨暘禱應。國朝改封為天后，各澳港俱有廟祀。

此大媽祖廟位於赤崁樓南方，為施琅捐俸改建，即為康熙二十三年《福建通志》所載臺灣府之天妃宮。

西定坊〈小媽祖廟〉條云：

> 開闢後，鄉人仝建。在水仔尾。

在鹿耳門〈媽祖廟〉條云：

> 康熙五十八年各官捐俸仝建。前殿祀媽祖，後殿祀觀音，各覆以亭。兩旁建僧舍六間，僧人居之，以奉香火。董其事者，經歷王士勤也。

在澎湖〈媽祖廟〉條云：

> 澎各澳海口俱有廟祀，繁不備載。康熙二十二年癸亥，靖海將軍侯施琅奉命徂征，大戰澎湖。既克，登岸。見妃像臉汗未乾，衣袍俱濕，迺知神功之默相也。事聞，上遣禮部郎中雅虎致祭。其

字稱之，此一用法，屢見於清初臺灣府、縣志中。如康熙《臺灣縣志》卷二，〈建置志〉，〈學宮〉條云：「郡之有學宮也，自偽鄭氏始也。在寧南坊，南向。國朝開闢以來，仍其舊制。」同卷，施琅、吳英祠後記曰：「二公皆有平定之功，施統帥水師，開闢疆土。」卷三，〈秩官志〉，〈文職〉云：「康熙二十三年開闢以後，各官初由部選。」卷八，〈人物志〉，〈宦績〉，〈沈朝聘〉云：「遼東人，以晉江令調補臺灣。當開闢之始，民心未定，百廢未興。」皆是。

[8] 康熙五十九年陳文達：《臺灣縣志》卷九，〈雜記志〉，〈寺廟〉，在西定坊，臺北：國防研究院，民國五十七年。

文曰：「國家茂膺景命，懷柔百神，肅典具陳，罔不祗肅。若乃
天庥滋至，地紀為之效靈，國威用張，海若於焉助順。屬三軍之
奏凱，當重譯之安瀾，神所憑依，禮宜昭報。維神鍾靈海表，綏
奠閩疆；昔藉明威，克襄偉績，業隆顯號，禋享有加。比者慮窮
島之未平，命大師以致討。時方憂旱，神實降祥，泉源驟湧，因
之軍聲雷動，直搗荒陬，艦陣風行，竟趨巨險。靈旗下颱，助成
破竹之功；陰甲排空，遂壯橫戈之勢。至於中山殊域，冊使遙臨，
伏波不興，片帆飛渡。凡茲冥祐，豈曰人謀？用是遣官，敬脩祀
事，溪毛可薦，黍稷維馨。神其祐我邦家，永著朝宗之戴，眷茲
億兆，益弘利濟之功，惟神有靈，尚克鑒之。」

上述四條記載，第一至第三條，皆書有建廟年代，僅第四條澎湖媽
祖廟之記述，十分含糊，彷若在施琅入澎湖前，當地已有媽祖廟一般。
但經進一步研究施琅攻臺前後史實，即可知此係陳文達誤將莆田縣平海
衛天妃宮之事，記於澎湖天妃宮項下。事實上，明鄭時代之澎湖似無天
妃宮存在。

按施琅一生事蹟，與媽祖崇祀有密切關係。其征臺事蹟，俱見於其
所著《靖海紀》一書。該書錄有康熙二十一年十一月撰之〈師泉井記〉
一篇，敘述莆田平海衛天妃宮天妃顯靈濟師事，云：

今上康熙御極之二十一載，壬戌孟冬，予以奉命統帥舟師徂征臺
灣，貔虎之校，犀甲之士，簡閱而從者三萬有餘。眾駐集平海之
澳，俟長風、破巨浪，以靖掃鮫窟。爰際天時暘亢，泉流殫竭，
軍中取汲之道，遙遙難致。而平澳故遷徙之壤，介在海陬，昔之
井廛盡成堙廢。始得一井於天妃行宮之前，距海不盈數十武，漬
鹵浸潤，厥味鹹苦，原夫未達深源，其流亦復易罄。詢諸土人，
咸稱是井曩僅可供百家之需，至隆冬澤衍水涸，用益不瞻。矧若
茲則三軍之士所藉以朝饔夕飧者果奚恃歟？予乃殫撼誠愫，祈籲
神聰。拜禱之餘，不崇朝而泉流斯擴，味轉甘和，綆汲挹取之聲
晝夜靡間，歕湧滋溉，略不顯其虧盈之迹。凡三萬之眾，咸資飲
沃，而無呼癸之慮焉。自非靈光幽贊，佐佑戎師，殲珍妖氛，翼
衛王室，未有弘闡嘉祥，湛澤汪濊，若斯之渥者也。因鑴石紀異，

名曰師泉，昭神貺也。[9]

　　此段文字，為《臺灣縣志》所引禮部郎中雅虎祭文中之湧泉濟師之來源。《靖海紀》尚錄有康熙二十三年，施琅題《為神靈顯助破逆，請乞皇恩崇加封事》一文，文中除提及施琅於平海澳天妃宮立石之事外，並敘及澎湖之戰天妃顯靈護佑事，云：

　　康熙二十二年六月十六、二十二等日，臣在澎湖破敵，將士咸謂，恍見天妃如在其上，如在其左右。而平海之人，但見天妃神像是日衣袍透濕，與左右二神將兩手起泡。觀者如市，知為天妃助戰致然也。又先於六月十八夜，臣標署左營千總劉春，夢天妃告之曰：「二十一日必得澎湖，七月可得臺灣。」果於二十二日澎湖克捷，七月初旬內，臺灣遂傾島投誠，其應如響。且澎湖八罩、虎井，大海之中，井泉甚少，供水有限，自臣統師到彼，每於潮退，就海次坡中扒開尺許，俱有淡水可餐，從未嘗有。及臣進師臺灣，彼地之淡水遂無矣。[10]

　　根據此段引文，《臺灣縣志》誤用莆田平海衛天妃宮之天妃顯靈事蹟十分明顯。此外，明鄭時代臺灣無媽祖廟之事，亦可由施琅攻臺前後行為顯示出。施琅《靖海紀》，提及媽祖之處頗多，但無一處見及臺灣媽祖廟者。《靖海紀》載有施琅攻臺前後相關祭文七篇，清軍入臺前三篇，分別為：

　　康熙二十一年十一月十六日，於廈門出師〈祭江祝文〉。
　　康熙二十二年七月攻克澎湖〈致祭后土文〉。
　　康熙二十二年七月攻克澎湖〈祭澎湖陣亡將士文〉。
　　佔領臺灣後四篇，分別為：
　　康熙二十二年八月〈祭鹿耳門水神文〉。
　　康熙二十二年九月三日〈祭臺灣山川后土文〉。
　　康熙二十二年十一月二十五日班師過澎湖〈祭陣亡官兵文〉。

---

[9] 施琅：《靖海紀》，〈師泉井記〉，國立中央圖書館臺灣分館藏，清康熙三十七年李光地序刊本。此書施家後裔多次重刻，易名《靖海紀事》。
[10] 同註9，另參閱《昭應錄》，卷首，本朝祀典。

康熙二十三年七月十五日〈中元祭陣亡官兵文〉。

全無於臺、澎地區祭天妃之文。因施琅率領攻臺之水師成員，原係明鄭水師由莆田人朱天貴率領降清者；另率領陸師支援之吳英雖原籍泉州，但康熙令其入籍莆田。易言之，施琅率領的軍隊是一支信奉媽祖的軍隊，若當時臺灣已有媽祖廟宇存在，或媽祖為明鄭君民主流信仰，施琅於入澎湖、臺灣後似不會不親往致祭叩答神恩，而待康熙二十三年四月清廷決將臺灣納入版圖後，始將寧靖王邸改為天妃宮，並於康熙二十三年八月奏請朝廷封誥媽祖、致祭矣。

鄭成功是藉海上武力崛起，統轄龐大海上舟師，並以海上貿易維持其經濟命脈，不祀海神媽祖似不可思議。經檢索清代臺灣相關府縣志，始發現鄭成功也崇拜水神，唯其崇祀之水神是自漢代即被視為水神的北極玄天上帝。王必昌《臺灣縣志》謂：

> 邑之形勝，有安平鎮、七鯤身為天關，鹿耳門、北線尾為地軸，酷肖龜蛇，鄭氏踞臺因多建真武廟以為此邦之鎮。[11]

康熙二十三年金鋐修之《福建通志》即載有玄天上帝廟，云：

> 上帝廟在府治東安坊，偽時建，以祀北極大帝。[12]

可見明鄭時代臺灣確有玄天上帝廟存在。其後高拱乾、周元文所修兩部《臺灣府志》，亦有上帝廟之記載，但兩書將「偽時建」三字去掉，令讀者不明其源起。至康熙五十九年陳文達《臺灣縣志》，始詳實記錄明鄭時代普建上帝廟的事實。卷九〈雜記志〉,〈寺廟〉，所錄上帝廟甚多，其分布情形如下：

1、東安坊，大上帝廟：

> 偽時建。康熙二十四年知府蔣毓英捐俸重修。四十八年里民重建。高聳甲於他廟。

---

[11] 乾隆十七年王必昌等重修：《臺灣縣志》卷六，〈祠宇志〉,〈真武廟〉條，臺北：國防研究院，民國五十七年。
[12] 康熙二十三年金鋐：《福建通志》卷十一，〈祀典〉,〈臺灣府〉。

2、鎮北坊，小上帝廟：

　　偽時建。總鎮張玉麟調臺，中流震風，夢神散髮跣足降于檣，波
　　恬浪靜抵岸，因重新廟焉。其後為郡侯蔣公毓英祠，時江西觀察
　　使命下，士民不忍其去，故立祠祀之。

3、永康里，上帝廟：

　　一在洲仔網寮，偽時鄉人全建。
　　一在下洲仔甲，鄉人鳩建。

4、廣儲東里，上帝廟：偽時建。

5、歸仁南里，上帝廟云：四十六年，鄉人全建。

6、保大東里，上帝廟條云：五十五年，鄉人全建。

7、仁德里，上帝廟條云：在崁頂，三十九年鄉人全建。

8、仁和里，上帝廟條云：在下灣，偽時建。

9、崇德里，上帝廟條云：偽時建。

10、大目降庄，上帝廟條云：偽時建。

11、澎湖，上帝廟云：在媽祖廟之東。康熙二十九年，澎湖左營守
　　　備趙廣建。五十六年左營游擊陳國瓛重脩。

　　所記上帝廟共十二所，其中七所為明鄭時代所建。其數目不論在明
鄭時代或清初，皆比關帝、吳真人、王爺、媽祖等廟宇數多，可知從明
季至康熙末年，玄天上帝為臺灣最主要之信仰。

　　乾隆十七年（1752）王必昌所修之《臺灣縣志》始將玄天上帝之重
要性透露出。卷六，〈祠宇〉，〈廟〉，〈真武廟〉條云：「在東安坊，祀北
極佑聖真君。」下注云：

　　宋真宗避諱，改為真武。靖康初，加號佑聖助順靈應真君。明御
　　製碑謂：太祖平定天下，陰佑為多。建廟南京，以三月三日、九
　　月九日，用素饈，遣太常官致祭。及太宗靖難，以神有顯相功，
　　永樂十三年於京城艮隅並武當山重建廟宇，兩京歲時、朔、望，
　　各遣祭。而武當山又專官督祀事。憲宗嘗範金為像。正德二年，

改京城真武廟為靈明顯佑宮。國朝順治八年題准，每年恭逢萬壽聖節，遣官致祭。康熙二十二年覆准遣祭雞公山真武之神，仍令該地方官春秋二祭。

其下復有按語云：

按真君乃元武七宿，故作龜蛇於其下，龜蛇者，元武象也。而圖志云：真武為淨樂王太子，修煉武當山，功成飛昇。奉上帝命鎮北方，披髮跣足，建皂蠹元旗。此道家傅會之說。後人據《神異傳》，謂真君仗劍，追天關地軸之妖，冠履俱喪，伏而收之。天關，龜也；地軸，蛇也。邑之形勝，有安平、七鯤身為天關；鹿耳門、北線尾為地軸，酷肖龜蛇。鄭氏踞臺，因多建真武廟，以為此邦之鎮云。明鄭時建。

其下復注云：

寧靖王書匾曰「威靈赫奕」。康熙二十四年知府蔣毓英重修，四十八年里眾重建。地址高聳，規制巍峨。雍正八年，知縣唐孝本勘斷廟左車路曠地一所起蓋店屋，年納地稅銀四兩。另前後左右屋共二十間，各納地稅，以供香燈。

王必昌固以「安平、七鯤身為天關，鹿耳門、北線尾為地軸，酷肖龜蛇，鄭氏踞臺，因多建真武廟，以為此邦之鎮云。」來解釋明鄭時代臺灣廣建玄天上帝廟的原因，但其注文，卻充分表露玄天上帝與明朝政府間之密切關係，甚至可說明皇室視玄天上帝為其政權之守護神。[13]如從此一角度加以思索，鄭成功祖孫三代在臺灣廣建真武廟，其意義應不僅止於迷信風水，當更進一步與奉明朝正朔等量齊觀才是。

玄天上帝除為明朝守護神、道士可藉為鎮天關、地軸之妖外，在閩南傳統民間信仰上，亦為人民航海之守護神。閩南地方志，於此頗多記載。萬曆四十年（1612）《泉州府志》，〈晉江縣石頭山〉條有如下記載：

[13] 參閱蔡相煇：〈明鄭臺灣之真武崇祀〉，《明史研究專刊》第三期，臺北：中國文化大學，民國六十九年三月。

> 在萬歲山之左，山之盡處有三石傑出，故名。上有真武殿，舊為
> 郡守望祭海神之所。下為石頭街，民居鱗集，舊有千餘家。[14]

乾隆三十年（1765）《晉江縣志》更提及其創建年代云：

> 玄武廟，在城東南石頭山上，廟枕山面海，人煙轇集其下。宋時
> 建，為宋時望祭海神之所。[15]

按晉江縣為泉州府所在地，宋代於此設有市舶司，專營對東、西洋貿易之口岸。至宋末，泉州市舶司之稅收，占政府歲入之比率甚大，故政府十分重視海外貿易，郡守每年均特為望祭海神。而玄天上帝所代表玄武七宿斗、牛、女、虛、危、室、壁即為《史記天官書》所稱之北宮玄武，為天文上辨別方位之指標，其位置並不因季節變化而轉移，故早在漢代，即被視為水神。《後漢書》，〈王梁傳〉云：「赤伏符曰：王梁主衛，作玄武。……玄武，水神之名。」其下注云：「玄武，龜蛇合體。」[16]

漢代人視玄武為方位之神或水神之觀念，一代代被傳下來，在泉州府屬各縣，對玄天上帝之信仰普遍存在。康熙十一年（1672）《南安縣志》云：「鳳山宮，在三十六都大盈舖東北，以奉真武。」[17]同書，〈重建金雞橋記〉云：

> 余乃禱神，揆日厄具鳩工。果有神明相余。營度之日，石墩在中
> 流者，深不可測，眾懼難措趾。一夕而水漲沙平，塑觀音、玄武
> 像于中，答神貺也。[18]

南安縣為鄭成功之故鄉，而南安人素有信奉玄天上帝之習慣，由此記錄即可明見。同安縣方面，亦有祀玄天上帝之習慣。嘉慶三年（1798）《同安縣志》卷十，〈壇廟〉云：

---

14 萬曆四十年陽思謙：《泉州府志》卷二，〈輿地志〉，〈山〉，〈晉江縣石頭山〉。國立中央圖書館臺灣分館藏原刊本。

15 乾隆三十年方鼎修：《晉江縣志》卷十五，〈古蹟〉，〈寺觀〉，〈玄武廟〉條。

16 班固：《後漢書》，〈列傳〉卷十二，〈王梁傳〉，臺北：成文出版社，民國六十年。

17 康熙十一年劉佑等修：《南安縣志》卷二十，〈雜志〉四，〈宮〉，〈鳳山宮〉條。國立中央圖書館臺灣分館藏原刊本。

18 同註17，卷十七，〈藝文〉之二，〈記〉，〈重建金雞橋記〉，萬曆癸巳二十一年（1593）。

上帝廟，在草仔垵，祀元武帝，稱曰水長上帝。人祈禱者，于潮
生時即應，退則否，故稱靈異。延福堂，在從順里瑤江村，距城
南七里許。明，里人戶部郎中林挺倡建。崇祀真武，時顯靈異，
庇佑居民。相傳海中舟楫顛危時，向北呼之，則有光如炬，船藉
以安。[19]

此為同安地方百姓奉玄天上帝為海神之記錄。

明瞭玄天上帝在明代朝廷及閩南地方百姓信仰上之地位以後，始能
解釋鄭成功祖孫三代在臺灣廣建真武廟之道理。從精神上言之，玄天上
帝為明朝最重要祀典，祀之恰可與奉永曆為正朔相表裡。從實質上言
之，玄天上帝自宋代以降皆為閩南百姓崇祀之航海守護神。鄭成功既以
水師抗清，子弟多為閩南籍，奉玄天上帝可予這些子弟兵精神上莫大之
鼓舞與安慰。加以鄭成功本人心理對北極星有特殊偏好，[20]在其主政之
時，媽祖信仰勢必無法與玄天上帝抗衡，東都居民之欲祀媽祖者，只得
於私宅奉祀矣！

三、清代

（一）、清軍攻臺與媽祖信仰的傳入

因鄭成功家族以玄天上帝為海上守護神，忽略在閩、粵兩省信徒頗
多之媽祖信仰，此一疏漏，遂為清軍所乘，利用民眾信仰媽祖之心理，
對明鄭官民發動心戰攻勢。而此一謀略運用，是由清水師提督萬正色開
其端，施琅總其成。《清聖祖康熙皇帝實錄》卷九十一，康熙十九年(1680)
〈六月癸亥〉條云：

---

[19] 嘉慶三年吳堂等修：《同安縣志》卷十，〈壇廟〉，〈上帝廟〉條、〈延福堂〉條，國立中
央圖書館臺灣分館藏原刊本。

[20] 鄭成功本人心理上可能以北極星自居。臺南延平郡王祠原藏有鄭成功披髮仗劍圖像一幅。披
髮仗劍為玄天上帝塑像之基本型態，成功模仿之，可見玄天上帝在成功心目中必甚重。又
施琅之叛離成功，亦與北極星有關。施德馨（施琅從侄）撰襄壯公（施琅）傳，載其事云：
「鄭成功托故明藩封棲海上，素悉公琅英明，欲倚以為重，遯入海，禮遇初甚渥，凡軍事
必咨商。及有人告以：『琅嘗夢為北斗第七星者』，鄭心忌之。」

遣官齎勅往福建，封天妃為護國庇民、妙靈昭應、弘仁普濟天妃。[21]

《天妃顯聖錄》,〈歷朝顯聖褒封共二十四命〉條亦云：

皇清康熙十九年，將軍萬正色以征剿廈門得神陰助取捷，並使遠遁，具本奏上，勅封：護國庇民妙靈昭應弘仁普濟天妃。[22]

《天妃顯聖錄》,〈清朝助順加封〉有較詳細之記載，云：

康熙十九年庚申，二月十九日，舟師征剿，駐崇武，與敵對壘。夜夢天妃告之曰：「吾佐一航北汛，上風取捷，隨使其遠遁。」次日，果得北風驟起，敵遂披靡，大敗而退。至二十六日舍廈門入臺灣，內地海宇自是清寧。萬將軍大感神助，立即具本奏神保佑之力。聖上甚慰陰功，欽賜御香、御帛，差官齎詔到湄廟加封致祭。

萬正色之奏摺未見載錄，故媽祖如何庇佐清軍，不得而知之，而觀清廷誥文，媽祖之顯佑，對清廷海軍士氣有莫大鼓舞作用。《天妃顯聖錄》載清廷之誥文云：

維神鍾奇海徼，綏奠閩疆，有宋以來，累昭靈異。頃者，島氛不靖，天討用張。粵自禡牙，以逮奏凱，歷波濤之重險，如枕蓆以過師，潮汐無虞，師徒競奮，風飆忽轉，士氣倍增，殲鯨鯢於崇朝，成貔貅之三捷，神威有赫，顯號宜加。特封爾為護國庇民妙靈昭應弘仁普濟天妃。載諸祀典，神其佑我兆民，永著安瀾之績，眷茲景命，益昭重潤之麻。敬遣禮官，往修祀事，維神鑒之。[23]

按康熙十八年（1679）底，清廷挾平定三藩軍事之餘威，擬與荷蘭東印度公司聯軍，徹底摧毀明鄭武力。然時值冬季，臺灣海峽東北季風盛行，荷人舟師無法由巴達維亞前來會師。延至次年二月，萬正色在福

21 馬齊等纂：《大清聖祖仁康熙皇帝實錄》卷九十一，康熙十九年〈六月癸亥〉條，臺北：華文書局，民國五十三年。

22 林堯俞：《天妃顯聖錄》,〈歷朝顯聖褒封共二十四命〉，國立中央圖書館臺灣分館藏雍正年刊本。

23 同註22，〈清朝助順加封〉，歷朝褒封致祭詔誥：〈康熙十九年神助萬將軍克敵廈門〉條。

州催造船隻完畢，即遣人於漳、泉州，知會清將喇哈達、賴塔、姚啟聖、楊捷、吳興祚等人，分從水、陸進攻明鄭軍各據點。

康熙十九年（永曆三十四年，1680）正月，清水師提督萬正色入海壇，清軍大船二艘被明鄭水師左都督朱天貴所部擊沈，清軍稍怯。二月，明鄭水師總督林陞與萬正色戰於崇武，突海風大作，萬正色收泊泉州港，吳興祚則督陸師沿海放砲。林陞等船無所取水，欲退泊金門遼羅灣。朱天貴等將領恐因退師而動搖人心，勸其進泊海壇。林陞不聽，下令全部退泊遼羅灣。

林陞退泊遼羅灣，鄭經於思明接報，疑其師敗北，遂將陸軍主帥劉國軒及所部，自觀音山調回防守思明。劉國軒師既撤，明鄭陸路各軍亦隨之動搖。清將喇哈達、賴塔、姚啟聖、楊捷等乘機統漢、滿騎兵進攻。明將康騰龍首獻汭州，清軍接著於二月二十六、七兩日，分道克陳州、玉州、觀音山等十九寨及海澄縣。至此，思明州人心渙散，百姓各攜家眷逃逸，莫能禁過。鄭經不得已於二十七日率劉國軒及文武各官撤離思明，退歸澎湖。[24]

檢討上述康熙十九年明、清雙方戰役，明鄭軍隊最後雖敗退東都，但在水師戰役方面，並未遭到重挫。而明鄭由小勝轉至敗退之關鍵，則為林陞與萬正色崇武之戰時突發之海風。萬正色並將之歸功為媽祖之顯靈庇佑，奏請清廷誥封、致祭。清廷亦立即頒詔誥，並遣禮部員外郎辛保等，賚香帛赴福建莆田湄洲天妃宮致祭。媽祖助清軍之消息，經此大肆宣揚，對原本信奉媽祖者之意向，卻發生莫大影響。尤其重要者，與媽祖同鄉之水師副總督朱天貴，於明鄭軍隊撤回東都時，卻率所部水師眾二萬人，戰船三百餘艘降清。《清史》朱天貴傳云：

> 朱天貴，福建莆田人，初為鄭經將。康熙十九年，師下海壇，以所部二萬人，舟三百來降。授平陽總兵官。[25]

---

24 夏琳：《閩海紀略》，臺南：海東山房，民國四十六年。又江日昇：《臺灣外記》，臺灣銀行印行方豪校訂本，民國五十一年。

25 張其昀纂：《清史》卷二百六十一，〈朱天貴傳〉，臺北：成文出版社，民國六十年。

二萬水師與三百戰艦，約佔明鄭水師三分之一，[26]與康熙二十二年（1683）施琅攻臺之水師人船數目相當。此消彼長，清廷海軍實力因而劇增，明鄭則元氣大損。日後施琅率領朱天貴及其人船攻打澎湖，卒造成明鄭降清之局，其影響之大，可以想見。

鄭經率所部撤回東都以後，暫得休息。清廷亦因三藩之役後，創傷未復，無力攻臺。至康熙二十一年（1683），清廷攻臺態度再趨積極，起用姚啟聖為福建總督，施琅為水師提督，經營攻臺事宜。姚、施兩人亦學萬正色，運用媽祖信仰為心理戰。施琅為福建晉江縣人，其家族原信奉玄天上帝甚篤。《泉州府志》〈施濟民（施琅祖父）傳〉云：

> 施濟民，號玉溪，晉江潯江人。尚義好施，家無餘儲，僅收數斛麥。萬曆間，值年荒，有告匱者，輒取麥分給之，升合不留。妻許氏，同心行善，虔祀北斗。[27]

而施琅亦曾自謂是北斗七星之第七顆星，其原非媽祖信仰者甚明。但施琅一發覺可利用媽祖信仰之後，本人態度即完全改變。當時莆田人在軍者頗眾，除朱天貴及所部二萬水師外，另一莆人吳英，則為陸師提督，協同攻臺。莆人這股勢力，自是施琅所欲極力爭取者。

康熙二十一年冬施琅奉命征臺後，即選莆田縣平海衛為水師基地，並於部隊駐進平海後，立即散佈平海天妃宮媽祖湧泉給師之說及燈光引護其師，《天妃顯聖錄》云：

> 將軍侯施，於康熙二十一年十月舟次平海，因謀進取，於十二月二十六夜開航。一宵一日，僅到烏坵洋，因無風不得行，令駕回平海。未到澳而大風倏起，浪湧滔天，戰艦上下，隨濤浮漾外洋，天水淼茫，十無一存之勢。次早風定，差船尋覓。及到湄洲澳中，

---

[26] 按三藩之亂前，明鄭軍隊降清者，據《康熙實錄》，康熙二十年秋七月五日條記載，共有文武官 3,985 員，食糧兵 40,962 名，歸農弃兵民 64,230 名，眷屬人役 63,000 餘名，總數 172,000 餘名，大小九百餘艘。朱天貴所部二萬餘眾，船三百餘艘似不會超過鄭經征閩兵力三分之一。

[27] 乾隆二十八年懷蔭布修：《泉州府志》卷六十一，〈明〉，〈樂善〉，〈施濟民〉，臺南：朱商羊影印刊本，民國五十三年。

見人船無恙。且喜且駭，曰：似此風波，安得兩全。答曰：昨夜
波浪中，我意為魚腹中物矣，不意昏暗之中，恍見船頭有燈籠，
火光晶晶，似人挽厥纜而徑流至此。眾曰：此皆天妃默佑。即棹
回，報上。將軍侯因於康熙二十二年正月初四早，率各鎮營將領
赴湄致謝，遍觀廟宇，捐金調各匠估價買料，重興梳粧樓、朝天
閣，以顯靈惠。[28]

次年六月，施琅率師攻澎湖，復於交戰前後，大肆散播媽祖顯靈托
夢、助戰，《天妃顯聖錄》復云：

康熙二十二年六月十六、二十二等日，臣在澎湖破敵，將士咸謂
恍見天妃，如在其上，如在其左右。而平海之人，俱見天妃神像
是日衣袍透濕，與左右二神將兩手起泡。觀者如市，知為天妃助
戰致然也。又先於六月十八夜，臣標署左營千總劉春，夢天妃告
之曰：二十一日必得澎湖，七月可得臺灣。果於二十二日澎湖克
捷，七月初旬內，臺灣遂傾島投誠，其應如響。

當施琅大肆運用媽祖為心理戰之時，福建總督姚啟聖亦遣官至莆田
湄洲天妃宮致祝許願，懇請協助。《天妃顯聖錄》載其事：

大總督姚，奉命征剿，以海道艱虞，風波險阻，不易報效，中心
懇摯，極力圖維。素信神靈赫濯，禱應如響，懇祈陰光默佑，協
順破逆。於康熙二十一年差官到湄洲祖廟，就神前致祝許願，俾
不負征剿上命，即重修宮殿，答謝鴻庥，迺於二十二年三月二十
三日天妃蛻旦，特委興化府正堂蘇，到湄廟設醮致祭。隨帶各匠
估置木料，擇吉起蓋鐘鼓二樓及山門一座，宮宇由是壯觀。

當康熙二十二年清軍攻臺之前，臺灣政局業已發生重大變化。先是
因鄭經於正月薨逝，由長子克𡒉監國。然侍衛將軍馮錫範發動政變，絞
殺克𡒉，擁其婿克塽監國，因克𡒉英明勇毅，頗似成功，且已監國二年，
處理國政井然有序，為民心所繫。而克塽年僅十二，庶政皆由馮錫範把
持，民心不附，早已導致敗亡之局。當明鄭、清軍於澎湖接陣，主帥劉

[28] 同註22，〈燈光引護舟人條〉。

國軒早無鬥志，及明鄭軍隊遭挫，施琅即遣人遊說劉國軒，允保題為現任總兵官。劉國軒意定，乃返東都，挾制鄭克塽及文武各官降清。

鄭克塽降清後，姚啟聖親至湄洲天妃宮致祭，並大闢殿宇。《天妃顯聖錄》云：

> 大總督姚，時議征剿，雖不辭責重任大之艱，而踰塹越滄，不無風波飄蕩之慮。一片忠誠孚格，惟恃神靈默相，以故天威一震，寰服人心，於康熙二十二年七月初旬，臺灣果傾心向化，舉島輸誠。總督捧頒恩勅前至臺灣，因少西北正風，又恐逗留詔命，自福省放舟，於八月二十三日親到湄洲詣廟，具疏神前，虔祝順風，願大闢殿宇，以報神功。於是神前拈鬮，准將東邊朝天閣改為正殿，舟尚未開，二十五夜，見舟上放光，深感神明有赫，即捐金付與防廳張同，同知林昇估價置買木料，迺邊朝天閣另為起蓋。

姚啟聖並親致祈禱文，《天妃顯聖錄》云：

> 福建總督姚啟聖謹抒愚衷，上請天妃主裁而言曰：四海廣闊，惟神是憑，風濤順逆，亦惟神是主，是神之權大、德尊，適足侔天地而並日月也。今者，荷神有靈，助除六十年猖狂之大寇，竟停五、六月颱颶之大風，除生靈之大害，立朝廷之殊功。啟聖得以安享太平，皆尊神之默佑也。今啟聖親總舟師，遴福寧州總兵黃大來，參政道劉仔，捧頒恩勅前至臺灣，因尚少西北正風，是以越廟求神，冀借一帆，早到臺地。啟聖百叩稽首之下，見廟貌尚有未妥，寸心甚為不安，況正殿朝南，而朝天閣、山門各俱西向，亦非宜於神靈之所憑依也。

姚啟聖在清朝攻臺期間，親駐廈門，督饋餉，設修來館，散金以離間明鄭主臣，使眾叛親離，施琅亦賴以定臺。克塽降，琅命親隨直接放舟北上陳奏，平臺功績遂為施琅一人所奪，賞更未及啟聖。姚啟聖還福州，未幾病卒，[29]其已許於湄洲天妃宮大闢宮殿事，亦為胎死腹中。

施琅於康熙二十二年八月，偕陸師提督吳英入臺，並由劉國軒陪

---

[29]　同註25，卷二百六十一，〈姚啟聖傳〉。

同，赴南北各處查看。是冬，清廷冊封琉球使節汪楫、林麟焻等返閩，以〈聖德與神庥等事〉，具題請朝廷誥封媽祖。施琅聞知，亦立刻奏上〈為神靈顯助破逆，請乞皇恩崇加勅封事疏〉摺子，[30]詳述其攻臺前後媽祖顯靈協助清軍事蹟請清廷頒誥勅封、致祭。奏上，康熙批交禮部議奏。禮部題：遣官獻香帛，讀文致祭。祭文由翰林院撰擬，香帛由太常寺備辦。臣部派出司官一員前往致祭。康熙二十三年八月二十四日，奉旨，依議。欽差禮部郎中雅虎賷香帛至湄洲，詣廟致祭。

康熙二十三年四月，清廷正式將臺灣納入版圖，設一府三縣，視為九邊重鎮，置兵萬名防守。施琅首先將鎮北坊赤崁城南之寧靖王宅邸改為天妃宮[31]，並於澎湖媽宮灣、安平鎮渡口、鳳山縣興隆莊（原明鄭萬年縣治，今高雄市左營區）龜山頂等水師駐紮地分別建置天妃宮為官兵信仰，[32]並以泉州開元寺臨濟宗第三十四世僧戒法為臺灣府僧綱司事，駐錫府城大媽祖廟，管理全臺佛教事務，臺灣各官建天妃宮皆由僧侶住持。

而臺灣本島最早由民間建立之媽祖廟應為府治鎮北坊水仔尾小媽祖廟，創立於康熙二十二年八月鄭克塽降清至二十三年四月清廷將臺灣納入版圖之間，康熙《臺灣縣志》云：

> 小媽祖廟，開闢後鄉人同建，在水仔尾。」[33]

---

[30] 施琅：《靖海紀》，〈為神靈顯助破逆請乞皇恩崇加勅封事疏〉。

[31] 寧靖王於鄭克塽送出降表後，與五妃自經而死，死前將宅邸捨為僧寺。施琅入臺後，將之改為天妃宮。康熙《福建通志》卷十一，〈祀典〉，〈臺灣府天妃宮〉條云：「在府治鎮北坊赤崁城南，康熙二十三年臺灣底定，靖海侯施琅以神有效順功倡建。」

[32] 乾隆二十九年王瑛曾：《重修鳳山縣志》卷五，〈壇廟〉，〈天后廟〉云：「在縣治北門龜山頂，康熙二十二年奉文建，年久傾圮，乾隆二十七年知縣王瑛曾重建。」按康熙二十二年清廷尚未將天妃列為朝廷祀典，至康熙五十九年海寶等人使琉球返國，奏上天妃顯佑事蹟後，天妃始被列為朝廷祀典，至雍正十一年，始令沿海各省一體奉祠致祭。故《鳳山縣志》所云「奉文建」，所奉自非朝廷令文。而施琅自康熙二十二年八月至十一月，一直以軍事最高指揮官身分駐臺，班師後，復任福建水師提督至康熙三十五年去世止。而康熙三十五年以前臺灣所建媽祖廟，除水仔尾廟外，皆建於水師重地，應是施琅透過水師系統行文所建之廟。

[33] 同註8。

嘉慶《重修臺灣縣志》云：

> 天后廟祀，所在多有，…其附廓者，如鎮北坊水仔尾，俗呼小媽
> 祖宮，則始初廟祀也。[34]

此廟為今臺南市開基天后宮，為興化府籍居民創建。臺灣設府後，澎湖東西衛灣間亦建有天妃廟。繼府城、澎湖之後，臺灣南、北主要進出口港：鳳山縣興隆莊左營、旗後及諸羅縣笨港，也於康熙年間建立天妃宮。鳳山縣轄下天妃宮，康熙《鳳山縣志》云：

> 一在安平鎮渡口。一在興隆莊左營。一在興隆莊龜山之頂，廟雖
> 窄狹，層級而上，盤曲幽折，古木陰森，背山面海，頗稱勝致。[35]

安平鎮渡口天妃宮即今臺南市安南區天后宮。興隆莊即今高雄市左營區，左營之天妃宮於日據時期昭和十三年（1938）因營建軍港被拆。龜山頂天妃宮，乾隆二十七年（1762）時知縣王瑛曾為重建，昭和十三年亦因廟址被劃入軍事要塞區而被拆除。

旗後為沙汕地，其內側為便於船隻停泊的港灣，明鄭時期永曆二十七年（1673）閩人徐阿華因在臺灣海峽捕漁遭風漂至旗後港，覺其地可供居住，乃返鄉邀同鄉蔡月、洪應、王光好、李奇、白圭等六姓十餘戶定居，並於康熙三十年（1691）興建街肆，同時合建媽祖宮奉祀媽祖及眾境主以為社區保護神，此即今高雄市旗津區旗後天后宮，為高雄地區民建最早之媽祖廟，光緒十三年（1887）洋商張怡記等號曾重修之。[36]

相對於臺灣南部地區已有許多明鄭時代廟宇，北路諸羅縣較有發展空間，康熙《諸羅縣志》記載當時轄內有四座媽祖廟云：

> 天妃廟：一在城南縣署之左。康熙五十六年，知縣周鍾瑄鳩眾建。
> 一在外九莊笨港街，三十九年，居民合建。一在鹹水港街，五十

---

[34] 謝金鑾：《重修臺灣縣志》卷二，〈政志〉，〈壇廟〉，〈海安宮〉條，臺北：國防研究院，民國五十七年。

[35] 同註8。

[36] 曾玉昆：《媽祖與旗後天后宮三百年滄桑》，高雄市：高雄市旗津區旗後天后宮，民國九十四年。

五年，居民合建。一在淡水干豆門，五十一年，通事賴科鳩眾建，五十四年重建，易茅以瓦，知縣周鍾瑄顏其廟曰「靈山」。[37]

　　四座媽祖廟中以笨港天妃廟最早建立，即今北港朝天宮。按康熙年間臺灣北路諸羅縣唯一開放船隻進出之口岸為笨港，居地利之便，較易有新事物傳入。日人伊能嘉矩《臺灣文化志》云：

　　大榤榔東頂堡北港街之朝天宮，相傳係康熙三十三年（1694）間，福建興化府之僧名樹璧者，奉湄洲之媽祖分靈出海航行，但中途遇颶，海難船破，漂至北港附近之下湖口海岸，乃建叢祠於北港街中。（在湄洲之同神廟稱為朝天閣，故名朝天宮。）爾後神麻佑濟之靈威廣被宣揚，自雍正八年（1730）擴大規模後屢次重修，相傳廟貌香火之盛冠於全臺。[38]

《臺灣省通志》亦云：

　　臺灣各市鄉鎮到處皆有廟祀，惟中部北港朝天宮，廟貌香火之盛，冠於全臺。每年春季，臺灣、澎湖等南北民眾進香者，絡繹不絕。而且清代，匪徒出沒要路，劫掠行旅，獨對往來香客，不加暴行，亦其奇異。[39]

　　其次，控扼臺灣最北端船舶出入的要地則為淡水干豆門，其地亦於康熙五十一年（1712）由通事賴科鳩眾創建天妃宮，即今臺北市北投區關渡宮。伊能嘉矩《臺灣文化志》云：

　　次於北港朝天宮，在臺灣北路，為以由淡水港口出入之商賈為主所深厚崇敬者，乃在淡水河中游北岸芝蘭二堡關渡庄之靈山廟。[40]

[37] 康熙五十六年周鍾瑄修：《諸羅縣志》卷十二，〈雜記志〉，〈寺廟〉，〈天妃廟〉條，臺北：國防研究院，民國五十七年。

[38] 伊能嘉矩著，江慶林等譯：《臺灣文化志》中卷，第七篇第三章，〈天妃及其他海神之信仰〉，臺中：臺灣省文獻會，民國八十年。

[39] 李汝和等：《臺灣省通志》卷二，〈人民志〉，〈宗教篇〉，第十章〈通俗信仰〉，第三項〈媽祖之信仰〉，臺中：臺灣省文獻會，民國七十年。

[40] 同註38。

　　康熙五十五年（1716）諸羅縣鹹水港居民合力創建天妃宮，即今臺南縣鹽水鎮護庇宮；康熙五十六年（1717）諸羅縣知縣周鍾瑄鳩眾於縣署之左創建天妃宮，其廟因屬官廟，宗教活動罕見記載，圮於明治三十九年的嘉義大地震，祀神移至嘉義市吳鳳北路的城隍廟後殿。

　　康熙五十八年（1719）臺灣府鹿耳門復由官方增建一座天妃宮。鹿耳門與安平鎮對望，為控扼臺灣府船隻出入要區，康熙年間已為官方稽查船隻出入重地，安平鎮早有天妃宮，而鹿耳門獨乏，臺灣府各官員遂捐俸創建天妃宮，康熙《臺灣縣志》云：

> 媽祖廟，康熙五十八年各官員捐俸仝建。前殿祀媽祖，後殿祀觀音，各覆以亭，兩旁建僧舍六間，僧人居之以奉香火。董其事者，經歷王士勷也。[41]

　　因鹿耳門地位重要，故初創即頗具規模，且有多位僧侶住持香火，異於一般媽祖廟。

　　總之，康熙年間媽祖信仰在清朝政府及文武官員護持下傳入臺灣，當時臺灣府治所在地及船舶進出之戰略要地均已建有媽祖廟十三座，這些媽祖廟因歷史悠久，不僅成為當地居民主要信仰，且為各地區後進廟宇分香、進香之主要對象。

（二）、雍、乾年間媽祖信仰的發展

　　鄭克塽降清以後，臺灣居民應可有安和富庶之生活，然因施琅等接收臺灣將領、官吏肆意侵佔田園，不納田賦，不服丁役，[42]官衙復壓搾

---

[41] 同註8，卷九，〈雜記志〉，〈寺廟〉，在鹿耳門。

[42] 季麒光〈覆議康熙二十四年餉稅文〉云：「賦從田起，役從丁辦，此從來不易之定法也。臺灣既入版圖，酌議賦額，以各項田賦歸之於民，照則勻徵，則尺地皆王土，一民皆王人，正供之外，無復有分外之爭矣。乃將軍以下，復取偽文武遺業，或託招佃之名，或借墾荒之號，另設管事，照舊收租。」又〈豫計糖額詳文〉云：「自將軍以下，各自管耕督墾，即為官田，其數已去臺灣田園之半。」大體明鄭各軍屯田、文武官莊田園皆被侵佔。季麒光〈條陳臺灣事宜文〉復云：「佃民獨受偏累之苦，哀冤呼怨，縣官再四申請，終不能補救。且田為有主之田，丁即為有主之丁，不具結，不受比，不辦公務，名曰蔭田，使貧苦無主之丁，獨供差遣。夫蔭丁，有形之患也，蓋免一丁而以一丁供兩丁之役，弱為強肉，

百姓索取陋規，[43]造成臺灣社會經濟結構被扭曲之現象，而臺灣居民也不斷有抗清活動，康熙六十年（1721）爆發了震驚清廷的朱一貴事件。

康熙六十年四月十九日，臺灣南路會黨吳外等人以朱一貴為號召，於岡山舉兵，各里、社紛紛響應，清兵往攻者，多遭殲滅。四月底義軍進圍府城，五月一日府城居民起為內應。清總兵歐陽凱、水師副將許雲、游擊游崇功等三十餘員俱戰死或被俘，避居府城之文武官吏偕眷屬倉惶逃避澎湖，全臺除淡水一隅外，皆為義軍所佔有。

五月四日，吳外等人迎朱一貴入居臺灣道署，建號永和，稱中興王，以鎮北坊天妃宮原為明寧靖王邸，遂再改為王宮，用以號召明遺民，並聲稱洲仔尾海邊浮現玉帶、七星旗，鼓吹往迎回，以為抗清象徵。[44]五月十一日，朱一貴祭天謁聖，歲貢生林中桂等為之贊禮。行令頗嚴，掠民財物者，聞輒殺之；或民自撲殺，莫敢救護，可謂有紀之師。然因停泊臺江內海諸官商船舶皆被清兵驅拘澎湖，致予清軍反擊之機。

朱一貴事件發生時，福建水師提督施世驃（施琅六子），立即率所部標兵攻臺。施世驃少時曾隨施琅參與攻臺軍事，對其父運用媽祖信仰為心戰工具知之甚稔，在攻臺之際，亦造出媽祖陰佑清軍之說以助攻臺聲勢。惟施世驃在臺灣陣亡，至次年臺局甫定，又逢康熙崩逝，直至雍正四年（1726）正月，繼任福建水師提督藍廷珍始將其事奏上，題請清廷賜匾並追封媽祖先世，云：

> 康熙六十年臺匪倡亂，臣同前任提臣施世驃親統水陸官兵，配駕商哨船隻前往討逆。維時六月興師，各士卒感佩聖祖仁皇帝深仁厚澤，踴躍用命。但恐頻發颶颺，因而致祝垂庇。果荷默相，波恬浪息。且凡大師所到，各處枯井，甘泉倏爾騰沸，足供食用。再如六月十六日午，臣等督師攻進鹿耳門，克復安平鎮，正及退潮之際，海水加漲六尺，又有風伯效順，俾各舟師毋庸循照水路

則去留有死生之心，勉從而不懷仁，力應而不心服，怨不在大，可畏惟人，固宜深慎。」實已將臺灣民間抗清之性質點明。

[43] 清吏壓榨百姓非常普遍，如康熙《福建通志》載福建水師提督衙門要求澎湖居民每年獻銀一千兩百兩，否則不准下海採捕。當時澎湖居民僅五百餘戶，每戶需負擔二兩餘，負擔頗重。

[44] 同註11，卷十五，〈雜記〉，〈祥異〉，〈兵燹〉，康熙六十年夏四月己酉條。

魚貫而行，群擠直入。至十七、十九等日，會師在七崑身，血戰
殺賊。時值炎蒸酷暑，其地處在海中，乃係鹽潮漲退之所，萬軍
苦渴異常。臣復仰天祈禱。適當潮退，各軍士遍就鯤身坡中扒開
尺許，俱有淡水可餐，官兵人等，無不駭異。咸稱若非聖祖仁皇
帝天威遠被，曷致有神靈效順若此。竊擬分平臺灣南北二路後，
即欲繕疏題具請追褒，不虞提臣施世驃身歿軍前，臣時躬處海
外，末由陳奏。[45]

　　奏上後，雍正照准，內閣頒雍正親書「神昭海表」四字匾式，交福
建提塘送水師提督，照原式摹製，分懸掛湄洲、廈門、臺灣等三地天妃
神祠。媽祖信仰又受清廷重視。

　　朱一貴事件間接促成彰化地區的全面開發及媽祖信仰的確立。因朱
一貴事件發生，臺灣府居民全面起而響應，實已透露出清廷在臺政權之
基礎虛浮不穩，事後清廷於臺灣北路增設彰化縣，而施琅侄兒兵馬司副
指揮施世榜以家族經濟利益所在，必需協助清廷有效控制臺灣，故隨之
將其勢力伸至彰化，積極購入土地所有權以經營鹿港及彰化地區，為清
軍留一攻臺活口。

　　施世榜，字文標，福建晉江人，為潯江施氏第七世施安同之十世孫，
為施琅之從侄。[46]臺灣收入清朝版圖後，即入籍鳳山縣，為康熙三十六
年（1697）鳳山縣拔貢生，[47]曾任壽寧縣教諭，朱一貴抗清事件發生後，
隨族兄施世驃來臺，任兵馬司副指揮。彼曾撰五言詩〈靖臺隨軍入鹿耳
門〉，云：

　　　僻嶠潢池弄，王師待廓清。
　　　海門奔兕虎，沙島靖鯢鯨。
　　　壁壘翹軍肅，朝暾畫戟明。

---

[45] 同註22，歷朝襃封致祭詔誥：〈福建水師提督藍以康熙六十年克復臺灣，叨神顯助，至雍正
　　四年題請匾聯文〉。
[46] 施學吉、施暫渡編：《臨濮施氏族譜》，錢江中份分支世系，臺中：文光出版社，民國五十
　　七年五月。
[47] 乾隆六年劉良壁修：《重修福建臺灣府志》卷十六，〈選舉〉，〈貢生〉，〈康熙三十六年〉
　　條。

霜飛金雀舫，水漲碧波縈。

楷枒火茶列，鈴鉦鵝鸛成。

峰頭孤月落，幃帳正談兵。[48]

施家在臺灣早為豪族，田連阡陌，故得捐貲為公共慈善事業。乾隆二十八年（1763）修《泉州府志》，〈施世榜〉云：

施世榜，字文標，晉江人，鳳山拔貢生。樂善好施，於族姻閭里之貧者，周卹不倦。嘗建敬聖亭于南門外，以拾字紙，置田千畝充海東書院膏火，又令長子貢生士安捐資二百兩修葺鳳山文廟，令五子拔貢生士膺捐社倉穀一千石。其在晉邑修理文廟及橋樑道路，亦多所襄助。[49]

一次能捐田千畝，則施家於鳳山縣田園之多，自不得不令人駭嘆！然而朱一貴事件平定後，施家立即前往鹿港、彰化一帶，積極經營。施世榜家對外之店號為施長齡，雍正四年（1726），施家以施長齡名義，以低價向馬芝遴社社首購得鹿港附近大量之土地之所有權。《清代臺灣大租調查書》錄其契約云：

立杜賣契人馬芝遴社番社首阿國、阿加，土目蒲氏、龜只、璠寶、孩汝，社約青州等，有承祖遺管下鹿仔港埔地一所，東至山，西至海墘，南至鹿港大車路，北至草港。前因雍正二年，本社社首等經給與陳拱觀前去開墾，茲拱觀轉售與施長齡。今長齡願出銀四十兩廣駝，向嘓等承買盡根。今嘓同番眾等當場收過銀四十兩廣駝完足，其埔地照四至界址，聽施長齡前去管掌，開墾成田，抑或填築成埤，報陞納糧，不敢阻擋。保此埔地係嘓等承祖物業，與別社番及漢人無干。一賣千休，日後嘓等子孫不敢言找言贖，生端異言滋事。恐口無憑，合立杜賣根契一紙，付執為照。雍正四年六月日[50]

---

[48] 同註32，卷十二，〈藝文志〉，五言律詩，兵馬司副指揮施世榜：〈靖臺隨軍入鹿耳門〉。

[49] 同註27，〈國朝〉，〈樂善〉，〈施世榜〉。

[50] 臺灣銀行經濟研究室編：《清代臺灣大租調查書》，第三章，番大租，第二節，番社給墾字四，臺北：編者印行，民國五十二年四月。

　　觀其四至，東至山，即達今之彰化市，約有十公里長，北至草港，則距鹿港約五公里，其總面積約五十平方公里，約五千餘甲，若扣除與其他番社交錯之部份，其面積在千甲以上當無問題。

　　有了大量田園以後，施世榜更修築水圳，從濁水溪上游引水築圳。《彰化縣志》，載其事云：

　　　林先生，不知何許人也。衣冠古樸，談吐風雅。嘗見兵馬指揮施世榜曰：「聞子欲興彰化水利，功德固大，但未得法耳。吾當為公成之。」問以名字，答而不答。固請，乃曰：「但呼林先生可矣。」越日，果至，授以方法。世榜悉如其言，遂通濁水，引以灌田，號八保圳，言彰邑十三保半，此水已灌八保也。年收水租穀以萬計，今施氏子孫累世富厚，皆食先生之餘澤焉。[51]

　　大量的土地，益以完善之水利灌溉設施，施氏復從其家鄉晉江招徠大量墾佃，迅速將鹿港變成施家得以控制之一主要港口，而彰化地區泰半農民須仰賴八保圳水灌溉，復不能不俯首聽命於施家。林爽文事變，福康安之選擇鹿港為登陸口岸，與施家得控制鹿港，應不無關係。爾後臺民爆發抗清事件，鹿港居民皆立於支持清廷立場，亦受此一因素影響。田園闢，水利修，移民來之後，施家更在鹿港海口捐獻土地，興築天妃宮（即今鹿港鎮之舊祖宮），以為居民之信仰中心。鹿港舊祖宮之創建年代，《彰化縣志》云：

　　　天后聖母廟，一在鹿港北頭，乾隆初，士民公建，歲往湄洲進香。廟內有御賜「神昭海表」匾額。[52]

　　乾隆初，即乾隆元年（1736），距施世榜向馬芝遴社土目購地之時間，恰十年整。其媽祖香火係來自湄洲，故每年均前往湄洲進香。目前鹿港舊祖宮仍保存甚多施家史料，其右廂房，奉有施世榜長生祿位。神龕上刻有「施躍德堂」四字，長生祿位上書：「**大檀樾主恩進士勅授文**

<hr />

[51]　道光十二年周璽：《彰化縣志》卷八，〈人物志〉，〈隱逸〉，〈林先生傳〉，臺北：國防研究院，民國五十七年。

[52]　同註51，卷五，〈祀典志〉，〈祠廟〉，〈天后聖母廟〉。

林郎兵馬司副指揮壽寧縣儒學教諭施諱世榜祿位」，左側有一中堂，上書「福國利民」四字，邊款書：「開八保圳施長齡獻廟地；後裔長房純樸敬獻、純庚敬書。」旁有一副對聯，云：「躍進三農，灌溉功勳垂八保。德光九族，馨香俎豆享千秋。」邊款云：「開八保圳施長齡獻廟地，辛酉重修。後裔長房純熙、純港敬獻、純庚謹書。」

鹿港地區在雍正年間開發後，逐漸成為彰化地區稻米集散中心。雍正末年，彰化縣即在鹿港米市街西畔建倉廒十六間，並匾曰：「天庾正供」。

隨著地權取得及水利灌溉設施大量興建，中部地區吸引漢人大量移入，媽祖廟宇也不斷建立，據道光《彰化縣志》所載縣轄區內天后聖母廟二十三所，除前述施世榜創建者外，乾隆中葉以前創建者計有：

1：北門內協鎮署後（彰化市鎮南宮），乾隆三年（1738）北路副將靳光瀚建；二十六年，副將張世英重修。

2：東門內城隍廟邊（彰化市永樂街天后宮），乾隆十三年（1748），邑令陸廣霖倡建。

3：南門外尾窯（彰化市南瑤宮），乾隆中（1735-1795）士民公建，歲往笨港進香，男女塞道，屢著靈應。

4：在沙連林圮埔（竹山鎮連興宮），乾隆初，里人公建，廟後祀邑令胡公邦翰祿位。

5：二林街天后宮，乾隆中（1735-1795）士民公建。[53]

朱一貴事件後清廷分彰化縣北部地區設淡水廳，廳治設於竹塹（新竹市），雍正至乾隆年間也新建八座媽祖廟，據《淡水廳志》，計有：

1：廳治西門內（新竹市內天后宮），乾隆十三年（1748），同知陳玉友建。

2：北門外長和宮（新竹市），乾隆七年（1742），同知莊年，守備陳士挺建。嘉慶二十四年（1819），郊戶同修。

3：新莊街慈佑宮（新北市新莊區），雍正九年（1727）建。

53　同註52。

4：萬華區新興宮（臺北市萬華區）艋舺街，舊屬渡頭，乾隆十一年（1846）建。

5：八里坌街天后宮（新北市八里區），乾隆二十五年（1760）建。

6：後壠街慈雲宮（苗栗縣後龍鎮），乾隆三十三年（1768），林進興倡建。

7：苑里街慈和宮（苗栗縣苑裡鎮），乾隆三十七年（1772），陳詔盛等捐建。

8：大甲街鎮瀾宮（臺中市大甲區），乾隆三十五年（1770），林對丹等捐建。[54]

至於彰化縣濁水溪以南地區，據《雲林縣采訪冊》，亦建立新廟二座，為：

1：他里霧街順安宮（雲林縣斗南鎮），乾隆元年（1736），街眾公建。

2：西螺堡廣福宮（雲林縣西螺鎮），乾隆二十五年（1760），本堡紳董捐建。前座祀聖母，後座祀觀音。[55]

臺南市地區，亦有新建媽祖廟出現，《重修臺灣縣志》記載臺南地區及澎湖天后廟云：

> 天后廟祀，所在皆是。即澎湖各澳，已不勝載。舊志錄其附郭者曰水仔尾，俗呼小媽祖廟。若西郭外海邊礱米街、船廠、磚仔橋等廟，俱未詳其建年。鹿耳門廟，則康熙五十八年文武各官捐建；董事經歷王士勤。縣署之左天后廟，乾隆十五年知縣魯鼎梅倡建；董事盧璣，閩縣人。[56]

所述臺南附近即新增西郭外海邊礱米街、船廠、磚仔橋等廟，及縣署左側天后廟。上述天后廟宇因日據時期先後經歷臺南市都市更新，及皇民化運動廢毀廟宇二次劫難，已不知其下落。

---

[54] 同註52。

[55] 倪贊元：《雲林縣采訪冊》，〈他里霧堡〉、〈西螺堡〉，臺北：國防研究院，民國五十七年。

[56] 同註11，〈天后廟〉。

　　《重修臺灣縣志》對澎湖地區天后廟宇之記載云：「澎湖各澳，已不勝載。」似澎湖有許多媽祖廟，但查林豪《澎湖廳志》卷二，〈規制志〉，卻僅載馬公天后宮一廟，其信仰情形似未十分普遍。據《臺灣省通志》卷二，〈人民志〉，〈宗教篇〉的記載，澎湖縣建於乾隆以前的媽祖廟宇僅有：

　　1：馬公市東衛里天后宮。（康熙二十三年建）

　　2：馬公市長安里天后宮。（乾隆年建）

　　3：湖西鄉湖西村天后宮。（雍正年建）[57]

且其後直至清末並未再興建單獨奉祀媽祖的廟宇。

　　鳳山縣轄區，據王瑛曾《重修鳳山縣志》卷五，〈典禮志〉云：

> 天后廟，在北門內龜山頂，康熙二十二年奉文建，年久傾圮，乾隆二十七年知縣王瑛曾重建。按縣治興隆莊左營、埤頭街、阿里港街、阿猴街、萬丹街、新園街、南仔坑街俱有廟，皆里民募建。[58]

　　《重修鳳山縣志》為乾隆二十七年縣令王瑛曾所修，龜山頂及左營二廟已見於康熙《鳳山縣志》，即雍、乾年間，鳳山縣轄下增加六座天后廟，其分佈地點為目前行政區之高雄市及屏東縣，核對《鳳山縣采訪冊》，六座廟宇為：

　　1：埤頭街雙慈亭（高雄市鳳山區）。乾隆十八年（1753）陳光明董建。

　　2：阿里港街雙慈宮（屏東縣里港鄉）。乾隆二十七年（1762）莊鄉生董建。

　　3：阿猴街慈鳳宮（屏東市）。乾隆二年（1737）建。

　　4：萬丹街萬惠宮（屏東縣萬丹鄉）。乾隆間（1736-1764）建，嘉慶二十五年（1760）李增選募建。

　　5：新園街新惠宮（屏東縣新園鄉）。乾隆間（1736-1764）建，道光二十二年（1842）簡鰲山重建。

---

[57] 同註 39

[58] 同註 32。

6：南仔坑街楠和宮（高雄市楠梓區）。乾隆間（1736-1764）建，
　　咸豐五年（1855）生員郭對揚修。

從臺灣開發史的角度來看，里港區、屏東市、萬丹鄉、新園鄉皆在
下淡水溪以東，由北向南垂直分佈，恰可反映康熙六十年（1721）朱一
貴事件後，漢人快速開發屏東平原的事實。大致上雍正至乾隆中葉
（1723-1765）之間，臺灣地區新增媽祖廟宇達二十三座。

（三）、林爽文事件以後媽祖信仰的發展

隨著彰化以北地區快速開墾，大量漢人進入彰化地區，移民群難免
龍蛇混雜，結黨營私，乾隆五十二年（1787），又因彰化縣追究會黨，
爆發林爽文抗清事件。林爽文帶領會黨攻入彰化縣殺死縣令及家屬，自
立為王，鳳山縣會黨莊大田等起而響應，全臺騷動。在臺清軍鎮壓不住，
清廷乃派協辦大學士嘉勇公陝甘總督福康安率大軍來臺征剿。事件平定
後，福康安分別在臺灣府城及鹿港建立二座媽祖廟以謝神恩：一為位於
彰化縣鹿港鎮埔頭街之新祖宮，一為位於臺南市西區長樂街之海安宮，
兩廟皆由福康安奏請清廷撥帑金，協同文武各官、紳耆公建。福康安撰
《勅建天后宮碑記》云：

> 乾隆五十一年冬，逆匪林爽文作亂，滋蔓鴟張，我皇上特命協辦
> 大學士嘉勇公福康安為將軍，統率巴圖魯侍衛數百員，勁旅十餘
> 萬，於五十二年十月杪，由崇武放洋。時際北風盛發，洪波浩湧，
> 三軍聯檣數百艘，漫海東來，一日齊登鹿仔港口岸；繼而糧餉軍
> 裝，分馳文報，舳艫羅織，均保無虞。維時嘉義一帶，匪徒猖獗，
> 突聞貔貅數萬，輜重千艘，如期並集，群醜寒心，知有神助。故
> 軍威大振，所向披靡，剋日擒渠燬巢，收復全臺。雖曰將士用命，
> 凡此亦皆仰賴天后昭明有赫，護國庇民之功，威靈顯著者也。將
> 軍奉天子命，崇德報功，就鹿擇地，建造廟宇，以奉祀焉。[59]

鹿港新祖宮之建築經費，共用銀一萬五千八百圓，為嘉慶二十一年

---

[59] 同註51，卷十二，〈藝文志〉，福康安：〈勅建天后宮碑記〉。

（1816）鹿港舊祖宮重修經費三千五百八十圓之四倍多，其規模之宏偉，自可想見。然而此座由清廷撥庫帑所建之廟，並未因而成為臺灣媽祖信仰之最高象徵，反因北路理番海防同知衙門設於此地而致信眾寥落，至連寺僧香火之費皆無著落。乾隆五十七年（1792）署臺灣府北路理番海防同知金棨，始為首倡捐，置水田八甲三分，歲入小租穀滿斗一百一石以為寺僧香火之費，[60]其後嘉慶、道光年間兩次重修，皆須勞官員為之倡捐。日據時期，該廟遭盟軍飛機炸燬，後經修復，規模仍甚宏偉。

林爽文事件後，清廷在臺灣施行屯番制，從臺北汐止至鳳山分設十個屯墾區，其本意固在防範、牽制漢人叛亂，但同時也隔離了生番，無形中發生保障入墾漢人安全的功用，促成漢人更深入開發西部濁水溪以北平原。而嘉慶五年至十四年（1800-1809）間，洋盜蔡牽、朱濆於臺灣海峽劫掠商船，並於嘉慶十年（1805）自號鎮海威武王，提出反清復明口號，擬攻取臺灣為根據地，十一月一度佔領臺北淡水，再轉攻安平，登陸臺灣府之洲仔尾，旋為王得祿擊退。

朱濆轉進噶瑪蘭，後為官軍與私自入墾的漳州籍吳沙集團、原住民合力擊退，因而促使清廷於嘉慶十五年（1810）增置噶瑪蘭廳，媽祖信仰也開始在宜蘭平原建立。

如以嘉慶十五年王得祿討平蔡牽、朱濆等洋盜為分界點，可以說此前臺灣媽祖信仰的發展與擴張，與清廷在海洋上出兵平定臺灣及臺海變亂等軍事活動有關，易言之，信仰的動力來自政府海軍人員，但此後媽祖信仰發展的動力則來自居臺漢人信仰的進香儀式所帶動，而進香目的地為北港朝天宮。

文獻所見臺灣地區最早往北港的進香活動，為道光年間《彰化縣志》所述彰化縣之南瑤宮，云：

> 天后聖母廟，在邑治南門外尾窯，乾隆中士民公建，歲往笨港進

---

[60] 同註51，卷十二，〈藝文志〉，署鹿港海防同知金棨：〈新天后宮祀業記〉；北路理番同知兼鹿港海防汪楠：〈重修鹿港新天后碑記〉，嘉慶十二年。

香，男女塞道，屢著靈應。[61]

南瑤宮老大媽會成立於嘉慶十九年（1814），可見其俗於嘉慶中葉已形成。而所指笨港，據清朝同治、光緒年間霧峰林家京控史料《臺灣冤錄—林文明案文獻叢輯》所述，林文明為同治九年南瑤宮笨港進香活動之大總理，林家家屬所提笨港進香一事，當時彰化縣及臺灣府官文書狀更明確指出赴北港進香。《臺灣冤錄—林文明案文獻叢輯》五、〈同治十年七月遣抱林秋首次京控呈詞〉，林文明母林戴氏云：

> 彰屬天后神誕，鄉例三月十六日各家皆往嘉義之笨港進香。[62]

此處林戴氏所述與《彰化縣志》用語相同，均稱往笨港進香。而其習慣的形成，林戴氏謂已有百年之久。林戴氏云：

> 臺地虔奉天后，年逢三月十六日各路進香，人眾雲集彰城，此風歷有百餘年。乃以進香之人眾，誣為氏子率帶之匪黨。[63]

林戴氏此呈文撰於光緒四年（1878），上推百年為乾隆四十三年（1778），可證南瑤宮往笨港進香，應在乾隆末年至嘉慶年間形成。而所指笨港，據臺灣府知府周懋琦等人的公文書都明指為北港。周懋琦云：

> 臺屬每年三月十六日，各屬男婦赴北港進香，前署鎮楊並前道憲黎慮其聚眾滋事，照例示禁。城鄉均各具結遵依；林文明抗不遵禁，倡為會首；佈散謠言，希圖惑眾……於三月十五日率領千餘人，攜帶軍器，藉名進香，駐紮彰化縣城外，逗留不去。[64]

而前署理臺灣府知府凌定國亦云：

> 臺屬每年三月十六日，有各處男婦赴嘉義之北港進香，人眾混雜，易滋事端。……彰化縣城外南壇廟供奉天后神像，向來北路

---

[61] 同註52。

[62] 吳幅員：《臺灣冤錄—林文明案文獻叢輯》五、〈同治十年七月遣抱林秋首次京控呈詞〉，《臺北文獻》第五十五、五十六期合刊，民國七十年六月，55-121頁。

[63] 同註62，二一、〈光緒四年九月二十三日氏呈遞〉。

[64] 同註62，六、〈臺灣府周懋琦奉委查覆〉。

人民抬赴北港進香；遂先期將神像移入城內觀音亭中，示諭不准抬往。惟林文明不遵示禁，倡為會首；造謠惑眾，於三月十五日率黨攜帶軍器，入城迎神而去。[65]

清末同光年間，媽祖信徒組團赴北港進香，已為臺灣全島的習俗，不只漢人，連原住民也參與進香活動。福建按察司葉永元云：

臺俗，每年三月間，天后誕辰，各屬番、民男婦皆至北港進香，鎮、道慮其乘間滋事，先期出示嚴禁。城鄉均各具結遵依；林文明抗不遵禁，倡為會首；佈散謠言。[66]

據上述史料，可知嘉慶以後彰化地區已形成以南瑤宮為核心的北港進香習俗，進而帶動媽祖信仰的深化，讓原住民與漢人享同風之樂。其俗至民國五十年代以後因彰化市政府接管南瑤宮，南瑤宮信仰圈卻涵蓋整個大臺中地區，非彰化市政府政令可及，無法整合出一個大型進香團體，各媽祖會各自為政，兼以大甲鎮瀾宮在光緒年間取代彰化南瑤宮領導進香活動，南瑤宮赴北港進香活動乃漸式微。

而臺灣府所在的南部地區雖已有不少媽祖廟，但在道光以後也因府城居民迎北港媽祖南下巡歷而讓媽祖信仰更加興旺。府城地區原以大天后宮為媽祖信仰核心，但嘉慶二十三年（1818）三月癸丑，大天后宮發生嚴重火災，神像全被焚毀。道光九年（1829）陳國瑛采訪的《臺灣采訪冊》，〈祥異〉七，〈火災〉云：

嘉慶二十三年戊寅三月十六日寅時，天上聖母廟災，中殿及後殿俱燼，神像、三代牌位蕩然無存。住持僧所蓄銀錢俱鎔化，惟大門一列尚存。凡火焚至廟宇而止。此次專焚神像，殊堪詫異。[67]

重建工程由三郊負責，因神像全被焚毀，致形成府城迎北港媽祖南下巡歷之習俗。清代臺灣最高行政長官臺灣兵備道徐宗幹於《斯未信齋

[65] 同註62，八、〈凌定國奉飭稟覆〉。

[66] 同註62，二四、〈按察司葉永元會同布政司、糧、鹽兩道詳請督撫憲具奏〉。

[67] 《臺灣采訪冊》，〈祥異〉七，〈火災〉，臺北：國防研究院，民國五十七年。另臺灣銀行排印本則將該條刪除，僅錄西定坊天后廟火災條。

文集》云：

> 壬子（咸豐元年，1851），三月二十三日，為天后神誕。前期，
> 臺人循舊俗，迎嘉邑北港廟中神像至郡城廟供奉，並巡歷城廂內
> 外而回。焚香迎送者，日千萬計。[68]

徐宗幹又謂：

> 歷年或來、或否，來則年豐、民安。販賈藉此營生。前任或密囑
> 住持卜笅，假作神話，以為不來，愚民亦皆信之。省財、省力，
> 地方不至生事，洵為善政。

　　朝天宮媽祖至府城巡歷，雖由臺灣道官員及大天后宮住持卜笅決
定，但因可帶動地方經濟發展，有利小民，故除非社會發生動亂，似乎
每年都會迎北港媽祖南下，加深媽祖信仰的社會基礎，如咸豐八年
（1858）創建的朝興宮，即由北港朝天宮分香而來。府城迎北港朝天宮
媽祖南下巡歷，至日據時期的大正五年（1916）因誤會而中止。

　　清朝道光年間，媽祖信仰已成臺灣民俗文化不可分的一部分，道光
十二年（1832）嘉義地區發生張丙抗清事件，在籍水師提督王得祿自福
建募兵五百名返鄉協助平亂。道光十九年（1839），子爵軍門太子太保
王得祿以平定海寇，媽祖有庇佑之功，特獻「海天靈貺」匾予北港朝天
宮。《雲林縣采訪冊》云：

> 海天靈貺匾，道光十七年，本任福建水師提督王得祿統兵渡臺，
> 舟次外洋，忽得颱風，禱神立止，兼獲順風以濟，遂平臺亂；上
> 匾誌感。[69]

　　而明治三十年（1897）臺灣總督府臨時臺灣舊慣調查會調查臺灣寺
廟的來歷及其附屬產業有關記錄，所錄《北港朝天宮由來》更謂清廷詔

---

[68] 徐宗幹：《斯未信齋文集》，〈斯未信齋雜錄〉，〈壬癸後記〉，臺北：臺灣銀行經濟研究
　　室，民國四十九年。

[69] 同註55，〈大槺榔東堡〉，匾。

封媽祖為天上聖母即於其年。[70]但查光緒朝《大清會典》及《清代媽祖檔案史料匯編》均無其記載。

　　朝天宮本已是臺灣媽祖信仰重鎮，王得祿則為有清一代臺灣籍出身任官至最高階者，王得祿的獻匾，無疑更增加媽祖信仰的光環。而光緒十三年（1887）光緒皇帝的賜匾，更奠立朝天宮為臺灣媽祖信仰大本山的信仰中心地位。《雲林縣采訪冊》云：

> 神昭海表匾，在天后宮，嘉慶間御賜。
>
> 慈雲灑潤匾，光緒十二年嘉邑大旱，知嘉義縣事羅建祥屢禱不雨，適縣民自北港迎天后入城，羅素知神異，迎禱之，翌日甘霖大沛，四境霑足，轉歉為豐，詳經撫部院劉公具題，蒙御書慈雲灑潤四字。今敬謹鉤摹，與嘉慶年所賜共懸廟廷。[71]

　　在專制的時代，光緒皇帝御賜匾額，勢必更鼓舞臺灣百姓對媽祖信仰的信心，讓媽祖廟宇普建於各街市、社區，其所生影響無法估計。光緒二十一年（1895）清朝割臺時，文獻記載臺灣地區至少已有一百五十座以上媽祖廟，其規模較小為文獻未載者當亦不少，茲將嘉慶、道光以迄日據初期文獻記載新建媽祖廟依行政區域整理如下。

　　甲、臺北基隆地區新建天后廟有：

1：滬尾街福佑宮（新北市淡水區），嘉慶元年（1796）建。
2：金包里街慈護宮（新北市金山區），嘉慶十四年（1809），黃天進等建。
3：芝蘭街慈諴宮（臺北市士林區），嘉慶元年（1796），業戶何錦堂獻地捐建。
4：錫口街慈祐宮（臺北市松山區），嘉慶八年（1803），莊民捐建。
5：大雞籠城慶安宮（基隆市和興里），嘉慶二十年（1815）建，業

---

[70] 臺灣總督府臨時臺灣舊慣調查會：《第一部調查，第三回報告書》，《臺灣私法附錄參考書》第二卷，上冊，臺灣寺廟的來歷及其附屬產業有關記錄，《北港朝天宮由來》。

[71] 同註69。

　　　　戶何士蘭獻地。

　　6：大雞籠港口天后宮。基隆市和平島。[72]

　　7：板橋慈惠宮，同治十三年（1874），金浦會七十二會員倡建。[73]

　乙、宜蘭地區新建天后廟有：

　　1：廳治南街媽祖廟（宜蘭市梅洲里），嘉慶十三年（1808），居民
　　　　合建。

　　2：廳治昭應宮（宜蘭市新民里），嘉慶二十二年（1817），官民合
　　　　建。

　　3：羅東街震安宮（羅東鎮義和里），道光十七年（1837），居民合
　　　　建。[74]

　　4：頭城慶元宮（宜蘭縣頭城鎮），嘉慶元年（1796），居民合建。

　丙、新竹地區新建天后廟有：

　　1：縣城內武營頭（新竹市）。廟宇十二坪。[75]

　　2：鹿寮坑口（新竹縣竹東市）。

　　3：北埔慈天宮（新竹縣北埔鄉），道光十八年（1838），居民合建。[76]

　　4：中壢仁海宮（桃園市中壢區），同治六年（1867），王國華等紳
　　　　民公建。

　丁、苗栗地區新建天后廟有：

　　1：猫裏街天后宮（苗栗縣苗栗市），嘉慶十六年（1811），林璇璣
　　　　等倡捐建造。

---

[72] 陳培桂、林豪：《淡水廳志》卷六，〈典禮志〉，〈祠祀〉，〈天后宮〉，臺北：國防研究院，民國五十七年。

[73] 據廟內現存石碑。

[74] 陳淑均：《噶瑪蘭廳志》卷三〈祀典志〉，〈蘭中祠宇〉，臺北：國防研究院，民國五十七年。

[75] 光緒二十四年《新竹縣志初稿》卷三，〈典禮志〉，臺北：國防研究院，民國五十七年。

2：銅鑼灣街天后宮（苗栗縣銅鑼鄉），道光二十五年（1845），陳元亮等捐建。

3：三湖莊五龍宮（苗栗縣西湖鄉三湖村），光緒五年（1879），貢生黎彬南、張鵬漢等倡建。

4：吞霄街受天宮（苗栗縣通霄鎮），道光十三年（1833），鄭媽觀倡捐建造。

5：房裏街天后宮（苗栗縣苑裡鎮），咸豐六年（1856），郭德先等建。

6：中港街慈裕宮（苗栗縣竹南鎮），嘉慶二十一年（1816），甘騰駒等捐建。[76]

7：白沙屯拱天宮，同治二年（1863），鄉民同建。[77]

戊、中、彰、投地區新建天后廟有：

1：王宮福海宮（彰化縣芳苑鄉），嘉慶十七年（1812）邑令楊桂森倡建。

2：鹿港新興街興安宮（彰化縣鹿港鎮），創年不詳，閩安弁兵公建。

3：犁頭店街萬和宮（臺中市南屯區），雍正四年（1726）建。

4：東螺街奠安宮（彰化縣北斗鎮），嘉慶十一年（1806），道光二年（1822）遷建。

5：大肚頂街萬興宮（臺中市大肚區），乾隆九年（1744），道光十年（1830）重建。

6：大肚下街永和宮（臺中市大肚區），乾隆五十三年（1788）建。

7：小埔心街合興宮（彰化縣埤頭鄉），乾隆四十四年（1779）建。

8：南投街配天宮（南投縣南投市），道光十年（1830）建。

9：北投新街朝聖宮（南投縣名間鄉新街村），道光十年（1830）建。

10：大墩街萬春宮（臺中市中區），雍正年間（1723-1736），藍廷

珍族人建。

11：大里杙街福興宮（臺中市大里區），嘉慶十六年（1811）建。

12：二八水街安德宮（彰化縣二水鄉），道光初（1820-1830）建。

13：葫蘆墩街慈濟宮（臺中市豐原區），嘉慶十一年（1806）建。

14：悅興街乾德宮（彰化縣田中鎮），嘉慶元年（1796）建。

15：旱溪莊樂成宮（臺中市東區），乾隆末年（1788-1795）建。[78]

16：員林街福寧宮（彰化縣員林鎮），乾隆年間（1736-1796），北路中營燕霧汛防黃青桂獻祀田。

17：枋橋頭街天門宮（彰化縣社頭鄉），乾隆二十年（1755），居民合建，北路中營燕霧汛防黃青桂獻祀田。[79]

18：田中央乾德宮（彰化縣田中鎮），嘉慶 15 年（1810），紳民合建。

19：梧棲大庄浩天宮，乾隆 3 年（1738），居民合建。[80]

己、雲林、南投地區新建天后廟有：

1：斗六堡受天宮（雲林縣斗六市）道光二十八年（1848），沈長盛倡捐監修，前祀聖母；後祀佛祖。

2：斗六堡新興宮（雲林縣斗六市），咸豐年間（1851-1861）士民重修。

3：麥藔街拱範宮（雲林縣麥寮鄉），嘉慶庚申年（1800）公建。

4：西螺堡福興宮（雲林縣西螺鎮），嘉慶五年（1800）舖民捐建。

5：塗庫街順天宮（雲林縣土庫鎮），道光甲午年（1834），里人吳克己、陳必湖捐建。

6：嵌頂莊天后宮（雲林縣古坑鄉），莊民共建。古坑鄉棋盤村並無此廟，似已廢。

---

[78] 同註 52。

[79] 《臺灣中部碑文集成》，北路中營燕霧汛防黃青桂於嘉慶年間上述二廟獻祀田。

[80] 同註 39。

7：崙背莊奉天宮（雲林縣崙背鄉）嘉慶二年（1797）莊民捐緣公建。[81]

庚、嘉義地區新建天后廟有：

1：新南港街奉天宮（嘉義縣新港鄉），嘉慶戊寅年（1818）三月紳民公建。

2：甘蔗崙莊朝傳宮（嘉義縣大林鎮），道光二年（1822）鄉民捐金建造。

3：打貓街慶成宮（嘉義縣民雄鄉），嘉慶十四年（1809）街民公置。[82]

辛、臺南市地區，計有：

1：銀同祖廟（臺南市），道光二年（1822）創建。

2：溫陵媽廟（臺南市），嘉慶二十二年（1817）創建。

3：朝興宮（臺南市），咸豐八年（1858）創建。

4：天后宮（臺南市中西區），道光十五年（1835）創建。

5：臺南市鹽埕天后宮，乾隆二十三年創（1758），道光年間移建於此。

6：臺南市歸仁區朝天宮，雍正三年（1725）創建。

7：臺南市關廟區天上聖母廟，光緒二十二年（1896）創建。

8：臺南市永康區慶安宮，同治元年（1862）創建。

9：南臺市永康區鹽行天后宮，乾隆十四年（1749）創建。

10：臺南市安南區朝興宮，光緒三十三年（1907）創建。

11：臺南市新化區新化朝天宮，嘉慶十二年（1807）創建。

12：臺南市新化區知母義天后宮，嘉慶元年（1796）創建。

13：臺南市新化區頂山腳天后宮，光緒年間（1875-1895）創建。

14：臺南市新市區新市永安廟，同治二年（1863）創建。

---

[81] 同註 55，各堡。
[82] 《嘉義管內采訪冊》，臺北：國防研究院，民國五十七年。

15：臺南市新市區看西福安宮，乾隆二十年（1755）創建。

16：臺南市安定區蘇厝天上聖母廟，光緒六年（1880）創建。

17：臺南市安定區港口慈安宮，嘉慶二十一年（1816）創建。

18：臺南市安定區港口順天宮，光緒二十五年（1899）創建。

19：臺南市善化區茄拔天后宮，咸豐年間（1851-1861）創建。

20：臺南市山上區山上 209 聖母廟，嘉慶三年（1798）創建。

21：臺南市山上區山上 142 天后宮，咸豐四年（1854）創建。

22：臺南市山上區牛稠埔聖母廟，道光十年（1830）創建。

23：臺南市山上區潭頂朝天宮，同治六年（1867）創建。

24：臺南市玉井區三埔媽祖宮，光緒三年（1877）創建。

25：臺南市玉井區芒子芒振安宮，咸豐八年（1858）創建。

26：臺南市玉井區口霄里媽祖宮，咸豐八年（1858）創建。

27：臺南市南化區南化天后宮，光緒十七年（1891）創建。

28：臺南市南化區中坑天上聖母廟，光緒八年（1882）創建。

29：臺南市南化區菁埔寮天上聖母廟，道光二十一年（1841）創建。

30：臺南市南化區北寮 542 媽祖廟，光緒四年（1878）創建。

31：臺南市南化區北寮 275 媽祖廟，咸豐八年（1858）創建。

32：臺南市左鎮區石仔崎媽祖廟，光緒十五年（1889）創建。

33：臺南市麻豆區麻豆 1216 護濟宮，乾隆四十六年（1781）創建。

34：臺南市麻豆區麻豆仁厚宮，嘉慶二十三年（1818）創建。

35：臺南市下營區茅港尾媽祖廟，康熙五十二年（1713）創建。

36：臺南市六甲區媽祖廟，乾隆五十七年（1792）創建。

37：臺南市大內區大內媽祖廟，嘉慶九年（1804）創建。

38：臺南市大內區大內聖母廟，嘉慶二十一年（1816）創建。

39：臺南市大內區大內泰安宮，光緒三年（1877）創建。

40：臺南市大內區頭社媽祖廟，同治四年（1865）創建。

41：臺南市大內區二重溪朝天宮，明治三十三年（1900）創建。

42：臺南市大內區二內庄朝天宮，乾隆三十二年（1767）創建。

43：臺南市西港區西港保安宮，嘉慶二十二年（1817）創建。

44：臺南市西港區西港慶安宮，康熙五十一年（1712）創建。

45：臺南市七股區後港天后宮，嘉慶九年（1804）創建。

46：臺南市七股區土城子保安宮，嘉慶二十二年（1817）創建。

47：臺南市新營區鐵線橋通濟宮，嘉慶二年（1797）重修。

48：臺南市新營區鐵線橋媽祖廟，光緒 19 年（1893）創建。

49：臺南市柳營區果毅後天后宮，創年不詳，同治初年（1862）修。

50：臺南市後壁區本協朝天宮，光緒十年（11184）創建。

51：臺南市後壁區下茄苳泰安宮，乾隆二十五年（1760）創建。

52：臺南市白河區福安宮，乾隆年間（1736-1795）創建。

53：嘉義市溫陵媽廟，乾隆二十五年（1760）創建。

54：嘉義市協安宮，道光二年（1822）創建。

55：嘉義縣水上庄水堀頭璿宿宮，乾隆二年（1737）創建。

56：嘉義縣水上庄三界埔三祝宮，咸豐八年（1858）創建。

57：嘉義縣新巷庄板頭厝長天宮，嘉慶年間創建（1796）。

58：嘉義縣新巷庄番婆安和宮，嘉慶年間（1796）創建。

59：嘉義縣新巷庄溪北六興宮，道光六年（1826）創建。

60：嘉義縣溪口庄柳子溝安興宮，道光甲午年（1834）創建。

61：嘉義縣大林庄大埔美泰安宮，嘉慶年間（1796）創建。

62：嘉義縣大林庄大湖聖母廟，道光初年（1821）創建。

63：嘉義縣中埔庄竹頭崎順天宮，創年不詳，明治三十九年（1906）
　　重建。

64：雲林縣斗六街石榴班長和宮，同治九年（1870）創建。[83]

---

[83] 臺灣日日新報社臺南支局編印：《臺南州祠廟名鑑》，臺南：編者印行，昭和八年（1933）。惟其所書各廟創建年代，偶有誤將光緒寫成康熙，或不合常理者，茲參照《臺灣省通志》訂正之。

壬、高雄市、屏東縣地區，嘉慶以後新建媽祖廟有：

1：登瀛街湄洲宮（高雄市鳳山區，興化媽祖廟），道光二年（1822）
黃漢樓修。

2：內北門街天后宮（鳳山區），道光十八年（1838）林豔山董建。

3：四聖廟（兼祀關帝、火德星君、馬明尊王），在參將署旁（鳳山
區），乾隆五十九年（1794）李紹曾建。

4：火藥庫內天后宮（鳳山區），同治五年（1855）參將田如松建。

5：舊治北門外慈德宮（高雄市左營區），嘉慶間（1796）創建。

6：角宿莊龍角寺（高雄市燕巢區），乾隆三十八年（1773）貢生柯
步生建。

7：橋仔頭街鳳橋宮（高雄市橋頭區），乾隆六十年（1795）陳嘉謨
董建。

8：畢宿莊天后宮（橋頭區），同治八年（1869）董事許天文等募建。

9：阿公店街壽天宮（高雄市旗山區），嘉慶三年（1798）黃協記、
吳隆興募建。

10：彌陀港莊彌壽宮（高雄市彌陀區），同治十年（1871）林長募
建。

11：五甲尾莊龍成宮（鳳山區），光緒三年（1877）董事黃朝清等
捐修。

12：半路竹莊天后宮（高雄市路竹區），道光二年（1822）董事程
感募建。

13：內能雅寮莊安瀾宮（高雄市苓雅區），乾隆二十二年（1757）
黃欽募建。

14：東港街朝隆宮（屏東縣東港鎮），同治十三年（1874）許漳泉
號董修。

15：下林仔邊街慈濟宮（屏東縣林邊鄉），同治五年（1866）黃長
記董建。

16：放索莊媽祖宮（屏東縣林邊鄉），咸豐二年（1852）董事蘇習

募建。

17：新埔莊（屏東縣佳冬鄉），光緒三年（1877）董事陳窯募緣重
修。

18：枋寮街德興宮（屏東縣枋寮鄉），道光十一年（1831）林光輝
董建。

19：內埔莊街天后宮（屏東縣內埔鄉），嘉慶八年（1803）鍾麟江
倡建，道光二十九年舉人鍾桂齡重修。

20：鹽埔莊靈慈宮（屏東縣鹽埔鄉），光緒十二年（1886）呂雷董
建。

21：打鐵店莊慈隆宮（屏東縣里港鄉），光緒九年（1883）盧壽董
建。

22：大道關莊媽祖廟（屏東縣高樹鄉），光緒十年（1884）鍾委董
建。[84]

23：恒春縣天后宮（屏東縣恒春鎮），光緒年間（1875-1894）恆春
營官兵建。[85]

癸、臺東地區，嘉慶以後新建媽祖廟有：

1：馬蘭街天后宮（臺東縣臺東市）。光緒十五年（1889）提督張兆
連建。[86]

四、結語

媽祖信仰最早傳入臺灣澎湖是在明朝萬曆年間，荷人入侵時被燬。
明鄭時期，臺灣民間雖有媽祖信仰，但並無官方祀典。及清軍攻臺，水
師官員大力宣揚媽祖顯靈濟師，提振士氣，卒迫使鄭克塽降清，而清廷

---

[84] 盧德嘉：《鳳山縣采訪冊》，丁部〈規制〉，〈祠廟〉，臺北：國防研究院，民國五十七年。

[85] 屠繼善：《恒春縣志》，臺北：國防研究院，民國五十七年。

[86] 胡傳、陳英：《臺東州采訪冊》，〈祠廟〉（附寺觀），〈天后宮〉，臺北：國防研究院，民國五十七年。

亦於康熙二十三年（1684）誥封媽祖為天后，開啟此後清廷崇信媽祖的先聲。

康熙二十二年（1683）鄭克塽降清後是臺灣媽祖信仰傳入的開端，如興化人建開基天妃宮，施琅易明寧靖王邸為大天妃宮，澎湖、安平鎮、鳳山縣興隆莊等水師重要渡口皆設立天妃宮，臺灣西岸主要港口如旗後、笨港、關渡門、鹽水、嘉義等地也在康熙年間逐步建立天妃廟，官方並提撥祀田，延攬僧侶為住持香火。

康熙六十一年（1722）朱一貴事件平定後促成雍正至乾隆中葉（1723-1765）南部屏東平原的快速開發，此期間漢人在下淡水溪以西建立埤頭街，以東則沿下淡水溪由北向南建立里港、阿猴、萬丹、新園等街市，並各自興建媽祖廟。中部地區清廷於朱一貴事件後增置彰化縣，並由施世榜家族主導開發事宜。施世榜除向當地原住民馬芝遴社社首購得鹿港附近土地之所有權外，並開發八保圳灌溉設施以招徠墾佃，故彰化平原、鹿港、二林等地並向東延伸至水沙連林圯埔，此時期有大量墾民移入；彰化北部之藍興保則由總兵藍廷珍族人墾拓，並各自建立媽祖廟，是為臺灣媽祖信仰的第二個高潮。

乾隆五十三年（1788）林爽文事件平定後，清廷於臺灣設屯番制度，大體上臺灣西岸平原及丘陵地已無番害，閩粵移民更大量移入，各街莊紛紛建立媽祖廟，媽祖信仰基礎村不斷擴大，成為臺灣社會的普遍現象，甚至可以將媽祖廟宇的建立視為清朝政權掌控區域的象徵。

如上所述，臺灣之媽祖信仰是由清朝官方主導下建構而成，但因臺灣為移民社會，各地所建媽祖廟因創建背景不同而各具特色，亦有僧侶攜神像來臺建廟，或移民由祖籍地分香建廟，各有其祭祀群與不同祭祀儀式，繁華之商業城市，也常見數座媽祖廟並存、神像造型各異之現象。乾隆年間，大致已有湄洲媽（福建省莆田市湄洲嶼）、銀同媽（福建省泉州市同安）、興化媽（福建省莆田市）、溫陵媽（福建省泉州市）、清溪媽（福建省龍溪市）、汀洲媽（福建省長汀縣）等。另尚有信徒賦予職能需求而出現之媽祖，如水、陸師奉祀之武營媽（武裝扮樣），祈求

太平之太平媽，行郊奉祀之三郊媽、糖郊媽等稱呼出現，而湄洲媽則以來自媽祖誕降之地，故其聲譽最高。

　　嘉慶以後（1796-）臺灣媽祖信仰的建立，由外在移入轉為內部發展，而其核心廟宇則為北港朝天宮。嘉慶年間開始形成以彰化南瑤宮為主要廟宇的笨港進香習俗，鞏固了彰化地區原有媽祖信仰之外，更逐年深化媽祖信仰的社會基礎，其習俗至日治時期始由大甲鎮瀾宮取代。而臺灣府城大天后宮也因嘉慶二十三年（1818）大火神像被焚重建而迎北港媽祖至府城巡歷，此習俗沿至大正五年（1916）而止。從嘉慶元年至光緒二十一年（1796-1895）清廷割臺適一百年，百年間臺灣媽祖信仰不斷增長。

　　日據後，大正七年（1818）臺灣總督府於臺灣地區從事宗教調查，當時全臺灣媽祖廟共有三百二十座，臺北廳轄下有二十八座，宜蘭廳十座，桃園廳七座，新竹廳二十三座，臺中廳六十八座，南投廳十一座，嘉義廳五十七座，臺南廳八十一座，阿緱廳二十七座，臺東廳三座，澎湖廳五座，花蓮港廳無。[87]其中以臺南廳、臺中廳及嘉義廳最多，適反映北港媽祖下府城及南瑤宮北港進香有促進媽祖信仰發展的功能，其中不少廟宇均由北港朝天宮分香建廟，產生以北港朝天宮為核心的在地化現象而不再仰賴祖籍地媽祖。

---

[87] 臺灣總督府印：《臺灣宗教調查報告書》，附錄，第六〈重要祭神〉，臺北：編者印行，大正八年。

從季麒光《蓉洲詩文稿選輯》析論清初臺灣媽祖信仰

一、前言

　　以媽祖信仰而論，除了明朝萬曆年間澎湖已有華人漁民進出、居住，而有媽祖廟的建立外，就臺灣本島而言，明政府尚視為化外逋逃之地，明鄭氏統治時期以前不曾見到官私文書有廟宇記載，直至清康熙二十三年（1684）清朝將臺灣納入版圖始在臺灣建立天妃廟，而其代表廟宇則為臺灣府鎮北坊的天妃宮（今臺南市中西區大天后宮）。筆者於民國七十三年（1984）曾在《臺北文獻直字》第六十九期發表〈明鄭時代臺灣之媽祖崇祀〉，提出明鄭時代臺灣官方因承襲明朝制度及臺灣地理形勢特別崇祀玄天上帝，並未在臺灣建立媽祖廟為祀神，民間只能個別私祀的論點。[1]

　　1985 年北京中華書局為了「慶祝清朝統一臺灣三百周年」，出版一套《臺灣府志三種》[2]，其中臺灣知府蔣毓英修《臺灣府志》為首度公諸於世的史籍，書中卷六〈澎湖天妃廟〉有：「係鄭芝龍建，偽藩更新之，今其靈猶加赫濯焉。」；〈鎮北坊天妃宮〉有：「內庭有御勅龍區輝煌海澨。」之語。此書一出，學界據以認定明鄭時代臺灣已有祠祀媽祖的說法。[3]

---

[1]　乾隆十七年王必昌《臺灣縣志》云：「真武廟，在東安坊，祀北極佑聖真君……邑之形勝，有安平鎮、七鯤身為天關，鹿耳門、北線尾為地軸，酷肖龜蛇，鄭氏踞臺，因多建真武廟以為此邦之鎮」。詳細內容請參考拙著《媽祖信仰研究》，第九章，明清時期臺灣地區的媽祖祠祀。2006，台北，秀威資訊。

[2]　《臺灣府志三種》包含：康熙二十三年蔣毓英的《臺灣府志》、康熙三十四年高拱乾《臺灣府志》、乾隆二十九年范咸《續修臺灣府志》，皆以原刊本影印發行。1984 年 11 月，陳碧笙校訂後再刊行鉛印校訂本。

[3]　其代表者有二，一為臺灣成功大學石萬壽教授，見氏著《臺灣的媽祖信仰》第六章〈康熙以前臺灣媽祖廟的建置〉，民國八十九年，臺北，臺原出版社印行。一為莆田媽祖研究者蔣維錟，見氏著《媽祖研究文集》，〈台灣媽祖信仰起源新探〉，〈台南大天后宮御匾考識〉，2006 年 6 月，福州市海風出版社出版。

　　2004 年 10 月，廈門大學李祖基教授在莆田市舉辦的中華媽祖文化
學術研討會發表：《從季麒光《募修天妃宮疏》看清代地方官員在媽祖
信仰傳播中的角色》，文末結語謂：「自清初靖海侯施琅平臺時因獲媽祖
神助而奏請朝廷褒封，一直至後來歷朝的倡建、重修媽祖廟等行為，地
方官員在媽祖信仰在臺灣的傳播中扮演了一個重要角色。」[4]會後李教
授將其所引用季麒光遺稿分為：《蓉洲詩稿選輯》、《蓉洲文稿選輯》，加
上《東寧政事集》標點註釋後合為一冊，取名《蓉洲詩文稿選輯》[5]，
於 2006 年 1 月由香港人民出版社出版。季麒光是在康熙二十三年至二
十四年間任諸羅縣令，參與臺灣接收、稅制及招撫移民等各方面的規劃
與運作，其遺稿可忠實反映清朝接收臺灣前後媽祖信仰實況，史料價值
不言可喻。《蓉洲詩文稿選輯》反映的是清朝官方在臺營建天妃信仰的
實況，可以反證明鄭時代臺灣無天妃信仰，但蔣毓英《臺灣府志》卻有
鄭芝龍、鄭成功建、修天妃宮的記載，兩者矛盾，本文以《蓉洲詩文稿
選輯》為基礎論述季麒光與臺灣府天妃宮的關係，再考析蔣毓英《臺灣
府志》的版本及所載天妃廟內容真實性，二書互證以澄清清初臺灣媽祖
信仰真相。

《臺灣府志》三種

4　見中華媽祖交流協會《中華媽祖文化學術研討會論文稿》，頁 130。本文於 2005 年易名為：
　　「季麒光與清初臺灣媽祖信仰」於廈門大學《台灣研究》第四期刊登。
5　季麒光《蓉洲詩文稿選輯》、《東寧政事集》，李祖基標點校注，2006 年 1 月，香港人民出
　　版社。

二、明鄭時代臺灣未見天妃廟宇

　　鄭成功在明永曆十六年（1661）率水師進入臺灣，檢視明鄭文獻及清初臺灣方志、史料，發現鄭成功奉祀的水神是明朝政府奉為守護神的北極真武玄天上帝。[6]此神也是自宋代以降泉州人一直崇祀的水神。明鄭軍隊核心成員為隆武帝朱聿鍵的追隨者：其一為鄭芝龍、鄭成功的泉州府南安、晉江、惠安、同安（含金門、廈門）籍鄉親，另一支原先追隨福王、魯王的莆田籍官兵轉追隨隆武帝者，如兵部侍郎唐顯悅。泉州籍水手信仰玄天上帝，但莆田水師則以媽祖天妃為司命，這種信仰認同的問題，莆田籍清軍水師將領萬正色卻藉以勸降隨鄭經返閩參加三藩之役的同鄉水師副總督朱天貴在康熙十九年（1680）率所部水師官兵降清。[7]康熙二十年（1681）鄭經去世，清廷命施琅統帥朱天貴等降清水師進攻臺灣，施琅大力宣傳媽祖庇佑清軍及託夢告知可取得澎湖的傳說以鼓舞士氣，最後逼鄭克塽於康熙二十二年（1683）六月投降。

　　清朝原擬放棄臺灣，但朱天貴帶領莆田籍水師官兵降清後讓清朝擁有與臺灣抗衡的海上實力。鄭經去世，加上臺灣內部發生繼承權力鬥爭，鄭克塽弒兄造成的分裂，天時、地利、人和加上運用宗教宣傳，讓清朝統一臺灣。此一戰局逆轉的關鍵，都由莆田籍將士造成。鄭克塽降清後，施琅重修湄洲天妃宮，親撰《師泉記》立碑於平海天妃宮，又奏請朝廷誥封天妃，遣官赴湄洲修建廟宇致祭。事後施琅將其攻臺前、後奏摺、疏文、文稿刊刻為《靖海紀》。《靖海紀》僅載施琅在莆田平海天妃宮、湄洲有祭拜天妃之記錄，進入澎湖、臺灣後，也見其祭土地山川、水神文，未曾有至天妃廟，或致祭天妃記錄，臺灣府的天妃宮更是施琅在清朝將臺灣收入版圖後協同攻臺水師將領捐款創建。康熙二十三年以後歷朝所修《福建通志》、《臺灣府志》、《臺灣縣志》等均未見明鄭時代澎湖、臺灣有天妃宮廟的記載，可知媽祖信仰是清朝傳入的信仰。

---

[6]　參見拙著《媽祖信仰研究》頁 359，2006，台北秀威資訊。
[7]　見《天妃顯聖錄》〈歷朝褒封致祭詔誥〉，康熙十九年（1680）神助萬將軍克敵廈門，奏上，欽差禮部員外郎辛保等賚香帛詔誥加封致祭條及拙作《媽祖信仰研究》頁 159。

三、季麒光的臺灣仕履

　　康熙二十三年四月清朝將臺灣納入版圖，設一府、三縣，除了遣降王入京，安輯投降官兵至河南、山東、山西各省墾荒外，對內須安撫生民，建立制度，百廢待舉。

　　季麒光字聖昭，江蘇無錫人，順治十七年（1660）舉人，康熙十五年（1676）進士，曾任內閣中書、福建省閩清縣令。康熙兩十三年自請來臺任職，六月奉派為臺灣府諸羅縣縣令，十一月抵臺。

　　《諸羅縣志》〈秩官志〉載有季麒光事蹟，云：

> 季麒光，無錫人，康熙丙辰（15 年，1676）進士，二十三年，知縣事。時縣治初設，人未向學，麒光至，首課儒童，拔尤者而禮之，親為辯難，士被其容光者如坐春風。博涉群書，為詩文清麗整贍，工臨池。在任踰年，首創臺灣郡志，綜其山川、風物、戶口、土田、阨塞，未及終編，以憂去。三十五年，副使高拱乾因其稿纂而成之。人知臺郡志自拱乾始，而不知始於麒光也。[8]

　　季麒光任諸羅縣令一年多，其政績，包含：推動學校教育，優禮文人，編修郡志稿等事。《諸羅縣志》成書於康熙五十六年（1717），距季氏去職已二十年。新刊《蓉洲詩文稿選輯》及《東寧政事集》是康熙三十三年（1694）季麒光任華陽縣令時刊行，透過此書，可知季麒光生於明崇禎六年（1633），清順治十七年（1660）中舉，任內閣中書，康熙十五年（1676）進士及第，改授福建閩清縣令，二十三年請調臺灣，任諸羅縣令時已五十歲[9]。

　　康熙二十三年季麒光任福建閩清縣令，十一月赴臺前親至福州怡山禪院參謁祭拜天妃媽祖，留下五言律詩「怡山禪院謁海神天妃次壁間汪舟次韻二首」：

> 廟祀尊何代，神功盡佛心，自天施慧力，環海誦慈音。

8　《諸羅縣志》卷三〈秩官志列傳〉
9　參見邵欽衡，〈送蓉翁季明府渡海序〉，季麒光，《蓉洲文稿選輯》頁 77-79。

細雨潮聲靜，雲高山色深，不堪憑遠眺，鄉思隔千林。

渡海君恩重，空囊矢素心，宦情甘藥味，民俗問鮫音。

身以多艱老，才從歷試深，今朝輕發處，歸計憶梅林。[10]

怡山院創於南北朝時期，原名長慶寺，為華嚴宗寺院，祀觀音，兼祀天妃媽祖，康熙二十二年汪楫、林麟焻奉派出使琉球，開船前即奉御香往怡山院祭海神天妃，返國後並以：「為聖德與神庥等事」，奏請春秋二祭。[11]

諸羅縣治設於諸羅山社（今嘉義市），尚無衙署，季麒光抵臺後遂暫借府城新建的天妃宮辦公，至次年臺灣府署整修成始移出。據沈光文的回憶，云：

甲子，先生從梅溪令簡調諸羅。仲冬八日，舟入鹿耳門，風濤大作，不克登岸，遣人假館於天妃宮。時余寄宿僧房。……第二日，先生就館後，即往謁上憲。至晚，抵神宮，余投刺，先生即過我，恂恂弭弭，絕無長吏氣，依然名士風流也！……夫以新開之邑，諸事俱費經營，先生往來籌畫，日無停晷。越明年，先生移署郡中，余亦卜居於外，交益親而情益摯。[12]

借用天妃宮及其後為天妃宮籌建房舍的因緣，季麒光在建築落成時也留下〈題天妃宮〉絕句見證盛況，云：

補天五色漫稱祥，誰向岐陽祝瓣香，幾見平成踰大海，自知感應遠重洋。

遐方俎豆尊靈遠，聖代絲綸禮數莊，是處歌恩欣此日，風聲潮影共趨蹌。[13]

首段借詩人元好問的《岐陽三首》表達清軍攻臺戰爭帶給生靈塗炭

---

[10] 見季麒光《蓉洲詩文稿選輯》卷三，五言律詩，頁24。

[11] 見《天妃顯聖錄》，歷朝褒封致祭詔誥，〈琉球正使汪、林等題〉。

[12] 見沈光文，〈題梁溪季蓉洲先生海外詩文序〉，季麒光，《蓉洲文稿選輯》頁2。

[13] 見高拱乾，《臺灣府志》，卷十，藝文志，詩，季麒光，〈題天妃宮〉。此詩《蓉洲詩稿選輯》未收。

的無奈，也贊歎天妃庇佑讓清軍平安渡海建功。

　　季麒光在諸羅縣設立養濟院收容孤苦，又以私財為天妃宮置僧田，有諸多善行，但卻看到施琅等將領以墾荒為名蔭佔田園，蔭丁不服力役的現象，他不僅以公文書向上級舉報，更上書施琅請求自制。[14]季麒光不遵守潛規則，其同僚關係並不佳。康熙二十四年底，季麒光丁憂，依例停職返鄉奔喪，但他被留任至康熙二十五年（1686）繼任者樊維屏履任；又因其在閩清縣令任內錢糧徵收問題被查，至康熙二十六年（1687）五月始得搭船離臺。離臺時，沒有官場送行的風光，有的是獨行的寞落。〈將發東寧自紀〉即其寫照：

> 書生原不善為官，政拙催科敢告難，疎懶復教成倔強，三年蹤跡悮儒冠。
> 經營瘴癘未稱賢，況復栖遲又一年，整日向人曾乞米，臨行重索買船錢。[15]

　　其友林涵春〈季蓉洲先生詩文序〉更謂：「傳先生自臺灣歸，舟沈幾沒。余向遭讐，亦幾死，景況淒涼所遇同。」[16]雖未指出季麒光被何人讐視，但當時進出臺灣例須由福建水師提督衙門派船接送，按圖索驥即可得其概略。

《蓉洲詩文稿選輯》

14　參見季麒光《東寧政事集》，〈上將軍施侯書〉。康熙二十三年清朝將臺灣列為九邊重鎮，禁止外來移民，全臺有 12,727 戶，丁口 16,820 口，課稅田園合計僅 4,843 甲。但次年（1684），報新墾田園即有 1,600 餘甲，課稅田園暴增三分之一，人平均負擔即減輕，可見季麒光的努力有了具體成果。

15　參見季麒光《蓉洲詩稿選輯》，七言絕句，〈將發東寧自紀〉頁五十九。

16　參見林涵春，〈季蓉洲先生詩文序〉，季麒光，《蓉洲文稿選輯》頁七十六。

四、季麒光與臺灣府天妃宮

從蔣毓英《臺灣府志》記載鄭氏三代創、修澎湖東衛天妃宮及康熙賜匾府城天妃廟二條記載來看，天妃似是鄭氏官民的主要信仰。但從清朝所修各版福建、臺灣地方志，不僅看不到任何明鄭時代有媽祖廟的記載，從季麒光到臺灣後的舉措及《蓉洲詩文稿選輯》內容來看，當時臺灣人對媽祖神衹還頗為陌生，天妃媽祖應不是明鄭時代官方信仰的主流。

（一）、府城天妃廟的創建與募修

府城天妃廟[17]是清朝官方在臺灣建立的第一座廟宇，也是臺灣媽祖信仰的主要代表廟宇，據高拱乾《臺灣府志》云：「在府治鎮北坊赤嵌城南，康熙二十三年臺灣底定，神有效靈，靖海將軍侯施琅同諸鎮捐俸鼎建。棟宇尤為壯麗，後有禪室，付住持僧奉祀。」

所述天妃宮位於赤嵌城南。赤嵌城是荷蘭東印度公司時期治理民事的衙門普羅民遮城，鄭成功入臺後改為承天府署所在。鄭經嗣位後在附近重新規劃四個街坊：鎮北、寧南、東安、西定，為行政及商業區，是明、清二代臺灣最繁榮的區域，寧靖王朱術桂府邸及管理明朝宗室的宗人府即設於此。

明亡後唐王朱由榔在福州即位，改元隆武，即位後賜鄭森國姓，易名成功，封忠孝伯，授招討大將軍印，賜尚方寶劍，得募兵建立軍隊。鄭成功建立軍隊後，以寧靖王為監軍使，故寧靖王為居臺明朝宗室職位最高者，寧靖王邸與明朝宗人府衙比鄰，是明鄭時代臺灣具有政治象徵的建築。鄭克塽確定降清後，因「明朝」衍生出來的皇族身分及先皇授予的職務完全失去意義，朱術桂與五妃不願偷生，先安排將宅邸捨為僧寺後自殺。施琅入臺後為感謝天妃助戰陰功，且臺灣無天妃廟，遂會同諸鎮官兵捐俸，將之改建為天妃宮。

---

[17] 今臺南市永福路窠段二二七巷十八號臺南大天后宮。

（二）、季麒光借府城天妃宮辦公

　　季麒光於康熙二十三年十一月來臺履任時因無衙署可用，先借用位於臺灣府署旁的天妃宮為辦公處所，此因鄭成功帶領入臺的群眾以軍隊為主力，雖設立承天府及天興、萬年二縣理民事，但畢竟整個臺灣人口結構以軍人、宗室、官員眷屬為主，原住民則設南、北及澎湖三個安撫司管理，為管理上的方便，鄭經嗣位後易縣為州，州的官員由承天府人員兼任，其中萬年州治設於水師出入方便的左營，[18]天興州治雖設於佳里興，但未見築城。清朝設立臺灣府後，將原天興州改為諸羅縣，縣治移往稍北的諸羅山社，因衙署尚未建構，故先借府署旁的天妃宮為衙署。因借用天妃宮，讓季麒光結識了天妃宮住持僧寄漚及浙江籍明鄭遺老沈光文。

（三）、季麒光募修天妃宮

　　原為寧靖王邸，由福建水師提督施琅及諸鎮將領捐款，陸師提督吳英督辦施工，工程約略始於康熙二十三年四月臺灣納入版圖，峻工於康熙二十四年一月臺民立碑頌德時。[19]季麒光於康熙二十三年十一月抵臺借住天妃宮時，天妃宮的建築大體雖已完成，但其屋宇規制與福建湄洲天妃宮的有正殿、寢宮、香積廚、僧舍等相較，其實尚有欠缺，季麒光看在眼裡，就以縣令之尊協助住僧寄漚發起募捐，捐建項目包含：戲樓前山門一座，擴建戲樓，正殿二側各建廊舍三間；募款對象則以來臺任官人員、長者及從事兩岸商販貿易、捕魚者。季麒光撰〈募修天妃宮疏〉，云：

> 　　東寧天妃宮者，經始于寧靖王之捨宅，而觀成於吳總戎之鳩工也。天妃泉湄神女，生有奇徵，長多靈異，迄今遂為海神，其功德及人，則又在泰山陳州之上，直與普陀大士同其濟渡。蓋海天

---

[18] 今高雄市左營區，舊城遺址尚存。
[19] 該廟現存施琅頌德碑落款於康熙二十四年一月。

巨浸，淼淼湯湯，生死安危，關於俄頃，非若擊江中之楫，揚湖上之帆者所可同語。若夫雲迷大壑，日落荒洋，月黑星黃，渺不知其所之，一針失向，即為岐路。從來估商販舶走死趨利，以其身深試波濤，然往來無恐，雖曰人為，實由神護。故每當潛蛟嘯風，驕鯨鼓浪之時，輒呼天妃神號，無不聲聞感應，怒潮為柔，所不魚鱉吾人者，神之功也。

環海內外建立祠廟，皆敬神如天，而親神如母，蓋以慈悲之願力，運廣大之神通，無禱不應也。夫神以血肉佛心，救人世險風駭浪之艱，即當以土木佛神，享人世金碧枏檀之奉。住僧寄漚以臨濟橫支，發大弘願力，欲就宮旁餘地，作左右廊舍三間，位置僧寮，前樹山門一層，廓戲樓舊址而大之。庶幾有門有殿，有廊廡，有維摩室，有香積廚，神所憑依，神其饗之矣。獨是工匠之資、木石之費，斷非彼小乘人能作大因緣事，因授簡于余，申言倡導。凡在東寧宰官長者，皆由渡海而來，必思渡海而去，各隨分力，以襄盛事。下至商販估漁，凡往來資息于重洋巨浪之中者，各發歡喜心，共助勝因。夫神之赫赫不可盡者，固不繫於宮之大小，蓋人之嚮往崇奉之不足者，非廟祀之輝煌無以致其敬也，神之恩固足以感人，況瞻拜而如親炙之者歟！寄漚勉乎哉！願力既堅，機緣自興，飛樓湧閣，故當一彈指頃移兜率于人世矣！[20]

　　東寧天妃宮第一階段的營建是由施琅等武職官捐建，由莆田籍總兵吳英鳩工落成。此次季麒光募捐對象則以文職官及從事兩岸貿易、漁業者為對象，這些人大都為泉州籍，故季麒光將天妃說是泉州湄洲神女，讓泉州人產生認同。季麒光訴求的重點放在天妃能在海天巨浸指路、救護估商販舶，故環海內外皆建廟敬神，期望所有渡海而來者各隨分力以襄盛事。文末提及住持僧寄漚，出身臨濟宗分支，小僧侶無法成就大事業，但仍以「願力既堅，機緣自興，飛樓湧閣，故當一彈指頃移兜率于人世矣」來勉勵之。

　　季麒光《募修天妃宮疏》行文對象是以受天妃庇佑渡海來臺文官及

商人為主，雖有人響應，但捐款數目與全部工程所需經費尚有差距，故季麒光再次撰文勸捐。

（四）、 季麒光募修天妃宮戲臺

季麒光《募修天妃宮疏》是以大陸來臺文職官及從事兩岸貿易、漁業者為對象，並未及於臺灣居民，而天妃宮新建工程中的戲臺，除娛神外，同時可提供居民休閒娛樂之用，原有戲臺雖營建未久，但以制度狹小且為海風潮雨所摧剝傾斜，故季麒光再以此為主旨撰文鼓勵官民樂捐擴建。其文題〈募修天妃宮戲臺小引〉，文云：

> 嘗論人之生死，自疾病而外，莫甚於水火，蓋雷霆狼虎，百不一遭，而刀兵饑饉，則毒霧殭坑，黃烟血路，為二子沉淪大劫，非人所及料，亦非人所及避。獨於水火，往往患之，然火猛烈，人知遠焉，即祖龍一炬，昆岡灰爐，而燎原之焰起於星星，未聞有抱而就焚者。若夫水，則茫茫萬頃，水也，涓涓一勺，亦水也，一經沉溺，貴賤賢愚同歸魚鱉，可不畏哉！況大海汪洋，萬里一黑，蛟龍蜃魅之所窟宅，風颶波濤不可測度，亦無所趨避，非恃天妃之護持拯濟，何以使士大夫之乘軒露冕者來焉去焉？行旅商賈之腰纏捆載者，往焉復焉？則舟航之內依恃天妃者，如嬰兒之依恃慈母也。考河神自謝、王、張將軍而下，有蕭、柳三十六部而統之于天妃海神，自順應、孚應、廣順、惠順海神而外，又有靈應、昭應、嘉應三龍王及天吳、海若諸神，而亦統之於天妃。豈非以駭浪驚波之上，必藉慈悲感應，具有鞠育之誠如天妃者，始隨在而普度也哉！人既食神之德，無以報神之恩，雖瓣香明燭，亦足以將誠敬而求神之愉悅。
>
> 《詩》曰：神之聽之，終和且平，《周禮》大司樂，分樂而用之，以祭、以祀、以饗，乃歌函鐘、舞大夏以祭山川，而後神祇皆降，可得而禮焉。則是梨園雜部，固非雲門空桑之奏，所以娛神聽而邀福利者，未嘗不在乎此也。天妃宮舊有戲樓，營建未久，為海風潮雨所摧剝，漸見傾欹，且制度狹小，不足以肅觀瞻。今欲廓而大之，以隆崇祀，以彰愛敬，俾遏雲裂石之歌、摩天貼地之舞，

與馨香黍稷同進，而薦神之歆也，當亦天妃之所鑒佑者矣。伏願
無論宰官，無論善信，凡生全覆被于天妃神者，財施、力施，各
隨分願，則一粟一銖、一工一匠，皆為歡喜因緣，將平波迅渡，
緩浪輕馳。受神之陰扶默佑者，視以銖兩，而獲百千，其歡欣禱
祝為何如耶？偈曰：何妨暗裏捨燈油，莫待急來偎佛腳。吾請持
此以勸募焉。[21]

　　全文內容還是以天妃為海上救護福神為訴求，請往返臺海、以水神
為司命者樂捐外，並將勸募對象擴及於升斗小民，提出：財施、力施各
隨分願，一粟一銖、一工一匠皆為歡喜因緣的呼籲，以期集腋成裘。這
篇文章卻也顯露季麒光所知的天妃陪祀神與福建莆田的流傳說法略有
不同。季麒光謂：

考河神自謝、王、張將軍而下，有蕭、柳三十六部；而統之于天
妃海神，自順應、孚應、廣順、惠順海神而外，又有靈應、昭應、
嘉應三龍王及天吳、　海若諸神，而亦統之於天妃。

　　孚應、廣順、惠順三海神及靈應、昭應、嘉應三龍王俱見於南宋吳
自牧的《夢梁錄》卷十四〈祭祀〉，但同卷，〈外郡行祠〉，〈順濟聖妃廟〉
條則記載天妃，云：

在艮山門外，又行祠在城南蕭公橋及候潮門外瓶場河下市舶司
側。按廟記，妃姓林，莆田人氏，素著靈異，立祠莆之聖堆。宣
和賜廟額，累加夫人美號，後封妃，加號曰靈惠協應嘉順善慶聖
妃。妃之靈著，多於海洋之中，佑護船舶，其功甚大，民之疾苦，
悉賴。[22]

　　此條並未將孚應、廣順、惠順諸神及靈應、昭應、嘉應三龍王列為
天妃佐神。季麒光家鄉江蘇吳縣沿海因福建商舶往來頻繁，已建有數座
天妃廟，發展出自己的禮懺儀式及天妃陪祀佐神。

21　季麒光，蓉洲文稿選輯，頁 129-130。
22　吳自牧《夢梁錄》卷十四〈祭祀〉，〈外郡行祠〉，1981，台北，文海出版社。《夢梁錄》
　　所載以南宋首都臨安府（今杭州市）為主。

（五）、季麒光弘揚天妃及佛教信仰

府城天妃宮由寧靖王邸改建為天妃宮，首期營建經費由施琅及攻臺將領等軍職人員捐獻，季麒光倡募的第二期擴建工程捐款者則以來臺任職文官及海商、漁戶為主。季麒光為了維護、鞏固媽祖信仰在臺灣繼續發展，進一步為天妃宮設置僧田以其收入維繫媽祖信仰，自撰〈天妃宮僧田小引〉[23]，始說出佛教未在臺灣流行，臺人不知僧伽為何物的感慨。文云：

> 支硎大師有言：「佛法壽命，惟在常住，常住不存，我法安寄？」此言供佛供僧，必恃布施因緣也。臺灣海外番島，原非如來眷屬，鄭氏以來，逋逃僭竊之餘，淫殺難除，貪嗔易種，家無結蔓之文，地無灌頂之侶，不知教典為何物，而僧伽為何人也！值茲中外蕩平，光天日月，將令象齒鷄彝咸歸佛土，蜃樓蛟市共暢皇風，則欲明心地之心，須早證法王之法。
>
> 天妃一宮，前祀海神聖母，後奉觀音大士，皆以慈航普渡，故爾供養法應平等。住僧寄漚梵修祇侍，晨昏讚頌，氳氤煙篆，歷落鐘魚，庶使殃業淵藪，發深省於朝歌，迴慈腸于夜夢，風旱以消，刀兵可禳，誠為廣大願力。但香積常空，緇衣莫續，則香火誰資？弟子麒光，以招墾荒園二十七甲，永為常住執持之業。
>
> 在弟子焦茅鈍根，少於《首楞》[24]曾有宿緣，愧異地浮蹤，身為窮子，財施法施，一切無有，惟從楮墨倡導四眾。寄漚勉之！願力既堅，機緣自來，當有智覺善人乘願護持，為大導師，弘開佛境。自此東土劫波即為西方樂國。豈慮黃頭外道、青眼邪師[25]與我佛爭此布金片地者哉！是用書之，以傳於後。

---

[23] 季麒光，《蓉洲文稿選輯》，頁 130-131。

[24] 《首楞》全名為《大佛頂如來密因修證了義諸菩薩萬行首楞嚴經》，為密宗及華嚴、天台二宗主要經典。

[25] 黃髮外道一語出自《大佛頂如來密因修證了義諸菩薩萬行首楞嚴經》，對非佛教教派，佛家統稱為「外道」。娑毗迦羅是外道中的一種，善幻術，能用神語符咒，移日月墮地。其祖師頭髮黃如金色，因此又稱「黃髮外道」。

　　文章開始即引述東晉高僧支道林[26]（314-366）語，明言佛教佛法能否流傳的關鍵在寺院與僧人，如果没有寺院與僧人佛法就無依託空間，寺院與僧人能存在則賴善信布施，而此前至明鄭時代臺灣並無佛教因子，既無傳法僧侶，也無信佛之家，居民甚至連「僧伽」是什麼都不知道。[27]現在天下一統，臺灣也應隨滿清皇朝之風氣改宗佛法。

　　第二段接著說明府城天妃宮前祀天妃，後奉觀音大士，二神都以慈航普渡眾生，應同樣平等受眾生供養。住持僧寄漚是願力廣大虔誠的出家人，早晚禮讚、虔祀二神，祈求風旱消、兵災禳，卻苦於天妃宮香火不旺致衣、食不濟。季麒光遂以自有招墾荒園二十七甲捐為天妃宮僧田。當時府城天妃宮建築構造有前、後二殿，這種天妃居前，大士在後的佈局是臺灣天妃廟的標準格局，北港朝天宮、宜蘭昭應宮及許多清建廟宇都維持此格局。[28]

　　最後季麒光自述少即與佛教結緣，故倡導四眾護持，弘開佛境，讓臺灣成為西方樂土，也不必擔憂外道邪師來與佛教爭此空間。季麒光雖未明指外道邪師是指何教何人，然明鄭時期臺灣祀神以玄天上帝為最尊神，以道教為主要宗教，所指外道邪師不言可喻，也可反映當時民間的宗教信仰傾向。

五、蔣毓英與《臺灣府志》

　　如果臺灣府天妃宮的營建可以當臺灣媽祖信仰年代的指標，則季麒光《蓉洲詩文稿選輯》可以印證媽祖信仰是由攻臺將領施琅、吳英等人引進來的；如果臺灣府天妃宮的捐款者可以代表媽祖信徒的結構，則當時臺灣媽祖的信徒主要是攻臺將士、文武職官及來臺營利的海商、漁戶，可見當時臺灣住民很少人是媽祖信仰者。事實上，康熙二十三年金

---

[26] 支道林（314-366）東晉高僧，俗姓關，從師姓改姓支，於吳地開創支硎山道場。

[27] 「僧伽」狹義解，指唐朝中宗朝開創白衣大士的國師證聖大師僧伽，廣義解則指佛教僧侶，此語反映臺人對佛教十分陌生。

[28] 今臺南市大天后宮建築及祀神已經不是這種格局。

鋐修的《福建通志》早就透露臺灣人的主要信仰是以二王為代表的代天巡狩神王爺。[29]而 1985 年北京出版蔣毓英《臺灣府志》，特別將澎湖臺灣天妃廟創建年代推前至鄭芝龍時期，因此本章特別加以探討。

（一）蔣毓英《臺灣府志》的出版

1985 年五月，中國為紀念「清政府統一臺灣三百週年」，由北京中華書局影印蔣毓英的《臺灣府志》、高拱乾《臺灣府志》、范咸《續修臺灣府志》三書刊行，合稱《臺灣府志三種》。高拱乾《臺灣府志》、范咸《續修臺灣府志》二書早在 1960 年代即由臺灣銀行經濟研究室排版印行，並無新意，僅蔣毓英《臺灣府志》為首度見世新刊古籍，遂引起學界重視。書首有一篇中國外交部副部長何方[30]撰的序文，謂：

> 自一九四九年以後，臺灣又出現割據局面，處於同大陸暫時隔絕的狀態……竟也聽到一些有關「臺灣獨立」的議論，提出什麼「臺灣不是中國領土」「臺灣人不是中國人」等說法。……主張「臺灣獨立」並為此而活動。《臺灣府志三種》的影印出版，……不僅為研究臺灣歷史提供了珍貴資料，也是對統一祖國大業的貢獻。

---

[29] 參見蔡相煇，《臺灣的王爺與媽祖》1989，台北，臺原出版社。

[30] 何方，陝西臨潼人，1922 年生。中國著名外交、黨史與國際問題學者。1980 年籌辦中國社科院日本所並出任所長八年。1988～1995 年任國務院國際問題研究中心副總幹事，第七、八屆全國政協委員。曾任中蘇（俄）友好協會副會長等職。

《臺灣府志》三種何方序文

　　出版一套書就能對統一祖國作出貢獻，其中有何玄機？令人好奇。書末「出版題記」，有如下記述：

> 蔣毓英，字集公，康熙二十三年至二十七年任臺灣首任知府，適逢清廷詔令全國纂修方志，遂由其主持，偕同諸羅縣令季麒光、鳳山縣令楊芳聲纂成《臺灣府志》稿，但未付梓。後由蔣氏私人刻印，刊行時間當在康熙三十年以後。
>
> 《蔣志》長期不為世人所知，或因其係家刻本，印數無多所致。存世者僅知上海圖書館有一本（海內外迄未見公私著錄）。《蔣志》共十卷二十五目，其中「險隘」有目無文，是志所載清初臺灣人口、田賦、人物等，多為後志所未著錄者，彌足珍貴。

　　《蔣志》被說成如此珍貴，又是影印出版，筆者請友人從國外購得一部，把玩再三，卻發現與另外二種《臺灣府志》有如下差異：全書未見上海圖書館的藏書章或任何公、私單位或個人典藏印記；全書從頭到尾無任何蟲蛀、磨損或殘頁的痕蹟；無古代刷版印書留下的刷痕或抽換欄線的墨痕，完全不像歷經三百年風霜的木刻本古書。這種現象為善本書所僅見，筆者在好奇心驅使下，去查閱 1985 年北京中華書局出版《中

國地方志綜錄》，果然查到蔣毓英《臺灣府志》收藏在上海圖書館，看起來似無瑕疵，但進一步朝早期目錄卻發現問題重重，因上海圖書館典藏甚多善本，前此即被編目。

《中國地方志綜錄》是中日戰爭前夕編成的名著，編者為燕京大學圖書館朱士嘉先生，民國二十二年由上海商務印書館印行。該書將中國全國主要研究單位：中國科學院各研究所、故宮博物院，北京大學等七所大學，北京、上海等各省重要圖書館共二十二單位及日本內閣、天一閣等著名學術單位典藏之中國方志，以省為單位，依出版年代排列，標明該方志現存卷數、典藏單位。因其內容完備，旨在防阻日軍佔領中國後侵佔這些善本國寶，出版後轟動全國。民國三十四年臺灣光復，1958朱士嘉又將該書增補，臺灣省仍列為一個省級收藏單元，但並未編入原臺灣總督府圖書館（今國立中央圖書館臺灣分館）的典藏方志。[31]

1958 年版《中國地方志綜錄》，福建省[32]單元下，有康熙二十三年金鋐的《福建通志》藏於北京、湖北及中國科學院等三圖書館。臺灣省項下有各版臺灣府、縣方志三十種，最早者為康熙三十五年（1696）高拱乾、靳治揚、王璋的《臺灣府志》[33]，最晚者為 1948 許崇灝的《臺灣島》，卻無以季麒光、蔣毓英或楊芳聲三人為纂者的《臺灣府志》。簡言之，民國二十二年及四十七年朱士嘉編的二種版本《中國地方志綜錄》均無《蔣志》存在，至 1985 年該書出版後始於上海圖書館收藏目錄加入此書，可以懷疑這本書是以康熙二十三年《福建通志》臺灣府內容為底本稍加增補新彫的偽書。

---

[31] 《中國地方志綜錄》由任職燕京大學圖書館的朱士嘉編輯，民國二十二年由上海商務印書館印行。該書將中國全國主要研究單位中國科學院各研究所、故宮博物院，北京大學等七所大學，北京、上海等各省重要圖書館共二十二單位及日本內閣、天一閣等著名學術單位典藏方志，以省為單位，依方志出版年代排列，標明該方志典藏單位，而臺灣省也列為一個單元，出版後轟動全國，該書民國四十七年增補重印。朱士嘉去世後，北京中華書局於1984 年又刊行增訂版。

[32] 臺灣府早期歸福建省管轄，至光緒十三年始脫離福建單獨建省。

[33] 靳治揚、王璋《臺灣府志》，就是高拱乾《臺灣府志》。該書卷前〈修志姓氏〉列出：纂輯：分巡臺廈道高拱乾；校訂： 臺灣府知府靳治揚等九人；分訂：舉人王璋等十五人，而其底稿即季麒光的草稿。朱士嘉取臺灣知府為著作代表人，而非以高拱乾為著作代表人。

《中國地方志綜錄》臺灣省部分

　　近代首位提到蔣毓英與《臺灣府志》的學者是臺灣的方豪教授，民國五十七年方教授在編印《臺灣叢書》時謂：「臺灣入清版圖以後，始有創為方志者，季麒光、蔣毓英、王喜皆曾從事纂輯。」[34]但未提及有具體成書存在。

　　按康熙二十三年清朝統一中國，為編《大清一統志》通令各省纂修通志，福建巡撫金鋐轉令各府、州纂輯府、州志。府志之編修，府為監督匯整單位，縣才是真正執行單位，當時臺灣府知府為蔣毓英，季麒光為諸羅縣縣令，季麒光為實際執行單位掛名負責人，其下還有負責采訪史料及初步編修的人員。采訪人員通常由當地出身的舉人或貢生出任。但康熙二十三年臺灣府尚未設立學校，無舉人或生員可負責采訪；季麒光無人可用，且康熙二十三、二十四年間還以諸羅縣令兼辦臺灣、鳳山二縣事，職責所在，《臺灣府志稿》就由他一肩擔任。

　　而明鄭遺民貢生王喜可能就是奉命執行者。[35]故方豪所言「季麒光、

---

[34] 見方豪《臺灣叢書》，序，民國五十七年（1968），國防研究院。

[35] 王喜是康熙二十七年臺灣府設學後第一位被出貢的貢生。清例，貢生通常是年齡三十以上，六十以下，屢次參加科舉未第的老生員。康熙二十六年臺灣府始設府學，王喜在次年即被出貢，可知其年齡不小，應是明鄭時代即在東寧府學生員。據康熙年間臺灣、諸羅、鳳山三縣修志之例，都由貢生負責采訪，推估王喜可能是季麒光《郡志稿》采訪者。

蔣毓英、王喜皆曾從事纂輯」的府志，應是同一本書，季麒光開創初稿
體例，王喜執行採訪，蔣毓英則為呈報至福建當局者。檢查《福建通志》
的〈修志姓氏〉，福州等八府、州均有修志者職務姓名，獨臺灣府無之，
原因可能是志稿原作者為季麒光、王喜等人，蔣毓英不願或不敢居功，
故留白。季麒光創修《臺灣府志》之事，二十餘年後諸羅縣令周鍾瑄纂
修《諸羅縣志》始加以披露，表張其功勞。蔣毓英在任時不以纂修《臺
灣府志》自居因為地方志是公務用書，非私人著述，在離開臺灣知府職
位後數年才「私人刻印」[36]是值得存疑的。

　　再從清代方志檢討蔣毓英是否為《臺灣府志》編修及刊行者。康熙
三十四年《臺灣府志》藝文志〈蔣郡守傳〉，云：

> 蔣毓英字集公，奉天錦州人。前守泉，泉故用武地也，大師雲集，
> 羽檄交馳，公一切措辦游刃有餘。天子廉其狀，賜一品服褒嘉之。
> 康熙二十二年臺灣歸命，督撫念海邦重地非公不可，會疏薦公移
> 守臺。始至，見其井里蕭條，哀鴻未復，慨然曰：是豈不足為政
> 耶！因躬歷郊原，披荊斬棘，界分三縣封域，相土定賦，咸則三
> 壤，其役之不急者罷之，土番之雜處者飭勿擾之，招流亡詢疾苦，
> 時召父老子弟而告之以孝弟焉，又思化民成俗莫先於學，力贊憲
> 副周公詳請開科以興文教。……士民不敢為再三之瀆，立碑紀其
> 績焉。[37]

　　同卷有大學士李光地撰《臺灣郡侯蔣公去思碑》，二篇內容雖皆詳
載蔣毓英在臺事蹟，但皆未提及有編府志事。乾隆初范咸修《臺灣府
志》，卷三職官則並載蔣毓英、季麒光二人傳記，蔣傳也未提及修志事，
然季麒光傳下云：「在任踰年，首創臺灣郡志，綜其山川風物戶口土田
阨塞，未及終編以憂去，三十五年副使高拱乾因其稿纂成之。」以蔣毓
英官生出身，任官曾受康熙皇帝賜一品服褒嘉，任滿後又由皇帝特旨調
升江西觀察使的譽望，如真在康熙三十年後以私人資金刊刻府志，當時

---

[36]　見何方序。按方志為政府掌握統治地區的重要參考資料，卸任官員不大可能再以私人財財
　　去刊印，如季麒光創郡志稿，但他後來刊行蓉洲詩、文集，但卻未印行《臺灣府志》。
[37]　高拱乾《臺灣府志》卷十藝文，蔣郡守傳。

在臺任官的官員必不會將功勞推給曾經官司纏身的季麒光，甚至還可視為周鍾瑄等官員在為季麒光未被列名《福建通志》纂修名單作平反。

（二）、蔣毓英《臺灣府志》的天妃記載

蔣毓英《臺灣府志》的版本來源雖然存疑，但初版刊印時即印4,000套，出版後不久中共即將媽祖定位為「海峽和平女神」，重建湄洲天妃宮對臺灣進行宗教統戰，故書中所載天妃的內容值得檢視考證。茲以其所載：澎湖天妃廟、鎮北坊天妃宮文字與康熙二十三年金鋐《福建通志》及康熙三十四年高拱乾、靳治揚等纂修的《臺灣府志》比對。

1987 媽祖千年祭「海峽和平女神」旗

1、澎湖天妃宮

明萬曆年間政府將澎湖三十六島納歸福建同安縣管轄，每年三月至九月有水師哨駐防，島上遂有少數居民並在媽宮澳建一小廟祀天妃。天啟年間閩人董應舉致巡撫南居益函，謂：「彭湖港形如葫蘆，上有天妃宮，此沈將軍有容折韋麻郎處也。」[38]當時澎湖公共建築稀少，閩人稱天妃為娘媽，天妃宮所在地遂被稱為娘媽宮，港澳稱娘媽宮澳。

1622年7月（天啟二年）荷蘭人再度入澎湖，在島上看到一座小

---

[38] 見董應舉，《崇相集選錄》，民國五十七年台北，臺灣銀行刊本。韋麻郎為荷蘭東印度公司督辦（Governor），於萬曆三十二年（1604）率艦至澎湖，為都司沈有容勸離澎湖，今澎湖天后宮尚存「都司沈有容諭退紅毛番韋麻郎等」石碑。

堂並有三人看守，日籍學者中村孝志等人認為所指建築應為天妃宮，當時澎湖住民只有不到一百人之數。[39]1626 年至 1662 年荷人在臺灣島建立基地，但澎湖仍為其管控，荷人在臺灣傳基督教，並嚴禁異教，澎湖天妃宮是否依然無恙？並無史料可證。

1662 年初鄭成功將荷人驅離臺、澎，1663 年 2 月荷軍攻澎湖，明鄭守軍敗逃，荷軍焚毀教堂灣的一座中國寺院，學者亦謂該座寺院為天妃宮。[40]天妃宮在此時被毀，[41]至清朝領臺初期娘媽宮地名雖被沿用，但有關天妃宮的記載要到清朝將臺灣納入版圖後始見記載。

金鋐《福建通志》及蔣毓英、高拱乾二部《臺灣府志》均有澎湖天妃宮的記載。《福建通志》澎湖天妃宮的記載云：「**在東西衛澳，澳前有案山，其澳安瀾，可舶百餘艇。**」[42]說明廟宇位於東西衛澳及前有案山的地理特徵、可泊百餘船的規模，未及於創建人物或年代。

1985 年北京版蔣毓英《臺灣府志》卷六〈附澎湖廟宇〉對澎湖天妃宮的記載云：「**天妃宮，在東西衛澳，澳前有案山，其澳安瀾，可泊百餘艘。係鄭芝龍建，偽藩更新之，今其靈猶加赫濯焉。**」說明天妃宮廟宇所在地是在東西衛澳，澳有可泊百餘船的規模及廟係鄭芝龍建，偽藩（鄭成功、鄭經）曾更新之。

高拱乾《臺灣府志》澎湖天妃宮的記載，云：「**在東西衛二澳間，前有案山，澳中安瀾，可舶百餘艘，神尤赫濯焉。**」[43]與金志內容，文意相同，並清楚指出廟宇位於東西衛澳間。

三則記載共同的內容是：澎湖天妃宮宇位於東西衛澳，廟前有案山的地理特徵，澳內可泊百餘船的規模。不同的是蔣志特別提出創建人是

---

[39] 見余光弘《開臺澎湖天后宮志》第二章，澎湖天后宮與媽宮。頁 52、53。民國九十五年澎湖，開臺澎湖天后宮管理委員會。

[40] 同註 45，頁 53、54。

[41] 村上直次郎著，許賢瑤譯，《荷蘭時代台灣史論文集》，〈澎湖島上的荷蘭人〉，民國九十年，宜蘭縣宜蘭市佛光人文社會學院。曹永和，《臺灣早期歷史研究續集》，〈澎湖之紅毛城與天啟明城〉，民國八十九年，台北市，聯經。

[42] 金鋐《福建通志》卷十一〈祀典，祠廟，臺灣府〉，廟宇。

[43] 高拱乾《臺灣府志》卷九，外志。

鄭芝龍，及偽藩（鄭成功、鄭經）曾更新之。但我們仍需分析澎湖天妃宮「係鄭芝龍建」的可能性？按鄭芝龍天啟年間（1621-1627）下海為盜時，澎湖人口僅2、300人，多住在白沙鄉龍門村，娘媽宮澳則人煙甚少，且此前已有一座天妃宮，鄭芝龍缺乏在東衛澳建廟的動機。其次，從明朝對澎湖海防重視的態度看，萬曆、天啟年間二度以武力驅逐荷人，也不可能讓海盜盤踞控制，崇禎元年（1628）鄭芝龍受明朝招撫時，澎湖已被荷蘭人控制，鄭芝龍也無法在澎湖建天妃廟。故《臺灣府志》「鄭芝龍建，偽藩更新之」一句，雖可彰顯明末澎湖主權一直歸屬中國的象徵，但說鄭芝龍建天妃廟，其證據是不足的。

近年蔣維錟引據《臺灣府志》解釋：東西衛澳的天妃宮就是娘媽宮澳的天妃宮，[44]其實是直得再討論的。據高拱乾《臺灣府志》〈東西衛澳〉云：

> 東西衛澳，在大山嶼之西，其可泊舟者惟東衛澳，西衛則無澳，而名兼之者，地相竝也。[45]

所謂東西衛澳，實際上有澳的是東衛澳，此澳是澎湖最大、最適宜泊船的港澳。娘媽宮澳則為澎湖水師駐地。高拱乾《臺灣府志》〈娘媽宮澳〉云：

> 在大山嶼之南，秋冬之際北風盛作，可泊戈船二十餘艘，澎之港澳，惟此處最穩，今水師副將駐此。

東西衛澳在大山嶼之西，娘媽宮澳在大山嶼之南，兩者分處大山嶼之西與南，為不同的二座廟宇。清朝在東衛澳建的天妃宮似未受澎湖人的愛戴，此後未成為官方代表廟宇或在官文書中被記載。為了解此廟狀況，筆者於民國九十五年前往東衛訪查，當地還有一座天妃廟，當時正進行改建，以面積僅約六十餘平方米的民宅建築安置神像，神像也寥寥

---

44 蔣維錟引用蔣毓英《臺灣府志》內容，誤將東衛澳天妃宮當作娘媽宮澳天妃宮，混合二宮歷史論述。見氏著《媽祖信仰研究》，〈台灣媽祖信仰起源新論〉頁212，2006，莆田，海風。
45 高拱乾《臺灣府志》卷一〈封域〉澎湖澳。

可數，也未見前後有古石碑或龍柱，室內壁上貼一紅紙，謂廟建於雍正年間。請教管理人員，則謂不知該廟來由。

　　清代所編《澎湖廳志》均謂施琅入澎湖曾入廟拜天妃，仿彿康熙二十二年澎湖已有天妃廟，其實這是雍正年間澎湖通判周于仁引發的錯誤記載。因澎湖秋冬北風盛作，娘媽宮澳背風是最穩的港澳，故清朝水陸師多駐紮於此。周于仁云：「關帝廟、天后宮、真武廟、水仙宮，俱在協營」[46]，可知娘媽宮澳當時是清軍各營聚集之地，廟宇群聚。雍正十一年（1733）清政府通令：「各省省城舊有天后祠宇，皆一體致祭，未有祠宇者，以所屬府州縣原建天后祠宇，擇規模宏敞者春秋致祭。」按理，周于仁應以東衛澳天妃宮為春秋致祭廟宇，但他卻請准上憲，改以娘媽宮澳天妃廟為祭所，所需祭祀開銷由澎湖廳稅收支應，云：「雍正十二年余請於上憲，與關帝廟春秋祭祀俱取之正供。」[47]次年並應澎湖左營遊擊柳圓之請與澎湖水師副將顧元亮各捐俸銀十二兩置店屋收租供天妃宮香火。[48]乾隆十五年（1750）天后宮磚瓦坍塌，澎湖通判何器與澎湖水師副將邱有章發起重建為二進式建築，[49]媽宮天后宮逐漸成為澎湖廳文武官共同祭祀的官廟。

　　周于仁以媽宮澳天妃廟為祭典廟宇，並將施琅攻打臺灣前後在平海、莆田及藍廷珍入臺平定朱一貴事件發生的天妃神蹟糾合移植至澎湖娘媽宮，誤導了後人對澎湖何時有天妃宮的認知。周于仁《澎澎志略》對媽宮天后宮有如下按語，云：

> 天后即媽祖，康熙二十二年六月靖海侯施琅奉命征鄭克塽，取澎湖，入廟拜，見神衣半濕，始知實默佑之。又師苦無水，琅禱於神，井涌甘泉，數萬師汲之不竭，今其井尚存，名曰大井。及行，恍見神兵導引，至鹿耳門，水漲數倍，戰艦得逕入，賊驚奔潰。琅上其事，奉詔加封天后。

---

[46] 周于仁撰，胡格增補《澎澎志略》，〈宮廟〉。
[47] 周于仁，胡格，同上註。
[48] 余光弘《開臺澎湖天后宮志》第九章，捐助天后宮香燈碑記。Pp254-255。
[49] 余光弘《開臺澎湖天后宮志》第九章，媽宮諸宮廟同時興修碑記。Pp255-256

比對康熙二十三年施琅「為神靈顯助破逆請皇恩崇加勅封事」，摺：「臣在澎湖破敵，而平海之人俱見天妃神像是日衣袍透濕」、「師次平海澳，……有天妃廟，緣遷界圮毀……廟左有一井，……臣遣人淘浚，泉忽大湧，晝夜用汲不竭，供四萬眾裕如也。……臣乃立石井旁，額之曰師泉。」及雍正四年藍廷珍奏摺《為神功顯著仰懇睿鑒特加恩褒事》：「六月十六日臣等督師攻進鹿耳門，克復安平，正及退潮之際，海水加漲六尺……各舟師……群擠直入。」[50]即可看出周于仁把康熙二十二年發生在莆田平海衛及康熙六十年藍廷珍攻打鹿耳門所發生的傳說都置入澎湖一地，並把「師泉井」張冠李戴為「大井」。這個誤導，後代官員繼續沿襲，乾隆三十三年（1766）胡建偉纂的《澎澎紀略》，道光十二年（1832）蔣鏞的《澎澎續編》及光緒年間林豪的《澎澎廳志》全都沿用，[51]今天媽宮澳天后宮也以「開臺澎湖天后宮」自稱，其實是有討論空間的。

（二）、臺灣府天妃宮

臺灣府天妃宮是清朝官員在臺所建第一座廟，金鋐《福建通志》云：「在府治鎮北坊赤嵌城南，康熙二十三年臺灣底定，靖海侯施琅以神有效順功倡建。」

高拱乾《臺灣府志》云：「在府治鎮北坊赤嵌城南，康熙二十三年臺灣底定，神有效靈，靖海將軍侯施琅同諸鎮捐俸鼎建。棟宇尤為壯麗，後有禪室，付住持僧奉祀。」

1984 年版《臺灣府志》云：「在府治鎮北坊赤嵌城南，康熙二十三年臺灣底定，將軍侯施同諸鎮以神有效順功，各捐俸鼎建。廟址即寧靖王故宅也，內庭有御勅龍區輝煌海澨。」[52]三志所載廟宇地點、創建年份、創建原因俱同，僅 1984 年版《臺灣府志》增加「廟址即寧靖王故宅也，內庭有御勅龍區輝煌海澨。」等字。

---

[50] 見《天妃顯聖錄》〈歷朝襃封致祭詔誥〉。
[51] 林豪《澎澎廳志》，卷二規制，祠廟，天后宮。
[52] 澎湖天妃廟，明萬曆年間已見著錄，蔣毓英《臺灣府志》謂係鄭芝龍建，也與史實不符。

　　1984 年版蔣毓英《臺灣府志》「廟址即寧靖王故宅」的說法，季麒光《蓉洲詩文稿》及康熙《臺灣縣志》皆可印證，但「內庭有御勒龍匾輝煌海滋」一語，則未見《福建通志》、《靖海紀》及各種公、私文書記載，尤其季麒光曾借用天妃宮辦公長達半年，也推動天妃宮後續擴建工程，也撰有歌頌天妃宮的詩，但於「御勒龍匾」之事隻字未提。

　　皇帝賜匾額給天妃廟早有其例，如北宋宣和五年賜「順濟」廟額，清代亦有之，康熙六十年（1721）朱一貴在臺灣稱王建號，事定後康熙去世，雍正四年（1726）福建水師提督藍廷珍以天妃助順題請皇帝賜匾。七月禮部將御書「神昭海表」四字匾式，交福建提塘送往水師提督敬謹製造懸掛於湄洲、廈門、臺灣三處天妃神祠。臺灣方面由總兵官林亮依式製造完竣後於十一月二十八日會同臺灣文、武官員恭迎至天妃廟懸掛後層報至中央。[53]所以皇帝賜匾事，會牽涉到：何事？何人題請？何時？如何執行？掛於何廟？等問題，政府檔案、地方志、當事人及賜匾廟宇均會留下紀錄。尤其府城天妃宮為施琅與攻臺將領共建，御賜龍匾「輝煌海滋」的說法亦未見於施琅《靖海紀》及相關奏摺，御賜龍匾一事為1985 年版為《臺灣府志》所獨創，毫無旁證可支持其說，可說是近年媽祖研究所見的怪現象。

六、結語

　　媽祖信仰是當今臺灣民間最主要的信仰，相關信仰習俗深入民間，影響及庶民生活、經濟行為各層面。今人溯本追源，常會認為媽祖信仰應是奠基於漢人大規模移民的明鄭時代，而引入建廟者就是鄭成功家族。但實際研究明末清初史料及方志，卻發現明鄭時期崇信的主要神祇是玄天上帝。

　　1985 年北京中華書局為了慶祝清朝統一臺灣三百周年，出版蔣毓

53　參見《天妃顯聖錄》，〈福建水師提督藍　以康熙六十年克復臺灣叨神顯助至雍正四年題請
　　匾聯疏文〉。

英《臺灣府志》，在澎湖天妃宮新增：「鄭芝龍建，偽藩更新之」等字，臺灣府天妃宮新增：「內庭有御勅龍匾輝煌海澨」之句，學界據此撰文認定澎湖天妃宮是鄭芝龍建，媽祖是明鄭時代即有的祀神。然經考查《臺灣府志》的書稿來源、版本，發現此書可能是中國官方為防止臺獨，拉長兩岸歷史淵源，促進統一而編造的新偽書，所述澎湖天妃宮位於東西衛澳，並非位於媽宮澳的澎湖天后宮。

　　2006 年 1 月香港人民出版社出版了季麒光《蓉洲詩文稿選輯》，季麒光曾參與府城天妃宮的修建，協助住僧寄漚向在臺任職官員及閩商、漁戶勸募修建天妃宮配屬建築戲臺、厨房、僧房等，並捐俸購置僧田為香燈之資，從其文章可以看出天妃是清朝官方引入並積極推動的信仰。以季麒光對天妃信仰之深，貢獻之巨，《蓉洲詩文稿選輯》卻無一語及於康熙龍匾，可證此事為後人編造。《蔣府志》編者期望以臺灣人信仰最深的媽祖信仰鞏固兩岸關係，透過宗教信仰緩和民間對立，其用心甚深，但卻混淆了臺灣媽祖信仰歷史的真面目。

歷史文獻中的北港朝天宮

一、前言

　　臺灣地區的媽祖信仰，在清朝設置臺灣府後，因政府將歷年平定朱一貴、林爽文等大型抗清事件歸功於媽祖保佑，而予以誥封、建廟、賜匾等褒揚，又在雍正十一年（1716）通令全國沿江沿海各省列為祀典，地方官每年春、秋致祭，加上媽祖原已是閩人崇祀神之一，在清朝中葉媽祖即與王爺成為臺灣民間信仰主流。

　　康熙末年已見於官修《臺灣府志》、《臺灣縣志》、《諸羅縣志》記載的媽祖廟，計有：鎮北坊天妃宮、安平鎮天妃宮、澎湖天妃宮、干豆門天妃宮、諸羅縣天妃宮、鹿耳門天妃宮、西定坊天妃宮、笨港街天妃廟、鹹水港街天妃廟等九所。

　　笨港街原指今雲林、嘉義二縣交界之北港溪北岸北港鎮（雲林縣管轄）與南岸新港鄉南港村（嘉義縣管轄）一帶，相傳為閩人顏思齊、鄭芝龍入臺開墾首站，荷據時期曾派兵在此駐守、抽稅，清領初，也在笨港駐兵，並規劃為北路唯一米糧出口港。清雍正年間，政府在此設縣丞管理百姓，乾隆年間更因街肆太大，將笨港街分成笨港南街、笨港北街，分屬打貓西堡、大榔槺東堡，但二者仍歸諸羅縣（後改名嘉義縣）管轄，直至光緒十三年臺灣建省，在彰化、嘉義間另成立雲林縣，笨南港、笨北港始分屬二縣。

　　北港朝天宮位於笨北港街範圍內，創建於康熙年間，因李獻章曾提出笨港天妃宮於嘉慶年間被洪水沖毀之說，引發新港與北港媽祖正統之爭。本文檢索與笨港天妃廟、天后宮及北港朝天宮的相關記載，互相比對，期能理出前後關係，釐清北港朝天宮歷史源流。

二、臺灣方志有關笨港街天妃廟的記載

1.周鍾瑄《諸羅縣志》。

有關笨港街天妃廟的記載，始見於康熙五十六年（1717）周鍾瑄纂修的《諸羅縣志》，云：

> 天妃廟：一在城南縣署之左，康熙五十六年知縣周鍾瑄鳩眾建。一在外九莊笨港街，三十九年居民合建。一在鹹水港街，五十五年居民合建。一在淡水干豆門，五十一年通事賴科鳩眾建，五十四年重建，易茅以瓦，知縣周鍾瑄言其廟曰靈山。[1]

所記四廟，都建於康熙年間，其中笨港街天后廟年代最早，其創建年代距《諸羅縣志》修志年代尚未滿二十年，所述應有所據。

笨港街所在的「外九莊」，據同書卷二〈規制志〉，「莊」，外九莊條下書明九莊為：北新莊、大小棟榔莊、洪水港莊、土獅仔莊、鹿仔草莊、龜佛山莊、南勢竹莊、大坵田莊、龜仔港莊。[2]其範圍含括今雲林縣新虎尾溪以南、嘉義全縣、臺南縣鹽水鎮以北沿海平原之廣大土地：同卷「街市」復載有外九莊內之街市四處，云：「笨港街（商賈輳集，臺屬近海市鎮，此為最大）、土獅仔街、猴樹港街、洪水港街。俱屬外九莊。[3]」由此可見笨港街為嘉南平原沿海最繁榮的街市，故九莊居民在此建立天妃廟；因此，笨港天妃廟雖非官建廟宇，但其為外九莊民眾之媽祖信仰中心，應無可懷疑。

2.劉良壁《福建臺灣府志》。

康熙五十六年周鍾瑄纂修《諸羅縣志》以後，至乾隆五十三年諸羅縣易名為嘉義縣之六十年間，諸羅縣並無新修縣志產生，但臺灣府志則

---

[1] 見周鍾瑄《諸羅縣志》卷十二〈雜技志・寺廟〉・天妃廟條。民國五十七年十月，台北，國防研究院出版部發行。

[2] 見周鍾瑄，前引書，卷二〈規制志・莊〉。

[3] 見周鍾瑄，前引書，卷二〈規制志・街市〉

於乾隆年間迭有增修，有關笨港地區之歷史，均見於《臺灣府志》中。

　　乾隆五年（1740）劉良璧重修《福建臺灣府志》，內中記錄不少笨港地區的相關史料。其卷三〈山川〉、〈四邑海道〉，記載當時可通大舟者，計有鹿耳門、打狗、東港、上淡水等四處，可通小舟者，則有笨港等十二處，笨港並有小港可通鹿耳門內，名馬沙溝[4]。笨港除了本身是可通小舟的港口外，尚具有可與臺灣府城鹿耳門相通的優越自然條件，難怪其街市繁榮，百業鼎盛，僅次於臺灣府城。

　　《重修福建臺灣府志》卷五〈城池〉附〈街市〉，諸羅縣笨港街項下云：「在笨港，為大市鎮。」附〈橋梁〉諸羅縣笨港橋項下云：「木為之，在冬春之間架設，以通行人」。卷八〈戶役〉‧〈陸餉〉諸羅縣，笨港云：「店五百九十九間，共徵銀二百兩零五錢。」為諸羅縣唯一被課徵店稅的地方，當時全臺共有街市瓦草店厝五千三百五十間，共徵銀一千四百六十六兩六錢九分五釐二毫四絲二忽，即笨港店鋪佔全臺 11.18％；繳稅佔 13.97%。[5]另有設倉廒六十九間，其規模僅次於諸羅縣政府設在臺灣府之倉廒，而大於設在諸羅縣治者。[6]

　　因笨港重要性日增，清朝在北路營下派千總一員、兵一百五十名分防笨港汛；另在此設砲台一座、烟墩一座，由水師左營派守備一員、把總一員、兵二百三十名，戰船三隻分防。[7]又於雍正九年（1731）在笨港設縣丞署，置縣丞一人及相關職員以稽查地方兼查船隻人民出入。[8]

　　笨港經康熙、雍正十餘年雖有相當發展，但在廟宇方面並無新建，僅將媽祖的稱號由「天妃」改為「天后」。《重修福建臺灣府志》卷九〈典禮〉附〈祠祀〉諸羅縣天后廟條記載：「天后廟：在縣署左，康熙五十六年知縣周鍾瑄募眾建。一在外九莊笨港街，三十九年居民同建。一在

---

[4] 見劉良璧重修《重修福建臺灣府志》‧卷三〈山川〉。民國五十年三月，臺灣銀行經濟研究室發行。

[5] 見劉良璧，前引書，卷八〈戶役〉附〈陸餉〉臺灣府、諸羅縣。

[6] 見劉良璧，前引書，卷十二〈公署〉諸羅縣：倉廒。

[7] 見劉良璧，前引書，卷十〈兵制〉臺灣鎮北路營、臺灣水師協鎮左營。

[8] 見劉良璧，前引書，卷十三〈職兵〉官制。

鹹水港街，五十五年居民同建。」[9]

3.范咸《重修臺灣府志》

至乾隆十年（1745）巡臺御史范咸等人又重修《臺灣府志》，因距劉良璧重修《福建臺灣府志》僅五年，故志中除增加不少有關朱一貴事件相關資料外，笨港地區的建置、兵補、倉廠、祠祀等記載並無變化。《重修臺灣府志》卷七〈典禮〉附〈祠祀〉諸羅縣天后廟條記載：

> 天后廟：在縣署左，康熙五十六年知縣周鍾瑄募眾建。又一在外九莊笨港街，三十九年居民同建。一在鹽水港，五十五年居民同建。[10]

4.余文儀《續修臺灣府志》

乾隆二十九年（1764）余文儀續修《臺灣府志》，笨港地區建置、兵備等項未有變化，但其街市卻不斷發展、擴大，由原來笨港一街分為「笨港南街」、「笨港北街」，而有「小臺灣」的稱呼。

《續修臺灣府志》卷二〈規制〉〈街市〉，諸羅縣笨港街項下云：「距縣三十里，南屬打貓保，北屬大櫟榔保。港分南、北，中隔一溪，曰南街、曰北街；舟車輻輳，百貨駢闐，俗稱小臺灣。[11]」百業的興隆也反映在官設倉廠上，笨港原有倉廠六十九間，至此則增為一百零九間，較設在縣治之倉廠八十間多出二十八間。[12]顯現諸羅縣政府在笨港地區的稅收不斷成長。

相對於笨港的繁榮，笨港橋已成南北往來的要道，同卷〈橋梁〉，諸羅縣笨港橋項下云：「在笨港街，南北孔道。……於冬春編竹為之，

---

[9] 見劉良璧，前引書，卷九〈典禮〉附〈祠祀〉諸羅縣天后廟條。

[10] 見范咸《重修臺灣府志》卷七〈典禮〉附〈祠祀〉諸羅縣天后廟條。民國五十年十一月，臺灣銀行經濟研究室發行。

[11] 見余文儀修《續修臺灣府志》卷二〈規制‧街市〉，諸羅縣笨港街。民國五十一年四月，臺灣銀行經濟研究室發行。

[12] 見余文儀，前引書，卷二〈規制‧倉庫〉，諸羅縣倉廠。

至夏秋間水漲後，設濟以渡。」同卷〈橋梁〉，諸羅縣笨港渡項下云：「在笨港街，在縣西三十里。雍正二年，知縣孫魯批允本街天后宮僧人設渡濟人，年收渡稅充為本宮香燈。」[13]笨港雖然已經發展至南、北二街，店鋪理應增加不少，但在府志中卻無增加之記錄，卷五〈賦役〉‧〈陸餉〉諸羅縣，笨港市厝云：「五百九十九間，每間徵銀不等，共徵銀二百兩零五錢。」所記與乾隆五年劉良璧《福建臺灣府志》之記載相同，也是諸羅縣唯一被課徵市厝稅的地區。又雍正九年在笨港設立縣丞署，原設在笨港街磚仔窯，但在雍正十二年（1734）移建南港坂頭厝。[14]

關於媽祖的信仰，《續修臺灣府志》卷七〈典禮〉〈祠祀〉諸羅縣天后廟條記載如下：「天后廟：在縣署左，康熙五十六年知縣周鍾瑄募眾建。又一在縣署內，乾隆二十六年知縣衛克堉新建。一在縣治西門，乾隆二十五年泉州民募建。又一在外九莊笨港街，三十九年居民同建。一在鹹水港街，五十五年居民同建。一在蘭井南勢，乾隆二十七年平和縣民建。[15]」

所記諸羅縣的天后廟增加了三所，但笨港街的天后廟全無變化，仍是康熙三十九年外九莊居民合建的那一座。

5.陳壽祺《福建通志》

道光九年陳壽祺總纂，延至同治七年（1868）林振榮、王景賢校刊之《福建通志》，其出版年代雖較遲，但其體例並不完整，不分卷，資料也未增新，書中〈壇廟〉，臺灣府嘉義縣天后宮條記載：

天后宮：在縣署左，康熙五十六年知縣周鍾瑄募眾建。

其餘余文儀府志已有各天后均未見記載。

---

13 見余文儀，前引書，卷二〈規制‧橋梁〉，諸羅縣笨港渡。

14 見余文儀，前引書，卷二〈規制‧公署〉，諸羅縣縣丞。

15 見余文儀，前引書，卷七〈典禮‧祠祀〉，諸羅縣天后廟。

6.纂修者不詳的《嘉義管內采訪冊》

光緒十三年（1887）臺灣設省，以當時舊虎尾溪以南，笨港溪以北另外成立雲林縣，笨港溪以南仍屬嘉義縣，即笨北港街屬雲林縣轄，笨南港街屬嘉義縣轄。臺灣建省後，準備編修《臺灣省通志》，通令各縣設局采訪，但尚未成書，即因光緒二十年中、日甲午戰爭，中國戰敗，將臺灣割予日本，僅留下部分采訪冊。而雲林、嘉義二縣的采訪冊皆留存下來，為瞭解清朝末年笨港地區之珍貴史料。

嘉義縣所留下來之采訪冊名為《嘉義管內采訪冊》，采訪者不詳。其〈打貓西堡〉，即含蓋笨新、舊南港在內。〈打貓西堡〉〈積方〉，記載舊南港莊云：「一百五十一番戶，六百九十三丁口。」記新南港街云：「一千一百零六番戶，四千九百七十五丁口。」[16]

可見此時的舊南街已經萎縮成一個莊，不再使用笨港南街之名，改稱為「舊南港」，其地位已經被「新南港街」取代。至於新南港的狀況，《嘉義管內采訪冊》〈打貓西堡〉〈街市〉，新南港街云：

> 在嘉義城西北二十五里，距打貓十二里，居民先世多由舊南港街移來者，故名新南港街。道光（乾隆）四十七年漳泉分類，舊南港甚為蹂躪，嗣因笨溪沖陷房屋街市甚多，故移至是地。人煙輻輳，百貨充集，笨港海船運糖米者半購於此焉。地當衝要，街分六條，附近鄉村賣買咸會於是，雖不可比濱海之都會，亦嘉屬之一市鎮也。[17]

此段記載，說明舊南港街因經乾隆四十七年漳、泉分類械鬥及笨港溪沖陷房屋街市甚多，故笨南港街居民移居至五公里外的麻園寮重建南港街，並說「笨港海船運糖米者半購於此」，即說明當時新南港人認為新南港是笨港糖米的主要供應地，「笨港」另有其地。

《嘉義管內采訪冊》〈打貓西堡〉，祠宇，也詳載打貓西堡的廟宇如

---

[16] 見《嘉義管內采訪冊》〈打貓西堡‧積方〉。民國五十七年十月，臺北，國防研究院出版部發行。

[17] 見《嘉義管內采訪冊》〈打貓西堡‧街市〉。

下：

　　登雲閣：在新南港街之東門外，崇祀文昌帝君，港中近莊各士子，
　　　　　　每於此會文講學。道光十五年八月紳民公建。
　　奉天宮：在新南港街，崇祀天上聖母，嘉慶戊寅（二十三）年三
　　　　　　月紳民公建。
　　大興宮：在新南港街之後街，崇祀保生大帝，嘉慶九年十一月紳
　　　　　　民公建。
　　肇慶堂：在新南港街之大街，崇奉福德正神，嘉慶辛未年十月紳
　　　　　　民公建。
　　西安堂：在新南港街之松仔腳，崇奉福德正神，道光十五年十月
　　　　　　紳民公建。
　　慶興宮：在南港街之南勢街，崇奉池府王爺，同治六年正月紳民
　　　　　　公建。
　　水仙宮：在舊南港，後枕笨港溪，崇奉水仙王於前殿，崇奉關聖
　　　　　　帝君於後殿，乾隆庚子年正月紳民公建。
　　福德堂：在舊南港，崇祀福德正神，道光十九年四月人民公建。
　　南壇水月庵：在新南港街西端，崇奉觀音佛祖，乾隆辛亥年十月
　　　　　　紳民公建。[18]

　　　上述廟宇建築年代，依序為：舊南港的水仙宮（乾隆四十五年）、
舊南港東端的水月庵（乾隆五十六年）；新南港後街的大興宮（嘉慶九
年）、大街的肇慶堂（嘉慶十六年）、奉天宮（嘉慶二十三年）；東門外
的登雲閣、松仔腳的西安堂、舊南港的福德堂、慶興宮。這個順序剛好
可以顯示笨南港居民逐漸往新南港的時序，即：乾隆年間南港街民還安
心住在笨南港街，至嘉慶九年，同安籍居民開始移居新南港後街，建立
保生大帝廟；復以農業耕作需要，在大街建立肇慶堂奉祀福德正神，至
嘉慶二十三年又建立奉天宮以奉祀媽祖。至道光以後，笨南港農業有復
甦現象，建立土地公廟福德堂與池王爺廟慶興宮。

　　　從上述打貓西堡廟宇建立情形，可以看出新南港雖然沿用「港」名，

---

[18] 見《嘉義管內采訪冊》〈打貓西堡・祠宇〉。

但因當地已遠離笨港溪流，實際上已無河港功能，整個街市的型態已經轉變為以農業生產及農產品集散為主的區域，因而特別重視「福德正神」土地公崇祀，其廟宇有三座之多；而媽祖廟奉天宮至嘉慶二十三年才建立，其原因應與新港居民不從事海上貿易有關，因媽祖素被視為航海保護神，保生大帝則為家鄉神及醫神；福德正神則為農業生產神，相較之下，媽祖廟建立的急迫性就不如保生大帝與福德正神矣。

　　《嘉義管內采訪冊》的史料可以闡述笨港南港街演變成新港街的過程，但研究新港奉天宮歷史者卻一直未予引用，十分可惜。

7.倪贊元《雲林縣采訪冊》

　　《雲林縣采訪冊》成稿於光緒二十年前，全書不分卷，以堡為單位，分門別類加以記錄。時笨港北街已改稱北港街，行政區屬大槺榔東堡。

　　《雲林縣采訪冊》〈大槺榔東堡〉〈積方〉北港街項下云：

　　　北港街，七千一百五十戶，四萬零九百三十七丁口。[19]

〈港〉北港項下云：

　　　即笨港，在線西南四十五里，源通洋海。金、廈、南澳、澎湖、安邊等處商船常川往來，帆檣林立，商賈輻輳。因水淺沙凝，洋船不能進口，故每次海防均無夷患。[20]

〈街市〉北港街項下云：

　　　即笨港，因在港之北，故名北港。東、西、南、北共分八街，煙戶七千餘家，郊行林立廛市毘連。金、廈、南澳、澎湖商船常由內地載運布疋、洋油、雜貨、花金等項來港銷售，轉販米石、芝麻、青糖、白豆出口；又有竹筏為洋商載運樟腦前赴安平轉載輪船往香港等處。百物駢集，六時成市，貿易之盛，為雲邑冠。俗

---

[19]　見倪贊元《雲林縣采訪冊》〈大槺榔東堡・積方〉北港街。民國五十七年十月，臺北，國防研究院出版部發行。

[20]　見倪贊元，前引書，〈大槺榔東堡・港〉北港。

人呼為小臺灣。[21]

〈營汛〉北港汛項下云：「隸嘉義營屬，千總一員。」[22]〈渡〉北港渡項下云：「北港渡凡三，皆以竹筏為之，於街外東南、西南溪中，以載行旅。」[23]

由上述資料看，清朝中葉繁盛的笨港南、北街，已經演變成北街一枝獨秀，而所以致此的原因，除前述漳、泉分類及笨港溪氾濫沖陷南港房屋街市甚多外，與當時北港溪南、北兩岸港道的深淺變化有關。

北港溪外接臺灣海峽，港道實為海汊，潮汐相通。商船由廈門起，順東南斜線行，風順一日可達港內，北深南淺，深處水約丈餘，可容千餘石商船。南則沙線沿表，船不敢泊，惟吃水三、四尺者可暫寄椗。[24]因為北岸深、南岸淺，北岸可泊千餘石商船，南岸吃水僅三、四尺，船不敢泊船；笨港北街則因商船可停泊交易，持續維持繁榮，使「笨港」的商業重心逐漸集中在「笨北港」，地名再經簡化為「北港」。

《雲林縣采訪冊》〈大槺榔東堡〉〈祠宇〉對天后宮描述云：

> 天后宮，在街中，雍正庚戌年建。乾隆辛未年，笨港縣丞薛肇熿與貢生陳瑞玉等捐資重建，兼擴堂宇，咸豐十一年訓導蔡如璋倡捐再修，擴廟庭為四進：前為拜亭，兼建東西兩室；二進祀天后；三進祀觀音大士；後進祀聖父母。廟貌香火之盛，冠於全臺。神亦屢著靈異，前後蒙頒御書匾額二方，現今鉤摹，敬謹懸掛。每歲春，南北居民赴廟進香絡繹不絕。他如捍災、禦患、水旱、疾疫，求禱立應。官紳匾聯，多不勝書。宮內住持僧人供奉香火，亦皆恪守清規。[25]

所記天后宮之格局、各殿奉祀神明之狀況及僧人供奉香火之情形，皆與北港朝天宮一致。〈匾〉項下，「神昭海表」云：

[21] 見倪贊元，前引書，〈大槺榔東堡・街市〉北港街。
[22] 見倪贊元，前引書，〈大槺榔東堡・營汛〉北港汛。
[23] 見倪贊元，前引書，〈大槺榔東堡・邊防〉北港渡。
[24] 見倪贊元，前引書，〈大槺榔東堡・渡〉北港渡。
[25] 見倪贊元，前引書，〈大槺榔東堡・祠宇〉天后宮。

在天后宮，嘉慶間御賜。

「慈雲灑潤」匾云：

光緒十二年嘉邑大旱，知嘉義縣事羅建祥屢禱不雨，適縣民自北港迎天后入城，羅素知神異，迎禱之，翌日甘霖大沛，四境霑足，轉歉為豐，詳經撫部院劉公（銘傳）具題，蒙御書「慈雲灑潤」四字，今敬謹鉤摹，與嘉慶年間所賜共懸廟廷。

「海光靈貺」匾云：

道光十七年，本任福建水師提督王得祿統兵渡臺，舟次外洋，忽得颱風，禱神立止，兼獲順風以濟，遂平臺亂，上匾誌感。[26]

上述三塊匾額，日前仍懸掛在北港朝天宮。同書，〈藝文〉載有〈重修天后宮碑記〉，文云：

天后宮建自雍正庚戌歲，脩於乾隆辛未年，迄今二十六載，故制牆楹卑窄不足以揭虔妥靈，而又梁棟赤白，多剝不治。余蒞港之明年，捐俸倡修，於是董事陳瑞玉等集眾捐需，庀材鳩工而葺之。不數月而蕆事，故者聿新，卑者益高，窄者闊廣，丹垣刻捅，煥然改觀。而歲大有年，風災熄滅、海不揚波，民無覆溺，皆神貺也。余曰：神亦人也，惟天后聖母，海內外舟車所至，凡有血氣者莫不尊親。夫人窮返本，勞苦者倦極而呼天，疾痛慘怛而呼父母；浸假而居恒於所應尊親者而反疏褻之，倫常乖舛，汩沒天良。一旦履風濤、觸鮫蜃，千里而遙，百里而溺，存亡呼吸之頃，始乞靈於神，而尊之親之，呼天而呼母，神將瘅其惡而不為之呵護者矣。今聖天子以孝治天下，車書大同，臺海之民，百餘年來休養生息，咸能崇本抑末，各親其親，各長其長。有子曰：『其為人也孝弟，而好犯上鮮矣；不好犯上而好作亂，未之有也。』天道賞善而罰惡，神亦體天而行道，能以事人者事神，而神不降之福乎。余故曰：『神也亦人也』。諸紳士民請書廟成而獲神庥于石，為道其所以然之故，俾就感

26 見倪贊元，前引書，〈大槺榔東堡‧匾〉。

而興起焉。至於神之所從來與夫事蹟、靈應，祀典記載所及，已昭然在人耳目，故不必復贅。」[27]

此一石碑，目前樹立在北港朝天宮聖父母殿前庭，原碑文除了碑額以小篆書「重修諸羅縣笨港北港天后宮碑記」，並列出碑文撰寫者為諸羅縣丞金匱薛肇熿；碑額撰寫者為華亭林思補；碑末署年為乾隆四十年十二月，董事為：貢生陳瑞玉、監生蔡大成、監生王希明、總約楊允廈、梅山蔡世國、行戶劉恒隆、張克昌、鄭奇偉、陳愧賢、僧能澤等。

《雲林縣采訪冊》〈兵事〉，〈土寇〉載有北港天后宮靈驗事蹟如下：

> 同治元年，戴萬生陷彰化，遂圍嘉義，遣股撲北港，港民議戰議避，莫衷一是，相率禱於天后，卜戰吉，議遂定。乃培土為壘，引溪為濠。事方畢，賊大至，居民迎神旂出禦；賊不戰，退，時四月也。自是屢來窺伺，既不得逞，遂破新街，焚掠居民；港人集義勇出救。救出被難男婦甚多，兼擒賊二人。詢以前此不戰之故；賊稱是日見黑旂下兵馬雲集，雄壯如神，故不敢戰。民始悟天后顯靈保護，共詣廟叩謝，守禦益力。屢與賊戰，均勝，前後斬獲數百級，港民受傷陣亡者僅十餘人。然賊勢眾，新街未能即復。七月，官軍至，獲賊間諜，與義勇分道出擊，大敗賊黨，狂追十餘里，遂復新街，并隨官軍解嘉義圍，集捐米一千石、洋銀二千五百元以濟城眾，大榤榔堡盜平。[28]

在臺灣，平均大約一千人即擁有一座廟，如新南港四千九百七十五丁口，其街內有五座廟宇，北港皆有四萬零九百三十七丁口。依人口比率，應有四十座廟，但卻只有旌義亭、天后宮、文昌廟、彌陀寺、王爺廟等數座廟宇。旌義亭是為崇祀林爽文事件保衛家鄉犧牲一百零八位義民而建；文昌祠為讀書人會文講學之所；彌陀寺則為佛教寺院。易言之，北港天后宮因其歷史悠久，僧侶恪守清規，媽祖靈驗事蹟甚多，政府官

---

[27] 見倪贊元，前引書，〈大榤榔東堡·藝文〉重修天后宮碑記。
[28] 見倪贊元，前引書，〈大榤榔東堡〉〈兵事〉土寇。

員亦予推崇，故吸引大量信徒，成為超地區性廟宇。

三、文獻上有關北港朝天宮的記載

　　北港天妃廟畢竟為諸羅縣以北最早建立廟宇及外九莊居民的信仰中心，除了各種方志外，地方古文書契也有相關記載。日本領有臺灣以後，成立「臨時臺灣舊慣調查會」蒐集整理臺灣民間各種行事慣例，並於明治四十三年（清宣統二年，1910）編印成《臺灣私法》暨《臺灣私法附錄參考書》，其中即有許多有關朝天宮的記載。

1.臨時臺灣舊慣調查會編印《臺灣私法附錄參考書》

　　《臺灣私法附錄參考書》，第二卷上，錄有〈斗六廳北港街朝天宮來歷〉一文，〈北港朝天宮由來〉云：

> 北港朝天宮，前繫笨港天后宮，自康熙三十三年三月，僧樹壁奉湄洲朝天閣天后聖母到地。因九庄前繫泉、彰（漳）之人雜處，素感神靈，無從瞻拜，故見僧人奉神像來，議留主持香火，立祠祀焉。僅茅屋數椽，而祈禱報賽，殆無虛日。雍正中，神光屢現，荷庇佑者，厄材鳩資，改竹為木，改茅為瓦，草草成一小廟。乾隆間，笨港分縣因航海來臺，感戴神庥，始捐俸倡修。命貢生陳瑞玉、監生蔡大成等鳩資補助，廣大其地，廟廡益增巍峨。以神由湄洲朝天閣來，故顏其額曰朝天宮。[29]

　　文中對朝天宮創建過程有詳細說明，不僅說明笨港天后宮就是北港朝天宮的前身，也說明朝天宮命名的典故、雍正年間廟宇易茅為瓦、易竹為木、乾隆年間擴建的過程。其後《工程略說》錄有〈重修諸羅縣笨港天后宮碑誌〉、〈增修來歷〉記載咸豐年間增修詳情，更特別的是其〈業主及現管人名〉列出「業主陳立勳、後管理人陳瑞玉」的記載。

---

[29] 見明治四十三年臨時臺灣舊慣調查會編《臺灣私法附錄參考書》第二卷，上，〈斗六廳北港街朝天宮來歷〉，北港朝天宮由來。

陳瑞玉為乾隆四十年領導擴建朝天宮的貢生，任管理人應屬合理。陳立勳其人，據《臺灣省通誌》謂於康熙初年（即明鄭時期）墾雲林縣北港鎮。[30]另楊緒賢《臺灣姓氏源流考》，亦謂陳立勳於明鄭時期入墾雲林北港。[31]經調查陳氏後裔目前散居雲林縣北港鎮、水林鄉，嘉義縣鹿草鄉、嘉義市等地，在鹿草鄉山仔腳現有宗祠一所，為一大家族。[32]

　　《臺灣私法附錄參考書》第三卷，上，九〈鬮分之際龍眼樹枝歸屬及其果實收得方法約定契字〉即為陳立勳後裔在乾隆五十五年分家的鬮書。鬮書列出陳家產業含：「嘉邑北埔下股草地一所，庄名牛稠腳、六斗尾、中六斗、頂六斗、竹仔腳、塗間厝、前水漆林、中水漆林、後水漆林、下樹仔腳等庄……及北港宮口店三坎。」[33]這些土地分布在今天雲林縣北港鎮、水林鄉，嘉義縣鹿草、六腳等鄉，可證陳家在外九莊果真田連阡陌，在北港朝天宮前還有店面三坎。另外，居住在北港鎮的陳立勳後裔陳庚來保存有陳家在道光十七年立的分家鬮書，從其第一、二款條文，竟發現在乾隆年間領導重建朝天宮的貢生陳瑞玉竟是陳立勳後裔。文云：

> （前略）一、計開牛稠腳、六斗尾、竹仔腳、頂六斗、中六斗、海埔寮、塗間厝、下樹仔腳、考試潭等九庄公租，三年輪值一次……其配納陳碧玉正供穀壹拾陸石壹斗伍升陸合；陳瑞玉正供穀壹拾參石捌斗捌升肆合，併車餉壹張伍兩陸錢既經營管糧差雜費俱歸值收之人帶為完納。一、計開水漆林三庄公租，三年輪值一次……其配納陳碧玉正供穀五石；陳瑞玉正供穀五石，共拾石，亦歸值收之人代為完納。[34]

30 見李汝和主修《臺灣省通志》卷二〈人民志〉氏族篇，第五章第一節，陳姓。民國五十八年六月，臺灣省文獻會等發行。

31 見楊續賢《臺灣區姓氏堂號考》，頁181，臺灣區一百大姓考略，陳姓。民國六十八年六月，臺灣省文獻會等發行。

32 見蔡相煇，〈開拓嘉南地區的陳立勳家族史料〉，民國八十年一月，《國立中央圖書館臺灣分館通訊》，第十五期，頁87-106；國立中央圖書館臺灣分館印行。

33 見《臺灣私法附錄參考書》第三卷，上，第九〈鬮分之際龍眼樹之歸屬及其果實收得方法約定契字〉。

34 同32，原契藏北港鎮華勝里文昌路陳庚來先生家。

　　從文義上看，陳碧玉、陳瑞玉不僅是人名，應該也是陳家向政府納稅（正供）的戶號，因此輪值收租之陳家後裔需代為完納稅穀。綜合上述《臺灣私法附錄參考書》記載的北港朝天宮及陳立勳家族史料，即可看出北港朝天宮創建歷史的完整性，及陳立勳家族護持的情形。

　　《臺灣私法附錄參考書》，第一卷上，載有乾隆四十二年〈陳寧老典契〉一則，也與朝天宮有關，文云：

> 出典契人陳寧老，自己與夥記承坐，明買瓦店壹座，前後二進。坐在北港媽祖宮邊，坐北朝南。東西四至，俱載在上手契內，明白為界。併店內大桶研石家器雜物各件，登明契後齊全。今因乏本營生，願將此店出典，先盡問叔兄弟侄人等，不能承受。外托中引就與日升號，出首承典。三面言議；出得員銀壹佰大員正，共銀即日同中交訖。店併家器物業，一齊隨時點交銀主，前去掌管、收稅、納租，不敢異言生端。……，立典契壹紙，併繳連上手及夥記分拆愿字共參紙，付執為炤。
>
> 　　代書人：楊允廈
> 　　作中人：楊世春
> 乾隆四十貳年六月　日
> 立典契人：陳寧老
> 知見人：長男陳興英[35]

　　契約內容為陳寧老將自有瓦店出典予「日升號」。觀所附店內器物名稱，應為染布坊，契中提到店鋪位於「北港媽祖宮邊」，可證明朝天宮在乾隆時代已位於市集中心，「北港」一詞，在乾隆年間即已被普遍應用。又契約代書人楊允廈，其姓名亦見於乾隆四十年《重修諸羅縣笨港北港天后碑記》，時任笨港「總約」，為朝天宮擴建九名董事之一。

2.相良吉哉《臺南州寺廟名鑑》

　　昭和八年（1933）十二月，《臺灣日日新報》臺南支局相良吉哉將

---

35 見《臺灣私法附錄參考書》，第一卷上，頁514-515。

臺南州各主要寺廟沿革加以彙整，編印成《臺南州寺廟名鑑》一書，書中第二三五頁，「朝天宮」項，記載如下：

> 所在：北港街北港五九一
>
> 教別：儒教
>
> 祭神：天上聖母
>
> 創立：康熙二十三年
>
> 信徒：百五十萬人
>
> 例祭：舊曆三月二十三日、九月九日
>
> 管理人：北港一〇九一　　　曾席珍
>
> 財產：祠廟及其敷地之外，為三六甲一九三八、田四甲二八〇一餘，每年祭祀費及其他開支外，尚有餘。
>
> 沿革：康熙二十三年三月，僧樹璧奉湄洲朝天閣天后聖母到此地。附近九庄泉州、漳州人相議謀，建小祠祀焉。初僅為茅屋小廟，而祈禱報賽，相接不暇，廟貌與神威不相稱。雍正八年，關係者協議改建，改竹為木，改茅為瓦。乾隆三十八年，諸羅縣笨港縣丞金匱薛肇熿航海來臺，感神守護，命貢生陳瑞玉、監生蔡大成等鳩資一萬五千圓改築，其構造為神殿兩棟、拜亭二棟、東畔室仔六棟。正殿奉聖母，後殿聖父威靈嘉祐侯、母顯慶夫人、兄靈應仙官、姊慈惠夫人並祀之，室內為僧房。咸豐年間，王朝綸、蔡如璋等，重修各殿拜亭，增建東畔室仔一棟、西畔室仔七棟；工費約二萬圓。明治二十七年十月，拜亭罹火災，三十八年地震，四垂亭倒壞，大殿破損。於明治四十年北港支廳長安武昌夫首倡，區長蔡然標發起申請募集資金六千圓改建，結果募得七萬八千餘圓，於明治四十五年一月竣工，即今廟貌。其信仰者之多，改建時捐款人達三萬餘人，遍及全臺及中國。[36]

　　書中將北港朝天宮的創建年代寫成康熙二十三年，較《臺灣私法附錄參考書》早了十年，但所述：「僧樹璧奉湄洲朝天閣天后聖母到北港、九莊居民合建、雍正八年易茅為瓦」的說法是與臨時臺灣舊慣調查會編

---

[36] 見相良吉哉編《臺南州寺廟名鑑》第 235 頁，「朝天宮」。昭和八年十二月臺灣日日新報臺南支局印行。

印的《臺灣私法附錄參考書》一致的。

3.宮本延人《日本統治時代臺灣的寺廟整理問題》

日本統治臺灣末期，為落實皇民化運動，而展開寺廟整理工作，燒神像、毀廟宇、沒收廟產，其最終目標是要消滅臺灣人的傳統信仰。因此事引起臺灣人極大反感，動搖臺灣人對日本統治的信心，臺灣總督府乃派宮本延人深入各地調查實施情形，並於民國三十三年中止施行。《日本統治時代臺灣的寺廟整理問題》即為宮本延人將當年調查報告加以整理編印成者，其資料為第一手史料。書中〈存續廢合寺廟有關說明資料〉，「媽祖廟」附加說明如下：

> 祭祀媽祖的廟宇，為臺灣廟宇的第三位。媽祖是女神，又稱天后或天上聖母。因屬航海神，水運業者信仰最深，加上其靈驗顯著，一般民眾信仰者很多，北港朝天宮的媽祖是其中最受崇敬者。媽祖發祥地在華南的福建省興化府莆田縣湄洲嶼，從此地迎請媽祖分身或香火者甚多。[37]

同書，〈信仰最深廟宇數例〉中列舉不同性質廟宇五座，加以說明。其中媽祖廟以朝天宮為例，記載如下：
（1）所在地：北港郡北港街北港五九一番地
（2）主神：天上聖母（媽祖）：鎮殿媽、祖媽、二媽、副二媽、三媽、副三媽、四媽、五媽、六媽、糖郊媽、太平媽。
（3）從祀：司香女、司花女、千里眼、順風耳
（4）配祀：土地公、文判、武判、招財、進寶、註生娘娘、五文昌、三界公、神農黃帝、十八羅漢、觀音佛祖、彌勒菩薩、釋迦佛、阿彌陀佛、善財、龍女、韋馱、護法、忠勇公（福康安）。

---

[37] 見宮本延人，《日本統治時代臺灣的寺廟整理問題》頁248，〈存續廢合寺廟有關說明資料〉，「媽祖廟」。1988年，日本奈良天理教道友社發行。

（5）經典：慈濟經、金剛經、觀音經、準提咒

（6）例祭日：三月二十三日、九月九日

（7）境內地：四百六十二坪一〇五

（8）建物：二百六十六坪二合九勺

（9）維持區域：臺灣全島

（10）信徒：約三萬人

（11）參拜者：年約百五十萬人

（12）管理人：北港郡北港街北港一〇九一番地　　曾席珍

（13）沿革：康熙二十三年，僧樹璧者，奉湄洲朝天閣天上聖母到此地。九庄（三棟榔、東庄、扶朝家、溝皂、樹仔腳、考試潭、土間厝、春牛埔、劉厝庄）之泉州、漳州人相議，建小祠祀焉。初僅為茅屋小廟，而祈禱報賽無虛日。雍正八年改竹為木，改茅為瓦。乾隆三十八年十月，諸羅縣笨港縣丞金匱薛肇熿航海來臺，感神守護，命貢生陳瑞玉、監生蔡大成等鳩資一萬五千圓改築，三十九年十二月竣工，其構造為神殿兩棟，父積慶侯、母顯慶夫人、兄靈應仙官、姊慈惠夫人並祀之。咸豐年間，王朝綸、蔡如璋等，重修各殿拜亭，增建東畔室仔一棟、西畔室仔七棟；工費約二萬圓。咸豐五年十月起工，九年三月竣工。明治二十七年十月，拜亭罹火災，三十八年四月震災，四垂亭倒壞，大殿破損。於明治四十年二月，北港支廳長安武昌夫首倡，區長蔡然標領銜，募集委員曾席珍外九名，向總督府申請舉辦全島性募捐改建基金，經總督府於明治四十年三月九日，以指令一七八九號認可。先募得六千圓，於明治四十一年八月二十六動工，總捐款額為七萬八千二百五十九圓參拾壹錢五厘，於明治四十五年一月

竣工。同月十一日舉行落成典禮，邀請全臺顯宦士紳與會，嘉義廳代理廳長佐佐木也出席。改建時捐款人達三萬餘人，其中捐款較多者，中國人為王子觀三百圓，臺灣人為辜顯榮二百圓。

（14）所屬財產：所屬財產，嘉義及北港田地約五十二甲（甲值一千五百圓），店鋪六軒（年收一千七百圓）。

（15）收入及支出大要：年收入含前述田地、店鋪收益及香油錢（昭和十六年度一千九百八十圓收入）、其他媽祖、神農迎請金等，年收入約三萬九千餘圓。支出以祭祀費、祭典費、僧侶工作費、書記薪津、工役費、修繕費、診療所補助費、稅金等。

（16）參考事項：甲、往年祭典費，慣例由三郊承擔，即蔡（大姓，連續二年）、陳、楊、許各姓輪值一年，主持祭典。大正十年改為委員制，每年召開委員會一次，委員十一名（內一名為管理人）由居住北港之商業、轎班、音樂各團體及保甲役員代表六十名出席選出。

乙、祭神除媽祖及五文昌之外，其餘在昭和十六年十一月燒掉。

丙、昭和十三年春以後，廢止燒金紙之行為。大正七、八年間，景氣佳時，金紙銷售達千圓以上。

丁、團體參拜者，都住宿於香燭店。北港街有香燭店二十軒，大者一軒可住千人。此種香燭店並非旅館，只賣旅客香燭及金銀紙，免費提供食、宿。然近來團體參拜者少，且禁燒金銀紙，加上日前物資管制，免費招待已形同廢止矣。

戊、本廟轎班會，一班四十名，共有五班。此五

班之祭神為媽祖、二媽、三媽、四媽、五媽。中、
日戰前，這些神，每年一月至二月被北部迎請，
二月至三月被南部迎請奉祀。

己、水師提督王得祿為剿平臺灣海峽海盜，祈求
媽祖保佑。事定後，奏請皇帝御書「神昭海表」
匾賜之；光緒時，地方大旱，祈求降雨，果驗，
御書「慈雲灑潤」賜之。又嘉慶年間水師提督王
得祿親獻「海天靈貺」匾；大正三年佐久間總督
獻「享於克誠」；昭和五年石塚總督獻「神恩浩
蕩」匾。[38]

宮本延人的記載，忠實記錄北港朝天宮的祀神、沿革、財產、收支、
祭典和日本皇民化運動燒掉許多神明的事實，反映臺灣總督府以公權力
強迫臺灣人日本化的急迫心態。

四、北港朝天宮現存文物的記載

1.北港朝天宮歷代住持牌位

北港朝天宮本身文物的保存，可謂相當良好，尤其歷代住持神位
牌，都完整無缺，經整理出如下：

（1）開山第一代圓寂比丘上樹下璧欽公蓮座。

（2）清臨濟正宗三十五世三代大祖重興北港宮彰化縣總持司篤齋
　　　能澤公蓮座。
　　　　徒：梅、衍、珍、鞏、琛。孫宗、仲全祀。

（3）清臨濟宗順寂沙彌志心慈公蓮座。
　　　　孝徒修德、修成、修論。孫浣衷全祀。

（4）臨濟正宗重興北港宮兩次比丘上浣下衷常公蓮座。

---

[38] 見宮本延人，上引書頁 262-266，朝天宮。

　　　　　孝徒皈藏、邇蓮、溫恭、邇鶴、丹嚴、丹霞；孝孫等合仝奉
　　　　祀。
　　內涵：生於乾隆乙酉（三十）年九月初一日丑時。
　　　　　卒於道光甲申（四）年六月十七日卯時。
　　　　　坐昂十二度用縫針坐庚向申酉卯分金庚字。
　　　　　穴在田尾庄坐西向卯兼庚申分金丁酉丁卯。
　（5）臨濟正宗重興北港宮沙彌上瑞下合惟公一位蓮座。
　　　　　孝徒振明、振寶、振華。孝徒孫朝慶仝奉祀。
　　內涵：皇清順寂沙彌上瑞下合惟公一位之蓮座。
　　　　　生於嘉慶癸亥（八）年九月初二日酉時建生。
　　　　　卒於咸豐丁巳（七）年五月十九日申時別世。
　（6）臨濟正宗重興朝天宮三（四）十四世順寂本師上振下明傳公
　　　　蓮座。
　　　孝徒朝慶、朝祥。徒孫達聰、達慎等奉祀。
　　內涵：順寂本師法名振明傳公享壽七十一歲。
　　　　　源派福建省漳州府龍溪縣天柱巖住持。
　　　　　生於嘉慶戊辰（十三）年十月二十四日亥時受生。
　　　　　卒於光緒戊寅（四）年五月十二日丑時歸西。
　　　　　葬在埤頭抄封圍坐辛向乙兼戊辰辛酉卯分金。
　（7）臨濟正宗怡山都戒元釋達聰印公蓮座。
　　　　　內涵：臨濟正宗怡山都戒元釋達聰公強年三十六歲。
　　　　　生道光己酉（二十九）年四月初九日。
　　　　　卒光緒甲申（十）年七月二十三日。
　（8）臨濟正宗怡山都戒元上添下澤證公蓮座。
　　　　　孝徒勤禮、惟參。孝孫頓超仝奉祀。
　　　　內涵：生於咸豐甲寅（四）年十二月十三日吉時生。
　　　　　卒於明治庚子（光緒二十六）年七月十二日巳時歸西。
　（9）臨濟正宗重興北港宮沙彌上頓下超會公一位蓮座。

孝徒松茂、松林（紅紙粘貼神位上）。

內涵：號會公，享陽壽三十四歲。

生於大清光緒庚寅（十六）年三月二十三日。

卒於大正癸亥（民國十二）年二月二十九日申時。

（10）臨濟正宗上眼下淨公一位蓮座。

孝徒釋然妙奉祀。

內涵：生於光緒戊戌（二十四）年七月四日。

卒於民國辛亥（六十）年二月三日。

（11）臨濟正宗上然下妙公一位蓮座。

內涵：生於民國十一年四月十一日。

卒於民國七十六年十二月二十七日。[39]

這十一代住持中，前九代自清朝康熙年間至日治大正十二年止，係樹璧和尚一脈相傳下來者，其中第二代住持能澤曾兼任彰化縣總持司，第六代住持振明曾往福建省漳州府龍溪縣天柱巖習法。第七、八代住持達聰、添澤都曾往福建怡山（長慶寺、西禪寺）受業，並任都戒元職，在佛法上都有深湛造詣，此情形在早期臺灣佛教界恐不多見。至於第十代以後住持，則受日人政策限制，改聘日本妙心寺派下臺南竹溪寺出身僧侶為主持。

上述牌位，惟一有瑕疵者為第六代振明，其在臨濟宗的輩分應屬第四十四世，但神牌上誤刻為第三十四世。朝天宮開山廳另存一往生僧侶總牌，除曾任住持者圓寂後單獨立有神位奉祀外，其餘僧侶亡後合祀於此神牌，其名諱如下：[40]

被祀者	生　　　卒　　　年　　　月	奉祀者
岐衍仁智公	康熙己亥（五十八）年十月十三日生 乾隆癸卯（四十八）年九月初六日卒	孝徒法俊
妙珍傳公	雍正己酉（七）年二月十九日生 乾隆戊申（五十三）年四月二十日卒	孝徒志心
妙肇應公	雍正乙卯（十三）年八月初八日生 嘉慶丁巳（二）年十二月二十三日卒	孝徒仰仲

---

[39] 原神位牌現存北港朝天宮，括弧內年號數圍筆者所加。

[40] 同 39。

妙琛仁公	乾隆庚午（十五）年三月初二日生 道光癸未（三）年十一月十六日卒	孝徒體紀、體正
鼎梅惠公	乾隆甲戌（十九）年九月十六日生 乾隆壬寅（四十七）年十月二十九日卒	孝徒禪宗
禪宗友公	乾隆庚午（十五）年十二月二十三日生 乾隆癸丑（五十八）年十一月初三日卒	孝徒景端
體正寬公	乾隆庚辰（二十五）年八月十三日生 嘉慶戊午（三）年十月二十五日卒	孝徒景璋、葉祠
脩誠豐公	乾隆甲寅（五十九）年六月初三日生 道光乙亥（二十）年十二月初十日卒	孝徒浣衷
丹巖演公	乾隆丙申（四十一）年六月初五日生 道光辛卯（十一）年七月初十日卒	孝徒清泰、清順
清泰寬公	乾隆吉年十一月十五日生 道光吉年六月初一日卒	徒見昇、見益、見應
見應宏公	嘉慶吉年正月十八日生 道光丁未（二十七）年十月二十五日卒	徒瑞合、從愿、瑞芳、佛傳
見昇宏公	嘉慶吉年三月初三日生 道光丁未（二十七）年十月二十三日卒	孝徒從祐
見益宏公	嘉慶癸亥（八）年三月初十日生 咸豐己未（九）年八月初九日卒	
從愿惟公	嘉慶戊午（三）年二月初二日生 咸豐己未（九）年五月十四日卒	徒淡如、淡轉
淡如傳公	嘉慶丁卯（十二）年吉月吉日生 同治壬申（十一）年五月二十日卒	
朝慶法公	道光辛卯（十一）年六月十九日生 同治壬申（十一）年十一月二十一日卒	孝徒達聰
朝祥法公	道光辛卯（十一）年吉月吉日生 同治甲戌（十三）年六月二十六日卒	
朝復法公	道光庚子（二十）年三月二十日生 光緒癸未（九）年八月十二日卒	
添品證公	咸豐吉年吉月吉日生 光緒庚寅（十六）年二月二十八日卒	孝徒勤智
勤禮悟公	同治吉年吉月吉日生 光緒甲辰（三十）年三月十六日卒	
勤智悟公	同治吉年吉月吉日生 光緒癸巳（十九）年八月出一日卒	孝徒頓超
松茂融公	明治壬寅（光緒二十八）年十一月十七日生 大正壬戌（民國十一）年七月二十七日卒	

　　此一譜系，在臺灣佛教中，罕見如此完整者。根據此譜系，可發現朝天宮之僧侶曾在其他廟宇擔任住持者，竟有：第二代住持能澤之徒岐衍、妙琛於乾隆、嘉慶年間連任嘉義溫陵廟（今名朝天宮）住持；[41]第

41　見黃典權編，《臺灣南部碑文集成》，頁187-8，〈溫陵廟增置廟產碑記〉，民國五十五年三月，臺灣銀行經濟研究室發行。原碑現存嘉義市延平街朝天宮內。

六代住持浣衷之徒邇蓮、第七代皈藏出任西螺廣福宮住持、第九代見應之徒瑞芳分別於嘉慶、道光年間出任臺南市普濟殿住持；[42]第十代從愿於道光末年出任鹿港城隍廟鰲亭宮住持；[43]第十三代達慎出任西螺廣福宮住持，第十五代惟參在光緒年間任西螺福興宮住持。[44]

　　除此之外，《雲林縣采訪冊》所列北港天后宮之文物：「神昭海表」、「慈雲灑潤」、「海天靈貺」等三塊匾額，目前仍懸掛在北港朝天宮。「重修天后宮碑記」，則豎立在聖父母殿前。此固因朝天宮源深流長，維護傳統文化，始克擁有如此珍貴文物，但數百年來，臺灣歷經天災人禍及異族統治，若非前賢遠見，竭力保存文物，今日恐也無緣目睹矣。

五、結語

　　笨港天妃廟是臺南市以北最早建立的媽祖廟，北港朝天宮是臺灣媽祖信徒最多的媽祖廟，從閩臺歷年編修地方志及各種歷史文物的記載，可以發現：

　　（一）笨港天妃廟是康熙年間外九莊居民所建，北港朝天宮土地原業主陳立勳於明末清初入墾雲、嘉地區，田連阡陌，其家族主要居住地在嘉義縣鹿草鄉，亦屬外九莊範圍，兩者是一致的。

　　（二）笨港天妃廟在康熙《諸羅縣志》稱為天妃廟，乾隆年以後所修府志，稱笨港天后宮。北港朝天宮雖未保留有「天妃廟」記載的文獻，但朝天宮在雍正八年重建，易竹為木，易茅以瓦，或許前此即稱「天妃廟」，此後稱「天后宮」。朝天宮現存乾隆四十年重修碑記額即篆書〈重修諸羅縣笨港北港天后宮碑記〉，光緒年間雲林縣訓導倪贊元的《雲林縣采訪冊》，也稱北港朝天宮為天后宮。從「天后宮」的稱呼者，兩者是相同的。

---

[42] 見臺南市人和街普濟殿開山廳藏：歷代開山神位；又參見該殿現存〈普濟殿重興碑記〉。

[43] 見劉枝萬編，《臺灣中部碑文集成》，頁144-148，〈重修城隍廟捐提碑〉，民國五十一年九月，臺灣銀行經濟研究室發行。原碑現存鹿港鎮城隍廟鰲亭宮內。

[44] 見蔡相煇編撰《北港朝天宮志》，頁256-1，惟參蓮座。原碑位藏西螺鎮福興宮藏。

（三）余文儀《續修臺灣府志》記載：

> 雍正二年，知縣孫魯批允笨港街天后宮僧人設渡濟人，年收渡稅充為本宮香燈。

又倪贊元《雲林縣采訪冊》謂：

> 北港天后宮僧侶皆恪守清規。

即笨港天后宮至遲在雍正年間即有數位僧侶住持，且至清末亦然。而北港朝天宮現存僧侶神位，其年代自康熙至民初共傳十七代，師承分明，與笨港天后宮情形是一致的。

（四）笨港一地，原涵蓋今雲林縣北港鎮及對岸嘉義縣新港鄉南港村一帶，至乾隆初，因街肆太大，被分割為「笨港南街」、「笨港北街」，並分屬打貓西堡、大榔槺東堡管轄。至乾隆末、嘉慶初年，漳、泉分類械鬥及笨港溪氾濫，笨港南街受損；因北岸深、南岸淺，北岸可泊千餘石商船，南岸吃水僅三、四尺，船不敢泊；南街既無商船交易，商業自然萎縮，迫使街民移居新南港，改以農產品集散及農業耕種維生；笨港北街則因商船可停泊交易，日益興隆，「笨北港」逐漸取代「笨港」稱呼，至光緒年間再簡稱為「北港」。

據此，整理出笨港天妃廟與北港朝天宮關係如下：笨港天妃廟建於康熙年間，至雍正八年加以擴建，時因政府已誥封媽祖「天后」之封號，乃正名為笨港天后宮。乾隆年間，笨港街已分為笨港南街與笨港北街，乾隆四十年笨港天后宮重建，因廟宇位於北街，故稱笨港北港天后宮。至光緒年間，笨港名詞已被北港取代，故官書稱為北港天后宮，簡稱北港宮。

又「天妃」、「天后」都是官方予媽祖的封號，所以官文書稱媽祖廟為「天妃廟」或「天后宮」，而民間則暱稱為「娘媽宮」、「媽祖宮」。至清朝末年，臺灣各地已有不少媽祖廟至朝天宮進香，為了便於辨識，以其開基媽祖來自湄洲天后宮朝天閣，乃取「朝天宮」為名，以誌思源，並沿用至今。

台灣第一香--南瑤宮笨港進香

一、前言

南瑤宮主祀媽祖，是台灣中部規模最大，信徒最多的媽祖廟，從清朝嘉慶年間開始每年均前往笨港進香，曾是台灣史上規模最大的進香活動領導廟宇。

民國八十六年九月，國立彰化師範大學地理學系出版了《彰化南瑤宮志》，全書分成十章四百四十九頁，詳細記載了南瑤宮的沿革、祀神、祭典、媽祖會活動、文物史料等，為南瑤宮留下歷史的見證。綜觀《彰化南瑤宮志》，可以發現南瑤宮的香火緣自「笨港」，創廟後二百餘年均至笨港進香，也因為至笨港進香的活動深獲台灣中部信徒認同，透過媽祖會組織不斷的擴大，南瑤宮成為信徒跨越彰化、南投、台中縣、市四個縣級行政區的大廟宇。《彰化南瑤宮志》第五章對南瑤宮笨港進香，記載云：

> 南瑤宮香火由前輩楊謙先生於清代雍正年間自笨港天后宮帶來。基於飲水思源及知恩圖報之雙重理由，遠在清朝初期，南瑤宮信徒即約每四年一次，選擇吉期前往笨港天后宮進香，並到南港探望楊謙先輩的後代子孫。但是嘉慶年間，笨港天后宮被洪水沖毀，因此該進香活動暫告受阻。然而，由於笨港附近後來仍有許多與原笨港天后宮有淵源之其他廟宇，如北港朝天宮、新港奉天宮等，因此，南瑤宮遂改至笨港地區繞境，並至北港朝天宮及新港奉天宮等廟駐駕會子時香。後來由於與北港朝天宮部份信徒產誤解，逐漸地便只在該宮會午時香，而不駐駕過夜，如今只剩下拜訪之活動，而取消了與該宮會香之儀式。因此，如今之香儀式暫時只限於在新港奉天宮一處。[1]

---

[1] 國立彰化師範大學地理學系，《彰化南瑤宮志》第五章主副祀神與祭典，第二節祭典活動，三笨港進香。民國八十六年九月，彰化市公所發行。

　　這段記載，描述南瑤宮創於雍正年間，香火來源是「笨港天后宮」，但笨港天后宮因於嘉慶年間被洪水沖毀，故改至北港朝天宮及新港奉天宮會香。因南瑤宮認為北港朝天宮及新港奉天宮均非其祖廟，故轉往湄洲進香。《彰化南瑤宮志》云：

> 由於宮香火來自笨港天后宮，而天后宮又遭洪水沖毀，造成本宮無祖廟可謁之情形。因此，自從台海兩岸關係漸次開放緩和以後，本宮各媽祖會便積極地往大陸湄洲進香。目前已前往多次。[2]

　　據《彰化南瑤宮志》「歷年往湄洲媽祖廟進香一覽表」，南瑤宮從民國七十七年開始往湄洲進香，至民國八十五年編修宮志時，每年均有媽祖會前往湄洲進香，已經成為一個習俗，「笨港」已經成為南瑤宮媽祖起源地的象徵及進香對象。民國五十年代新港奉天宮提出「笨港天后宮被洪水沖毀」的說法，造成南瑤宮媽祖起源地概念的改變，進而導致其進香廟宇的轉變，影響甚大。南瑤宮何時創建？為何前往笨港進香？楊謙與南瑤宮的關係？「笨港天后宮被洪水沖毀」說法的依據為何？是否正確？若能加以釐清，南瑤宮到笨港進香的歷史真相始能顯現。

二、南瑤宮的創建

（一）南瑤宮的創建緣由

　　南瑤宮何時創建？彰化縣令周璽修的《彰化縣志》〈祀典志〉謂建於乾隆中，云：「天后聖母廟，在南門外尾窯，乾隆中士民公建，歲往笨港進香，男女塞道，屢著靈應。」[3]

　　但未說明創建背景。昭和十一年（民國 25 年，1936）彰化南瑤宮重建落成，改築委員會立有「南瑤宮沿革碑」，記載建廟緣由云：

2　《彰化南瑤宮志》，第五章第四節，大陸湄洲進香。

3　周璽《彰化縣志》〈祀典志〉道光 15 年（1835）。

前清雍正時代，彰化置縣始建城池，亙至乾隆十二年終告功成。建城時，掘土燒磚以疊城垣之用，有招募外來窯工以從事者，中間有工人楊姓者，自笨港應募而來……攜有久在笨港最著靈感之神，即受封與天同功天上聖母娘娘之香火，欲藉為庇身之用，祀之坯蓁（即造磚場）址在本廟地也。……每入夜頻見五彩毫光，居人奇之，入蓁尋覓一無所有，惟香火存焉！咸謂必神之靈顯使然，遂共祀於鄰福德廟內，禱告輒靈。自茲以後，香煙日盛，越二年，庄民議建廟，然初建基不滿十坪，湫隘難堪。[4]

　　這篇沿革碑記，並未敘明南瑤宮創建年代，但觀前後文語氣，廟應是在乾隆十二年（1734）前後創建，雖較《彰化縣志》略早，但相差不遠。而創建背景則與彰化縣城的修築有關。因台灣原為明鄭抗清據點，清朝佔領台灣後又多變亂，故政府不喜築堅固的磚城，至乾隆五十二年（1787）林爽文抗清事件平定後，清廷態度始改。記錄清朝平定林爽文事件的《欽定平定臺灣紀略》，乾隆親撰〈平定臺灣聯句〉「郡縣增城石或磚」附註云：

臺灣郡縣城圍，向用竹木編插，不足以垂久遠。康熙年間，朱一貴滋事平定後，總督滿保首議及建城；維時以其地處海外，無城雖難以防守，然失之易、復之亦易，是以未經建立，以省煩費。此次林爽文糾眾猝起，攻劫彰化縣城，究由莿不能防禦所致。聖意以當日未及建城，與其失而復取，徒煩兵力，曷若設城固守，更為有備無患。曾諭令於事定後，將郡城、廳縣酌量建城，以資保障。或設立窯座，用外磚內土之法，如式砌造；或就彼處開採石料以代磚工，尤為便易。[5]

　　可知清初台灣府、縣所在地並無實體城牆，乾隆五十二年林爽文事件後乾隆皇帝始諭令酌量建城，彰化縣城的修築也在林爽文事件之後。《彰化縣志》對彰化築城有很詳細的記載，云：

4　《南瑤宮沿革碑》現存彰化南瑤宮。
5　《欽定平定臺灣紀略》，乾隆親撰〈平定臺灣聯句〉「郡縣增城石或磚」，乾隆五十三年。

半線之營壘，即今縣治也。自雍正元年設治，十二年，邑令秦士
望始倣諸令周鍾瑄之法，於街巷外遍植莿竹為城，分東西南北為
四門。彰化之有竹城，實權輿於此焉。自是歲有栽種，亦頗茂密。
迨乾隆五十一年，林爽文之亂，砍伐殆盡。六十年，陳周全再擾，
兩經蹂躪，固宜濯濯矣。嘉慶二年，邑令胡應魁仍依故址，栽植
莿竹；又於四門增建城樓。然海外土鬆，時多地震，經十餘年，
城樓半就傾圮。十四年，制憲方巡臺抵彰，紳士王松、林文濬等
僉呈，准民捐建土城。制憲方據情入奏，詔報可。於是邑令楊桂
森分俸倡捐，州同銜賴應光等一十六人先捐銀一萬五千元助之，
遂庀材興工。旋以士民向義樂輸，王松等以土城易坍，議易以磚，
謂足資鞏固而垂永久。楊縣令再為通詳列憲，兼籌形式，依舊址
而窺之，似葫蘆吸露之樣。以地勢而相之，若蜈蚣照珠之形。辛
未年經始，至乙亥年告成。[6]

　　據此，雍正十二年（1734）彰化縣始種植莿竹為城，乾隆末年連遭
林爽文、陳周全之亂，莿竹砍伐一空；嘉慶二年（1797）縣令胡應魁重
植，始於四門增置城樓；築磚城始議於嘉慶十四年（1809）縣令楊桂森，
工程從嘉慶十六年（1811）辛未興工，嘉慶二十年（1815）乙亥竣工。
易言之，《南瑤宮沿革碑》所述南瑤宮楊謙是彰化縣城築城時請來燒磚
瓦的工匠，則其攜香火來彰化的年代應在嘉慶二年至二十年間，而其時
南瑤宮已經建立。

（二）楊謙與南瑤宮香火

《南瑤宮沿革碑》謂：

建城時，掘土燒磚以疊城垣之用，有招募外來窯工以從事者，中
間有工人楊姓者，自笨港應募而來……攜有久在笨港最著靈感之
神，即受封與天同功天上聖母娘娘之香火。[7]

---

[6] 同註3，周璽《彰化縣志》。

[7] 同註4。

因為南瑤宮的媽祖香火來自笨港，所以每年往笨港進香，《彰化南瑤宮志》第五章，直指這位楊姓工人為楊謙。按《彰化南瑤宮志》記錄南瑤宮六個媽祖會有先輩圖，「南瑤宮老四媽會先輩圖」在「天上聖母四媽」下以小字書寫「笨港祖家楊謙」等字，其餘各媽祖會均無；兼以楊謙參與彰化縣城修築的年代在嘉慶年間，當時南瑤宮已建立數十年，楊謙帶去的可能僅是「天上聖母四媽」的香火，楊謙的家只是老四媽的祖家。

祖家與祖廟不同，祖廟是指神的香火來源廟宇，祖家是指神像（香火）原奉祀於某人家，某家再贈予某神明會或廟宇。如台南市將軍區的清湄宮，所奉祀三媽神像為朝天宮前的謝源利商號雕贈，但這尊媽祖神像雕造入聖時所用香火取自朝天宮，清湄宮祖廟為北港朝天宮，謝源利商號即為其祖家，每年清湄宮至北港進香都會到謝源利商號換神袍服。另台中市梧棲區浩天宮亦有一尊媽祖為日治時期北港朝天宮管理委員會委員蔡培東雕贈，北港朝天宮為這尊媽祖祖廟，蔡培東家則為祖家。浩天宮近百年來每年至北港進香，一定先至蔡培東先生老家換龍袍，再至朝天宮。媽祖南瑤宮老四媽會成立於光緒九年（1883），老四媽為南瑤宮天上聖母中的一尊，並不代表南瑤宮所有媽祖香火都由楊謙帶來。

南瑤宮創於乾隆年間，嘉慶七年（1802）擴建始稍具規模，其後更因每年往笨港進香，信徒慢慢組成媽祖會組織，籌募經費備辦進香祭祀相關牲醴及香燭，南瑤宮老大媽會至老六媽等十個神明會組織即在此背景下漸漸組成。《彰化南瑤宮志》第六章第三節〈重要史料〉《彰化南瑤宮老大媽會合約》記載老大媽會成立於嘉慶十九年（1814），與《彰化縣志》記載彰化築城的歷史較吻合。

三、南瑤宮笨港進香

（一）台灣第一個進香團

台灣歷史文獻可見的第一支進香團隊，是彰化南瑤宮赴笨港進香的

隊伍。這支進香團，最遲在清朝嘉慶十九年（1814）就成立，南瑤宮老大媽會保留的一份嘉慶二十一年（1816）成立合約，載明老大媽會為了經辦赴笨港進香而成立的過程及參與成員。老大媽會合約內容如下：

> 全立合約字人：鄭印、王喜、陳才、呂元、林造、謝明、周奉、何文、李喜、林仕、徐螺、鄭傑、鄭煥彩、戴連貴、謝安定、王辛、黃知、李燦、曾悅、黃求、林良、陳□、魏明、馮結、李福、呂給、黃質、莊潤、許隨、李生、胡□、黃福、蘇興、陳□、林一善、嚴讀、呂陞、楊德、鄭諒、王文、余姣、戴悅等，竊聞：官有正條，民有私約。是約之立者，原欲為諸同人立制度而守常規，庶無陂（頗）之弊，以免將來爭競之端者也。
>
> 我南門外　天上聖母聲靈溢乎四海，赫濯著於普天。印等誠見聖母之威靈庇佑我無疆，是以每年往笨進香。願隨　聖母之鑾駕者，蓋有四十二人焉。祇因　聖母回宮之日，而四十二人各具一點精誠，敬備牲酒，欲鳩多少，未免費神。遂于嘉慶十九年三月廿三　聖母千秋之日眾為公議，每人出銀壹元，存為公銀，而我諸同人，亦各樂從，一時捐出銀肆拾貳元，議交一人生放，逐年所收利息以為　聖母壽誕之用。倘用有餘，入為公銀，使同人之公積日多，而　聖母之壽誕日興也，永無廢弛之慮，于茲有三年矣。除費用外，而算母利公銀，共有五拾元，今所以欲再議者，誠恐世遠公積日多，人心不古，故有是議貳，一議者，同人中不許借出此公銀，如違，革罰。又一議，同人僉舉一誠實之人出為總理，遞年則將此公銀交總理生放。並設立帳簿兩本，登記年收利息若干，存之于簿。至三月屆期，又要將此公銀母利一足清出，公算共若干，再交總理收放。其所放之銀，倘或母銀被人侵吞，亦或利息不敷，俱係總理賠出，不得藉稱被人慪吞□□滋事。倘日後公銀若多，或要均分，再為籌議。其爐主逐年憑笞過爐，週而復興。此係公議，俱各喜悅，口恐無憑，合具公約壹樣，共肆拾貳紙祀，各執壹存照。　總理戴悅。嘉慶貳拾壹年參月　日立公約[8]

8　原件老大媽會保存，亦見《北港朝天宮志》第六篇，雜記，第二節重要史料，九、彰化南瑤

　　據本合約，可知嘉慶十九年南瑤宮赴笨港進香時，已有四十二人隨護聖母鑾駕。以北港朝天宮為例，轎班二十人為一組，每次八人抬轎，八人輪替，其四人支援其他工作。南瑤宮至笨港進香，因路程遙遠，其護駕人員加倍，為四十二人，光從護駕人員數推估，當時南瑤宮港進香人數應有二百人以上。這支團隊，歷經清朝、日治，至今已有二百多年，是台灣史上歷史最早，規模最大的媽祖進香團隊。

（二）南瑤宮為何往笨港進香？

1、笨港經濟繁榮

　　「笨港」指的是今雲林縣北港鎮附近地區，北港鎮明鄭時期歸天興縣管轄，有鄭成功部將陳縣入墾，為臺灣最開發地區之一，康熙二十三年（1684）清朝改置諸羅縣，陳立勳以贊助清朝施琅攻台軍費，入墾其地，康熙年間即稱笨港，為當時臺灣府屬最大市鎮，康熙《諸羅縣志》云：「笨港街，商賈輳集，臺屬近海市鎮，此為最大。」

　　據劉良璧《福建臺灣府志》的記載，雍正九年（1731）清廷於此置縣丞（副縣長）以稽查船隻出入，兵備則置陸軍北路營千總一員，兵一百五十名分防笨港汛，另有軍事設施砲臺、煙墩各一座，水師則置左營守備一員、把總一員、兵二百三十名，戰船三隻分防；商業稅收則有店五百九十九間，年徵銀二百兩五錢，佔全臺灣府餉稅十分之一強，繁榮情形可見。

　　笨港是以北港溪為中心點向南、北二岸發展起來的港口，笨港街本身尚細分為笨港南街、笨港北街，二街分屬不同的行政保管轄，南街屬打貓保，北街屬大槺榔保，余文儀《續修臺灣府志》〈笨港〉謂：

> 距縣三十里，南屬打貓保，北屬大槺榔保。港分南北，中隔一溪，曰南街，曰北街，舟車輻輳，百貨駢闐，俗稱小臺灣。

宮老大媽會合約。民國八十四年，北港朝天宮印行。

現存北港朝天宮乾隆四十年（1775）重修碑記題額「重修諸羅縣笨港北港天后宮碑記」即其證。乾隆四十九年（1784）鹿港正式成為對渡福建的口岸，笨港的地位才漸漸被取代。

2、笨港天后宮住持兼管彰化縣僧綱司

笨港天后宮創建於清朝康熙三十九年（1700），是臨濟宗僧人樹璧和尚開山，康熙六十年（1721）朱一貴在台灣建立中興王國，雍正元年（1723）清朝在虎尾溪以北增設彰化縣，雍正八年（1730）年諸羅縣令批准笨港天后宮僧人在笨港溪設立義渡。乾隆年間，樹璧徒弟能澤繼任住持，並兼任彰化縣總持司，管理彰化縣僧侶事務，換言之，乾隆年間今天雲林縣以北所有寺廟的僧侶和宗教事務都受能澤指導、管轄，而南瑤宮建於乾隆年間，與笨港天后宮住持維持良好關係，進而發展出進香習俗，似為人之常情。

3、楊謙帶笨港媽祖香火至南瑤宮

此說法已見於前述南瑤宮大正年間重建碑文，不再贅述，蔡、許、楊、陳四姓，素為笨港大族，清朝官文書常見提及，目前此四姓仍為北港的大姓。楊謙帶香火引起後續南瑤宮的創建，也是南瑤宮流傳百年以上，見於南瑤宮重建碑記及老四媽會先輩圖的說法。

4、南瑤宮笨港進香廟宇何在？文獻直指北港

南瑤宮笨港進香的祖廟到底在何處？其實清代文獻也曾留下記錄。清咸豐四年（1854）五月，臺北發生小刀會匪事件，同治元年（1862）號稱臺灣第三大抗清事件的戴潮春事件爆發，彰化縣城被攻陷。閩浙總督左宗棠奏調台籍將領出生於彰化霧峰的提督林文察帶兵返臺，配合在台灣的總兵曾玉明等將領平亂，同治三年（1864）三月，事定，林文察返回福建，堂弟副將林文明則留居家鄉。林家一門出一陸師提督，一副

將，家門顯赫，全台無與倫比。[9]

　　霧峰林家雖為官宦人家，但仍然保存庶民氣習，奉祀媽祖，且為南瑤宮信徒，霧峰信徒參與南瑤宮老五媽會，扮演領導角色的第一角即稱霧峰角，林文察族弟林文欽（號允卿，光緒十九年舉人）即為老五媽會的第五任總理。

　　同治九年（1870）三月，在籍副將林文明被推為南瑤宮往笨港進香大總理，但當時台灣內亂、外患頻仍，地方官員居於治安考量，並不支持是年依例舉辦的進香活動；臺灣鎮總兵楊在元、臺灣道黎兆棠為此頒布禁令，不准紳民前往，並要求具結。換言之，當時政府不僅宣告禁令，且為防信徒不知，還要求城內、外各媽祖會首具結不辦理往北港進香的年例進香活動。彰化縣令王文棨記其事，云：

> 臺屬每年三月十六日，各屬男婦赴北港進香，前署鎮楊並前道憲黎，慮其聚眾滋事，照例示禁，城鄉均各具結遵依。[10]

　　除了具結，彰化縣令王文棨為阻止南瑤宮至北港進香，故意將天后神像移奉城內廟宇觀音亭，希望讓信徒看不到輪當年進香的媽祖神尊，降低民眾的仰望，當時官方史料記載云：

> 臺屬每年三月十六日，有各處男婦赴嘉義之北港進香、人眾混雜，易滋事端；且其時又有匪類入內山勾結拜會之謠。當奉鎮、道憲出示禁止，並由縣派撥義勇分路巡查。王令（文棨）又因彰化縣城外南壇廟供天后神像，向來北路人民抬赴北港進香，遂先期將神像移入城內觀音亭中，示諭不准抬往，各紳民均各遵從。[11]

　　彰化縣典史許其棻也說明政府兩難的立場而將往北港進香神像移置城內觀音亭，希望信徒們知難而退，云：

---

[9]　《重修臺灣省通志》卷九，人物志，人物篇，第三章，武功，第一節，林文察。民國八十七年，臺中，臺灣省文獻委員會印行。

[10]　吳幅員輯〈臺灣冤錄—林文明案文獻叢輯〉六〈臺灣府周懋琦奉委查覆〉。《臺北文獻》直字五十五、五十六期合刊，民國七十六年六月，臺北市文獻委員會印行。

[11]　同註10，〈凌定國奉飭稟覆〉。

嘉義北港地面，向有建立天后聖母廟宇，全臺人民無不敬信供
奉，每屆三月聖誕之際，南至鳳山，北至噶瑪蘭，不分裏山沿海、
男婦老幼，屆期陸續咸赴北港進香。各執一小旗，燈籠一盞，上
書北港進香字樣，或步行或乘輿，往返何止數萬人。是以因燒香
人眾，謠言不一，前道憲黎（兆棠）行文禁止。乃年久習俗，禁
之不住，阻之不得，故彰化縣王令文榮將彰化南門南壇天后神
像，向來北路香客隨神像同往北港之神像，請入城內，藏供觀音
亭廟中。[12]

（三）笨港進香曾經中輟

因為治安問題，駐台軍事最高指揮官台灣鎮總兵官及文官系統台灣
道、台灣府、彰化縣三級政府均下令不准前往北港進香，但笨港進香「乃
年久習俗，禁之不住，阻之不得」，已讓地方官左右為難；更巧的是當
年南瑤宮進香總理為在籍副將林文明，官品高於文官的彰化縣令，因而
仗勢率眾赴彰化縣城交涉。

彰化縣令雖為文官，但卻同時兼任地方司法審判官，林文明率眾至
縣衙門交涉時，縣令視其行為為聚眾謀逆，當場加以格殺。發生重大命
案，官方也怕林家反擊，彰化城風聲鶴戾，進香活動大概就中止了。但
林家並未以武力反擊，而由林文明母親進京控告，纏訟多年，成為清代
晚期最大京控案。[13]

林文明案，林母在控狀中仍稱進香為笨港進香，而較精確的官文
書：台灣道、府、縣三級衙門文件則稱「北港進香」，信徒香旗上也書
「北港進香」，可以看出南瑤宮進香目的地笨港的精確位置是笨港的北
港，而非南港或新港。

林文明被殺事件，影響南瑤宮進香活動有多久，尚未見文獻記載，
但以霧峰信徒組成的老五媽會卻有中斷過爐的歷史，《彰化南瑤宮志》

---

[12]　同註 10。

[13]　黃富三〈林文明「正法」案真相試析：兼論清代臺灣的司法運作〉。《臺灣風物》第三十九
　　　卷第四期。民國七十八年十二月，臺北，臺灣風物社印行。

謂：

> 老五媽過爐吃會之傳統於日據時代曾經中斷，不過在台灣光復之
> 當年（民國三十四年）即由第一角（霧峰角）於農曆四月十六日
> 再度起會。[14]

　　或許與林文明命案有關。林文明畢竟是進香總理，霧峰老五媽會成
員或會受影響暫停結社活動，接著林家又赴北京控訴十餘年，可能會干
擾到老五媽會的運作。

（四）、大甲媽祖趁勢而起

　　同治九年（1870）三月，在籍副將林文明為進香會首的南瑤宮笨港
進香中止了，終止多少年也還沒看到史料記載，但事過境遷後，其他地
區的媽祖香活動還是要照常舉行，而逐漸取代彰化南瑤宮的就是大甲媽
祖。同治九年彰化縣典史許其棻說：

> 北港地面，向有建立天后聖母廟宇，全臺人民無不敬信供奉，每
> 屆三月聖誕之際，南至鳳山，北至噶瑪蘭，不分裏山沿海、男婦
> 老幼，屆期陸續咸赴北港進香。

　　北港媽祖是全臺灣媽祖聚焦的目標，南瑤宮未舉辦進香活動，北路
的進香客乃轉而參加大甲天后宮的進香活動。在《淡新檔案》中，有一
則光緒十三年（1887）大甲巡檢許其棻呈給新竹縣知縣方祖蔭的稟文，
題為：「為聖母聖誕將屆前往北港進香者較前加倍故不克前往查看，稟
請賜示如何申覆」的公文，內文為：

> 敬稟者。竊卑職於本月十七日，奉本府憲　雷　札委查看憲署監
> 獄、羈所木床有無遵照活板說，一律改設活板，隨時抽洗等因。
> 奉此，卑職本擬即日束裝馳赴　憲轅遵札查看。迺因　聖母聖誕
> 將屆，且近日天氣晴明，赴北港進香者較前加倍，往返不絕，晚

14　《彰化南瑤宮志》第七章〈媽祖會與活動〉第二節各媽祖會的沿革組織與活動，十、老五
　　媽會。

間歇寓，無不擁擠滿屋，誠恐有不肖匪徒假扮香客，乘機竊刼，不可不防，故晝夜巡守，希冀無事，致卑職不敢分身。茲特照抄憲札奉閱，請作為卑職親身到地。至應如何申覆，伏乞賜示，俾得遵行申覆，是所盼禱。謹肅稟懇。恭請勛安，仰祈垂鑒。　　卑職許其棻謹稟。三月十八日申

　　許其棻也就是同治九年的彰化縣典史，曾辦理過南瑤宮進香案，光緒十三年（1887）升任新竹縣大甲巡檢，管理新竹縣南部治安，他的呈文可以看出：北路媽祖信徒要往北港進香，大甲已經成為信徒會合的重鎮了。從另一個角度觀察，南瑤宮中止北港進香，大甲天后宮就有取而代之的樣態了。這件史料也讓我們瞭解早在清朝後期，大甲媽祖的地位已經是中北部地區的領導廟宇了。

　　南瑤宮笨港進香的活動在承平時期仍然斷續舉辦，在日本統治時期，也有數萬人徒步往返的記錄。昭和十年（民國二十四年，1935）南瑤宮重建竣工，曾舉辦大規模進香活動，當時《臺灣日日新報》即以〈彰化赴北港參拜媽祖〉為標題云：

中臺灣名剎彰化南瑤宮媽祖廟正殿新建工程已告竣工，決定於十八日往北港媽祖廟參拜，該廟信徒以百萬計。當日十餘萬信徒奉神輿行列市內遊行後出發，彰化火車站為服務參拜者特開臨時列車募集香客五百名。[15]

　　五月四日（農曆四月二日）《新高新報》第十四頁刊出〈彰化南瑤宮往笨港進香夜宿西螺〉新聞云：

虎尾郡西螺街，上月十九日，適彰化南瑤宮媽祖往北港進香日，是夜媽祖分駐於各廟以應一般參拜。善男信女不下數萬之眾，呈未曾有之雜沓。[16]

　　上述清代至日治時期的南瑤宮進香活動，目的地均為北港，並無至

---

[15]　《臺灣日日新報》，昭和十年四月十一日第三版，〈彰化赴北港參拜媽祖〉。

[16]　《新高新報》，昭和十年五月四日第十四頁，〈彰化南瑤宮往笨港進香夜宿西螺〉。

笨南港或新港的記載，因為南瑤宮笨港進香活動是每年舉辦，所以一直沿用舊例稱北港為笨港，但從現仍保存於嘉義縣新港鄉南港村水仙宮的《道光三十年重修碑記》看，在道光年間北港就是整個笨港的最大都市，從嘉慶年間至日本統治時期的史料，也找不到有什麼洪水沖毀笨港的事，所以北港是南瑤宮笨港進香的唯一目的地。

　　日本統治時期，同化臺灣人是台灣總督府的一貫目標，但政府還是允許臺灣人拜媽祖，日本總督還到北港朝天宮上香賜匾，一直到昭和十二年（民國二十六年，1937）七七事變後日軍在中國展開全面攻擊，臺灣總督府開始整頓廟宇，昭和十六年（民國三十年，1941）日本海軍偷襲珍珠港，美國正式對日本宣戰，臺灣總督府實施戰時體制，全台經濟總動員支持戰爭，民間的進香活動全被禁止。

　　臺灣光復後，南瑤宮再恢復進香活動，其進香目的地仍是北港朝天宮，民國五十一年四月二十七日《聯合報》第七版刊出彰化訊，標題〈慶祝媽祖誕辰今日達到最潮，彰化進香團昨返縣全市民眾夾道相迎〉記載云：

> 彰化南瑤宮媽祖信徒笨港（北港）進香團，經過六天的長途跋涉後，於昨（二十六）日上午六時許返抵彰化。當這個擁有十萬善男信女，被稱為臺灣光復以來最大規模的媽祖進香團進入市區時，全市家家戶戶競燃爆竹相迎，一時鞭炮、鑼鼓聲響徹九霄之外，街頭巷尾人山人海，盛況空前。[17]

　　長年的習俗，南瑤宮形成大媽、四媽一組，二媽、五媽一組，三媽、六媽一組分年輪流往笨港進香的習慣，民間並有：「大媽愛潦溪（走過濁水溪床時需涉水而過，喻當年雨水足，五穀豐成。），二媽愛吃雞（當年畜產業會很好），三媽愛冤家（常會發生械鬥）」的諺語留傳。

17　《聯合報》，民國五十一年四月二十七日第七版，〈慶祝媽祖誕辰今日達到最潮，彰化進香團昨返縣全市民眾夾道相迎〉。

四、從笨港到北港

　　笨港雖分南、北港，繁盛一時，但在乾隆五十二年前後的林爽文事件卻遭嚴重破壞。林爽文事件時的笨港分為南、北二港，南港被林爽文據為巢穴，《欽定平定台灣紀略》云：

> 查笨港地方分南北二港，離諸羅二十餘里，離鹽水港三十里，離海口三十里。自五月失陷後，北港竟成片土，南港一帶搭蓋草寮，約計二百餘間，悉係賊巢，賊匪得以肆行無忌。[18]

　　這段記載反映出當時南港被林爽文大軍佔領，並築有草寮二百餘間為據點，林軍於乾隆五十二年五月攻陷北港，商店竟被燒一空。是年十月官兵收復笨港，指揮官普吉保奏報後，乾隆撰詩云：

> 茲值十月亥當律，小陽春令回陽和。
> 曉來驛章遞佳信，普吉保報殲賊多。
> 焚燬賊莊獲賊械，收復笨港安民家。[19]

其下註云：

> 普吉保奏：九月初六日帶領官兵，由大突溪前往笨港，援應諸羅。十一日行抵麥仔寮，有賊數千在彼處苛派銀米，百姓正值驚惶無措；聞官兵踵至，歡聲動地，賊眾奔逸。普吉保分作三隊直前衝殺，連次殺死賊匪數百人，生擒三人，奪獲器械米穀無算，並焚燒坂頭厝等賊莊七處；收復笨港，安集良民。

　　從這註文，可見今新港鄉舊南港村以東的板頭厝等農莊變成賊巢，笨南、北港均遭毀滅性的嚴重損害，清軍並於收復笨港後安集良民。

　　乾隆五十三年（1788）諸羅縣改稱嘉義縣，南、北港再度興起，嘉慶年間因洪水氾濫，部分南港居民遷居麻園寮另建新街，北港街的繁榮遠勝南港。新港鄉南港村水仙宮，現存一方道光三十年（1850）〈重修

18　《欽定平定台灣紀略》卷四十，乾隆五十二年十月初八至二十日。
19　《欽定平定台灣紀略》卷首，御制詩〈普吉保奏收復笨港詩以志慰〉。

水仙宮碑記〉，記載水仙宮重修，笨港地區各鋪戶捐款情形：

舊南港街：

米舖戶捐銀四十八元，邱景隆捐銀四十元，敢郊捐銀三十五元，方淵觀捐銀十二元，振隆號捐銀十二大元，集興號捐銀十大元，榮芳號捐銀八大元，晉益號捐銀六大元，豐美號捐銀六大元，朱怡和捐銀六大元，崇德號捐銀四大元，集利號捐銀四大元，錦盛號捐銀三大元，東利號捐銀三大元，恒生號捐銀二大元，泰興號捐銀二大元，東涼號捐銀二大元，捷成號捐銀二大元。以上一十八條共銀二百零五元。

舊南港街：

許龍順捐銀二十元，郭振池捐銀十六元，金鳳春捐銀八大元，復振號捐銀六大元，益興號捐銀四大元，源昌號捐銀二大元，合利號捐銀二大元，順利號捐銀二大元，益利號捐銀二大元，益豐號捐銀二元，振發號捐銀二元。以上一十一條共銀六十六元。

笨北港街：

貢生蔡慶宗捐銀二十元，裕順號捐銀二十元，隆發號捐銀二十元，吳怡茂捐銀一十八元，陳永順捐銀十六元，捷發號捐銀十二元，洽興號捐銀一十二元，德源號捐銀十大元，許合勝捐銀十大元，許協裕捐銀十大元，許協德，錦瑞號，益豐號，正美號，茂源號，鼎發號，隆順號，鼎興號，寶豐號，晉德號高元振觀，吳怡成，源發號，泉吉號。以上各捐銀八大元。

新盛號，榮發號，長順號，珍興號，義合號，鎰勝號，盈記號，順興號，泰源號，豐利號，新春車，大吉車，協吉車。以上各捐銀六大元。

德興車，成美車，長盛車，長發車，源美車，德利車，萬利車，合順車，益順車，隆吉車，德利車，德美車，德記車，復興□，合興車，茂順車，瑞利車，周振裕，鎰和車，捷盛號，恒□□，合吉車，怡泰車，新順吉，晉錦號，新協成，義利號，□□□，合盈號，泉泰號。以上各捐銀四大元。

同順號，勝珍號，勝隆號，振益號，廣興號，日陞號，協春號，協順號，義興號，茂林號，泉興號，萬順號，長盛號，捷益號。

　　　　以上各捐銀二大元

　　　　源興號捐銀一元。

　　　　以上八十二條共銀四百八十七元。[20]

　　據此，新南港街捐款商號十八，共捐銀二百零五元。舊南港街捐款
商號十一，共銀六十六元。笨北港街捐款商號八十二，共捐銀四百八十
七元。

　　水仙宮建於笨港溪畔南岸的笨南港街，新南港與舊南港商號對自己
轄境的神廟捐款應該最踴躍，但二者捐款總數約僅為笨北港五成五
（205+66/487=55.6%），顯示嘉慶、道光年間的笨港重心在北港。

　　光緒年間臺灣建省，大槺榔保劃歸雲林縣，改稱大槺榔東堡，北港
街狀況如下：

　　　　北港街即笨港，因在港之北，故名北港。東、西、南、北共分八
　　　　街，煙戶七千餘家，郊行林立，廛市毘連。金、廈、南澳、澎湖
　　　　商船常由內地載運布疋、洋油、雜貨、花金等項來港銷售，轉販
　　　　米石、芝麻、青糖、白豆出口；又有竹筏為洋商載運樟腦前赴安
　　　　平轉載輪船運往香港等處。百物駢集，六時成市，貿易之盛，為
　　　　雲邑冠。俗人呼為小台灣。[21]

　　編於稍後的《嘉義管內采訪冊》〈打貓西堡〉已漸脫離使用「笨港」
名稱，直接使用「南港」為地名，而以「新」、「舊」區別南港街，當時南
港地區戶口為：

　　　　新南港街，一千一百零六番戶，四千九百七十五丁口。

　　　　舊南港街，一百五十一番戶，六百九十三丁口。[22]

　　北港街的戶數為新、舊南港街總數的 5.6 倍，丁口數為 7.2 倍，故
各種官、私文書所指笨港，大體均指北港。

　　民國四、五十年代，除南瑤宮外，台南大天后宮也還是以笨港稱北

---

[20]　原碑現存南港村舊南港水仙宮虎門內壁。

[21]　倪贊元《雲林縣采訪冊》大槺榔東堡，北港街。民國五十七年，國防研究院印行。

[22]　《嘉義管內采訪冊》，打貓西堡，街市。民國五十七年，國防研究院印行。

港，民國四十五年（丙申，1956），台南大天后宮重修，廟內有五堵與笨港有關彩繪壁畫，為彩繪巨匠陳玉峰作品，一題「東山捷報」「本廟與笨港朝天宮重溫舊好留念。玉峰盥寫。許世祿敬獻。」；一題「適周問禮」「本廟與笨港朝天宮重溫舊好紀念，時丙申春，蔡天寶敬獻。」一題「春夜晏桃李圖」「與北港重溫舊好留念，玉峰盥寫。蘇郁、蘇成風敬獻。清石仿畫。」一題「壺中日月袖裡乾坤」「時丙申春，笨港來本廟重溫舊好紀念。玉峰盥手。蘇郁、蘇成風敬獻。」另一條幅無題，繪和合二仙，題「和氣致祥百福駢臻，以應笨港朝天宮重溫舊好。玉峰寫。丙申初春，莊金壽敬獻。」[23]

　　五幅或書「笨港朝天宮」或書「北港」或書「笨港」，三種稱呼都指北港朝天宮。易言之，在民國四、五十年代，不論台南人或彰化人，「笨港」的義涵都是北港，「笨港進香」就是到北港朝天宮進香。

五、「笨港天后宮」歷史的爭議

（一）文獻記載的北港天后宮

　　能當得起全台灣媽祖信徒進香的廟宇，北港朝天宮自有其悠久歷史與重要性，康熙《諸羅縣志》卷十二雜記志，廟，天妃廟，云：

> 一在城南縣署之左。康熙五十六年，知縣周鍾瑄鳩眾建。一在外九莊笨港街。三十九年，居民合建。一在鹹水港街。五十五年，居民合建。[24]

　　據此，朝天宮建自康熙三十九年，為今台南市以北最早建立的廟宇，光緒十三年〈1888〉台灣建省後，北港被劃規新設的雲林縣，《雲林縣采訪冊》，大槺榔東堡，祠宇，〈天后宮〉云：

> 天后宮，在街中，雍正庚戌年建。乾隆辛未年，笨港縣丞薛肇熿

23　原繪現尚存台南市大天后宮。
24　《諸羅縣志》卷十二雜記志，廟，天妃廟。

與貢生陳瑞玉等捐資重修，兼擴堂宇，咸豐十一年訓導蔡如璋倡捐再修，擴廟庭為四進：前為拜亭，兼建東西兩室；二進祀天后；三進祀觀音大士；後進祀聖父母。廟貌香火之盛，冠於全台。神亦屢著靈異，前後蒙頒御書匾額二方，現今鉤摹，敬謹懸掛。每歲春，南北居民赴廟進香絡繹不絕。他如捍災、禦患、水旱、疾疫，求禱立應。官紳匾聯，多不勝書。宮內住持僧人供奉香火，亦皆恪守清規。[25]

清朝時期北港朝天宮官方正式名稱為天后宮，因建廟歷史早，媽祖由湄洲朝天閣請來，捍災、禦患、水旱、疾疫，求禱立應，兼有僧侶主持祀事，故台灣南、北二路居民前往進香絡繹不絕，廟貌香火冠全臺。日本領台後全面調查記錄各地歷史，臺灣總督府臨時台灣舊慣調查會編印《台灣私法附錄參考書》卷二，上，記載朝天宮沿革云：

北港朝天宮，前繫笨港天后宮，自康熙三十三年三月，僧樹璧奉湄洲朝天閣天后聖母到地。因九庄前繫泉、漳之人雜處，素感神靈，無從瞻拜，故見僧人奉神像來，議留主持香火，立祠祀焉。僅茅屋數椽，而祈禱報賽，殆無虛日。雍正中，神光屢現，荷庇佑者，庀材鳩資，改竹為木，改茅為瓦，草草成一小廟。乾隆間，笨港分縣因航海來台，感戴神庥，始捐俸倡修。命貢生陳瑞玉、監生蔡大成等鳩資補助，廣大其地，廟廡益增巍峨。以神由湄洲朝天閣來，故顏其額曰朝天宮。[26]

朝天宮香火源自康熙三十三年（1694）湄洲朝天閣，雍正年重建，乾隆年間開始由官方捐俸倡修，並在嘉慶及光緒年間由朝廷賜匾。《雲林縣采訪冊》大槺榔東堡，匾，云：

神昭海表：在天后宮，嘉慶間御賜。
慈雲灑潤：光緒十二年嘉邑大旱，知嘉義縣事羅建祥屢禱不雨，適縣民自北港迎天后入城，羅素知神異，迎禱之，翌日甘霖大沛，

25　《雲林縣采訪冊》〈大槺榔東堡〉北港街。

26　臨時台灣舊慣調查會編印《台灣私法附錄參考書》卷二，上，斗六廳，北港街朝天宮來歷。臺灣總督府，明治四十三年（1909）。

四境霑足，轉歉為豐，詳經撫部院劉公具題，蒙御書「慈雲灑潤」四字，今敬謹鉤摹，與嘉慶年間所賜共懸廟廷。[27]

另嘉慶年間蔡牽、朱濆擬據台，福建水師提督王得祿統兵平定，事後亦獻匾朝天宮，《雲林縣采訪冊》云：

海天靈貺：道光十七年，本任福建水師提督王得祿統兵渡台，舟次外洋，忽得颱風，禱神立止，兼獲順風以濟，遂平台亂，上匾誌感。[28]

朝天宮因而成為全台媽祖信仰的重心，南瑤宮到笨港進香目的地從嘉慶年間到民國五十一年都是到北港進香。

（二）文獻記載的新港奉天宮

新港奉天宮其實有許多史料記載留下來，只是新港人常常視若未睹，李安邦、李獻璋從未提及歷史文獻記載的奉天宮。清光緒年間臺灣建省，官方為編纂臺灣通志，曾下令采輯各縣歷史，當時編成的史料《嘉義管內采訪冊》即載有目前新港鄉轄區的廟宇多座，包含乾隆四十五年（1780）建的南港水仙宮，五十六年（1791）建的水月庵，嘉慶九年（1804）年建的大興宮，嘉慶二十三年（1818）建的奉天宮等廟宇記載，奉天宮項，謂：

奉天宮，在新南港街，奉祀天上聖母，嘉慶戊寅三月紳民公建。

戊寅即於嘉慶二十三年，尤其奉祀保生大帝的大興宮，不僅位於新港的主要街道大街，建立年代也較奉天宮早十幾年，是嘉慶年間新港人的主要信仰。

嘉慶二十三年彰化南瑤宮已經有笨港進香的習俗了。那一年，洽也是台南祀典天后宮發生火災的一年，因大火由內向外燃燒，神像付之一

27　《雲林縣采訪冊》〈大榔東堡〉匾。匾額前懸掛於北港朝天宮。

28　同上註。

炬。台南三郊董理重建工程，特別禮請北港朝天宮三郊媽至府城坐鎮，形成府城郊商迎北港媽祖下府城的習俗，新港素為北港農產品主要供應地，奉天宮虎爺會以地利之便都會擔任媽祖神輿護駕任務，遂有北港媽祖，新港老虎的諺語形成。大正五年（1916）北港與台南府城因原擬迎請三郊媽，迎回糖郊媽的不愉快發生，新港想取而代之，遂創造出是莆田第一尊媽祖的說法，大正七年（1918）《台灣日日新報》謂：

> 嘉義新港奉天宮，建于嘉慶四年，崇祀大媽，即當時閩省興化府莆田縣迎來第一尊，距今已曆百十數年。[29]

昭和八年（1934）《台灣日日新報》相良吉哉負責調查的《臺南州祠廟名鑑》，也謂奉天宮建於嘉慶十五年，廟宇附屬的社團有：「東班四街媽會」（會員十六人）、「西班四街媽會」（會員二十四人）， 可見奉天宮自始奉祀的媽祖稱為「四街媽」，既非笨港媽祖，也非開臺媽祖，但已把自家媽祖稱為莆田迎來的第一尊媽祖了。

因為建廟歷史不長，建廟後也沒有具體的靈應事蹟，卻心懷壯志雄心，想把自家廟宇推至全台第一，民國四十年代奉天宮開始為自己添加歷史，民國四十二年前後印行的《天上聖母正傳》，篇中〈奉天宮之由來〉即將創廟年代向前推，謂其媽祖為乾隆年來台的船仔媽，接著自稱其廟前身為「笨港天妃宮」，與北港朝天宮爭正統。民國51年奉天宮新印《新港奉天宮媽祖簡介》，大幅更動《天上聖母正傳》內容，將創建年代改為明朝天啟二年（1622），媽祖則來自湄洲天后宮，且自稱為「開臺媽祖」。轉變之大，令人瞠目結舌，不知依據為何。

（三）「笨港天后宮沖毀」說

《彰化南瑤宮志》有一段笨港天后宮被洪水沖毀的說法，謂：

> 嘉慶年間，笨港天后宮被洪水沖毀，因此該進香活動暫告受阻。然而，由於笨港附近後來仍有許多與原笨港天后宮有淵源之其他

29　大正七年（1918）《台灣日日新報》。

廟宇，如北港朝天宮、新港奉天宮等，因此，南瑤宮遂改至笨港地區遶境，並至北港朝天宮及新港奉天宮等廟駐駕會子時香。[30]

《彰化南瑤宮志》引述史料來源皆未註明出處，事實上「笨港被洪水沖毀」的說法為新港奉天宮董事李安邦《漢族開臺基地笨港舊蹟及其歷史文物流落考》偽創，李安邦文章所據資料有二，第一為〈重修南港水仙宮碑記〉，第二為〈景端碑記〉。

〈重修（笨）南港水仙宮碑記〉石碑立於道光三十年（1850），現尚存新港鄉南港村水仙宮，筆者核對原文，發現李安邦竟在碑題及內文中動手腳，云：

吾笨（南）港有水仙尊王、關聖帝君二廟由來舊矣。不意嘉慶年間，溪水漲滿，橫溢街衢，浸壞民居者不知凡幾，而二廟蕩然無存。里中耆宿悼廟宇之傾圯，思崇報而無從，遂於嘉慶甲戌年（十九年（1814），鳩金卜築于港之南隅，以崇祀水仙尊王。而關聖帝君亦傳其廟規模宏敞，誠笨中形勝地也，但歷年既久，不無風雨剝蝕，蟲蟻損傷，兼以溪沙渾漲，日積月累，基地益危，觀者惻焉。吾笨中三郊，爰請諸善信捐金，擇吉、仍舊，重新增建一後殿，以奉祀關聖帝君。雖帝廟未創而神靈亦得式憑，則二廟可合為一廟矣。右翼以禪房，左翼以店屋二座，並建置民地一坵，設立石界，為住持香火之資。是廟坐辛向乙兼酉卯，興工於道光戊申年（二十八年，1848）端月，至庚戌年（三十年，1850）梅月始藏其事，計靡白金伍仟玖佰有奇，落成之日，遠近商民靡不致敬，蓋實我三郊之力為多焉。……是役也，余以株守桑梓未獲共襄盛舉，因五弟學同躬親其事，備陳三郊誠敬之心，暨諸喜捐者之樂善，以記請。自維淺陋不文，姑序緣起俾勒貞珉云。晉江生員王庭璋薰沐謹記。賜進士出身誥授中憲大夫候選吏部主事前甘涼兵備道刑科給事中掌京畿道監察御史翰林院編修，國史館纂修侯官郭柏蔭敬書。道光歲次庚戌孟秋穀旦董事泉州郊金合順、廈門郊金正順、龍江郊金晉順同泐石[31]。

30　同前引《彰化南瑤宮志》第五章。

31　李安邦《漢族開臺基地笨港舊蹟及其歷史文物流落考》註一。民國五十五年四月《法海週刊》

碑題原為〈重修笨南港水仙宮碑記〉李安邦將「笨」字刪除，成為〈重修南港水仙宮碑記〉讓人誤認「南港」為「笨港」。其次將文首「吾笨南港」刪除「南」字，成「吾笨港」，讓人誤認「笨港」為南港。

原碑詳列各單位捐款人、捐款數額及各項開銷，可藉為分析建廟時「新南港街」、「舊南港街」、「笨北港街」鋪戶及經濟實力。但因其內容適為「笨港被沖毀」的反證，李安邦竟隻字不提。碑文敘述笨南港因嘉慶年間溪水漲滿，水仙尊王廟傾圮，於嘉慶十九年重建；關聖帝君廟因風雨剝蝕，基地益危而於道光年間併祀於水仙宮。全無「笨港天后宮」之相關記載。

李安邦笨港被洪水沖毀的第二個根據為署「僧景端謹誌，嘉慶壬申桐月日十八庄董事全敬立」的碑記（下簡稱《景端碑》）。

《景端碑》碑文云：

> 子曰：鬼神之為德，其盛矣夫。視之而弗見聽之而弗聞。體物而不可遺，使天下之人，齊明盛服，以承祭祀。洋洋乎如在其上，如在其左右。詩曰：神之格思不可度思，矧可射思。夫微之顯，誠不可揜如此夫。此其頌我聖母德盛乎。溯自我天后聖母，在笨之宮，因烏水氾濫橫遭衝毀，我笨亦幾乎至蕩然無存毀於一旦，何其虐乎。斯時也拙義無反顧，毅然與笨眾，敬遷我諸神聖像於笨之東蘇園寮肇慶堂。於此洪氾雖可遠避，然舊日巍巍廟宇已不復存。思念及此臥寐難安，於是商諸我笨諸耆宿。太子少保子爵軍門王捐俸倡建於前，諸紳商鼎力虔誠捐獻於后。不數載竟再建聖母之宮於此地，其規模之宏輪奐之美有過原廟而不及。軍門王，廟成之日，必奏請聖天子御賜宮號奉天宮。美矣哉，此非神德之盛何以致之。嗚呼，逝者已矣，拙與我神諸聖像東遷于此垂十餘載，而莫敢知有此日。證諸孔子讚神之義，《詩經》神之格思不可度思之理，實不謀而暗合，大哉我神。至誠通神今有徵，拙雖耄亦足矣。筆至此，思及我笨宮跡遺有重修諸羅縣笨港天后宮碑記一座，因無由疏遷崩陷溪中，未能同在襄此盛舉，誠拙終

生之憾事也。茲聖宮新建竣事，感觸殊多，興之所至誌於此，意在示人明聖母神德盛，以知敬神所當誠之由云爾。僧景端謹誌嘉慶壬申桐月日十八庄董事仝敬立。

十八庄列：海豐、後底湖、大潭、新港、古民、崙子、埤仔頭、田心仔、柴林腳、中庄、後庄、坂頭厝、頂下灣仔內、南港、頂菜園、下菜園、埤頭。[32]

筆者於民國六十年初在奉天宮見過景端碑原碑，為高約一百公分，寬六十公分淺灰色花岡石，楷體字，民國八十六年筆者再度到奉天宮時已變成高一百三十六公分，寬六十七公分之赤紅色花岡石，行楷體。景端碑疑點重重。

第一，碑文署名者僧景端，曾任台灣府僧綱，其神主牌位尚存台南武廟，但其生存年代為道光至光緒年間，與碑文所署年代不符。其神主牌額題：

南院順寂府治僧綱司上景下端廣和尚蓮座。
　　　孝徒振維、振慶暨徒孫等奉祀。

內涵書：

圓寂比丘上景下端。葬在竹溪寺五尼頭山頂。
　　　生於道光乙未年二月九日寅時受生
　　　皈於光緒癸未年七月念四日未時歸西[33]

景端生於道光乙未年，為道光十五年（1835），卒於光緒癸未，為光緒九年（1883），享年四十九。景端碑立碑年署嘉慶壬申，為嘉慶十七年（1812），早於景端出生年二十三年。人尚未生，何能撰碑？

---

32 李安邦《漢族開臺基地笨港舊蹟及其歷史文物流落考》〈新港奉天宮由來史〉民國五十五年四月十五日《法海週刊》第141期。原碑無題額，民國五十五年三月台銀經濟研究室印行的《台灣南部碑文集成》未錄，民國八十三年何培夫《臺灣地區現存碑碣圖誌》〈嘉縣市篇〉（國立中央圖書館臺灣分館發行）始見收錄，以《新建奉天宮碑記》為題，碑文為行楷體，刪除十八庄地名。

33 此神主牌位存台南市祀典武廟。

　　第二，景端碑云：「遷我諸神聖像於笨之東蘇園寮肇慶堂……拙與我神諸聖像東遷于此垂十餘載，而莫敢知有此日。」景端碑立於嘉慶十七年，上推十餘載至少為嘉慶七年，意即嘉慶七年以前即遷至肇慶堂。然《嘉義管內采訪冊》記載肇慶堂建於嘉慶十六年，云：

　　　　肇慶堂，在新南港街之大街，崇奉福德正神，嘉慶辛未紳民公建。[34]

　　嘉慶辛未為嘉慶十六年（1811），《景端碑》所述笨港諸神像東遷之年肇慶堂尚未創建，如何能安置神像？

　　第三，碑文謂：「太子少保子爵軍門王捐俸倡建於前，諸紳商鼎力虔誠捐獻於后。」嘉慶七年二月王得祿才被擢升金門鎮左營游擊，「太子少保」是道光十三年（1833）張丙之亂，王得祿親往嘉義聯莊捕賊，而由道光皇帝於是年五月賞加太子少保銜；[35]撰碑者宛如未卜先知預知二十年後之事。

　　第四，碑文又謂：「軍門王，廟成之日，必奏請聖天子御賜宮號奉天宮。」彷彿王得祿深受嘉慶寵幸，可隨時見皇帝提出任何請求。碑文作者應是受民國三、四十年代台灣流行的《嘉慶君遊台灣》[36]故事影響，認為王得祿為嘉慶君私遊台灣被土豪欺侮時的救命恩人，二人結為兄弟，隨時可請觀見皇帝。請賜宮號「奉天宮」是輕而易舉的小事。事實卻完全相反，王得祿平定海盜蔡牽被擢任福建水師提督，與皇帝並無民間傳說的交情，王得祿雖屢次請求陛見，但嘉慶皇帝僅准接見一次。且賜宮名也由禮部依例提出，景端何得預其事？如真有其事，《嘉慶皇帝實錄》、《嘉義管內采訪冊》也會有記載，可見這非歷史事實。

　　第五，景端碑又謂：「筆至此，思及我笨宮跡遺有重修諸羅縣笨港天后宮碑記一座，因無由疏遷崩陷溪中，未能同在襄此盛舉，誠拙終生之憾事也。」旨在暗示人：《重修諸羅縣笨港天后宮碑》也是奉天宮的

---

[34]　《嘉義管內采訪冊》，打貓西堡，街市。民國五十七年，國防研究院印行。

[35]　蔡相煇王文裕《王得祿傳》台灣省文獻委員會，民國八十六年。另《九朝東華錄》道光朝，卷七，則謂為是年七月。

[36]　丁得春《嘉慶君遊台灣》，民國三十六年十月，台南市寶芳出版社發行。

文物。

　　事實上北港朝天宮現存有《重修諸羅縣笨港北港天后宮碑》，及重要的文物，就是印證笨港天后宮歷史的歷代開山蓮座，景端偽碑作者卻不知其重要性，不僅不提，反而批評「北港朝天宮歷和尚神主牌荒謬怪誕之處很多，有師已亡，徒弟還未出世，亦有徒弟先去世，師還未出世之處，實在可笑」[37]。但民國七十八年《北港朝天宮志》將朝天宮僧侶系統整理出，奉天宮改口說：「民國四十年代本宮興建後殿，拆除舊舍，有一位叫乙師的土水師任意將本宮三百多年（包含笨港天后宮時代）的歷居住持僧的神主牌位搬去，……遂喪失了自能澤以下歷代住持的神主牌位。」[38]

　　第六，碑文中景端口氣太大，自書「僧景端謹誌」，與例不合。僧綱雖為僧官，但比照八品小官，水師提督則為一品大員，不可相提並論，廟宇建廟立碑，排位均由官而紳，住持僧僅得列末，朝天宮現存乾隆四十年《重修諸羅縣笨港北港天后宮碑記》兼任彰化縣僧綱的能澤列名碑末，即其例。

　　第七，碑既為建廟竣工碑，理應詳載經始、落成之年，捐款單位、金額及開銷。但碑中無一語提及軍門子爵王得祿與諸耆宿郊商名號及捐款數額，也與碑例不符。

　　第八，碑末署名立碑者為「十八庄董事」，也與嘉慶年間台灣的行政區劃名稱不符，據《臺灣省通志・土地志》記載，當時打貓西保只有十七莊，「新港」稱為「新南港街」，至光緒十三年台灣建省，打貓西保始轄十八莊。「新南港街」因不是海港，日治時期被改名「新巷」，光復後再改回「新港」，可見這篇碑記是光緒十三年以後的作品。而「庄」字是日本人漢字用法，漢人則用「莊」字，可見碑文作者是受過日式教育，但中國四書、五經也曾涉獵的人。

　　總之，《景端碑》與真的景端生存年代不符，碑文內容錯誤、與史

---

[37]　林德政《新港奉天宮志》卷十文獻篇（上），《致北港朝天宮公開反駁信》（1979 年 3 月），民國八十二年新港奉天宮。

[38]　《新港奉天宮志》卷十三雜記篇，第二篇，住持僧的神主牌。

實不符者處處可見。但李安邦卻把這些資料提供給返臺調查臺灣媽祖史料的旅日華僑李獻璋。李獻璋也看出《景端碑》有問題，云：

> 碑文記「太子少保軍門王……」，因王得祿晉封太子少保，是在道光十三年，不免自相矛盾。但細看之下，該文謂「茲聖宮新建竣事，感觸殊多；興之所至，誌於此，意在示人，明聖母神德之盛，而知敬神所當誠之由云爾。」乃一隨感錄，本非為要刻碑而作者。[39]

但李獻璋最後還是將「笨港天后宮沖毀」的說法照單全收，在民國五十六年十月至十一月出版的《大陸雜誌》第三十五卷第七至九期發表《笨港聚落的成立及其媽祖祠祀的發展與信仰實態》，鋪衍出：笨港於嘉慶年間遭洪水，笨港天后宮就被毀，後漳州人先於新港建奉天宮，泉州人後於北港建朝天宮的說法。

（四）戈培爾效應--謊言重複一百次，就會成為真理

戈培爾是 1933 年德國總理希特勒任命的教育與宣傳部長，他給謊言穿上真理的外衣，他有一句名言：重複是一種力量，謊言重複一百次，就會成為真理。俗稱「戈培爾效應」。

奉天宮既以「笨港天妃宮」正統自居，當然也把彰化南瑤宮至笨港進香說成是到新港進香。《新港奉天宮媽祖簡介》〈彰化南瑤宮之由來〉，云：

> 距今約八十餘年前的事實，南港有一個勞動界的人，姓楊名琴，因在家鄉無生活計，朝不補暮，不得已背井離鄉，到彰化找工作，他是一個造瓦的技術者，充任在碌內工作，這個楊琴平素極其信仰聖母，所以出外均帶聖母之香火，在身邊保護出外平安，香火帶在身上對工作上很是不便，故將香火懸掛在瓦碌內之竹柱上，朝夕虔誠焚香朝拜……焚香向香火禱告，求取爐丹，無不應驗，從此遠近聞名……凡有經營瓦碌業者，皆彫刻有發鬚之聖母……

---

[39] 李獻璋《媽祖信仰研究》附錄一，〈笨港聚落的成立及其媽祖祠祀的發展與信仰實態〉，註5。1979 年，日本東京，泰山文物社印行。

　　未幾大廟完成，擇日舉行慶祝落成典禮命名為南碯宮（南碯宮起
　　源由此）因記念該香火，由南港人，帶在碯內，故將南碯兩字，
　　取號甚有意義…… 彰化南碯宮至今香火不斷參拜者絡繹不絕每
　　年特別組織團體，前來新港奉天宮進香。

　　笨港天后宮被毀的說法，透過《笨港聚落的成立及其媽祖祠祀的發
展與信仰實態》傳遞給學術界，李安邦《漢族開臺基地笨港舊蹟及其歷
史文物流落考-新港奉天宮由來史》（後改名《新港奉天宮由來史-漢族開
臺基地笨港舊蹟及其歷史文物流落考》）透過《法海週刊》傳遞給佛教
界，透過鸞壇《聖道》雜誌以善書形態傳遞給道教界及各廟宇，奉天宮
也不斷刊印分送媽祖信徒及進香客，大量且不斷的文宣，戈培爾效應發
生，終於動搖北港朝天宮的龍頭地位。

　　李獻璋於二戰期間畢業於日本早稻田大學，畢業論文為《媽祖傳說
研究》，民國四十三年起即常返台調查媽祖信仰資料，又從日本圖書館
中國古籍獲見許多媽祖資料，撰文於期刊發表。民國五十年代台灣史的
研究還在萌芽階段，媽祖信仰研究者更少，李獻璋、李安邦二篇文章提
出後，北港朝天宮雖曾請求台灣省文獻會廖漢臣編《朝天宮志》[40]、洪
敏麟撰〈從潟湖曲流地形之發展看笨港地理之變遷〉[41]等文章，但亦無
法澄清真相。事實上，遍查台灣歷史文獻，全無笨港天后宮被洪水沖毀
的記載，笨港天后宮就是《雲林縣采訪冊》大棟榔東堡，北港街的天后
宮，也就是北港鎮的朝天宮。

　　透過不斷的重複，奉天宮簡介自稱「開台媽祖」、「笨港毀滅」的說
法經過不斷重複，就產生戈培爾效應，許多廟宇相信了。南瑤宮也是其
中之一。

　　《彰化南瑤宮志》：

　　嘉慶年間，笨港天后宮被洪水沖毀，因此該進香活動暫告受阻。

---

[40] 廖漢臣《朝天宮志》民國五十六年，北港朝天宮印行。
[41] 洪敏麟〈從潟湖曲流地形之發展看笨港地理之變遷〉，《聖女春秋》第六至十八期，民國六
　　十二年五月至六十三年六月，北港朝天宮發行。

然而，由於笨港附近後來仍有許多與原笨港天后宮有淵源之其他
廟宇，如北港朝天宮、新港奉天宮等，因此，南瑤宮遂改至笨港
地區繞境，並至北港朝天宮及新港奉天宮等廟駐駕會子時香。[42]

此說法，印證南瑤宮信徒受戈培爾效應的影響甚深，五十年代以後
南瑤宮雖仍維持往北港進香的習俗，但心中的疑團，終有引爆之時。民
國四十四年彰化市政府接管南瑤宮。官方接管的好處是依法行政，但公
務員不一定是媽祖信徒，不會主動整合各媽祖會進行慣例進香活動。從
民國三十五年至民國七十七年之四十三年間，南瑤宮僅民國三十六、四
十五、四十九、五十一、五十三、六十八、六十九、七十、七十一、七
十五等年舉辦笨港進香活動，約平均四年舉辦一次，且規模大小不一，
最後一次往北港進香則在民國七十五年。據朝天宮前總幹事吳祥口述略
謂：

> 約民國七十五年農曆三月十九日上午八時餘，南瑤宮媽祖抵達北
> 港至朝天宮進香。每年農曆三月十九、二十，這兩天朝天宮媽祖
> 循例遶境古笨港地區，相當忙碌。南瑤宮因四、五年未往朝天宮
> 進香，三媽會進香大總理等人不知農曆三月十九日朝天宮有大慶
> 典，朝天宮則以為南瑤宮會避開出廟時間。農曆三月十九日朝天
> 宮董事長郭慶文與總幹事吳祥等人恭送媽祖鑾駕出廟後即至宮
> 門前等候南瑤宮總、董。但因媽祖儀仗甚盛，炮火沖天，南瑤宮
> 媽祖跟本無法靠近朝天宮。南瑤宮總、董久候不耐，以為是朝天
> 宮故意整人，怒氣沖沖的走到郭、吳二人面前，撂下：「你們朝
> 天宮是在幹什麼？」即轉頭往新港方向而去。[43]

此後直至國九十三年吳祥退休，南瑤宮未再到北港進香或南瑤宮所
稱會香。而彰化信徒的傳說則謂是年前往北港進香，隨行陣頭與北港當
地的八家將發生衝突，故轉往新港進香。北港朝天宮神轎出巡，從無八
家將隨駕，真是一場誤會，但若非南瑤宮深受「笨港天后宮被洪水沖毀」

---

[42] 同前引《彰化南瑤宮志》第 5 章。

[43] 民國七十七年筆者編《北港朝天宮志》時即曾由朝天宮董事長郭慶文先生提及，九十六年九
月撰寫本文時筆者再向吳祥先生確認其事。

說法的影響，即不致動搖對朝天宮的信心，而終止前往進香。是年雖改往奉天宮進香，但宗教氣氛未必相同，南瑤宮還是無法認奉天宮為祖廟，並自民國七十九年開始前往湄洲天后宮進香，並重新認定湄洲天后宮為祖廟。

五、結語

「進香」原是宗教信仰行為中，廟宇間互動、學習的管道，宛如女兒出嫁後回娘家，回娘家是一個過程，但回到娘家後母女間的互動、學習才是文化傳承的重點。南瑤宮笨港進香除了媽祖信徒獲得精神上的安慰外，宗教文化旳學習與傳承是不可忽視的重點。從嘉慶七年南瑤宮重建至民國七十五年（1802~1986）一百八十五年間，南瑤宮進香有高潮，但也曾因政治的變化或意外事故中止進香，尤其被彰化市政府接管後，信徒的宗教熱忱不容易整合，加上新港奉天宮為爭取媽祖領導地位創出笨港天后宮被洪水沖毀的說法，讓南瑤宮動搖對朝天宮的信心，一旦有誤會產生，北港進香活動就告終止。

新港人力爭上游、領袖群倫的企圖心，在政治上建構了橫跨嘉義、雲林二縣的林派，操控地方政治勢力數十年，人才不可謂不多。但宗教的深厚內涵並非虛名可得，南瑤宮信徒雖至奉天宮進香，但感受不到濃郁的宗教氣息及認同感。民國七十六年以後湄洲天后宮對台灣各媽祖廟展開熱情的連絡，南瑤宮的祖廟認同也隨而轉移，開始往湄洲進香。但隔海至湄洲進香畢竟不易，所以每年還會攜香火至南瑤宮的祖家楊謙家換龍袍。原先居住笨南港的楊謙家族已經無存，為懷念楊謙功德，協助當地居民新建一座天后宮以為紀念。

日據時期的北港朝天宮

一、朝天宮的創建與經營

朝天宮雖是由外九莊居民合建，但其能不斷茁壯，卻與僧侶的用心經營有密切關係。

康熙三十三年（1694），佛教臨濟宗第三十四代禪師僧樹璧奉湄洲天后宮朝天閣媽祖神像來臺，在諸羅海口笨港登陸。時臺灣荒地已闢，外九莊人口日增，笨港扼臺海交通要衝，船隻輻集，人口之增加尤速；莊民均自福建渡海而來，素感神靈，無從瞻拜，故見僧人奉神像來，遂議留為主持香火。初賃民居，矮屋低簷，至為簡陋。

康熙三十九年（1700），九莊居民再議公建，時有陳立勳者，為福建省同安縣十七都積善里劉營社人，於明季即入臺拓殖，於今嘉義縣鹿草鄉、六腳鄉；雲林縣水林鄉、北港鎮一帶擁有田園數百甲、糖廍、店面甚多，為大業戶[1]，並於朝天宮前左側，營土礱間，碾米販運內地，時感神靈，思報神恩，乃捐獻廟地，編竹葺茅，成一小祠，此為朝天宮的由來。[2]

當時笨港溪春夏間水漲，南北兩岸行旅維艱，樹璧和尚向當局申請設立義渡。雍正八年（1730）諸羅縣令馮盡善准之；雖不收費，但渡者都能酌情樂捐，樹璧自力更生，以義渡所得為朝天宮香燈之資，不但奠立其個人良好形象，也為朝天宮開闢了穩定財源。

支硎大師謂：「佛法壽命惟在常住，常住不存，我法安寄？」樹璧以「人能宏道，非道宏人」，深知欲使廟宇萬世馨香，則必培養生徒俾繼其志，乃擇能澤（篤齋）為徒，夙夜勤加教導。而能澤亦能仰體師意，勤奮向學。及樹璧圓寂，能澤遂繼其志，主持祀事。能澤主持朝天宮後，

---

[1] 參見蔡相煇，〈開拓嘉雲地區的陳立勳家族史料〉，《國立中央圖書館臺灣分館館訊》第十五期，頁 87-106

[2] 參見臨時臺灣舊慣調查會編，〈斗六廳北港街朝天宮來歷〉，《臺灣私法附錄參考書》第二卷上，頁 228-234。

先後收錄岐衍、鼎梅、妙琛、妙鞏、妙珍等五人為徒,量才分授以學。因能澤學養精湛,譽望日隆,遂為彰化縣令所禮重,聘兼彰化縣僧綱司事,總管虎尾溪以北佛教事務,[3]其徒弟岐衍、妙琛兩人,並在乾隆、嘉慶年間出任諸羅縣西門溫陵媽祖廟住持。[4]

嘉慶年間,朝天宮第六代住持僧浣衷也十分傑出,整合笨港地區行郊合祀媽祖〈三郊媽〉,參與朝天宮祭典,招致各地信徒前往進香,又遣徒邇蓮往福建漳州天柱巖習法(返臺後出任臺灣府普濟殿住持),另遣次徒皈藏往西螺廣福宮任住持。浣衷任朝天宮住持期間,重興北港朝天宮兩次,奠立朝天宮香火不衰的根基。

道光十七年(1837),子爵太子太保前福建水師提督王得祿以討伐張丙之役,統兵渡臺時,舟次外洋,忽遇颱風,禱神立止,兼獲順風以濟,遂平變亂,事定後王得祿獻〈海天靈貺〉匾一方及鐘鼓各一於朝天宮,[5]北港媽祖威名,更加顯赫。

光緒十二年(1886),嘉義大旱,縣令羅建祥建壇屢祈不雨,適西門街民迎北港媽祖賽會,乃齋戒三日,親身虔請媽祖神像祈禱,登壇未幾,大雨傾盆,四境霑足,乃經臺灣巡撫劉銘傳咨部奏請欽賜匾額懸掛,光緒帝特賜匾額〈慈雲灑潤〉於十四年五月,飭令知縣羅建祥、工部主事徐德欽奉匾到宮懸掛[6],北港朝天宮媽祖靈應更遠播各地。

北港朝天宮自樹璧、能澤以後,歷代僧侶一直維持培育生徒的傳統,至大正十二(1923),因日本佛教曹洞、臨濟等宗派大力在臺擴張,設立學校訓練僧侶,並使出任各寺廟住持,朝天宮師徒相傳的文化始告中斷,二百餘年間,朝天宮僧侶共傳衍了十七代,其系統圖如下:[7]

---

3 參見蔡相輝,〈朝天宮歷代住持與僧侶系統〉《北港朝天宮志》,頁250。

4 見黃典權,〈嘉義朝天宮增置廟產碑記〉,《臺灣南部碑文集成》,第二冊,頁187-188。

5 見倪贊元,〈大槺榔東堡·祠宇·天后宮〉,《雲林縣采訪冊》,頁49。

6 同註5,頁50。

7 同註3,頁282-1。

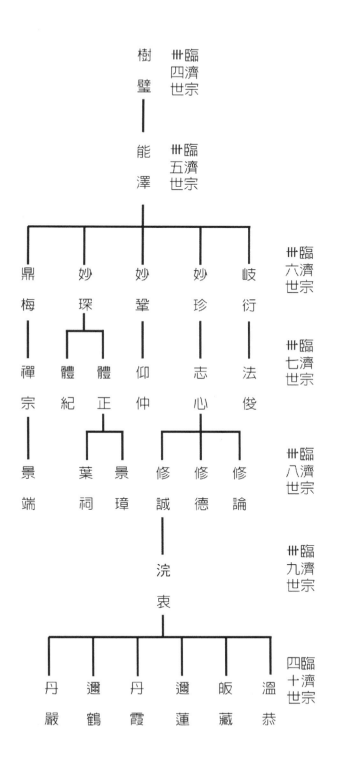

臨濟宗　卅四世　樹璧

臨濟宗　卅五世　能澤

臨濟宗　卅六世　鼎梅　妙琛　妙鞏　妙珍　岐衍

臨濟宗　卅七世　禪宗　體紀　體正　仰仲　志心　法俊

臨濟宗　卅八世　景端　葉祠　景璋　修誠　修德　修論

臨濟宗　卅九世　浣衷

臨濟宗　四十世　丹嚴　邇鶴　丹霞　邇蓮　皈藏　溫恭

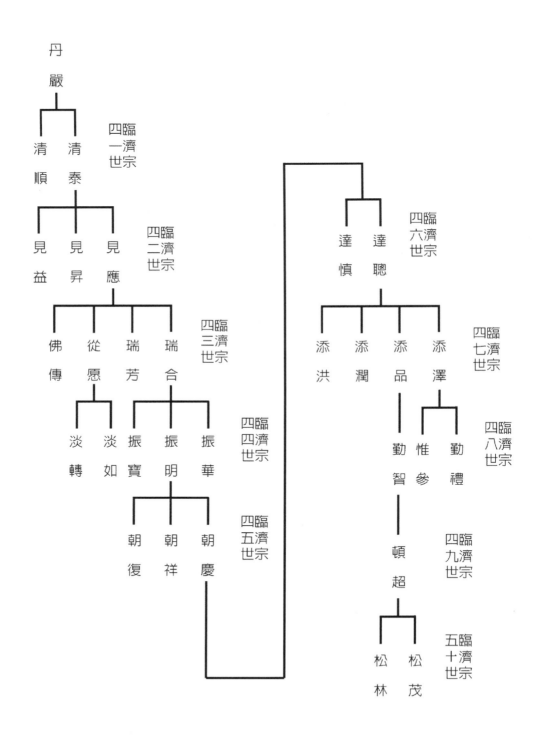

二、朝天宮的重建

　　光緒二十年（1895）十月，北港街內商店洽興號因燃放爆竹，引燃大火，在東北季風助勢下，街肆受損嚴重，幸因朝天宮建築自成格局，未與四週民宅毘連，僅拜殿一部被焚。[8]是年因中日甲午戰爭，清廷戰敗，割讓臺灣予日本，人心惶惶，紳商逃回內地避難者甚多，無人領導籌議修築事項，僅就原狀予以修復。

　　明治三十八年（1905）四月，嘉義地方發生大地震，北港街災情慘重，本宮大殿破損，四垂亭倒壞。當時日本統治臺灣已經十年，各項治理已上軌道，時任北港區長的前清秀才蔡然標乃謀於地方士紳倡議募捐重建，並於明治四十年（1907）二月、明治四十三年（1910）十二月，先後得到嘉義廳北港支廳支廳長日人安武昌夫、野田寬大之支持，向全臺各地展開勸募。[9]

　　此次重建，總工程費共十五萬元，向外募得七萬九千餘元，捐款者遍及全臺，捐款人數達三萬餘人，其中部份芳名刻在朝天宮四圍石欄杆上者，包含板橋林本源家族之林嵩壽、林祖壽，地區捐款者有：臺北州大稻程；臺北廳石碇堡茄苳腳庄、海山堡大嵙嵌街、海山郡板橋街；桃園廳參坑仔區、竹北二堡咸菜硼街；新竹廳新竹街、後龍街；高雄州潮州郡打鐵庄、老東勢、番仔埔、內埔庄、西勢庄、二崙庄、頓物庄、美崙庄、長興庄；阿猴廳港西下里內埔庄、港東中里新埤頭、茄苳腳、上埔頭、下埔頭、東石郡六腳佃及北港附近各部落、商號。[10]

　　工程於明治四十一年（1908）八月廿六日開工，大正元年（1912）一月竣工，作主工匠俱為當時著名匠師：木匠為臺北外員山庄木匠師陳應彬，石匠為艋舺江瀕街蔣文山、蔣棟材，土匠為泉州府安溪縣廖伍，

湳燙（交趾陶）為泉州府同安縣柯訓。[11]

　　北港朝天宮的建築，雖相當宏偉，但其周邊道路卻甚狹窄曲折，乃趁此重建機會收購部分民宅土地，使朝天宮建築群成一橢圓形狀，周圍環以石牆，拓寬四周道路為六米寬以利進香人潮進出，朝天宮至此遂為臺灣建築格局最完整，揉和建築與庭園藝術於一體，石木工藝俱佳，最具華南廟宇特色的宏偉建築。工程竣工後，臺灣各地信徒前往獻納匾聯、文物及香資者頗多，如大正二年（1913）三月，第五任臺灣總督佐久間左馬太陸軍大將特獻〈享于克誠〉匾額及現金一百元於朝天宮。[12]

三、朝天宮管理制度的建立

　　清代政府於中央及府、縣政府設有僧綱管理轄區內僧侶；僧綱通常由行政首長聘請轄內聲望素孚之僧人出任，故一般有僧人住持的廟宇，士紳多未干預廟宇事務；朝天宮歷年重建，雖多賴地方士紳鼎力支持，但廟務及經費的收支則全由僧侶自主，不受外界干預。

　　日人據臺以後，朝天宮的僧侶也如同清朝政府一樣，走向衰頹的命運，住持添澤於明治三十三年（1900）圓寂，由其徒勤禮繼任。勤禮復於四年後圓寂，由其單傳徒弟頓超繼任。頓超英年有為，於大正年間命其首徒松茂往浙江普陀山學法受戒。松茂稟賦甚佳，又勤學，為不可多得之人才，返臺後，即經常應聘至各地主持法會，大正十一年（1922）七月，應聘至民雄大士爺廟主持中元普渡法會，因天熱中暑，延誤送醫時間，且醫者診治不當，於當月病逝。次年，北港地區發生流行性傳染病，頓超去逝，其首徒松茂已先一年去逝，次徒松林則年少未能繼續主持宮務，由朝天宮管理者請其父母領回還俗，朝天宮傳承二百餘年之僧統至此中斷。[13]

　　明治、大正年間朝天宮的重建工程，因規模宏偉，經費龐大，非住

---

[11] 見朝天宮現存〈朝天宮建築事務所〉契約書及領收證。

[12] 同註 3，頁 211-3。

[13] 此後朝天宮改聘臺南竹溪寺僧人為本宮住持，至目前仍維持此一傳統。

持僧侶所能勝任，故由地方士紳組成董事會給予協助。迨重建工程完成，朝天宮有關經費（含香油錢收入）、人事等主導權，實際上已由董事會掌握，朝天宮僧侶備辦各種祭典所需經費，住持也須向董事會領取，易言之，朝天宮的掌管權，已由僧人變為地方士紳矣。

大正十年（1921）三月，由主導朝天宮重建工程的北港區長蔡然標向北港郡郡守副島寅三郎提出〈北港朝天宮管理規則〉認可案，次月被批可，朝天宮正式成立管理委員會，由蔡然標出任首任管理者，正式接管朝天宮庶務，此為臺灣廟宇正式有管理章程的嚆矢。其管理規則如下：

北港朝天宮管理規則（大正十年四月二十一日奉北港郡守副島寅三郎庶字第三七七號認可在案）

第一條：朝天宮之事務，依本規則處理之。

第二條：朝天宮之經費，以喜捨金、寄附金及其他收入為主。

第三條：朝天宮之事務，分為庶務、營繕、祭祀、會計、監查五組，各設委員若干名分掌之。

第四條：朝天宮設置左列職員處理事務。

　一、管理者　一人。

　二、委員　十六人。（含管理者）

　三、書記　一人。

除前述人員外，管理者得推載（北港）郡守為顧問，並設名譽委員若干人。

第五條：委員由信徒總會選舉之，管理者由委員互選之。

第六條：管理者對外代表朝天宮，負責處理與朝天宮有關事務；對內指揮、監督全體職員；擔任信徒總會暨委員會議議長。管理者有事無法執行職權時，由庶務委員之年長者代理之。

第七條：管理者得推聘顧問、名譽委員；任、免書記。

第八條：委員任期兩年，連選得連任；補缺委員之任期，僅得補足前任者殘留任期。

第九條：（原條文無第九條）。

第十條：庶務組設委員三名，掌理左列事項。

　一、印章保管有關事項。

　二、文書之收發、編纂及保管有關事項。

　三、職員（含僧侶）及工人聘、免等有關事項。

　四、與會議有關事項之處理。

　五、與一般寺廟有關法令之處理事項。

　六、聖母之勸請（含聖符）有關事項。

　七、不歸其他各組掌管之事項。

第十一條：營繕組設委員三名，掌理左列事項。

　一、建築、改築、修繕有關事項。

　二、廟宇結構體及附屬建築管理有關事項。

第十二條：祭祀組設委員三名，掌理左列事項。

　一、聖母、五文昌之春、秋祭祀及其他一般祭祀有關事項。

　二、聖母出巡有關事項。

　三、神佛像及其附屬品（含各項祭祀器具）之保管有關事項。

第十三條：會計組設委員三名，掌理左列事項。

　一、預算、決算有關事項。

　二、備品（含獻納品）之保管及處分有關事項。

　三、金錢之出、納及保管有關事項。

　四、物品之買入、賣出有關事項。

　五、財產之管理及處分有關事項。

第十四條：監查組設委員三名，掌理左列事項。

　一、各組事務性有關文書、現金、郵票及其他現品之監查；並於
　　　信徒總會報告等事項。

第十五條：總會分為定期與臨時二種，由委員及居住北港有力者十
　　　　　五名以上合組之。定期總會於每年舊曆四月中召開；臨
　　　　　時總會於臨時必要場合召開。

第十六條：管理者於有重大事務或單項支出費用在一百元以上時，
　　　　　須經三分之二委員出席，過半數同意後執行；若正反兩
　　　　　方同票，則由管理者決定之。但若事情緊急必須立刻執
　　　　　行，則須在事後提請追認。

第十七條：朝天宮會計年度，以每年舊曆四月一日開始，次年舊曆
　　　　　三月底結束。各項收入、支出，不論其原因為何，皆以
　　　　　舊曆三月底結算；結算後開支皆併入新年度。

第十八條：管理者於每年舊曆五月十五日以前，需將年度事務概況
　　　　　書及收支計算書向郡守報告。

　　　附　　則

第十九條：原有財產在大正十年三月三十一日整理完竣後，依本規
　　　　　處理之。

第二十條：本規則之訂正、變更，須經總會決議同意後為之。[14]

　　此章程將朝天宮有關管理委員會委員人選產生辦法、職權、人事組織、經費管理稽核等項，都予以制度化、公開化，在當時確為一項創舉，也深受好評，但其最高權力機構「信徒總會」的組成分子：「委員」及「居住北港有力者十五名以上」，卻無明確產生辦法，使朝天宮管理委員會的組成，容易陷於紛爭。

　　此缺陷在大正十四年（1925）七月二十一日的定期總會得到解決。本次會議，將管理委員名額由十六名減為九名，但增置監查委員二名，專司監查工作，將行政與監查適度分工；另將「居住北港有力者十五名」，修改為「北港在住保甲役員、商業、轎班、音樂各團體代表者六十名以上」，使信徒代表有明確的代表性，且其名額增多，較不易為少數人壟斷。[15]此章程訂定後，歷經增補，由「管理人」、「管理委員會」，再演化至現行的「財團法人董事會」，但其行政與監查分工的大原則並未改變，當年章程的訂定，應可謂週延。

---

[14] 見北港朝天宮保存，《朝天宮管理規則認可證件》原件。
[15] 見北港朝天宮保存，《朝天宮管理規則認可證件》原件。

四、北港媽祖南北巡行

　　北港朝天宮媽祖南巡，駐蹕府城天后宮供居民膜拜，不知起自何年何月，也未見清代文獻記載其原因，或許與三郊奉祀媽祖有關。現存文獻明記北港媽祖赴郡城巡歷事，年代最早者為徐宗幹所撰：《斯未信齋文集・壬癸後記》。文云：

> 壬子（咸豐二年，1852）三月二十三日，為天后神誕。前期，臺人循舊俗，迎嘉邑北港廟中神像至郡城廟供奉，並巡歷城廂內外而回。焚香迎送者，日千萬計。歷年或來、或否，來則年豐、民安；販賈藉此營生，而為此語也。前任或密囑住持卜筊，假作神話，以為不來，愚民亦皆信之。省財、省力，地方不至生事，洵為善政。然祈報出於至誠，藉以贍小民之貿易者，亦未可弛而不張，且迎神期內，從未滋事，故聽之。
>
> 十五日，同鎮軍謁廟，男婦蜂屯蟻聚，欲進門，非天后神轎夫執木板辟易之，不得前。偶微服夜巡，自宵達旦，用朱書「我護善良，進香須做好人，求我不能饒你惡」云云簡明告諭，並大書「販運洋土、船破人亡」八字於殿前，乘其怵惕之心以導之；神道設教，或可格其一二耳。
>
> 十六日，神輿出巡，輿夫皆黃衣為百夫長，手執小旗，眾皆聽其指揮。郡城各廟神像，先皆舁之出迎，便送天后出城而後返。舉國若狂，雖極惡之人，神前不敢為匪；即素犯罪者，此時亦無畏忌，以迎神莫之敢攖也。是日午後，忽大雷雨，霹靂不已。郡城舁神輿者，至城門皆覺重至千鈞，兩足不能前，天后之輿則迅疾如駕雲而飛。雨止，聞北港之夫與郡城神輿之夫爭路挾嫌，各糾約出城後互鬥洩忿。城外溝岸內埋伏多人，為雨驅散；南門外同行三十餘人，雷斃其二，餘皆被火傷，不知其何為也！非此雷雨，則鬥必成，而傷害之人多矣。神之靈也，民之福、官之幸也。[16]

　　按：徐宗幹，字樹人，江蘇南通人，嘉慶二十五年（1820）進士，

---

[16] 見徐宗幹，《斯未信齋雜錄・壬癸後記》，頁 69-70。

　　昭和十年（1935）十一月五日，臺北佛教各宗聯合會與南瀛佛教會合作，假臺北公會堂召開全臺灣佛教徒大會，與會者有九百餘人，會中通過日僧東海宜誠所提：1.對臺灣在來之佛教系統之寺廟齋堂向當局請其確立統制方策建議案；2.關於本島寺廟齋堂主職者（指住持廟堂主）之資格認定之法規向當局請其制定實施建議案；及魏得圓所提：臺灣之寺廟齋堂及其所屬財產向當局移管理權於住職或堂主建議案。[27]

　　昭和十一年（1936）四月，新竹州廳頒佈〈傳統寺廟建立廢合手續施行細則〉，規定寺廟、齋堂、神明會、祖公會等團體，只須住持、堂主、管理人及信徒代表連署，說明名稱、屬性、所在地、神佛像如何處置、所屬財產如何處理、預定廢止日期、廢止原因，呈報州政府同意即可。[28]此辦法之頒佈，已為各地方政府醞釀廢除傳統寺廟提供法理根據。

　　昭和十二年（1937），盧溝橋事變發生，臺灣總督府因恐臺灣人支持中國，而全力推行皇民化運動，其主要措施有：1.強制改日式姓名，2.獎勵日語家庭，3.著手整理寺廟。[29]昭和十三年（1938），總督府召集各地方官會議，授權地方政府開始整頓寺廟，十一月，新竹州中壢郡開始行動，由郡守召開寺廟代表會議，通過寺廟整理原則：

　　　（一）寺廟以全廢為原則，但過渡時期之方策，亦得廢合，一街
　　　　　　庄保存一寺廟。
　　　（二）舊慣祭祀之改善及寺廟管理行為須盡量合理化。
　　　（三）祀神須改為純正佛教或儒教之神佛。
　　　（四）寺廟之建築物必須漸次改為布教所或寺院型態。
　　　（五）被廢止之寺廟及神明會等宗教團體，其財產則另組織教化
　　　　　　財團。[30]

當時新竹州中壢郡轄下被廢合的寺廟有二十九，齋堂四，神明會七

　　件〉。
[27] 見《南瀛佛教》第十三卷第十二號，頁 42-43，〈臺灣佛教徒大會盛況〉。
[28] 見臺灣總督府編，前引書，頁 660，昭和十一年四月，〈舊慣二依ル社寺廟宇等ノ設立廢合手續施行細則〉。
[29] 見臺灣省文獻委員會編，前引書，頁 68，〈皇民化運動與臺灣佛教〉。
[30] 見臺灣省文獻委員會編，前引書，頁 292，〈寺廟神昇天〉。

十八，祖公會八，所有財產水田一百九十七甲，旱田七十八甲；次年並
將各神像，包含關聖帝君、開漳聖王、媽祖等，土塑者予以推毀，木雕
者，除部分送政府研究單位研究典藏外，大部分予以燒煅，寺廟則予拆掉，
祭器燒棄；獲保留寺廟，須將廟宇屋脊兩角拆去，使具日本風格。[31]

　　廢廟行動在中壢實施後，立刻引起民心不安，在臺日籍僧侶及學者
都不主張以強迫手段為之，透過國會議員在昭和十四年（1939）、十五
年（1940）第七十四次、七十五次帝國會議向政府提出質詢。[32]但總督
府則以皇民化運動讓臺灣人精神日本化為歷任臺灣總督努力的目標，陋
習之打破為皇民化運動的一環，寺廟與迷信邪教相依附，整理有助陋習
之改良，引起臺人怨嘆或為地方執行不當，當予注意；並未有停止整理
之趨勢。

　　昭和十五年（1939）十月，總督府文教局迫於各界壓力，通知各地
方政府須特別尊重民意，以免臺人信仰生活陷於不安。[33]但此政策仍在
各地推行，各地方政府都先行召集寺廟代表會議通過，完成法定手續後
行之。

　　十一月底，臺灣總督小林躋造下臺，次月，長谷川清繼任。為解決
此問題，長谷川清拜訪了臺北帝國大學總長幣原坦謀商對策，決定一面
通知各州知事暫停執行管轄區內寺廟廢止整理工作，維持現狀，一面派
臺北帝大土俗人種學講師宮本延人為臺灣總督府調查官，進行全島性調
查。據宮本延人的統計，截至昭和十七年（1941）十月止，當時臺灣全
島執行寺廟整理成果如下：

臺北州：

寺廟：廢毀 1 座；移作他用 1 座。

神像：被沒收 37 尊。

齋堂：廢毀 2 座。

---

[31] 見臺灣省文獻委員會編，前引書，頁 293-294。

[32] 參閱宮本延人，《日本統治時代臺灣における寺廟整理問題》，頁 233，帝國議會關於寺廟整理有關質問應答。

[33] 見臺灣省文獻委員會編，前引書，頁 294。

新竹州：

寺廟：廢毀 40 座；移作他用 188 座。

神像：被燒毀（47 廟）409 尊；被沒收（177 廟）1859 尊。

齋堂：廢毀 5 座。移作他用 10 座。

神像：被燒毀（1 廟）3 尊；被沒收（17 廟）103 尊。

臺中州：

寺廟：廢毀 41 座；移作他用 26 座。

神像：被燒毀（9 廟）30 尊；被沒收（28 廟）237 尊。

齋堂：廢毀 0 座。移作他用 2 座。

神像：被燒毀（2 廟）23 尊；被沒收（0 廟）0 尊。

臺南州：

寺廟：廢毀 194 座；移作他用 419 座。

神像：被燒毀（547 廟）9749 尊；被沒收（166 廟）1268 尊。

齋堂：廢毀 2 座。移作他用 7 座。

神像：被燒毀（7 廟）90 尊；被沒收（3 廟）41 尊。

高雄州：

寺廟：廢毀 75 座；移作他用 179 座。

神像：被燒毀（454 廟）3266 尊；沒收（51 廟）617 尊。

齋堂：廢毀 1 座。移作他用 5 座。

神像：被燒毀（4 廟）31 尊；被沒收（1 廟）3 尊。

臺東廳：

寺廟：廢毀 9 座；移作他用 6 座。

神像：被燒毀（8 廟）270 尊；被沒收（4 廟）61 尊。

齋堂：廢毀 1 座。移作他用 1 座。

神像：被燒毀 6 尊；被沒收（1 廟）55 尊。

花蓮港廳：

寺廟：廢毀 1 座。

神像：被燒毀（1 廟）2 尊。

澎湖廳：無。

總計：

寺廟：廢毀 361 座；移作他用 819 座。

神像：被燒毀（1066 廟）13726 尊；被沒收（428 廟）4069 尊。

齋堂：廢毀 9 座，移作他用 29 座。

神像：被燒毀（14 廟）153 尊；被沒收（22 廟）202 尊。[34]

　　在皇民化運動前的大正年間，日本佛教各派已感受到臺灣總督府的同化政策，受此鼓舞，日籍僧侶積極透過各種管道，爭取出任臺灣寺廟及齋堂住持，準備吞噬各廟宇。頗招民怨，致臺灣總督府於大正十四年七月行文各地方政府謹慎處理其事。[35]

　　朝天宮對此趨勢也有所瞭解，故在大正十三年即聘請臺南竹溪寺出身，曾在曹洞宗臺北中學林畢業，並赴日留學之眼淨（俗名林看，臺南縣下營鄉人）為住持，故其主權未由日僧掌控。至昭和十五年皇民化運動雷厲風行時，臺南州寺廟被摧殘最嚴重，北港街原有寺廟，如各宗姓宗廟及王爺廟等俱被拆燬，僅少數廟宇受保全，但在祀神、財產方面，也不得不遵照州廳政策，予以處分。

　　根據宮本延人的調查，在整頓寺廟前，朝天宮奉祀的主神為媽祖（內含：鎮殿媽、祖媽、二媽、副二媽、三媽、副三媽、四媽、五媽、六媽、糖郊媽、太平媽），從祀為：司香女、司花女、千里眼、順風耳，配祀為：土地公、文判、武判、招財、進寶、註生娘娘、五文昌、三界公、神農、黃帝、十八羅漢、觀音佛祖、彌勒菩薩、釋迦佛、阿彌陀佛、善財、龍女、韋馱、護法、忠勇公。經皇民化運動後，祭神只剩媽祖及五文昌。[36]其他有歷史價值者，由廟方暗中收藏保存，其餘如：招財、進寶、神農、黃帝、彌勒菩薩、韋馱、護法、忠勇公（福康安）等則於昭

---

[34] 參閱宮本延人，前引書，頁 99，第 2 表，整理寺廟廟宇神像處分調 （自昭和十二年一月一日至昭和十七年十月末）。

[35] 見臺灣總督府編，前引書，頁 525-526，大正十四年七月〈內地人僧侶ヲシテ本島舊慣ニ依ル寺廟ノ住職又ハ堂主タラシムル件〉。

[36] 參閱宮本延人，前引書，頁 262-265，〈信仰最深廟宇數例‧朝天宮〉。

和十六年十一月被燒毀。

　　另臺灣人在拜拜時，原有燒金、銀紙的習慣，朝天宮在昭和十三年春，先予廢止。有關財產，朝天宮在明治末大正初重建時，現金已支用一空，但因其信徒多，（每年前往參拜者一百五十萬人）經二十餘年積蓄，至昭和十五年時，在嘉義及北港地區已有田地五十二甲　（每甲約值一千五百圓），店鋪六軒　（每軒年收入一千七百圓），加上各地迎請媽祖收入，全年共有三萬九千圓收入。[37]

　　根據寺廟整頓之規定，廟方須將財產處分，充作教化財團教化經費。朝天宮不得已，亦於昭和十五年二月將財產處分完畢，只留下田一甲四分三厘一毫五糸、園一分二厘四毫0糸。此在當時或為特例，故朝天宮還向北港街長提出許可申請，並經臺南州層報臺灣總督府，經臺灣總督小林躋造於昭和十五年六月十一日以指令第七九七四號許可。[38]

　　在此全臺寺廟將亡於一旦之時，日軍在中國、南洋戰爭面不斷擴大，開始徵調臺灣人當兵，征屬對傳統宗教信仰的需要更加迫切，復以宮本延人調查報告出爐，說明以日本神道及佛教取代傳統神道之舉，不僅未見正面績效，反而引起民心普遍不安。更甚者，英美兩國都以臺灣為例，向東南亞各國作反日宣傳。在國家整體利益考量下，日本首相東條英機不得不公開宣布「尊重友邦固有宗教」政策，臺灣總督府在日本國家政策轉向下，廢毀寺廟事件乃告停止，至民國三十四年十月，臺灣光復，被日本政府沒收神像由國民政府發還，朝天宮迎回原有神像，恢復常態運作。

六 、結 語

　　日本統治臺灣的五十年間，是北港朝天宮的發展過程中的一個很重要的階段，在臺灣總督府的首肯及信徒的捐獻支持，董事用心經營下，

---

[37] 同註36。
[38] 見北港朝天宮保存，臺灣總督小林躋造發〈指令第七九七四號〉原件。

配合都市局部更新，使朝天宮建築規模完整，外面環以石牆，就當時臺灣廟宇而言，已可謂領袖群倫，使其聲勢如日中天，也成為各地媽祖廟學習的對象，如豐原慈濟宮在其虎門對聯便有「重修遠計期北港爭光」之語。[39]

其次，廟宇本為中國古代政府用以教化庶民的社政單位，其本身是中性的，其屬性既非佛教，也非道教。其所以有僧侶或道士為住持，純為地方政府或士紳運作的結果。朝天宮原由佛教臨濟宗僧侶自湄洲天后宮朝天閣奉媽祖神像而來，由地方人士捐獻土地蓋廟，故其主導權向由僧侶自主。在日治時期，因朝天宮僧統中斷，地方士紳加以接管，訂定管理規則，使其經費透明化，成為地方公共財產。姑不論其是非，讓更多地方人士參與經營，對朝天宮的聲勢及促進地方產業的繁榮，應有正面效應。

但是，也因為地方士紳的介入經營，在考量地方實際經濟利益的因素下，發生北港不讓三媽到臺南，而以糖郊媽替代的事件，其結果造成臺南人自雕三媽，中止迎請北港媽祖到臺南的臺灣最大規模宗教活動盛事。

另外，在日人異族統治下，早期雖也允許臺灣人信奉自有信仰，但在日人國家整體利益考慮下，其最終目標仍必使臺灣人同化。廟宇既為漢人文化重要象徵，故有廢毀廟宇及神像之舉，朝天宮因其地位特殊，雖尚未被廢，但其勢已岌岌可危，可稱為臺灣宗教的法難。

---

[39] 該對聯現尚存豐原慈濟宮虎門。

媽祖信仰與社區文化的融合—以北港朝天宮為例

一、媽祖信仰的社會功能

（一）、信仰功能

《禮記》祭法，規範人於天地山川、祖先之外，對於生前能「法施於民、以死勤事、以勞定國、能捍大災、能禦大患」者，得建廟祀之；故廟宇祀神基本上均為有功德者。臺灣民間信仰諸神，如關聖帝君、保生大帝、媽祖、鄭成功等皆其類。媽祖信仰於諸神中特別突出，因漢人移民臺灣需橫渡臺灣海峽，危險性高，且因臺灣為海島，資源不足，海外貿易成為臺灣經濟發展不可或缺的一環。媽祖因具海神功能，較易成為臺人的信仰，漢人聚落建構時，常以媽祖廟為聚落主要信仰，成為安定民心，凝聚社區意識的象徵。如明朝永曆二十七年（康熙十二年，西元 1673 年），閩籍漁人徐阿華出海捕魚，遭風漂至今高雄市旗津，發現當地適宜居住、捕魚，遂返原籍邀友朋十餘家，遷至旗后，建立村落，並於康熙三十年（1691）開始營建媽祖廟於聚落中心點，此即漁船移民聚落發展模式之一例。另如嘉慶十一年（1806）彰化縣東螺社因漳、泉械鬥遭焚毀，後又經洪水沖圮，居民集體遷至北斗重建街肆，規劃興建媽祖廟，取名奠安宮，以寓「奠定厥居，安集乎民」之意，由此二例可見廟宇之興建，為漢人社區經營的必要考慮因素。

清光緒年間倪贊元撰《雲林縣采訪冊》〈天后顯靈事蹟〉，謂：

> 昔先王之以神道設教也，蓋以功德及民與夫捍災禦患者，尊崇而奉祀之，所以崇德報功，彰善癉惡也。我朝歷聖相承，攸崇祀典。神亦顯靈效順，輔翼皇圖，每見奏報之中，筆難盡紀。然其威靈顯著、功德昭然者，惟關帝、天后為最著。

神道設教之事，雖因近代社會治安改善、教育普及，在公共事務上

已無置喙空間，但民間一般家庭正廳神案均會奉祀神像及祖先牌位，早晚上香祈求平安，逢年過節則赴廟宇朝拜，寺廟神安定人心之宗教功能於此可見。

（二）、社區整合功能

臺灣因開發歷史短，且屢經戰禍，故乏巨族，各地聚落多以多雜姓聚居為主。雜姓聚落無法透過血緣關係與宗族組織互相約束，而廟宇因具有神聖性且為地方公共祀業，其管理組織常與社區結合。地方大廟的董事均由各社區、各行各業的領袖組成，這些董事除了負責廟宇興建、維修、香燈經費的籌募外，也同時藉他們的名望凝聚社區居民向心。

以北港朝天宮為例，清朝隆四十年間其董事共九人，內含貢生陳瑞玉一人，監生王希明、蔡大成二人，總約楊允廈，梅山蔡世國，行戶劉恒隆、鄭奇偉、張克昌、陳愧賢等人。貢生、監生都是學行優秀，未考上舉人的資深士人，陳瑞玉為清初曾捐助軍費土地橫跨雲林、嘉義二縣大地主陳立勳的後裔；總約則由地方推舉報奉諸羅縣令核派之地方自治領袖；行戶則為經營兩岸貿易的巨商，即朝天宮組成分子包含地方士紳、地方自治領袖、商業領袖等，可謂網羅地方精英組成。因北港為進出口岸，北港溪上游山產為出口大宗，其董事會中復延攬梅山蔡世國出任董事；陳、蔡、楊復為地方巨族。這種組合，已將地方巨族、社區領袖、商業代表等網羅殆盡，擔任董事既是權力的分享也是責任的分擔。目前朝天宮董事已改為由境內居民戶長普選，但仍設有信徒代表，得列席董事會對廟務運作提諮詢與建議；而北港鎮籍各級民意代表、各鋪戶領袖皆為當然成員，可知地方大廟的董事成員仍與地方精英仍有相當程度的重疊性，如果沒有派系對立，廟宇仍是地方整合的重要機構。

（三）、經濟發展功能

華人聚落形成時，寺廟也隨之建立，整個社區便以寺廟為中心向四周發展，寺廟不僅是聚落地理中心，民間交易也結集於寺廟四周，形成

店鋪、攤販聚集的經濟活動中心。而伴隨祀神祭典而來的遶境、進香活動更直接帶動地方產業、商業發展。除廟宇的管理組織董事會外，尚有許多社團與廟宇唇齒相依，廟宇個別神明由信徒組成各種神明會，每年選出爐主、頭家承辦年度祀事，其外有各種社團，如南、北管等文藝社團；兼具地方自衛性質的龍團、獅團、宋江陣等武藝社團；另如走高蹺、雜耍等等。易言之，廟宇的組成實已將社區從上到下層層疊疊的結合在一起，牽一髮而動全身，而祭典、遶境、進香等活動即可促進地方經濟之活力。清朝臺灣行政長官臺灣道徐宗幹於所撰《斯未信齋文集》〈壬癸後記〉提及咸豐二年（1852）府城迎媽祖事云：

> 壬子三月二十三日，為天后神誕。前期，台人循舊俗，迎嘉邑北港廟中神像至郡城廟供奉，並巡歷城廂內外而回。焚香迎送者，日千萬計。歷年或來、或否，來則年豐、民安；販賣藉此營生。

指出廟會活動，「販賣藉此營生」、「藉以贍小民之貿易」之事實，蓋廟會活動，社區全員參與，僅祭祀活動所需各種牲、醴、香、燭、金紙等即為大量消費，另隨進香人潮帶來的食、宿、消費，可為地方帶來莫大商機，直接繁榮地方，臺灣著名廟宇附近旅館、餐廳、土特產商店林立，即為其證。近年來各地廟宇更不斷推出與文化創意結合的文創產業，其目的即在爭取信徒，追求背後的經濟利益來創造人民就業機會與地方繁榮。

（四）、社會教化功能

中國古代政府採精英教育政策，讀書人需經考試管道進入政府官僚體充管理階層，無法進入官場者則為地方士紳協助地方治理工作，故學校招收生員數額甚少，一個縣每年均只招收十餘名，一般民眾除少數得於私塾、義學就學外，均目不識丁，其為人處世之知識除來自家庭教育外均賴社會教育。廟宇的廂房常被充當義塾，清朝政府也將廟宇當成每月初一、十五日宣講《聖諭廣訓》，教化百姓姓之據點。

此外，廟宇慶典演出的戲劇，廟宇建築裝飾上的歷史人物故事，都是教忠教孝，為基層百姓提供安心立命的基礎知識來源。當社會風氣偏差太過，廟宇還會出面糾正，如道光後期，鴉片流傳台灣，各地廟宇執事紛紛刊印書篇，勸人戒煙，並供戒煙偏方：北港朝天宮媽祖出巡，甚至張貼告示，上書：『販售鴉片，船毀人亡』的嚴厲譴責來警告上游的進口商人。

總之，媽祖信仰已成為與現代社會相容的宗教機構，可以與新社區共存共榮，也可以建構成海外華人社區的公共設施。

二、北港朝天宮的簡史與建築格局

（一）、北港朝天宮的簡史

康熙十九年（1680），萬正色在廈門擊退鄭經，莆田籍明鄭水師副總督朱天貴率舟三百艘、將士二萬餘人降清，清廷首予媽祖誥封為：護國庇民妙靈昭應弘仁普濟天妃。康熙二十年（1681）鄭經去世，康熙命施琅率水師取台灣。康熙二十二年（1683）鄭克塽降清，康熙二十三年（1684）四月將臺灣納入版圖，設一府三縣，二安撫司，並將天妃詔封為：護國庇民妙靈昭應仁慈天后。施琅將台灣的明朝寧靖王府改建為天妃宮，水師駐紮地澎湖、安平、左營建廟奉祀天妃媽祖以崇功報德。

當時笨港（今北港）為台灣北路唯一的口岸，維持兩岸通航。康熙三十三年（1693 年）湄洲天妃宮僧人樹璧和尚奉媽祖神像至笨港，康熙三十九年正式建立天妃宮（北港朝天宮的前身），傳承至今已三百多年。

朝天宮位於臺灣雲林縣北港鎮中山路一百二十八號，北港鎮原為北港溪的內河河港，朝天宮位置適在北港鎮之中央，規模大，構造完美，建築沿革，可分為六個階段；第一階段始於康熙三十九年（1700），以竹茅灰土搭蓋。至雍正年間，諸羅縣丞准本宮住持僧侶在笨港溪設渡船濟行人往來，雍正八年（1730）擴大廟基，乾隆十六年（1751）再度修

葺，至乾隆四十年（1775），笨港縣丞薛肇熿發起重建廟宇；前殿祀媽祖，後殿祀觀音菩薩及十八羅漢，右側則設僧室六間，以供僧侶居住。薛肇熿並撰《重修諸羅縣笨港北港天后宮碑記》。

咸豐五年（1855）朝天宮再度擴建起工，咸豐九年（1859）完工，成為四殿建築。前殿為三川殿，正殿為媽祖殿，中殿為觀音佛祖殿，後殿為聖父母殿，兩側各建室仔六間。光緒二十年（1894）北港大火，朝天宮拜殿被焚，明治三十八年（1905）四月嘉義地區大地震，朝天宮大殿破損，四垂亭倒壞，明治四十年（1907）在北港街長蔡然標等人奔走下重建。除原有建築外，將兩側僧室改為殿宇，增祀文昌帝君及五文昌夫子、三官大帝、註生娘娘、境主公、土地公等，西側並有一大花園，第四殿聖父母殿兩側並建有西式二層樓房，供僧侶居住，宮宇四周，以花綱石圍繞，花綱石上並刻有捐款人姓名，本宮目前建築格式，大體完成於此時。

（二）、朝天宮的建築格局

朝天宮建築為宮殿式建築。全建築物之通面闊為 37.9 公尺，通面深為 55.5 公尺，佔地 636.3 坪，連宮前之小廣場及宮後倉庫，佔地將近千坪，殿宇分為四進，宮前一廣場，地面舖石，四面圍繞石牆，設有正面、左二、右二共五個出入口。

正面入口兩側置石獅，牆頭有四海龍王石像。過小廣場，跨階而上，有三座門，中為山川門，右為龍門，左為虎門。山川門，面寬 8.87 公尺，進深 7.34 公尺。龍虎 2 門，寬各 6.73 公尺，進深各 6.1 公尺。二進正殿，又稱聖母殿，面寬 8.87 公尺，進 12.86 公尺，築在 70 公分之臺基上，是全建築最主要部份，建築形式，分為前後兩段，屋頂前為捲棚式，後為硬山式，二者裡簷相近，間設水漕連結而成。一、二進間，原有兩道欄牆，各設一八角洞門，分隔三個庭院，後因香客眾多，為增加使用空間便利信眾參拜拆除。東西兩廂，東奉註生娘娘，西奉境主公、福德正神，面寬 10.6 公尺，而進深僅 2.68 公尺。屋頂為單面斜坡，門

窗格扇。

三進中室為觀音佛祖殿，面寬 8.83 公尺，進 7.77 公尺，供奉觀音菩薩。右室為三界公殿，又稱凌虛閣，面寬 6.29 公尺，進 7.77 公尺，供奉三官大帝。左室為五文昌夫子殿，又稱聚奎閣，寬度深度與三界公相同。佛祖殿兩側設有走廊，與聖母殿及第四進的聖父母殿相通，左右牆壁各設一門與三界公殿、五文昌殿，相通。三界公殿與五文昌殿前各有築拜亭，兩側以走廊連結。拜亭設有三門，中置一對石鼓，左、右門各置一對石盾，門框門檻，俱鑲有木刻花邊。

第四進中室為聖父母殿，面寬 3.93 公尺，供奉聖父母及兄姐神位。左室開山廳，供奉歷代住持神主。右廂為南華閣，左廂為辦事處。兩廂前各添造一座拜亭。屋頂俱為單簷，並有蹺脊。開山殿之左端設有一門，與貧民施療所相連，五文昌殿之右壁一門，可通金亭，金亭係民國五十六年新造，高四丈五尺鐵筋水泥塑造，形如八角古塔，高聳空中。

綜觀朝天宮龐大的建築空間，祀神可依三川門為基準劃成三條縱線，中縱線（即主要祀神線）祀神為第二進的媽祖，第三進的觀音菩薩，第四進的聖父母。右中縱線祀神為第三進的三官大帝，第四進的開山廳。左中軸線為第三進的五文昌夫子，再外為右側室的註生娘娘與左側室的境主公、土地公。易言之，朝天宮祀神位階最高者為天上聖母媽祖，其次為觀音、三官大帝、五文昌夫子，再次為註生娘娘、境主公、土地公。聖父母與開山廳則以神主牌位備位附祀。

三、北港朝天宮的祀神格局

（一）、正殿祀天后媽祖

正殿是朝天宮建築群最宏偉、最高聳的建築，以此建築空間為祀奉天后媽祖處所，象徵媽祖是朝天宮的主要神明。而媽祖會超越其他眾神，一方面是祂是朝天宮的開基神，另一重要原因是祂是清朝政府的祀典神。

　　康熙五十九年（1720），正式將媽祖列為朝廷祀典，春秋遣官致祭。雍正十一年（1733）令沿海沿江各省建祠致祭，其祭儀與關聖帝君同。總計清朝朝廷對媽祖的誥封，達二十次之多，其封號由康熙十九年的：護國庇民妙靈昭應弘仁普濟天妃，累晉至咸豐七年（1857）的：護國庇民、妙靈昭應、弘仁普濟、福佑群生、誠感咸孚、顯神贊順、垂慈篤祐、安瀾利運、澤覃海宇、恬波宣惠、導流衍慶、靖洋錫祉、恩周德溥、衛漕保泰、振武綏疆天后之神。同治十一年（1872），以媽祖封號字數太多，清廷遂以四十二字為限，永不加增。

　　清代朝廷祀典分成上祀、中祀、群祀三個等級，上祀為祭天、地、太廟、文廟、武廟等。天后為中祀，群祀則有：城隍、名宦、鄉賢、節烈等，祭儀與祭品各有等差，上祀用太牢，牲用：牛、羊、豬三牲，籩、豆各十二，有舞、樂。雍正十一年清廷令沿海沿江各省建祠致祭天后，其祭儀與關聖帝君同，禮用少牢，祭以羊、豬二牲，籩、豆各十，用樂，不用舞。

　　目前朝天宮春、秋二次祭典就是用中祀祭儀，農曆正月、三月二次媽祖遶境，都用清代官方誥封的儀典，在隊伍前的引導儀仗隊，最前面的是「靜肅」、「迴避」與「奉旨祀典」、「天上聖母」的昭示牌，這就是民間信仰尊重政府王權的表現。

　　除了正殿奉媽祖，建後殿奉祀媽祖父母也反映出對政府的尊重。陳淑均《噶瑪蘭廳志》談到清廷誥封媽祖父母事，云：「清嘉慶十一年（1806）追封神父為積慶公。神母王氏，宋寧宗慶元六年詔封顯慶夫人，嘉慶十一年，追封為積慶夫人。」朝廷誥封媽祖父母，官方祀典廟宇也未必增設聖父母殿，但朝天宮主事在咸豐五年（1855）擴建時，增築第三殿，咸豐九年（1859）完工，以第三殿為聖父母殿，主祀天上聖母父母及兄姊，不雕神像，以「積慶衍澤林公暨夫人王氏神位」置於神龕正中央，「靈應仙官聖兄林公神位」置神龕右側，「慈惠夫人聖姊林氏神位」置於神龕左側，成為臺灣媽祖廟特例，這也是尊重王權，發揚孝道的表現。

（二）、後殿祀觀音

　　前殿祀媽祖，後殿祀觀音，幾乎是媽祖廟建築格式的通例。觀音是媽祖信仰的根源。媽祖生前事蹟，莆田籍的南宋首都臨安府知府丁伯桂在《順濟聖妃廟記》提到媽祖是龍女的說法：「神莆陽湄洲林氏女，少能言人禍福，歿，廟祀之，號通賢神女，或曰龍女也。」丁伯桂進士出身，祖父丁彥先也是進士出身，是莆田士族，丁伯桂在臨安知府任內重修順濟廟，與創建聖墩祖廟莆田白塘李氏家族又有良好關係，他具體指出媽祖「龍女」的特殊身分。

　　龍女與善財是觀音大士的二大門徒，或脇侍神。《天妃顯聖錄》的〈天妃誕降本傳〉也提到林默家族素奉大士，林默是大士賜丸藥而生，謂：

> 二人（媽祖父母）陰行善、樂施濟，敬祀觀音大士……，齋戒慶讚大士。是夜，王氏夢大士告之曰：「服此，當得慈濟之貺。」既寤，歆歆然如有所感，遂娠。

　　媽祖信仰背後有一觀音大士是從宋代至明代莆田人的共同認知。創建聖墩祖廟的白塘李氏家族也是觀音信仰者。李家於宋哲宗元祐元年（1086）創建首座媽祖廟「聖墩祖廟」，《天妃顯聖錄》，〈枯槎顯聖〉謂：

> 宋哲宗元祐元年丙寅（1086），莆海東有高墩，去湄百里許，常有光氣夜現。漁者疑為異寶，伺而視之，乃水漂一枯槎發焰，漁人拾置諸家。次晨視之，槎已自還故處。再試複然。當夕托夢于寧海墩鄉人曰：「我湄洲神女，其枯槎實所憑也，宜祀我，當錫爾福。」父老異之，告于制幹李公。公曰：「此神所棲也，吾聞湄有神姑，顯跡久矣。今靈光發見昭格，必為吾鄉一方福，叨神之庇，其在斯乎。」遂募眾營基建廟，塑像崇祀，號曰「聖墩」。禱應如響。

　　但李家創建聖墩祖廟之前一年，宋神宗元豐八年（1085），李家女主人黃氏即因誕育長子李富，於莆田捐二百畝地創建梅峰寺，奉祀「白

衣大士」。

《莆田縣志》卷四建置志〈報恩光孝寺〉云：「元豐八年，封太安人黃氏感異夢生李制幹公，遂舍梅峰地百餘畝為佛剎。……祀白衣大士。」白衣大士就是觀音。白衣大士是天妃的上位神，林默當然等同是觀音的脅侍神龍女了。

白衣大士是江、浙、閩、粵四省普遍信仰的神，其開山祖師為唐朝的證聖大師僧伽，民間普遍稱為『泗洲文佛』。

宋太宗朝僧贊甯奉勅撰《高僧傳》，其卷十八〈唐泗州普光王寺僧伽傳〉詳細記載了僧伽事蹟，謂：

> 僧伽，蔥嶺北何國人，自言俗姓何氏，亦猶僧會本康居國人，時人因命名曰康僧會。然名乃梵音，姓為華語。考何國在碎葉國東北，當是碎葉附庸耳。伽在本土，少而出家，為僧後誓志游方，始至西涼府，次歷江淮，當龍朔初年也，登即隸名山陽龍興寺。初將弟子慧儼同至臨淮，就信義坊居人乞地。下標誌之，言決于此處建立伽藍。遂穴土，獲古碑，乃齊國香積寺也。得金像，衣葉刻普照王佛字。嘗臥賀跋氏家，身忽長其床榻各三尺許，莫不驚怪。次現十一面觀音形，其家舉族欣慶，倍加信重，遂舍宅焉。……中宗孝和帝景龍二年，遣使詔赴內道場，帝御法筵，言談造膝，占對休咎契若合符，乃褒飾其寺曰「普光王」。四年庚戌示疾，敕自內中往薦福寺安置，三月二日儼然坐亡，神彩猶生止暝目耳。俗齡八十三，法臘罔知，在本國三十年，化唐土五十三載。中宗敕恩度弟子三人：慧岸、慧儼、木叉，各賜衣盂令嗣香火。……帝以仰慕不忘，因問萬回曰：「彼僧伽何人也？」對曰：「觀音菩薩化身也。經可不云乎：『應以比丘身得渡者，即現沙門相也。』」

僧伽為中亞何國人，（今吉爾吉斯共和國），明朝李元嗣所撰《泗州大聖明覺普照國師傳》也謂「僧伽大聖觀音化身」「知白衣之開山默符前定」。

僧伽生前即在江蘇泗州建立普光（照）王寺，唐中宗為度門人惠嚴、

道堅、木叉等七僧。該派僧侶後來在浙江沿海的普陀山及福建離島廈門建立觀音道場，李富晚年在莆田寧海建立浮嶼順濟廟及選湄洲嶼為媽祖道場，應該也是受僧伽化城觀念的影響。

宣和元年（1119）宋徽宗以道教為國教，佛寺改為宮，僧寺為觀，諸陵佛寺改為陵名明真宮，臣庶墳等改兩字。合掌和尚不審，改作擎拳稽首，佛賜天尊服，改塑菩、薩羅漢作道服冠簪，佛號大覺金仙，文殊封安慧文靜大士，普賢封安樂妙靜大士，泗州大聖封巨濟大士……菩薩稱仙人，羅漢稱無漏，金剛稱力士，僧伽稱修善。

這波道教國教化運動中，釋迦牟尼佛被改稱大覺金仙，著天尊服；菩薩稱仙人，羅漢稱無漏，著道服冠簪。趙彥衛《云麓漫抄》並未提及觀音菩薩被改名的事，但泗洲大聖僧伽卻被易名「巨濟大士」。外來宗教信仰都陷入政府強制改革的困境，這也是林默信仰被推出臺面的轉機。

宣和四年（1122）宋朝派路允迪出使高麗，于福建徵募客舟隨行，李富堂弟李振應募參與其事，旅途中遭遇颶風，桅斷柁折，危急萬分，經向媽祖禱祈始轉危為安。返國後，李振經路允迪向朝廷請求賜匾「順濟」，丁伯桂〈順濟聖妃廟記〉記其事云：「宣和壬寅（1122），給事路公允迪載書使高麗，中流震風，八舟沈溺，獨公所乘，神降於檣，獲安濟。明年，奏於朝，錫廟額曰順濟。」得到政府賜匾，媽祖信仰取得合法公開信仰地位，正式進入歷史舞台。

而原來住持觀音大士信仰的僧人，也將觀音與媽祖合祀，仍在天妃宮主持法事，故南宋時代就有僧人建媽祖廟，或為住持香火，台灣清代創建媽祖廟宇承其傳統，正殿祀天后媽祖，後殿祀觀音大士，亦為飲水思源，不忘本源的表現。

（三）、東側殿祀三官大帝

三官殿主祀三官大帝，三尊神像排列：正中為天官一品紫微大帝，祀於天官左側者為地官二品清虛大帝，祀於天官右側者為水官三品洞虛

大帝。清中葉彰化縣令周璽修的《彰化縣志》，對三官，有如下描述：

> 師巫家有所謂天、地、水三官者，其說始於漢末。宋景濂《跋揭
> 奚斯三官祀》謂：「漢熹平間，漢中張修為太平道，張魯為五斗
> 米道，其法略同，而魯為尤甚。自其祖陵、父衡、造符書於蜀之
> 雀鳴山，制鬼卒祭酒等號，分頒部眾，有疾者令其自書姓氏，及
> 服罪之意，作三通，其一上之天著山，其一埋之地，其一沉之水，
> 謂之天地水三官。三官之名，實始於此。」，其以正月、七月、
> 十月之望為三元日，則自北魏始。蓋其時尊信道士寇謙之，襲取
> 張氏之說，而配以首月，為之節候耳。今台俗不知三官所由來，
> 而家家祀之，且稱為大帝。以上元為天官誕，則曰：「天官賜福」。
> 以中元為地官誕，則曰：「地官赦罪」。以下元為水官誕，則曰：
> 「水官解厄」，謬。相沿，牢不可破。故考其由來，使祀三官者，
> 知三官之所自始也。

這篇文章把東漢張陵一家始創三官，以天、地、水三界之神，為人
治病，屬自然崇拜，至北魏寇謙之將三官與三元日結合，使成節日，人
格化之後成為靈魂崇拜。並提及臺灣人信仰三官情況。

由周璽文章，可以看出台灣人普遍敬祀三官深信道教，道教的《太
上洞玄靈寶業報因緣經》謂：

> 正月十五日為上元，十天靈官、神仙兵馬與無鞅數眾、上聖高尊、
> 妙行真人同下人間，考定罪福。七月十五日為中元，九地靈官、
> 神仙兵馬與無鞅數眾、名山洞府神仙兵馬同下人間，校錄罪福。
> 十月十五日，為下元，九江水帝、十二河源溪谷大神、水府靈官
> 同下人間，校定罪福。

這大概就是魏寇謙之將三元日與十天靈官、九地靈官、九江水帝結
合，由三界眾神同下人間，考訂、校錄、校定信徒罪福的具體記載，是
宗教檢查信徒行為的具體流程，像學校訂有期中、末考，來決定學生的
學習成績。

至元朝，天地水三官被升為三元帝君，職權更被擴大，《太上洞神

三元妙本福壽真經》〈開明三景章〉云：「三元帝君，職任宰御、巡歷、考校，凡仙官、真人、天神、地祇、水母、三界萬靈、君臣，人物善惡，悉主隸焉。」凡天上地下、三界十方之萬類種種，皆歸三官大帝管轄。至明代，三元帝君再升格為大帝，《三教源流搜神大全》謂：

> 上元，一品九氣天官紫微大帝，即誕生之符，始陽之氣，結成至真，處玄都元陽七寶紫徽士宮，總主士宮諸天帝王、士聖、高真、三羅萬象星君。中元，二品七氣地官清虛大帝，九土無極世界洞空清虛之宮，總主五岳帝君并二十四治山、九地土皇、四維八極神君。下元，三品五氣水官洞陰大帝，洞元風澤之氣、晨浩之精、金靈長樂之宮，總主九江水帝、四瀆神君、十二溪真、三河四海神君。每至三元日，三官考籍大千世界之內，十方國土之中，上至諸天神仙升臨之籍、星宿照臨國土分野之簿，中至人品考限之期，下至魚龍變化、飛走萬類、養動生化之期，并俟三官集聖之日，錄奏分別。

　　道教將三官大帝職權無限擴大，已經不再僅僅考校核定信徒功過，而是開天闢地無所不管的宇宙神。北港朝天宮雖自創建即由僧侶住持，但董事仍能秉持三教融合的理想，將道教主神納為神神對象，在三元日辦理道教法會，讓不同宗教族群各有所依。

（四）、西側殿祀五文昌夫子

　　北港朝天宮原無五文昌夫子殿的前身是北港的文昌廟，據《雲林縣采訪冊》，清道光十九年，北港貢生蔡慶宗捐資於街西北建文昌廟，堂宇二進，東西兩廊，奉祀文昌帝君以為會文講課之所。並立一社，曰「聚奎」，為諸生會文之所。

　　光緒二十一年（1895）台灣割讓日本，臺灣總督府在北港街建立國語傳習所，招收臺籍學生。但北港人依舊往文昌廟讀漢學，不願前往日人所辦學校就學。日人不悅，欲拆除文昌廟，街長蔡然標同時兼任朝天宮重建管理人，乃於朝天宮闢五文昌夫子殿，將文昌廟祀神併入朝天

宮，以保存儒家文化於社會民間。

文昌廟主神為文昌帝君，即文昌宮，《史記‧天官書》云：

> 斗為帝車，臨制中央，分陰陽、建四時、均五行、移節度、定諸紀，皆繫於斗。斗魁戴匡六星，曰文昌宮：一曰上將，二曰次將，三曰貴相，四曰司命，五曰司中，六曰司祿，在斗魁中，貴人之牢。

原來文昌宮是北斗七星的斗魁，率領其他六星。漢司馬貞解釋六星職責，謂：

> 上將建威武，次將正左右，貴相理文緒，司祿賞功、進士，司命主災咎，司中主左理也。

文昌宮既能主宰人間的一切，所以古代官方祭文昌祠，也比照祭天、祭地的規格，用太牢之儀。

朝天宮祭文昌宮外，尚祭五文昌夫子。因福建為朱熹講學之地，清初臺灣各地即建有朱子祠，合祀宋代理學家濂（周敦頤，濂溪）、洛（程顥、程頤，洛陽）、關（張載，關中）、閩（朱熹，福建）四派五大學者。雍正年間，呂留良謀逆案發生，雍正以其思想來自朱子學民族大義，乃下令各地書院不得講述義理詞章，改以音韻考據為旨，書院改稱正音書院。學風雖變，但北港街建文昌廟，雖以文昌為主神，但以：梓潼、關帝、魁星、朱衣、呂祖為五文昌夫子，兩旁室子則延師設塾，教育生童。

朝天宮五文昌殿，共有五幅對聯，正門入口聯語曰：「聚士氣扶名教，奎朗文光射斗牛」，龍邊聯語曰：「聚合群英崇聖道，奎輝五宿啟儒宗」。前二幅聯語將聚士氣、崇聖道、輝五宿、啟儒宗的宗旨寫得非常清礎。其他各聯如虎邊聯語曰：「聚步青雲瞻玉闕，奎含紫氣耀蟾宮」，神龕聯語：「聚集文峰談進士，奎輝甲第絢長恩」，石柱聯語：「璧合奎聯輝帝座，蛟騰鳳起煥人文」可以看出主事者維護儒學名教，勉學子向學為目標。

四、結語

　　北港朝天宮建於清康熙三十九年，是諸羅縣最早創建的媽祖廟宇，三百多年來經過斷的增、擴建，其建築空間的佈局都考慮到空間的運用，全部建築群以一橢圓形石牆包圍，寓有觀音大士渡信徒入化城的概念，中央及左右兩側各置二門進出，石牆內則為九包五，前後四進（含山川殿）的完整建築，殿與殿間有迴廊走道相通，各殿祀神都經過縝密思考設計，已成為臺灣地區非常具有代表性的廟宇。

　　朝天宮正殿奉祀廟宇開基主神媽祖，因為媽祖同時是清朝政府官方的法定祀神，在舉行祭典及遶境時，都遵循官方規則，也配合政府的誥封新增聖父母兄姐為祀神，充分表現對清朝政府主權的尊重。第二進中間奉祀觀音，因媽祖是觀音的侍神龍女，或謂媽祖是觀音轉世，北港朝天宮媽祖信仰是臨濟宗僧侶由湄洲迎請而來，所以祀觀音於後殿，以示不忘本源。第二進東側殿奉祀三官大帝，是對本土宗教道教的包容與認同。第二進西側殿，奉祀五文昌夫子，以宏揚儒家名教，維持文化傳承。朝天宮後殿奉祀媽祖父母兄姐神牌，東側為開山廳，奉祀歷代僧侶蓮座。另正殿兩側廊室，分祀註生娘、笨港境主公及土地公，整個廟宇成為儒釋道三教合一與社會文化融合的祀神空間與信仰中心。

兩岸交流與臺灣媽祖認同的轉變—以大甲媽祖進香為例

一、前言

　　臺中市大甲鎮瀾宮媽祖（以下簡稱大甲媽祖）至北港朝天宮謁祖進香是清朝末年至民國六十年代臺灣媽祖信仰的重要行事之一，據《大甲鄉土概觀》，大甲鎮瀾宮係由北港朝天宮分香而來，故每年均回北港進香，其習俗於清末已經形成慣例，但起源時間卻不詳。按清朝嘉慶年間，彰化地區已形成以南瑤宮為核心至北港朝天宮進香的習俗，南瑤宮信仰圈最北分布至臺中市豐原、神岡區，東至臺中市太平區、霧峰區，南至南投縣名間鄉、彰化縣溪州鄉，橫跨彰化、南投及臺中市。[1]大甲地區地理位置適在南瑤宮信仰圈北緣，早年進香活動似依附南瑤宮行動，光緒十三年進香活動已有大轎，其規模應已不小，民國五十年代以後，成為臺灣北路最大的進香團體。

　　民國五十年代，新港奉天宮創出笨港毀滅論，指北港非笨港，奉天宮媽祖為開臺媽祖以爭取媽祖宮廟前往進香。民國六十三年，鎮瀾宮重修落成，刊行《大甲鎮瀾宮志》，提出鎮瀾宮媽祖源自湄洲，創於雍正十年的說法。笨港毀滅論、鎮瀾宮媽祖源自湄洲二種說法慢慢發酵，導致三座宮廟關係開始產生轉變。

　　民國六十七年十二月中華人民共和國與美國建交，象徵西方民主國家已接受中國進入世界社會，六十八年九月三十日，葉劍英提出國、共兩黨第三次合作促成中國統一及三通、四流等具體作法，正式宣告對臺政策已由武力解放改為和平統一。在葉九條中，宗教交流本不在其內，但開放探親後，卻意外發現媽祖對臺灣基層百姓最有吸引力。為了爭取臺胞對祖國的認同，媽祖被定位為海峽兩岸和平女神，並重建湄洲天后

---

[1] 國立彰化師大地理系編《南瑤宮志》第七章〈媽祖會與活動‧媽祖會會員分佈圖〉，民國八十六年，彰化市公所印行。

宮為促進兩岸三通四流的觸媒。

　　民國七十年，中國將海防部改名對台辦公室，開放沿海漁區及十三處漁港讓臺灣漁民從整補休息。是時臺灣未解除戒嚴令，赴大陸為違法行為，臺灣漁民進入福建沿海漁區僅敢與福建漁民從事漁貨交易，尚需對台辦船隻押解始敢進入漁港。但一回生，二回熟，第三回即主動提出請求協助購買中藥物資走私如片仔癀帶回臺灣，中國開放的訊息也迅速在各漁港傳開。

　　宜蘭縣南澳鄉震安宮總幹事陳天水，福建福州人，於民國三十七年來臺，從事餐飲業，因思鄉情切，聞訊後透過漁民查明福州親人尚在，遂於民國七十二年私自返大陸福州探親，並在對臺辦安排下赴湄洲參拜，由林聰治出面接待。時因震安宮重建後神龕空間較大，需大型神像坐鎮，因大陸物價低廉，陳天水乃請林聰治代為雕造三尺六寸軟身媽祖神像四尊空運返臺，其中二尊留本廟，一尊轉讓蘇澳南山宮，一尊轉讓花蓮縣美倫福慈宮，為兩岸媽祖交流的濫觴。

　　姑不論迎回之媽祖在雕造時是否依傳統製法入聖開光使具備宗教上「神」的條件，但湄洲媽祖四字，對臺灣媽祖信徒具有強烈吸引力，一尊高一尺三寸神像轉手間即可獲利千元，三尺六寸至六尺神像獲利則在二至五萬元間，頭城、南方澳地區漁民利用漁季後空閒赴大陸沿海以物易物者也開始走私媽祖神像牟利。

　　民國七十五年，中國文化部統戰部指示福建泉州、莆田文史工作者進行媽祖信仰基礎調查研究，以民國七十六年適逢媽祖千年誕辰，決定於此年廣邀海內外信徒同慶，而臺灣各主要媽祖廟如北港朝天宮、大甲鎮瀾宮均列為邀請對象。當時國民黨中央委員會認為此為宗教統戰。為防止各媽祖廟因對湄洲媽祖的認同延伸為對中國或中共的認同，中央社會工作會乃邀請內政部民政司及主要媽祖廟負責人開會，決定辦理全省性慶祝活動以凝聚向心，決定由北港朝天宮以慶祝媽祖成道千年為名舉辦媽祖環島弘法遶境祈安活動。大甲鎮瀾宮以每年均舉辦至北港進香活動，積極爭取失敗，促使鎮瀾宮籌劃往湄洲迎回媽祖以與朝天宮分廷抗

禮。

　　民國七十六年七月十五日臺灣宣佈解除戒嚴，二十九日頭城進豐三號漁船即走私五尊一尺三寸湄洲媽祖神像至南方澳漁港，被港警查獲，依法本應銷毀，但南方澳南天宮透過當地籍國大代表爭取，將五尊神像安置於南天宮，此為外界知道臺灣廟宇奉祀湄洲媽祖之始。十一月臺灣開放民眾赴大陸探親，但尚未開放一般民間交流，南天宮即遊走法律邊緣，於次年赴湄洲進香，與湄洲天后宮訂約為臺灣總連絡廟宇，並再度迎回五尊媽祖神像。

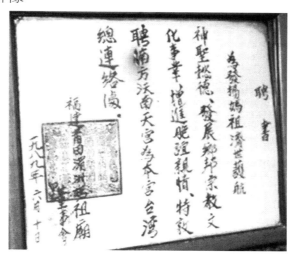

湄洲媽祖廟聘南天宮為台灣總連絡處

　　南天宮迎請湄洲媽祖、與湄洲天后宮訂約後，鎮瀾宮董監事也於民國七十七年初繞道日本轉往湄洲進香，由湄洲天后宮迎回新的媽祖神像及香爐、符笈，與湄洲天后宮結至親盟。是年，鎮瀾宮要求朝天宮澄清其媽祖非朝天宮分靈未果，遂改迎湄洲媽祖往新港遶境進香，認同對象轉為湄洲祖廟。

二、大甲的開發與鎮瀾宮概況

（一）大甲的開發

　　大甲位於臺灣西海岸中北部，為原住民道卡斯族居住地，大甲即道卡斯之閩南音譯，其地險峻，原住民性兇悍。《諸羅縣志》謂：

> 相傳明鄭時先鋒楊祖以一鎮之兵為諸社原住民狙截於此，無一生還者。[2]

　　康熙年間置大甲塘，派目兵五名守之。雍正九年（1731）十二月，以大甲為中心的大甲西社番林武力起事，臺灣鎮總兵呂瑞麟討之，不克；村落為原住民焚殺，莊佃死事者十八人。次年五月，林武力等復結合沙轆、吞霄等十餘社圍攻彰化縣，百姓奔逃。六月，閩浙總督郝玉麟赴廈門，調呂瑞麟回臺灣府彈壓，檄新授陸路提督王郡討之。八月，大敗原住民，清軍分路追殺，由大安溪上溯大坪山，進入生番界、悠吾、日南內山，生擒原住民男女千餘名，誅除首惡，餘眾接受招撫，歷四閱月，亂平。事件後清廷招撫各社原住民，並將大甲西社改為德化社，沙轆社改為遷善社，牛罵社改為感恩社，貓盂社改為興隆社；德化社後又分成頂店、社尾、新社三個小社，其聚落大概位於今大甲鎮江南里、奉化里、義和里。

　　原住民勢力被壓抑，兼以叛亡者所遺埔地，部分被撥給鄰近助官平亂之歸化原住民，部分被當作無主荒埔，[3]原住民不擅細作農業，將耕作權轉予漢人業戶，再招致漢人墾作，致乾隆年間臺中縣沿海地區漢族居民日多，大甲亦漸次成市。《苗栗縣志》，大甲街云：

> 在縣治之南，距城五十七里，乾隆年間，漸次成市。[4]

（二）鎮瀾宮創建沿革

　　大甲天后宮的創建，據陳培桂《淡水廳志》〈典禮志〉云：

---

[2] 周鍾瑄，《諸羅縣志》卷七兵防志，大甲塘。民國五十七年，國防研究院印行。

[3] 劉澤民，《大甲東西社古文書》第一章第四節，大甲西社事件，民國九十二年，國史館臺灣文獻館。

[4] 沈茂蔭，《苗栗縣志》卷三，建置志，大甲街。民國五十七年，國防研究院。

天后宮，一在大甲街，乾隆三十五年林對丹等捐建，五十五年吳偏等重修。[5]

所述鎮瀾宮乾隆三十五年（1770）創建，乾隆五十五年（1790）重修，與大甲街的形成年代相當。道光六年（1826）大甲建立城堡，置軍守衛，光緒十八年（1892）重修，廟宇空間增至十九間，年收穀三百石。《苗栗縣志》云：

在三堡大甲街，距城五十五里，乾隆三十五年，林對丹等捐建，五十五年吳偏等捐修，光緒十八年林鳳儀等復捐重修。共一十九間，祀田年收穀三百石。[6]

林對丹、吳偏，履歷不詳，光緒十八年（1892）重修鎮瀾宮的林鳳儀，為福建安溪縣人，道光二十四年（1844）十四歲時，隨父林文闊來臺，後營碾米行利源號致富，熱心公益，並曾捐修文祠。去世後，四子林文登繼承家業，文登孫林炳焜於民國三十六年出任鎮瀾宮執行委員，民國四十三年改任顧問，民國四十五年御任，家族對鎮瀾宮貢獻頗多。[7]

《淡水廳志》、《苗栗縣志》所稱大甲街天后宮，至清末始稱鎮瀾宮，鄭鵬雲《新竹縣志初稿》云：

鎮瀾宮，在大甲街，距竹城西南九十五里。乾隆三十五年林對丹等捐建，五十五年吳偏等重修；廟宇一百三十七坪七合，地基七百六十五坪八合，祀田六甲。[8]

《新竹縣志初稿》所述鎮瀾宮創建年代、創建、重修資料，與《淡水廳志》、《苗栗縣志》所述相同，可知大甲鎮瀾宮原稱天后宮，創建至今已二百四十餘年。

[5] 陳培桂，《淡水廳志》卷六典禮志，祠祀。民國五十七年，國防研究院。

[6] 同註4，卷三典禮志，祠廟，天后宮。

[7] 郭金潤主編《大甲鎮瀾宮志》歷史風華，第二篇，六、光緒十八年林鳳儀等重修。民國九十四年，台中縣，大甲鎮瀾宮董事會印行。

[8] 鄭彭雲編修《新竹縣志初稿》，典禮志，大甲堡廟宇。民國五十七年，台北，國防研究院印行。

（三）興建鎮瀾宮的功德主

　　長生祿位均為廟宇奉祀建廟有功人員而立，僅書祿主姓名、職銜，並無內涵記錄當事人生卒年月。鎮瀾宮目前保存有多座長生祿位，均為歷代對廟興修有功人員，可以補鎮瀾宮歷史記載的不足，其一題：

功德業主巧府諱化龍長生祿位[9]

　　巧姓為大甲德化社原住民姓氏，按大甲地區原住民原有大甲東、大甲西、雙寮、南日等社，雍正九年（1731）原住民林武力抗清，大甲西社亦參與，事定後餘眾受招撫，改名德化社。乾隆初，由漢人任五社總通事，乾隆二十三年（1768）改由原住民自舉通事，由官方派任，此後至清朝割臺，大甲五社總通事皆由德化社人出任。首任通事為德化社土目巧自徵，任期至乾隆三十八年（1773）止；巧自徵任總通事前，為大甲社土官。[10]其後嘉慶、道光、同治、光緒各朝，巧姓皆曾出任五社總通事，大甲西社土地的番業戶也多是巧姓族人，鎮瀾宮創建使用土地應為德化社地。

鎮瀾宮功德廳

9　同註7，第二編，三、乾隆五十二年的擴建。
10　同註3，第一章第四節，大甲西社事件、第二章第三節，大甲西社部落組織，大甲五社總通事表、大甲西社土目表。

第二座祿位題：

　　檀越主連府諱崑山長生祿位[11]

　　連崑山履歷不詳，國史館臺灣文獻館保存編號 860400 號古文書有其於乾隆十九年（1754）杜賣大甲營盤埔田埔的記錄；乾隆四十二年（1777）竹塹建關帝廟時亦曾捐款若干元，似為乾隆年間活躍於淡水廳的漢人墾戶。

　　第三座祿位題：

　　鄉進士出身福建臺灣北路淡水營都閫府陳官名峰毫長生祿位[12]

　　都司為都指揮使司的簡稱，為武職官，淡水營都司管轄範圍為彰化以北西岸平原。康熙五十五年（1716）始設淡水營守備於八里坌，雍正十年（1732）改陞都司，乾隆二十四年（1759）移駐艋舺，嘉慶十三年（1808）改陞游擊。《重修臺灣省通志》記載陳峰毫云：

　　　　陳峰毫，福建龍溪人，乾隆三十三年戊子武舉人，乾隆五十年十一月由閩安協標左營都司調任，嘉慶元年八月二十五日革職拿問。[13]

　　陳峰毫於乾隆五十年（1785）十一月上任，上任時適林爽文事件發生，至嘉慶元年被革職。林爽文事件，大甲曾被據為巢穴[14]，乾隆五十五年（1790）鎮瀾宮重建期，陳峰毫適為大甲地區最高軍事指揮官。

　　第四座祿位題：

　　特陞臺灣府經歷大甲分司誠夫宗諱觀庭長生祿位
　　大甲本街舖民、五十三庄總董庄正副全立[15]

---

[11] 同註7，第二篇，二、建廟。
[12] 同註7，第二篇，三、乾隆五十二年的重建。
[13] 見《重修臺灣省通志》卷八職官志，武職表篇，第三章，清代，第五節，都司，第一項，臺灣北路營都司。
[14] 同註5，卷九，列傳三，義民，鍾瑞生。
[15] 同註7，第二篇，四、信仰大甲媽祖的五十三庄。

大甲分司即大甲巡檢，文職，為淡水廳的派遣單位，負責港口出入檢查及地方治安工作。宗觀庭為江蘇常熟人，監生出身，於道光五年至八年（1825~1828）任職大甲巡檢。[16]

第五座長生祿位題：

> 功德業主：副通事淡湄他灣、土目郡乃盖厘、業戶蒲氏本步長生祿位[17]

淡湄他灣職稱副通事，為官方派管德化社征稅、勞役等公共事務，郡乃盖厘為土目，蒲氏本步為業戶。據《大甲東西社古文書》〈大甲五社總通事一覽表〉、〈大甲東社副通事一覽表〉、〈大甲西社土目一覽表〉、〈大甲東社土目一覽表〉、〈大甲西社番業戶一覽表〉、〈大甲東社番業戶一覽表〉皆未見三人姓名，僅土目郡乃盖厘的名稱見於清同治年間大甲土地買賣契書中，云：

> 大甲東社舊社番婦阿末淡眉有大甲東社前土地，東到土目郡乃盖厘田，西到蒲氏烏毛田，南到山下竹頭，北到石埤，賣給大甲街王瑤記。……同治十三年十月。[18]

此三人似為同治年間（1861~1875）大甲五社原住民領袖。

第六座題：

> 功德業主傅登財、王福泰、陳協安、王振榮、王令觀、黃光明、陳文房、伍維忠、朱朝陽、林大有、蔡錫燕、林元瑋、黃廷輝、黃聯芳長生祿位[19]

此十四人履歷不詳，似為日據時期鎮瀾宮實施管理人制度時代的產物。上述祿位可印證鎮瀾宮乾隆中葉創建及乾隆末、道光、同治及日據時期均有重修的事實。

---

[16] 同註4，卷十二職官表，文職，大甲巡檢。
[17] 同註7，第二篇，五、同治年的擴建。
[18] 同註3，下冊，東0262號。
[19] 同註7，第二篇，七、清代的歷史文物。

（四）鎮瀾宮的僧侶

臺灣早期建立的媽祖廟均有僧侶住持，鎮瀾宮亦不例外。鎮瀾宮目前保存二座僧侶蓮座，可以看出鎮瀾宮長期為僧侶住持管理廟務。其一題：

> 南院　西天中土歷代祖師生蓮之座
> 　　　　開山若清湛禪師
> 　　　　二代佛恩然禪師
> 　　　　二代開瑞然禪師
> 　　　　二代佛曇然禪師
> 　　　　二代允立然禪師
> 　　　　三代啟傳法禪師
> 　　　　三代啟成法禪師
> 　　　　三代啟志法禪師
> 　　　　四代慈雲界禪師
> 　　　　四代慈帆界禪師
> 　　　　四代慈三界禪師
> 　　　　五代智華方禪師
> 　　　　六代淵霖廣禪師
> 　　　　六代生元廣禪師
> 　　　　七代箕萊嚴禪師
> 　　　　比丘宗贊通禪師
> 　　　　比丘碧河照禪師
> 　　　　　徒孫等仝奉祀[20]

按蓮座為僧侶去世後神主所依，內涵均會書明個人生卒年月日時等資料，日據末期臺灣總督府推皇民化運動時，蓮座多被整併為一總牌位，已無法考證各代僧侶生存年代與事蹟。據上述蓮座，開山若清湛禪師為鎮瀾宮首代僧侶，並傳下佛恩等七代。另據鎮瀾宮現存二方僧章，

---

[20] 同註7，第三篇，一、和尚住持時代。

可知其中有二人曾任住持，二章印文為：

　　大甲街鎮瀾宮住持僧慈三圖記
　　大甲街鎮瀾宮住持僧淵霖記[21]

可知第四代僧慈三、第六代淵霖曾任住持職。

另一蓮座題：

　　南院　七代圓寂比丘上淇下滿嚴禪師一位蓮座
　　　　　　　　　　　　孝徒覺定奉祀[22]

　　淇滿卒於民國三年（1914），其徒覺定為末代住持，民國十三年（1924）鎮瀾宮成立管理人制度，始無僧侶住持。

　　鎮瀾宮歷代僧侶事蹟雖不詳，但在民國時代卻出了一位高僧賢頓。賢頓為大甲人，俗名林傳仁，民國九年（1920）於鎮瀾宮剃度出家，後赴福建鼓山佛學院進修，臺灣光復後曾任臺灣省佛教分會理事長，臺北龍雲寺、臨濟寺、東和寺等著名寺院任住持，民國五十三年與白聖法師創辦戒光佛學院，傳度弟子逾萬，為臺籍傑出僧侶。[23]

（五）鎮瀾宮的管理制度

　　大正十年（民國十年，1921）四月，北港朝天宮訂定〈北港朝天宮管理規則〉正式成立管理委員會接管廟務，民國十三年（1924）鎮瀾宮也廢除僧侶管理，改為管理人制，但其組織情形已不詳，首任管理人為杜清。民國二十五年杜清去世，其子杜香國繼任管理人，民國三十五年杜香國去世，由大甲鎮長郭金焜任管理人。郭金焜任內修改章程，將鎮瀾宮管理人改由大甲鎮長兼任，鎮瀾宮信仰圈內的大安、外埔、內埔三

---

[21] 同註7，第二篇，二、建廟。

[22] 同註20。

[23] 見朱其昌編《台灣佛教寺院庵堂總錄》，臺北市龍雲寺。民國六十六年，佛光出版社印行。林傳仁法號賢頓，為大甲街人，光緒二十九年（1903）生，十歲即持長齋，民國九年於鎮瀾宮披剃出家，民國十四年往福建鼓山湧泉寺受具足戒，復入閩南學院卒業，民國十七年返臺。民國二十二年賢頓再往大陸參訪各地名山，二十五年返臺，畢生致力弘法利生事業。

鄉鄉長為副管理人，以大甲、大安、外埔、內埔四鄉鎮村里長暨鄉鎮民代表為信徒代表選舉產生管理委員。

民國五十七年，鎮瀾宮管理組織再修改為管理委員會制，擴大信徒基礎，以大甲、大安、外埔、內埔四鄉鎮信仰媽祖之公民為信徒，大甲、大安、外埔、內埔四鄉、鎮長，村、里長暨鄉鎮民代表為信徒代表組成信徒代表大會，為鎮瀾宮最高機構，推選委員十七人，監察委員三人，分別推選主任委員執行日常事務。民國六十三年，廢除傳統爐主頭家主持之進香制度，改由管理委員會接辦。民國六十七年管理委員會改組為財團法人制，原管理委員改稱董事，主任委員改為董事長，其董事產生辦法大致沿襲舊制。

三、大甲媽祖北港進香

（一）北港及朝天宮概況

北港，古稱笨港，明鄭時代即有部將陳縣入墾，為臺灣最開發地區之一，清代屬臺灣府諸羅縣管轄，康熙《諸羅縣志》云：

> 笨港街，商賈輳集，臺屬近海市鎮，此為最大。[24]

雍正九年（1731）諸羅縣於此設縣丞以稽查船隻出入[25]，北路營千總一員，兵百五十名分防笨港汛，另設砲臺、煙墩各一座，水師左營守備一員、把總一員、兵二百三十名，戰船三隻分防，有店五百九十九間，年徵銀二百兩零五錢，[26]佔全臺灣府餉稅十分之一強，繁榮情形可見。

乾隆年間，笨港之行政區被分割為二，《續修臺灣府志》〈笨港〉謂：

> 距縣三十里，南屬打貓保，北屬大槺榔保。港分南北，中隔一溪，

24　同註2，卷二，規制志，〈街市〉。
25　見劉良璧《福建臺灣府志》卷十三職官，民國五十三年，台北，臺灣銀行經濟研究室印行。
26　同註25，卷十兵制、卷八戶役，陸餉。

曰南街，曰北街，舟車輻輳，百貨駢闐，俗稱小臺灣。[27]

乾隆五十三年（1788）諸羅縣改稱嘉義縣，光緒年間臺灣建省，大
槺榔保劃歸雲林縣，改稱大槺榔東堡。清末仍為臺灣主要商港，《雲林縣
采訪冊》大槺榔東堡，〈北港街〉云：

> 即笨港，因在港之北，故名北港。東、西、南、北共分八街，煙
> 戶七千餘家，郊行林立，廛市毘連。金、廈、南澳、澎湖商船常
> 由內地載運布疋、洋油、雜貨、花金等項來港銷售，轉販米石、
> 芝麻、青糖、白豆出口；又有竹筏為洋商載運樟腦前赴安平轉載
> 輪船運往香港等處。百物駢集，六時成市，貿易之盛，為雲邑冠。
> 俗人呼為小台灣。[28]

同書，祠宇，〈天后宮〉云：

> 天后宮，在街中，雍正庚戌年建。乾隆辛未年，笨港縣丞薛肇熿
> 與貢生陳瑞玉等捐資重修，兼擴堂宇，咸豐十一年訓導蔡如璋倡
> 捐再修，擴廟庭為四進：前為拜亭，兼建東西兩室；二進祀天后；
> 三進祀觀音大士；後進祀聖父母。廟貌香火之盛，冠於全台。神
> 亦屢著靈異，前後蒙頒御書匾額二方，現今鉤摹，敬謹懸掛。每
> 歲春，南北居民赴廟進香絡繹不絕。他如捍災、禦患、水旱、疾
> 疫，求禱立應。官紳匾聯，多不勝書。宮內住持僧人供奉香火，
> 亦皆恪守清規。

日本明治四十三年（1909）臺灣總督府臨時台灣舊慣調查會編印《台
灣私法附錄參考書》卷二，上，〈斗六廳北港街朝天宮來歷〉，記載朝天
宮創建緣由及命名云：

> 北港朝天宮，前繫笨港天后宮，自康熙三十三年三月，僧樹璧奉
> 湄洲朝天閣天后聖母到地。因九庄前繫泉、漳之人雜處，素感神

---

27 見余文儀《續修臺灣府志》卷二規制，街市。民國五十一年，台北，臺灣銀行經濟研究室印
　　行。

28 倪贊元《雲林縣采訪冊》大槺榔東堡，街市，北港街：祠宇，天后宮。民國五十七年，台北，
　　國防研究院印行。

靈，無從瞻拜，故見僧人奉神像來，議留主持香火，立祠祀焉。
僅茅屋數椽，而祈禱報賽，殆無虛日。雍正中，神光屢現，荷庇
佑者，庀材鳩資，改竹為木，改茅為瓦，草草成一小廟。乾隆間，
笨港分縣因航海來台，感戴神麻，始捐俸倡修。命貢生陳瑞玉、
監生蔡大成等鳩資補助，廣大其地，廟廡益增巍峨。以神由湄洲
朝天閣來，故顏其額曰朝天宮。[29]

《雲林縣采訪冊》〈大槺榔東堡，匾〉云：

神昭海表：在天后宮，嘉慶間御賜。
慈雲灑潤：光緒十二年嘉邑大旱，知嘉義縣事羅建祥屢禱不雨，
適縣民自北港迎天后入城，羅素知神異，迎禱之，翌日甘霖大沛，
四境霑足，轉歉為豐，詳經撫部院劉公具題，蒙御書「慈雲灑潤」
四字，今敬謹鉤摹，與嘉慶年間所賜共懸廟廷。
海天靈貺：道光十七年，本任福建水師提督王得祿統兵渡台，舟
次外洋，忽得颱風，禱神立止，兼獲順風以濟，遂平台亂，上匾
誌感。[30]

北港朝天宮因建廟歷史早，媽祖由湄洲朝天閣請來，捍災、禦患、
水旱、疾疫，求禱立應，兼有僧侶主持祀事，每歲春，南北居民赴廟進
香絡繹不絕，官紳匾聯，多不勝書，故早為南北兩路居民信仰重心。

（二）彰化南瑤宮北港進香

鎮瀾宮建於乾隆三十五年，但清代方志未見有鎮瀾宮往北港進香之
記載，而嘉慶年間，彰化地區已形成以南瑤宮為核心至笨港進香的習
俗，《彰化縣志》云：

天后聖母廟，在南門外尾窯，乾隆中士民公建，歲往笨港進香，

---

[29] 臺灣總督府臨時臺灣舊慣調查會編印《臺灣私法附錄參考書》卷二，上，〈斗六廳北港街朝
天宮來歷〉。明治四十三年（1909）。
[30] 同註28，大槺榔東堡，匾。三塊匾額，目前仍懸掛在北港朝天宮。

男女賽道，屢著靈應。[31]

《彰化縣志》成書於道光十五年（1835），所述歲往笨港進香事，應已為相沿多年習俗。南瑤宮為何往笨港進香？據民國二十五年（昭和十一年，1936）彰化南瑤宮改築委員會所立〈南瑤宮沿革碑〉云：

> 前清雍正時代，彰化置縣始建城池，亘至乾隆十二年終告功成。建城時，掘土燒磚以疊城垣之用，有招募外來窯工以從事者，中間有工人楊姓者，自笨港應募而來……攜有久在笨港最著靈感之神，即受封與天同功天上聖母娘娘之香火，欲藉為庇身之用，祀之坯藔（即造磚場）址在本廟地也。……每入夜頻見五彩毫光，居人奇之，入藔尋覓一無所有，惟香火存焉！咸謂必神之靈顯使然，遂共祀於鄰福德廟內，禱告輒靈。自茲以後，香煙日盛，越二年，庄民議建廟，然初建基不滿十坪，湫隘難堪。迨嘉慶七年，彰化紳董聯絡縣下信者再倡重建。……聖母正駕每年亦恒往發源地之笨港進香，隨駕香丁常擁十餘萬，往復步行。[32]

南瑤宮往笨港進香是因其香火來自笨港天后宮，而大規模往笨港進香形成的年代約在嘉慶七年（1802）南瑤宮擴建以後。南瑤宮老大媽會成立於嘉慶十九年（1814），其成立宗旨為備辦前往笨港進香祭品相關事宜，[33]恰可與上述碑文互證。

清末，因臺灣變亂迭起，官方為維持治安，曾對南瑤宮大規模的進香活動加以禁止。咸豐四年（1854）五月，小刀會擾臺北，同治元年（1862）臺灣爆發戴潮春事件，彰化縣城被攻陷，左宗棠奏調林文察帶兵返臺配合總兵曾玉明等將領平亂，至同治三年（1864）三月始平。[34]同治九年（1870）三月，林文察堂弟副將林文明為南瑤宮往笨港進香總理，欲往

---

[31] 《彰化縣志》卷五，祀典志，天后聖母廟。民國五十七年，台北，國防研究院印行。

[32] 何培夫主編《臺灣地區現存碑碣圖誌》彰化縣篇，民國八十六年，國立中央圖書館臺灣分館發行。

[33] 同註1，第七章，媽祖會與活動。

[34] 《重修臺灣省通志》卷九，人物志，人物傳篇，第三章，武功，第一節清以前，林文察。民國八十七年，台中，臺灣省文獻委員會印行。

北港進香，但以治安問題，臺灣鎮總兵楊在元、臺灣道黎兆棠頒布禁令，不准前往：

> 臺屬每年三月十六日，各屬男婦赴北港進香，前署鎮楊並前道憲黎，慮其聚眾滋事，照例示禁，城鄉均各具結遵依。[35]

臺灣知府凌定國更詳細其事云：

> 臺屬臺屬每年三月十六日，有各處男婦赴嘉義之北港進香、人眾混雜，易茲事端；且其時又有匪類入內山勾結拜會之謠。當奉鎮、道憲出示禁止，並由縣派撥義勇分路巡查。王令（文榮）又因彰化縣城外南壇廟供天后神像，向來北路人民抬赴北港進香，遂先期將神像移入城內觀音亭中，示諭不准抬往，各紳民均各遵從。[36]

彰化縣典史許其棻更說明當時全臺信徒蜂擁往北港進香恐影響治安，云：

> 嘉義北港地面，向有建立天后聖母廟宇，全臺人民無不敬信供奉，每屆三月聖誕之際，南至鳳山，北至噶瑪蘭，不分裏山沿海、男婦老幼，屆期陸續咸赴北港進香。各執一小旗，燈籠一盞，上書北港進香字樣，或步行或乘輿，往還何止數萬人。是以因燒香人眾，謠言不一，前道憲黎（兆棠）行文禁止。乃年久習俗，禁之不住，阻之不得，故彰化縣王令文榮將彰化南門南壇天后神像，向來北路香客隨神像同往北港之神像，請入城內，藏供觀音亭廟中。[37]

是年南瑤宮進香，因會首林文明不從禁令被殺而中止，但承平時期進香活動仍然持續不斷，至日本統治時期，仍有數萬人徒步往返。民國二十四年（1935）南瑤宮重建竣工，大規模往北港進香，《臺灣日日新

---

[35] 吳幅員輯〈臺灣覓錄─林文明按文獻叢輯〉六〈臺灣府周懋琦奉委查覆〉。《臺北文獻》直字五十五、五十六期合刊，民國七十六年六月，臺北市文獻委員會印行。

[36] 同註35，八〈凌定國奉飭稟覆〉。

[37] 黃富三〈林文明「正法」案真相試析：兼論清代臺灣的司法運作〉。《臺灣風物》第三十九卷第四期。民國七十八年十二月，臺北，臺灣風物社印行。

報》刊登〈彰化赴北港參拜媽祖〉云：

> 中臺灣名剎彰化南瑤宮媽祖廟正殿新建工程已告竣工，決定於十
> 八日往北港媽祖廟參拜，該廟信徒以百萬計。當日十餘萬信徒奉
> 神輿行列市內遊行後出發，彰化火車站為服務參拜者特開臨時列
> 車募集香客五百名。[38]

五月四日（農曆四月二日）《新高新報》第十四頁刊出〈彰化南瑤
宮往笨港進香夜宿西螺〉新聞云：

> 虎尾郡西螺街，上月十九日，適彰化南瑤宮媽祖往北港進香日，
> 是夜媽祖分駐於各廟以應一般參拜。善男信女不下數萬之眾，呈
> 未曾有之雜沓。[39]

當時南瑤宮已形成三組媽祖（大媽、四媽，二媽、五媽，三媽、六
媽）輪流往北港進香的習慣，民間並有諺語云：大媽愛潦溪（當年雨水
足），二媽愛吃雞（當年六畜興旺），三媽愛冤家（常有事件發生）。民
國二十六年中日戰爭發生，臺灣總督府開始整頓廟宇，民國三十年以後
實施戰時體制，進香活動被禁止。臺灣光復後，南瑤宮再恢復進香活動，
民國五十一年四月二十七日《聯合報》第七版刊出彰化訊，標題〈慶祝
媽祖誕辰今日達到最潮，彰化進香團昨返縣全市民眾夾道相迎〉記載云：

> 彰化南瑤宮媽祖信徒笨港（北港）進香團，經過六天的長途跋涉
> 後，於昨（二十六）日上午六時許返抵彰化。當這個擁有十萬善
> 男信女，被稱為臺灣光復以來最大規模的媽祖進香團進入市區
> 時，全市家家戶戶競燃爆竹相迎，一時鞭炮、鑼鼓聲響徹九霄之
> 外，街頭巷尾人山人海，盛況空前[40]。

南瑤宮至北港進香，經一百多年的發展，形成十餘個媽祖會，信仰
圈包含整個大臺中地區四縣、市，活動規模太過龐大，臺灣省政府於民

---

[38] 《臺灣日日新報》，昭和十年四月十七日第三版，〈彰化赴北港參拜媽祖〉。

[39] 《新高新報》，昭和十年五月四日第十四頁，〈彰化南瑤宮往笨港進香夜宿西螺〉。

[40] 《聯合報》，民國五十一年四月二十七日第七版，〈慶祝媽祖誕辰今日達到最潮，彰化進香
團昨返縣全市民眾夾道相迎〉。

國六十四年下令縣市政府勸阻進香活動，云：

> 每年農曆二、三月間係媽祖進香之鼎盛時期，請切實勸導轄內各
> 寺廟，勿再組團進香，可推請寺廟管理人（負責人）或少數信徒
> 代表進香，以實行節約，改善民俗。[41]

南瑤宮為彰化市公所管理廟宇，自需遵守法令，其進香法動因而式微。

（三）大甲媽祖北港進香

鎮瀾宮往北港進香習俗，《彰化縣志》、《淡水廳志》、《苗栗縣志》、
《新竹縣志初稿》等書均未曾記載，昭和七年（1932）大甲公學校編印
的《鄉土概觀》[42]始詳細記載之。大甲《鄉土概觀》記載媽祖信仰共有
二處，一謂：

> 媽祖廟在街中央，奉祀媽祖，乾隆三十五年創建。媽祖始廟在福
> 建省莆田縣，各地媽祖皆為其分神，通稱湄洲媽祖。媽祖祭典均
> 在每年農曆三月二十三日從北港完成刈火儀式後盛大舉行。

其次謂：

> 本宮位於大甲南門附近，主神媽祖婆。（中略）大甲居民感其靈
> 異，於乾隆五十二年募金建廟，並置祀田，年收入百石以供香燈
> 及守僧生活之需。……大甲媽祖為大甲、大安、外埔等庄民主要
> 信仰及守護神。大甲媽祖是從北港分香而來，通常每年均回北港
> 進香一次。進香日期於每年一月十五日於媽祖神前卜筊後決定，
> 行期大約農曆三月五日出發，三月十五日還宮。[43]

---

[41] 臺灣省政府民政廳編印《宗教禮俗法令彙編》，民國七十二年六月。

[42] 大甲《鄉土概觀》含：歷史與自然、動植物、土地、戶口與勞力、產業、金融、交通、通信、
　　自治、社團、教育、生活、衛生、宗教、勝蹟傳說等十五章，319頁，十萬餘字，昭和七年
　　（1933）十二月，臺中臺灣新聞社印行。台北成文出版社更名為《大甲鄉土的概觀》影印
　　發行。

[43] 大甲《鄉土概觀》，第十三章，第四節、信仰，（2）、寺廟、1、媽祖廟；第十四章，第三
　　節、舊慣寺廟，2、鎮瀾宮。

一謂鎮瀾宮媽祖祭典於農曆三月二十三日,從北港完成刈火儀式後盛大舉行,一謂大甲媽祖是從北港分香而來,故通常每年均回北港進香一次,進香日期則於農曆正月十五日媽祖神前卜筊決定。這二則記載均與民國七十六年以前大甲進香習俗吻合。

鎮瀾宮北港進香的開始年代,已無可考,但光緒十三年(1887)擔任新竹縣大甲巡檢的許其棻就提到:北路媽祖信徒要往北港進香在大甲會聚的情形,當南瑤宮未往北港進香,大甲天后宮就取而代之的趨勢。大甲媽祖已經是中北部地區的領導廟宇了。朝天宮現存有大正三年(1914)四月八日編號 1970 號大甲街大轎請大火的收據,載:

> 捐款人姓名住所:臺中廳大甲街
> 金額:五圓
> 備註:大轎請大火
> 大正三年四月八日領收
> 北港朝天宮事務所[44]

大轎即進香團媽祖乘座之輦轎,顯示進香團已具相當規模;請大火即由祖廟直接引取香火,為進香目的。其儀式,先由僧侶誦經啟請後,從祖廟長明燈引燃金紙,於萬年香火爐中焚化,再由僧侶將燃燒中的金紙用杓挹三杓置於香擔香爐,關上香擔門,貼上封符。儀式結束,主持儀式僧侶宣告媽祖返鄉,進香團爐主及香客即高喊「進哦!」媽祖鑾駕立即起程。

鎮瀾宮往北港進香方式,早年均採爐主、頭家制。正爐主、副爐主及協辦進香事宜的頭家,需為大甲鎮的朝陽、孔門、大甲、順天四里里民,捐緣金給鎮瀾宮取得信徒資格後,擇期於媽祖神前卜筊決定,其他鄉鎮及村里里民無權擔任。正、副爐主及頭家的責任,需於事前籌募進香經費,負責往、返進香行程及食宿、交通、秩序維護等工作。民國六十三年,廢止爐主制,次年進香事宜改由管理委員會接辦,所需經費由

---

44 蔡相煇《北港朝天宮志》第三篇,祀典,附照片、大甲進香團。民國八十四年,北港朝天宮董事會印行。

鎮瀾宮經常費支付，沿襲至今。

進香過程，以民國七十六年為例，包含：農曆正月十五日擲杯卜定日期、搶香、陣頭登記、南下訪問、於往返路程經過宮廟貼香條、起馬宴、第一天大甲出發、第二天通過西螺大橋、第三天抵達北港、第四天謁祖祭典和割火、第五天踏上歸途、第六天回宿北斗、第七天永靖插頭香、第八天返抵大甲。

大甲鎮瀾宮北港謁祖進香之重要儀式包含：出發時之啟駕，至北港入朝天宮後之進殿、座殿，謁祖；返程時之割火，上香、添火、回鑾遶境等八項典禮，大量保存古代民間信仰上下廟間的禮儀，彌足珍貴。

四、新港奉天宮與「笨港毀滅論」

（一）新港開發概況

嘉義縣新港鄉舊南港村與雲林縣北港鎮隔北港溪對望，清代為笨港南街所在，為臺灣沿海開發最早的繁榮地區之一，然至嘉慶年間，笨港南街卻遭洪水之厄。新港鄉南港村水仙宮，現存一方道光三十年（1850）〈重修笨南港水仙宮碑記〉，記載嘉慶年間笨南港因溪水氾濫，浸壞民居，移建關聖帝君廟的情形，云：

> 吾笨南港有水仙尊王、關聖帝君二廟由來舊矣，不意嘉慶年間溪水漲滿，橫溢街衢，浸壞民居者不知凡幾，而二廟蕩然無存。里中耆宿悼廟宇之傾圮，思崇報而無從，遂於嘉慶甲戌年（十九年，1814）間，鳩金卜築于港之南隅，以崇祀水仙尊王。而關聖帝君亦傳其廟規模宏敞，誠笨中形勝地也，但歷年既久，不無風雨剝蝕，蟲蟻損傷，兼以溪沙渾漲，日積月累，基地益危，觀者惻焉。吾笨中三郊，爰請諸善信捐金，擇吉、仍舊，重新增建一後殿，以奉祀關聖帝君。雖帝廟未創而神靈亦得式憑，則二廟可合為一廟矣。右翼以禪房，左翼以店屋二座，並建置民地一坵，設立石界，為住持香火之資。是廟坐辛向乙兼酉卯，興工於道光戊申年

（二十八年，1848）端月，至庚戌年（三十年，1850）梅月始葳
其事，計糜白金伍仟玖佰有奇，落成之日，遠近商民靡不致敬，
蓋實我三郊之力為多焉。

道光歲次庚戌孟秋穀旦董事泉州郊金合順、廈門郊金正順、龍江
郊金晉順同泐石[45]

所述為笨南港街事，記載嘉慶十九年重修水仙宮，道光二十八年合
併關聖帝君於一廟的過程。碑記錄有當時官方及各郊、行戶捐款情形，
云：

鹿港海防分府胡國榮捐銀一百元

鹿港海防分府史　蜜捐銀八十元

鹿港副總府王國忠捐銀三十二元

嘉義縣正堂王廷幹捐銀二十大元

笨南北港糖郊捐銀一百四十元

臺郡三郊蘇萬利、金永順、李勝興捐銀一百元

臺嘉總館捐銀六十元

鹽水港五郊：糖郊十二元、水郊八元、敢（上竹下敢）郊四元計
二十四元

澎湖郊金順利捐銀四十元

後庄郭光竹觀捐銀三十大元

臺郡立興號捐銀十二大元

太保庄王朝肅捐銀一十大元

虎會寮同合油車捐銀八元

鹽水港蘇源裕捐銀六大元

牛稠溪茂興油車捐銀四大元

南港梁燕觀捐銀四大元

大崙庄林讚觀捐銀二大元

以上一十七條共銀六百四十元

嘉義城（捐款者略，共銀一百三十五元）

樸樹街（捐款者略，共銀二百二十八元）

---

[45] 原碑現存新港鄉南港村水仙宮三川門右壁，亦收錄於《北港朝天宮志》。

　　　　新南港街（捐款者略，共銀二百零五元）
　　　　舊南港街（捐款者略，共銀六十六元）
　　　　笨北港街（捐款者略，共銀四百八十七元）
　　　　諸船計一百二十號共捐銀七百四十七元
　　　　泉州郊金合順計來銀一千六百六十元
　　　　廈門郊金正順計來銀八百三十大元
　　　　龍江郊金晉順計來銀八百三十大元
　　　　通盤計共收銀五千九百二十九元九角三占一格正
　　　　道光庚戌孟秋　　　董事立石，泉郡觀東石室鐫石

　　由碑文資料，重建董事為南、北港三郊，笨港商貿的重心在北港。當時兼管笨港出入的鹿港海防同知、嘉義縣令及臺灣府城、嘉義、鹽水港、樸樹街、澎湖及笨港地區紳商皆踴躍捐輸，反映道光年間笨港的重要性及當時全臺各地行郊支持重建的情形。單就笨港捐款數目分析，笨北港泉州郊金合順、廈門郊金正順共捐銀二千四百九十元，笨南港之龍江郊金晉順捐銀八百三十元，笨北港恰為笨南港之三倍。捐款人數目，新南港一八人、舊南港一一人，笨北港街七二人，笨北港多於舊南港約七倍，亦多於新南港約三倍。捐款金額，新南港二〇五元，舊南港六六元，笨北港街五三六元，笨北港街捐款為舊南港八倍多，為新南港二倍多。至於三街的人口數，《雲林縣采訪冊》記載北港街云：

　　　　北港街，七千一百五十戶，四萬零九百三十七丁口。[46]

《嘉義管內采訪冊》〈打貓西堡〉記載新、舊南港街云：

　　　　新南港街，一千一百零六番戶，四千九百七十五丁口。
　　　　舊南港街，一百五十一番戶，六百九十三丁口。[47]

　　北港街的戶數為新、舊南港街總數的五點六倍，丁口數為七點二倍，就全笨港街繁榮程度而言，笨北港街比笨南港繁榮，就小區域而言，

46　同註28，大槺榔東堡。
47　《嘉義管內采訪冊》，打貓西堡，街市。民國五十七年，國防研究院印行。

笨北港街最繁榮，新南港街次之，舊南港街再次之。

　　水災及分類械鬥，不少笨南港街民遷移至東方五里許的麻園寮另建新街，取名新南港以與舊南港街區隔。《嘉義管內采訪冊》云：

> 新南港街，在嘉義城西北二十五里，距打貓十二里，居民先世多由舊南港街移來者，故名新南港街。按道光四十七年漳泉分類，舊南港甚為蹂躪，嗣因笨溪沖陷房屋街市甚多，故移至是地。人煙輻輳，百貨充集，笨港海船運糖米者半購於此焉。地當衝要，街分六條，近附鄉村賣買皆會於是，雖不比濱海之都會，亦嘉屬之一市鎮也。[48]

　　同書記載當地九所祠宇云：

> 登雲閣，在新南港街之東門外，崇祀文昌帝君⋯⋯，道光十五年（1835）八月紳民公建。
>
> 奉天宮，在新南港街，奉祀天上聖母，嘉慶戊寅（二十三年，1818）三月紳民公建。
>
> 大興宮，在新南港街之後街，崇奉保生大帝，嘉慶九年（1804）十一月紳民公建。
>
> 肇慶堂，在新南港街之大街，崇奉福德正神，嘉慶辛未（十六年，1811）紳民公建。
>
> 西安堂，在新南港街之松仔腳，崇奉福德正神，道光十五年（1835）紳民公建。
>
> 慶興宮，在新南港街之南勢街，崇奉池府王爺，同治六年（1867）紳民公建。
>
> 水仙宮，在舊南港，後枕笨港溪，崇奉水仙尊王於前殿，崇奉關聖帝君於後殿，乾隆庚子年（四十五年，1780）正月紳民公建。
>
> 福德堂，在舊南港，崇奉福德正神，道光十九年（1839）四月紳民公建。
>
> 南壇水月庵，在新南港之西端，崇奉觀音佛祖，乾隆辛亥年（五十六年，1791）十月紳民公建。

---

[48] 同註47。

祠宇中年代最早，建於乾隆四十五年及五十六年的水仙宮及水月庵，皆位於舊南港街，位於新南港街內的三座主要廟宇大興宮、肇慶堂、奉天宮依序建於嘉慶九年、十六年、二十三年，一祀保生大帝，一祀福德正神，一祀媽祖，似新街營建由祖籍同安縣廈門的商人帶領，而福德正神建於大街，可知農業生產為新南港街民主要經濟活動，媽祖廟較晚建，反映海上貿易非新南港街民營運項目。

（二）奉天宮創建沿革

據《嘉義管內采訪冊》的記載，新港奉天宮建於嘉慶二十三年，但從大正年間開始，奉天宮即不斷改變其建廟年代及媽祖來源的說法，最初所提媽祖分靈自臺南大天后宮。大正七年（1918）《臺灣日日新報》云：

> 臺南市大天后宮，自前二年新塑鎮南天上聖母以來，靈應昭彰，不期進香者每日絡繹不絕，即各村落凡有建醮祈安，罔不虔備神輿恭請監臨。……迨月之十六日，南港建醮，奉天宮媽祖，係從大天后宮分靈者，故前三日，即以該港紳董為總代，到臺南市與該紳董交涉，即於初四日早番車，恭請鎮南聖母神駕賁臨。[49]

新港紳董以奉天宮媽祖係大天后宮分靈，故恭請大天后宮新雕鎮南媽（大正五年仿朝天宮三郊媽新雕神像）往監醮。次日《臺灣日日新報》又刊登〈奉天宮落成〉的訊息，稱奉天宮建於嘉慶四年（1799），媽祖由莆田迎來，云：

> 嘉義新港奉天宮，建于嘉慶四年，崇祀大媽，即當時閩省興化府莆田縣迎來第一尊，距今已曆百十數年。迨明治三十九年，震劫，殿宇塌傾，翌春三月，同地善信，重修議起。時嘉義玉峰書院毀拆，乃將屋蓋移歸新構。計釀四萬五千三百餘金以成其事，今已告成。

49　同註38，大正七年（1918）一月十八日，〈爭迎鎮南媽祖〉。

　　沒有得到大天后宮的認同，奉天宮自謂是莆田媽祖，但信徒也沒熱烈回應，遂自稱是笨港媽祖之一。大正八年（1919）臺灣日日新報社印行《臺南州祠廟名鑑》〈奉天宮〉則改謂奉天宮始建於嘉慶十五年（1810），媽祖來自舊南港三尊媽祖之一，云：

> 街民於嘉慶十五年由舊南港（原笨港）移居當地之時，將舊南港三尊媽祖中之一移至當地建廟奉祀。明治三十七年至三十九年兩度大地震，廟宇破壞，信徒募集二百圓於明治四十三年改建，發起人為林添有、林關基、何銘錐、林維朝、洪炳、陳壁如、林溪如等。[50]

　　臺灣光復後，奉天宮又創出是漳州帆船船仔媽的說法，民國四十年代，奉天宮開始印行簡介《天上聖母正傳》，書中〈奉天宮之由來〉云：

> 滿清乾隆時代，福建省漳州府，沿海一帶之居民，全事經營帆船載運貨物來臺貿易，其中有一家船戶，極其信仰聖母每要出帆之時，船中拱奉一尊聖母之神像，在海洋上可保平安，故由笨港上陸（現改為舊南港）。……剛要出帆，未知何故，突受逆風阻止前進屢次受風之阻撓得船戶，無法可施，然後在神神前，以木板求訊號始悉聖意要永住笨港受萬人朝拜，不回大陸。……笨港人士發起籌募緣金，建造廟宇，……命名為天后宮，此尊聖母神像後稱船仔媽（現奉祀在新港奉天宮稱為五媽）。[51]

　　該書編者吳文峰、林騰輝兩人，查林德政編《新港奉天宮志》卷三，組織與人事篇，未見兩人姓名。民國四十七年奉天宮重印《天上聖母正

---

[50] 相良吉哉《臺南州祠廟名鑑》，祠廟，嘉義郡之部，〈奉天宮〉。昭和八年，臺南，臺灣日日新報社印行。

[51] 《天上聖母正傳》，〈新港奉天宮之由來〉。原書未署編印年代，新港奉天宮印行。李獻璋〈笨港聚落的成立及其媽祖祠祀的發展與信仰實態〉謂「吳文峯依據何萬傳董事長（按應為主任委員）時所資傳說編刊之《天上聖母正傳》中的〈奉天宮之由來〉」。何萬傳為奉天宮第一、二屆主任委員，任期自民國四十一年十月至四十七年十月，惟〈新港奉天宮之由來〉有「卸任嘉義縣長林金生」一語，據《重修臺灣省通志》卷八職官志，文職表篇，林金生於民國四十年四月當選嘉義縣長，四十三年六月二日卸任，本書應印於四十三至四十六年間。

傳》，但刪除「笨港上陸（現改為舊南港）」、「祖媽，現在新港奉天宮稱為四街祖媽」等文字，以示其並非僅四街奉祀之媽祖。

民國五十一年奉天宮新印《新港奉天宮媽祖簡介》，大幅更動《天上聖母正傳》內容，將創建年代改為明朝天啟二年（1622），媽祖則來自湄洲天后宮，自稱「開臺媽祖」，云：

> 新港媽祖是湄洲天后宮最早蒞臨臺灣的聖像，大家尊稱祂為「開臺媽祖」。……明天啟二年（1622）船戶劉定國為航海安全，親自到湄洲天后宮，恭請聖像奉祀新船，途經笨港，神示永駐此地，保護臺疆，因此十寨（笨港與外九庄）的生民，如獲至寶似的，輪流奉祀，稱湄洲五媽或船仔媽。[52]

據上所述，奉天宮創建年代由清末的清嘉慶二十三年，日據時期的嘉慶四年、嘉慶十五年，轉為民國四十年代的乾隆年間，五十年代的明天啟二年，前後相差達一百九十六年。媽祖來源則有由日據時期的臺南大天后宮分靈、莆田媽祖第一尊，轉為笨南港三尊媽祖之一尊，民國四十年代提出漳州船仔媽、四街媽，五十年代的湄洲五媽，最後自稱為「開臺媽祖」，民國八十二年林德政、李安邦等新編《新港奉天宮志》，也未提出其創建年代與媽祖來源的依據。

（三）奉天宮與「笨港毀滅論」

建於康熙五十八年（1719）的鹿耳門天后宮，在清同治十年（1871）因曾文溪改道被洪水沖毀，因鹿耳門港淤塞，渡口功能喪失，官方未再重建廟宇，媽祖神像由居民救出，部分暫祀民家，部份寄祀臺南海安宮。大正二年（1913）城北里居民建立保安宮奉祀王爺，大正十年（1921）復自海安宮迎回媽祖神像附祀於保安宮。民國三十五年顯宮里居民亦集

---

[52] 《新港奉天宮媽祖簡介》，新港奉天宮媽祖，〈由來與沿革〉。原書印於洪炳欽任主任委員時期，查《新港奉天宮志》卷三，組織與人事篇，洪炳欽任期自民國五十一年一月至五十三年十二月。另書中〈敬頌天上聖母〉，署「李安邦據昭應錄撰」等字，作者似為李安邦。李氏新港鄉人，二戰時期曾任新港縣地醫，通曉日語，民國六十三年一月至七十四年一月間任奉天宮常務董事、董事。

資建立天后宮，迎回民宅奉祀之媽祖。[53]民國四十四年顯宮與土城里民為誰是「鹿耳門天后宮」正統媽祖產生不同意見，民國四十九年土城保安宮易名聖母廟，雙方均認自身繼承鹿耳門天后宮，開啓了民間信仰的正統之爭。

　　民國五十一年新港奉天宮放棄「舊南港三尊媽祖中之一移至當地建廟奉祀。」的說法，提出嘉慶年間住持僧景端雕刻三尊媽祖，分由新港、北港、溪北分祀一、二、三媽的說法，將自身與笨港天妃宮拉在一起，謂：

> （舊南港）天后宮起初廟宇是簡單的建築，聘請漳洲景端師為第一代廟祝……嘉慶二年有一日滿空烏雲密佈……大雨傾盆，河川告漲……三棟榔溪邊，發現一叢鉅大的樟樹……時景端師趕到，向眾人言及此樹發出豪光日前曾受聖母夢中指點，此樹要彫刻聖母之神像。地方諸紳商集議，決議聘請彫刻專家來廟彫刻，將頭節彫為祖媽（現奉祀新港奉天宮稱為四街祖媽）第二節彫為二媽（現奉祀北港朝天宮）第三節彫為三媽，（現奉祀新港鄉溪北村六興宮）剩者彫一付千里眼、順風耳（現奉祀新港奉天宮）。[54]

　　又謂嘉慶十五年（1810）笨港天后宮移至新港，數年後建奉天宮，而北港朝天宮、溪北六興宮分祀其二、三媽，云：

> 嘉慶拾伍年之夏天，又如嘉慶二年時大雨傾盆……對廟宇是萬分危險，廟之後殿被洪水衝壞，故景端師即刻設法將一切神像遷移至麻園寮（新港）因無處安置神像故暫時寄祀土地廟。……天后宮自遷移後，地方商紳發起，籌募緣金，新築廟宇，選擇現時廟址，歷時數年始告完成改名為新港奉天宮，（奉天宮起源由此）……北港因地理環境良好，故發展甚速，惟尚未有朝天宮之建造，故每年須來新港參拜聖母，跋跎渡溪甚感不便，特遣人與新港商量，恭請貳媽過去北港奉祀，建造朝天宮（朝天宮起源由

---

[53] 徐明福、徐福全《台南市媽祖廟之變遷》，附錄〈鹿耳門天后宮〉、〈鹿耳門聖母廟〉。民國八十六年，台南市政府印行。

[54] 同註51，〈新港奉天宮之由來〉。

此）。時有溪北（距新港西南約五公里）王大人，雖是小小庄社，出有大名鼎鼎馳名全省的王得祿將軍……將奉天宮奉祀最靈感之三媽請回，溪北建造六興宮奉祀（溪北六興宮起源由此）。

所述僧侶景端，生於清道光十五年（1835）卒於光緒九年（1883），為僧綱瑞璋（1804~1862）之徒[55]，不可能於嘉慶年間遷建笨港天后宮。

又謂當時北港朝天宮尚未建亦與事實不符，北港朝天宮現存乾隆四十年（1775）《重修諸羅縣笨港北港天后宮碑記》亦見於《雲林縣采訪冊》記錄。另「北港媽祖宮」或「北港宮」也多見於嘉慶以前古契，如明治四十三年（1910）臨時臺灣舊慣調查會印行的《臺灣私法附錄參考書》第一卷上，乾隆四十二年（1777）〈陳寧老典契〉，第三卷上，乾隆五十五年（1790）〈陳勉夫陳基容陳基決分家合約書〉均是，可見朝天宮早在乾隆以前即存在笨北港街，非嘉慶以後新建。

另被扯入笨港毀滅論的六興宮，為道光六年（1826）王得祿所建，《臺南州祠廟名鑑》〈六興宮〉云：

> 道光六年王得祿為所居六部落居民謀，迎請新巷二尊媽祖中之一尊建廟奉祀。[56]

所稱新巷為日據時期新港名稱，所述六興宮創建，確與奉天宮有關，但卻非嘉慶年間，也與朝天宮無關。

奉天宮既以「笨港天妃宮」正統自居，當然也把彰化南瑤宮至笨港進香說成是到新港進香。《新港奉天宮媽祖簡介》〈彰化南瑤宮之由來〉，云：

> 距今約八十餘年前的事實，南港有一個勞動界的人，姓楊名琴因在家鄉，無生活計，朝不補暮不得已，背井離鄉，到彰化找工作，他是一個造瓦的技術者，充任在瑤內工作，一個楊琴平素極其信

55 景端曾任臺灣府僧綱，神主牌位現存臺南市祀典武廟，題「南院順寂府治僧綱上景下端廣和尚連座」，內涵書「葬在竹溪寺五尼頭山頂」，「生於道光乙未年（1835）二月九日寅時受生」，「皈於光緒癸未年（1883）七月廿四日，未時歸西」。

56 《臺南州祠廟名鑑》，祠廟，嘉義郡之部，六興宮。

仰聖母，所以出外均帶聖母之香火，在身邊保護出外平安，香火帶在身上對工作上很是不便，故將香火懸掛在瓦磘內之竹柱上，朝夕虔誠焚香朝拜……焚香向香火禱告，求取爐丹，無不應驗，從此遠近聞名……凡有經營瓦磘業者，皆彫刻有發鬚之聖母……未幾大廟完成，擇日舉行慶祝落成典禮命名為南磘宮（南磘宮起源由此）因記念該香火，由南港人，帶在磘內，故將南磘兩字，取號甚有意義……彰化南磘宮至今香火不斷參拜者絡繹不絕每年特別組織團體，前來新港奉天宮進香。

民國四十三年（1954）上推八十餘年為清同治十三年（1884），與《彰化縣志》、〈南瑤宮沿革碑〉所述南瑤宮建於乾隆十二年（1747）相去二百年，其編者對史料的掌握概略如此。

民國四十三年，日本早稻田大學畢業，以《媽祖的研究》為論文的李獻璋返臺調查臺灣媽祖史料，赴新港，認識李安邦，在其協助提供資料下從事〈笨港聚落的成立及其媽祖祠祀的發展與信仰實態〉研究，李安邦得李獻璋指導，於民國五十五年四月《法海週刊》一四一期發表《漢族開臺基地笨港舊蹟及其歷史文物流落考》，開始宣揚「笨港毀滅論」，奉天宮即笨港天后宮。民國五十六年十、十一月李獻璋於《大陸雜誌》第三十五卷第七至九期發表《笨港聚落的成立及其媽祖祠祀的發展與信仰實態》。兩篇文章雖相呼應，但李獻璋對李安邦引為「笨港毀滅論」依據的「景端碑記」，卻認為偽作，云：

景端碑記，末刻「嘉慶壬申（十七年）桐月□日　十八庄董事全敬立」，而碑文記「太子少保軍門王……」，因王得祿晉封太子少保，是在道光十三年，不免自相矛盾。但細看之下，該文謂「茲聖宮新建竣事，感觸殊多；興之所至，誌於此，意在示人，明聖母神德之盛，而知敬神所當誠之由云爾。」乃一隨感錄，本非為要刻碑而作者。故我以為這是在笨港廟建立，得王得祿獻匾後，為對抗上才把它刻碑，一面裝作落成時物，一面卻加新銜，致生齟齬的。[57]

---

57 李獻璋《媽祖信仰研究》附錄一，〈笨港聚落的成立及其媽祖祠祀的發展與信仰實態〉，註

　　李獻璋雖推論景端碑記是後來為景端為對抗朝天宮而於事後追記，但景端生於清道光十五年（1835），景端是否真曾任奉天宮住持，仍值討論。李獻璋對李安邦提出的某些看法也有所保留：

> 一九六四年（民國五十三年）底十一月…在奉天宮看到李安邦醫師所搜集的有關笨港的若干史料，頗有值得參考者。返日後開始執筆，於祭典的實際慣習，仍他繼續回答我的質詢。這一文稿之成，在祭儀的資料上，是有負於他的誠懇幫忙的。[58]

　　但一般人卻無法分辨其是非，朝天宮雖曾在報紙提出反駁，也在民國五十六年請任職臺灣省文獻委員會的廖漢臣編撰《朝天宮誌》，但因對朝天宮僧侶代序的誤置，並未收到預期效果。此後，彰化南瑤宮開始對朝天宮產生疏離，大甲鎮瀾宮對朝天宮是否為其祖廟產生動搖。

五、鎮瀾宮轉向湄洲認同

（一）鎮瀾宮湄洲尋根

　　民國六十三年，鎮瀾宮重修落成，刊行《大甲鎮瀾宮志》，開始提出新的創廟年代及媽祖來自湄洲朝天閣的說法，謂：

> 清雍正八年歲次戊申年間，有福建省興化府莆田縣湄洲嶼人氏林永興者攜眷來臺，途經大甲，定居謀生，且隨身有湄洲朝天閣天上聖母神像一尊，安奉廳堂朝拜。大甲堡居民亦係閩省遷臺之先民，聞知林氏廳堂供奉由湄洲所請來的天上聖母，無不紛紛前往參拜，且有求必應，靈妙異常，神威顯赫大甲堡附近每個角落，參拜者日盛，致使林氏門庭若市，香客不絕於途。地方縉紳見此盛況，即與林氏洽商建廟奉祀，徵得林氏同意後，經聘請地理師擇地於現址，在雍正十年歲次壬子良辰吉旦興建，當時僅係一寬約十五尺，深約二十三尺的小廟，建成後即將林氏從湄洲朝天閣

5。1979 年，日本東京，泰山文物社印行。
[58] 同註 57，〈附記〉。

請來的神像安奉在小廟內以供眾信徒朝拜。[59]

　　清雍正八年（1730）歲次為庚戌，非戊申（1728）。《大甲鎮瀾宮志》所述媽祖來自湄洲朝天閣，則與北港朝天宮媽祖來源相同，雍正八年則為朝天宮重建之年，雖將自家歷史往前提，但仍依例每年往北港謁祖進香。《大甲鎮瀾宮志》媽祖來自湄洲朝天閣的說法，對自幼即參與進香的老一輩信徒並無影響，但新一代接班者難免產生疑惑。如果媽祖來自湄洲，為何要至北港謁祖進香？而中國開放兩岸交流，促使鎮瀾宮往湄洲尋求認同。

　　民國六十七年十二月中國與美國建交，六十八年九月三十日，葉劍英提出國、共兩黨第三次和作及開放三通、四流促進中國和平統一。開放後，湄洲島人開始建廟私祀媽祖，民國七十二年完成一棟三十餘坪之單殿式建築，初步滿足了媽祖信仰者的需求，而居臺閩籍媽祖信徒也紛紛前往朝拜。中共因而將媽祖定位為「海峽兩岸和平女神」，重建湄洲天后宮，並取名「湄洲祖廟」，期以湄洲祖廟為核心，增進兩岸民間文化及經濟交流。

文革後新建之湄洲媽祖廟

---

[59] 《大甲鎮瀾宮志》，民國六十三年，台中縣，大甲鎮瀾宮印行。

　　民國七十六年初，湄洲祖廟籌辦「媽祖成道一千年」祭典活動，廣邀臺灣媽祖廟參與。因當時臺灣尚未開放民間交流，但鎮瀾宮董、監事決定前往參加，並於十月搭機經日本大阪，轉飛上海，經福州轉抵湄洲，參加十月三十一日湄洲祖廟舉辦的媽祖成道一千年祭典活動，事後邀回媽祖神像一尊、壽山石雕印一顆、香爐一個、神杯一付及天上聖母香火。鎮瀾宮從此以湄洲為祖廟。[60]

鎮瀾宮迎回湄洲媽祖（左）

　　鎮瀾宮此後連續三年至湄洲進香，並訂四年辦理一次進香活動，民

---

[60] 郭金潤《大甲媽祖進香》，肆，湄洲進香。民國七十七年，台中縣，台中縣立文化中心印行。

國七十八年四月更與湄洲祖廟結盟，約定雙方在宗教文化及經濟合作，成為湄洲天后宮在臺灣主要連絡廟宇。

（二）鎮瀾宮改迎湄洲媽祖遶境

民國七十六年鎮瀾宮迎回湄洲媽祖後，即提出為何此前到北港進香的新說法，謂：

> 大甲媽祖到北港進香已有百年以上歷史，因當時時局動亂，無法前往湄洲祖廟進香，而且北港朝天宮建有媽祖聖父母殿，所以才到北港朝天宮進香合火。……其次，基於臺灣廟與廟之間的拜會習慣，亦即對先成立或特別有權威之廟，每年前往拜會一次，大甲鎮瀾宮立廟歷史比北港朝天宮晚，故就當時而言，資淺廟到資深廟訪問是理所當然。再者，有一無法證實的傳說，大甲二尊進香媽祖中，有一尊是請錯或偷換北港朝天宮的媽祖……但鎮瀾宮堅決否認此傳說。[61]

所述因時局動亂乃改往北港進香，從地緣關係論，鹿港近於北港，大甲距鹿港約僅五十公里，北港則百餘公里，乾隆後漢人入大甲者多由鹿港登陸，大甲商人亦常往鹿港經商，《淡水廳志》謂：

> 林春娘，大甲中莊光輝女，七歲為余榮長養室。乾隆己酉（五十四年，1789）夫年十七，赴鹿港經商。[62]

鹿港天后宮建於乾隆初，亦早於鎮瀾宮，為何不往鹿港進香？又謂民國十年左右始往北港進香，按鹿港天后宮曾於民國五年、十一年兩度前往湄洲進香[63]，並無不能赴湄洲之事。又民國二十一年《大甲鄉土概觀》編撰時，鎮瀾宮管理人杜清已五十六歲，杜清民國十三年即任管理人，若非真與北港朝天宮有香火關係，也不必虛撰事實。

---

61 同註60，參，北港進香。
62 同註5，卷十，列傳四，列女，貞孝，林春娘。
63 陳仕賢《鹿港天后宮志》鹿港天后宮歷史沿革，參、日據時期。民國九十三年十二月，彰化，鹿港天后宮管委會印行。

民國七十七年三月四日鎮瀾宮正式致函朝天宮，請朝天宮聲明該宮媽祖非由北港分靈，否則取消北港之行，云：

> 請貴宮向各報界鄭重聲明，本宮天上聖母非由貴宮分靈而來，以正視聽，否則本宮決定取消北港之行程。[64]

並說明理由如下：

一、本宮戊辰年進香名稱刪除「北港」二字，其因則避免眾善信誤為大甲天上聖母是由北港朝天宮分靈而來。

二、連日向報界發佈不實報導，諸如：「大甲媽祖是由北港朝天宮分靈」、「數典忘祖」、「大甲媽祖回娘家」等歪曲事實，有損本宮之形象，引起全省眾善信公憤不滿。

三、請文到三日內復函及向各報界澄清不實之報導，否則決定取消北港之行程，一切後果由貴宮董監事會負責。

朝天宮對鎮瀾宮函的請求，以其事應由學者考據定論回應，於三月六日函復云：

> 貴宮媽祖是否由本宮分靈應就歷史依據由學者考據定論，本宮迄未公開提起此事，不宜再由本宮有所聲明或澄清。……長久以來貴我兩宮香火相連綿延不斷，珍貴之傳統友誼至堪珍惜，傳統之進香活動已成燦爛宗教活動之寶貴史實，實不宜因少數偏異之論說即予否定，本宮仍期待珍貴之傳統活動文物繼續保持，不必因少數輿論反映造成彼此間之疑惑困擾。[65]

是否援例進香，乃再於三月十八日因鎮瀾宮無正式回應，朝天宮再致函訊問進香行程，云：

> 貴宮戊辰年北港進香行程爰例於農曆元月十五日神前筊定，並經電知訂於農曆三月六日子時起駕，三月八日抵達本宮。……茲因

---

[64] 同註60，伍、取消北港進香，影印原函。

[65] 郭慶文，《大甲媽祖停止往北港進香史料彙編》，歷史篇，民國八十二年，雲林縣，笨港媽祖文教基金會印行。

近日來有關行程細節，兩地信徒議論紛紛，引起社會各界之關切，本宮為配合籌劃接待事宜，亟需瞭解貴宮行程俾配合辦理，函請查照。

鎮瀾宮於三月四日致函朝天宮請聲明該宮媽祖非由北港分靈前，新港奉天宮董監事即於三月三日到大甲鎮瀾宮拜訪，表達歡迎到新港遶境進香，並由嘉義縣長何嘉榮、議長邱天照領銜，與嘉義縣各級民意代表、機關、團體、學校成立「新港鄉歡迎台中縣大甲鎮瀾宮天上聖母遶境進香接待委員會」籌辦接待事宜，四月初籌備工作大致就緒。鎮瀾宮遂於四月三日致函北港朝天宮，說明改往新港奉天宮遶境進香，云：

> 本宮「媽祖」歷經日據時代及大陸淪陷，未克往湄洲進香，而權宜改往貴宮進香，時歷數十年建立珍貴之傳統友誼。本宮依權責更正進香名稱，竟引起貴宮之誤會與不滿，且報端諸多錯誤，如「數典忘祖」、「背祖」、「回娘家」等歪曲事實報導，為恐後人及眾多「大甲媽祖」信徒誤為「大甲媽祖」係由貴宮分靈。為維護本宮廟史之尊嚴，於民國七十七年三月四日以（77）鎮瀾金字第0五五號函請貴宮澄清「大甲媽祖」非貴宮分靈乙事，貴宮竟然避重就輕，不做正面答覆。……本宮董監事會正式議決，取消貴宮行程之決定，殊感遺憾。[66]

民國七十七年四月，鎮瀾宮中止往北港朝天宮「謁祖進香」，改往新港「遶境進香」，因進香名義已改變，其儀式也隨之更改：

（一）、以湄洲媽祖取代北港進香媽祖出巡遶境，象徵湄洲媽祖取代北港媽祖。

（二）、變更香條名稱，將「大甲鎮瀾宮天上聖母往北港進香」改為「大甲鎮瀾宮天上聖母遶境進香」，轉變上、下廟關係。

（三）、變更香團旗幟及服裝文字，改「北港謁祖進香」為「遶境進香」。

（四）、取刈火儀式及盛香火的香擔。

---

[66] 同註60。

（五）、改謁祖典禮為恭送天上聖母回駕典禮。

（六）、以道士取代僧侶主持宗教儀式。[67]

六、結語

　　數十年來臺灣媽祖信仰實態的轉變肇因於媽祖廟間的紛爭，而大甲媽祖進香適反映臺灣媽祖廟認同的轉變，新港奉天宮的「笨港毀滅論」動搖了朝天宮領袖臺灣媽祖信仰的地位，而中國大陸將湄洲媽祖定位為兩岸和平女神，在黨政部門支持下以湄洲祖廟爭取臺灣媽祖廟的認同，大甲鎮瀾宮因祖廟認同的迷惑，前往湄洲迎回媽祖，更改北港進香為湄洲進香。

　　民國七十年代後期至八十年代初，臺灣各大媽祖廟及信徒捐款大量湧入湄洲，協助祖廟重建工程。如臺中市民北屯路陳守愚捐建鐘鼓樓（1988年落成），大甲鎮瀾宮捐人民幣三十八萬元建儀門，臺北市民林聖光、陳秀卿捐美金七萬七千元建聖旨牌樓，新港奉天宮捐人民幣三十九萬建梳粧樓，鹿港天后宮捐價人民幣七十六萬元建朝天閣，北港朝天宮捐人民幣一百二十一萬元建和平女神媽祖石雕，上述建築均於1990年落成。台中縣大里市曾正仁捐人民幣四十三萬元建昇天樓，味丹企業集團楊清欽捐建廟前大牌坊，苗栗縣苑裡鎮慈和宮徐俊平捐建觀音殿，臺北市松山慈祐宮捐建香客大樓慈祐山莊，上述建築均於1991年落成），1992年嘉義縣東石鄉港口宮捐建山門。此外，捐款人民幣一千元或美金一百元以上勒碑紀念者有千餘人，前立委張平沼、林坤鐘等人則捐植園林，湄洲祖廟快速成為世界上建築最宏偉的媽祖廟宇。[68]

---

[67] 同註60，陸，北港、新港進香儀式迥異。

[68] 相關捐款資料為筆者至湄洲採訪所得，並參見揚桂良《湄洲祖廟朝聖旅》，民國八十五年，廣澤文化事業出版。

林聖光陳秀卿捐

　　民國八十三年開始，中國媽祖開始向臺灣進行文化宣傳。是年三月，福建媽祖文物來臺，於臺南市鹿耳門天后宮展出百日，民國八十六年一月至五月湄洲媽祖來臺進行百日環島遶境，民國九十三年十月，莆田市成立「中華媽祖文化交流協會」，臺灣地區十餘座媽祖廟參加為會員，湄洲祖廟已充分發揮「海峽兩岸和平女神」的功能，兩岸交流對臺灣媽祖信仰認同的影響於此可見。

孫中山先生的宗教理念與作為

一、家族信仰傳統神道

孫中山先生（西元1866—1925）誕生於廣東省香山縣翠亨村，該村背山面海，陸路距澳門僅二十餘公里，水路則隔著珠江與香港相望。澳門與香港分別為葡萄牙及英國租借地，亦為最早接觸西洋文明之地；而翠亨村則為淳樸的舊式農村，孫家則為典型之農民家庭。

翠亨村有神廟二座，一為北帝廟；一為天后廟。中國古代素重禮教，認為透過各種禮節可將百姓納入社會秩序中，而「祭祀」即為禮中重要之一環。至秦漢之際，儒家將農業社會報本返源，祭祀天地、山川、星辰、百種之行為，與「立德、立功、立言」三不朽之觀念融合，將祭法、祭義、祭統，與曲禮、王制、月令、郊特牲、學記、樂記、喪服等合為《禮記》一書，目為經天緯地的大本。《禮記》之祭祀觀念，可略分為三大系統。第一系統為對天、地、日、月、星辰、山、川及庶物之有恩於人類生存、農業耕作者之祭祀；第二系統為對國家、社會、百姓有大恩惠、大貢獻者之祭祀，即《禮記》所云：「**法施於民則祀之，以死勤事則祀之，以勞定國則祀之，能禦大災則祀之，能捍大患則祀之。**」[1]第三個系統則為對祖先之祭祀。

北帝廟所祀之神，即北極真武玄天上帝，民間俗稱「上帝公」，道家稱為「北極佑聖真君」。《明史》卷五十，諸神祀云：「**北極佑聖真君者，乃玄武七宿。**」[2]所謂「玄武」，即《史記》〈天官書〉所稱之「北宮玄武」，為天文上斗、牛、女、虛、危、室、壁等七星之總稱，此七星或稱「北斗七星」，為辨識「北極星」之指標，自漢代以降，即被視為北方之神或水神。[3]宋代，泉州為當時最主要之國際貿易港，泉州郡

---

[1] 見《禮記》，卷四十六，祭法。

[2] 見《明史》，卷五十禮四，吉禮四，諸神祠。

[3] 《後漢書》，〈列傳〉，卷十二，〈王梁傳〉云：「赤伏符曰王梁主衛作玄武」，其下注云：「玄武，北方之神，龜蛇合體。」同傳復云：「玄武，水神之名。」

守亦於玄武廟望祭海神。[4]由是可知北帝之祀，乃源自古人對有助辨識方位之北斗七星之崇祀。

天后廟所祀之神，為民間俗稱「媽祖」之林默娘。林默娘相傳是北宋初福建莆田人，生前能生人福人，故莆田人愛敬如母，卒後遂建祠祀之。宋徽宗宣和四年（1122），宋政府派遣使節船赴高麗，途中遇颶風，桅折扦斷，危急萬分。舟上莆田籍水手跪禱，卒轉危為安。返國後，國使李振為請朝，朝廷為賜廟額「順濟」。此後，歷元、明、清三代，天后不時庇護航海、漕運，官民皆以水神祀之。[5]

香山縣為背山面海之縣，自明代起，即建有北帝廟及天妃廟，[6]為鄉民主要祠祀對象。孫家亦不能免俗，中山先生母親楊太夫人，平日虔信北帝。當地鄉俗，凡兒童出世未久，其父母即膜拜所信奉之神祇，稱為「契父」或「契母」，謂此可保兒童順利生長成人。中山先生誕生後，楊太夫人即依俗為其拜北帝為契父，並取名「帝象」。[7]足徵孫家原為中國傳統神道之信仰者，或農業，或為工，家雖不豐，卻也樂天知命，過著和樂的生活。

二、出洋改宗耶教

因香山縣緊鄰澳門、香港，較早接觸外來文化，鄉人風氣開放，往外洋為傭工者甚多。中山先生父親達成即曾赴澳門業裁縫工，並習製革數年；叔父學成、觀成兩人皆嘗渡美，赴加利福尼亞州金礦區，但皆早卒無成。[8]是，孫家頻具進取心及冒險心。

4　乾隆三十年（1765），方鼎修晉江縣志，即云：「玄武廟，在城東南石頭山上，廟枕山漱海，人煙輳集其下。宋時建，為郡守望祭海神之所。」

5　參閱拙作，媽祖信仰起源考，《高雄文獻》第二二、二三期合刊，民國七十四年六月。

6　乾隆十五年（1750）暴煜修、李卓揆纂《香山縣志》云：「天妃廟，在官船廠，明正德中設，廠為備倭官船灣泊之所，千戶盛紹德於其地立廟。」又道光七年（1827）祝淮修、黃培芳纂《新修香山縣志》云：「北帝廟，在北門外，明成化元年建。」

7　參見馮自由，《革命逸史》，第二集，頁十，孫總理信奉耶穌教之經過。民國五十四年，臺灣商務印書館印行。

8　參見王斧，〈總理家族調查報告〉，中國國民黨中央委員會黨史委員會藏。

同治十年（1871），中山先生長兄德彰年十八，即隨母舅楊文納往檀香山，為人傭作，不久，便自當地政府領地開墾。光緒三年（1877）檀香山政府以德彰墾殖成績優異，許其招徠華人入墾。德彰乃返鄉完婚，並在翠亨村附近設移民事務所，招募同鄉數百人返檀。時中山先生欲隨同前往，然達成以其年僅十二，未之許。光緒五年（1879）五月，楊太夫人擬往檀香山探視德彰，達成乃允中山先生陪同前往，中山先生自此「始見輪舟之奇，滄海之濶，自是有企慕西學之心，窮天地之想。」[9]

抵檀香山後，中山先生於德彰經營之「德隆昌」米店佐理商務。是年秋，德彰使入英國聖公會主教史泰利（BishopStaley）創辦之意奧蘭尼書院（Iolani School）習英文、數學。該校監督韋禮士（Rt. Rev. Alfred Willis）親授《聖經》課程，此為中山先生開始接觸耶穌教義之年。[10]

中山先生在耶穌教士所辦學校薰習既久，思想自隨而轉變，尤其在宗教信仰上，表現得更為強烈。返鄉後，對鄉人傳統之祠祀，尤為排斥，每過廟宇，輒指為「淫祀」。鄉人中有陸皓東者，與中山先生為總角交，兩人時過北帝廟，見有人頂禮膜拜者，則以「木偶無知」，勸人勿信。

某日，天后廟中神像，因年久漆痕剝落。鄉人疑為中山先生所毀。大譁，以無佐證，未便責難。而達成則誡其勿蔑視鄉間廟宇之神佛，蓋此為村民頂禮膜拜以祈福者。然中山先生蓄意破除迷信與偶像崇拜，乃與陸皓東等人入北帝廟，戲折「北帝」一手，並毀其傍「金花夫人」等神像三具。鄉人見之，震怒異常，鳴鼓聚眾，向孫家問罪。幸賴楊太夫人挺身與鄉人交涉，允出花銀十兩，建醮一壇以償之，事乃平息。先生以父母譴責，鄉人迴避，遂黯然離家赴香港。[11]

中山先生抵港後，初在英國聖公會所辦拔萃書院（Diocesan Home）肄業，課餘恒從倫敦傳道會（London Missionary Society）長老區鳳墀習

---

[9]　見《國父全集》編輯委員會編，《國父全集》第二冊，頁192，自傳。民國七十八年十一月，近代中國出版社出版。

[10]　參閱羅家倫編，黃季陸、秦孝儀增訂，《國父年譜》，民國紀元前三十年（1882），先生十七歲條。民國七十四年中國國民黨中央黨史委員會印行。

[11]　參見馮自由，《革命逸史》，總理信奉耶穌教之經過。羅家倫編，《國父年譜》，民國紀元前二十九年（1883），先生十八歲，十一月條。

國文，復從區氏之介，結識美國綱紀慎會（American Congragational Mission）宣教師喜嘉理（Rev. Charles B. Hager），喜嘉理在華傳教多年，識中山先生未久，即以是否為耶穌教徒相詢。中山先生答以「**基督之道，余故深信，特尚未列名教會耳。**」[12]喜嘉理乃邀中山先生入教。數月後，中山先生始受禮入教，而為其主禮者，即喜嘉理宣教師。

中山先生奉教之後，得外國宣教師之助頗多，信教亦甚篤。光緒十年（1884）春，轉學香港政府所辦之中央書院（Central School）[13]就讀，在校期間，每星期日恒至鄰近道濟會堂聽王煜初講道，平時則與喜嘉理過從甚密，遂有傳耶教之志，甚堅決。喜嘉理謂：「**彼時期傳道之志，故甚堅決也。向使當日香港或附近之地，設有完善之神學院，俾得入院後授以相當之課程，更有人出資為之補助，則孫中山先生者，殆必為當代著名之宣教師矣。以其熱忱毅力，必能吸引多數人歸服基督；無如事不出此。**」[14]

四月，中山先生返鄉完婚，婚後仍時與喜嘉理往來，甚至協助傳教。某日，更與喜嘉理及英人某氏，攜耶教福音書若干，赴翠亨村，福音書則沿途分售於人。喜嘉理並寓居孫家數日，備受款待。[15]

中山先生與西洋人士密切交往，並協助傳播耶穌教之行為，並不見容於家人，類此行為，孫達成並函知孫德彰。德彰聞而嚴責之，謂苟不速與耶教割絕，必不復寄銀資助。然中山先生不稍移其志，力傳耶穌之道，闢偶像之非，娓娓不倦。[16]德彰不得已，乃召中山先生赴檀香山，期使與耶教士斷絕往來。

光緒十年十月，中山先生應召往檀島，至，即為德彰痛責，謂「蔑神兼以累父」，並安排居留茂宜島商店習貿遷。光緒十一年（1885）春，

---

[12] 見馮自由，《革命逸史》，第二集，頁一三─一七，美國喜嘉理牧師關於孫總理奉教之追述。

[13] 中央書院於西元一八八九年改稱維多利亞書院（Victoria College），一八九四年改稱皇仁書院（Queen's College）。

[14] 見馮自由，《革命逸史》，第二集，孫總理信奉耶穌教之經過，附譯：美國喜嘉理牧師關孫總理奉教之追述。

[15] 同註 14。

[16] 同註 14。

中山先生以志不得申，遂自赴檀香山正埠，並馳書德彰，告知擬取道返國。德彰聞訊後，立刻親往慰留，且以不給旅費難之。中山先生則不少屈，迺向舊日業師美國籍傳教士芙蘭諦文（Frank Damon）請求協助。芙蘭諦文代為籌得三百餘元，中山先生始得返粵。

中山先生返國後，赴香港中央書院復學，直至次年（光緒十二年，1886）春夏間畢業。畢業後，曾頗為職業選擇躊躇，旋聞廣州美國傳教士柏嘉（Dr.Peter Parker）所創設之博濟醫院最稱完善，乃請喜嘉理為之介，入博濟醫院附設醫科學校就讀，一年後乃入他校就讀。

大體言之，中山先生從光緒五年至光緒十三年，也是從十四歲至二十二歲之七年間，他由始見輪舟之奇，而企慕西學，並進入西洋傳教士所辦學校就讀，旋而改宗耶穌教，並力圖為宣教而致力，完全無視來自家庭及社會之壓力，此為中山先生畢生信奉耶穌教最篤之時期。然而，時代之巨輪，卻將中山先生推向更高之境域。

三、由宗教切入革命

光緒十一年，中法戰爭爆發，清廷雖未戰敗，卻仍舊照章割地賠款。中山先生看在眼裡，痛在心裡，自謂：

> 予自乙酉中法戰敗之年，始決傾覆清廷、創建民國之志。由是以學堂為鼓吹之地，借醫術為入世之媒。[17]

光緒十三年（1887），香港新設立一所以英文為教學語言之香港西醫書院（The College of Medicine for Chinese，Hong Kong）創立，中山先生以其「學課較優，而地較自由，可以鼓吹革命」[18]，遂入該校就讀，直至光緒十八年（1892）六月，以第一名成績畢業，時年二十七。此段期間，中山先生與陳少白、尢列、楊鶴齡早夕相處，倡言革命，時人稱為「四大寇」；此外，所結識之耶穌教同志，尚有區鳳墀、鄭士良、楊

---

[17] 見《國父全集》，第一冊，建國方略，孫文學院，第八章，有志竟成。
[18] 同註17。

襄甫、何啓、左斗山、王質甫等人。乙未（1895）九月廣州之役，大得其力。及是役失敗，奔走海外各地，恒得教友相助，如在日本橫濱，有張果、趙明、樂趙嶧、琴菅源傳（日本人）等；在美國有司徒南達、黃旭昇、毛文明、伍盤照、伍于衍、鄧幹隆、酈華汰、黃佩泉等；新加坡則有林文慶、黃康衢、鄭聘廷等，皆以同為耶教徒之誼，對中山先生有所盡力者。[19]

中山先生雖然篤信宗教，然其所執，並非世俗之儀節，其心目中之耶穌，竟是一位革命家，至少可說是一位宗教革命家，而非慈悲之救世主。中山先生說：

> 猶太人在耶穌未生之前，已經被人征服了；及耶穌傳教的時候，他的門徒當他是革命，把耶穌當作革命的首領，所以當時稱他為猶太人之王。耶穌門徒的父母，曾有對耶穌說，若是我主成功，我的大兒子便坐在主的左邊，二兒子便坐在主的右邊。儼然以中國的左丞右相來相比擬。所以猶太人亡了國以後，耶穌的門徒以為耶穌是革命。當時耶穌傳教，或者是含有政治革命也未可知，但是他的十三位門徒中，就有一個以為耶穌的政治是宗教革命，所以稱其國為天國。[20]

因中山先生之信教，完全是出於救世之宗旨，故其從事革命以後，即不曾公開宣揚耶穌教義，馮自由回憶中山先生奉教之態度，曾云：

> 余在日本即美洲與總理相處多年，見其除假座基督教堂講演革命外，足跡從未履禮拜堂一步。間有中西教士與之討論宗教問題，則總理議論風生，恒列舉新舊宗派歷史及經典，祥徵博引，透闢異常，聞者均無以難之。此又可見總理對於宗教學識之淵博，殊非常人所及矣。」[21]

又謂：

---

[19] 同註 7。

[20] 見《國父全集》，第一冊，三民主義，民族主義，第三講。

[21] 同註 7。

　　總理自倡導革命以來，所設興中會、同盟會、中華革命黨等團體，其誓約均冠以當天發誓字樣，是亦一種宗教宣誓的儀式，蓋從基督教受洗之禮脫胎而來也。[22]

　　足見中山先生乃在活學活用耶穌教，並非沉迷於其教理、教義。民國成立以後，中山先生對教會及西洋傳教士之貢獻，曾予明確之肯定，他說：

　　吾人排萬難、冒萬死而行革命，今日幸得光復祖國，推其原因，皆由有外國之觀感，漸染歐美文明，輸入世界新理，以至風氣日開，民治日闢，遂以推倒惡劣異族之政府，蓋無不由此觀感來也。而此觀感，得力於教會西教士傳教者多，此則不獨僕一人所當感謝，亦我民國四萬同胞皆所當感謝者也。[23]

　　又謂：

　　此次革命成功，兄弟亦滋愧悚。但兄弟數年前，提倡革命，奔走呼號，始終如一，而知革命之真理者，大半由教會所得來。今日中華民國成立，非兄弟之力，乃教會之功。[24]

　　由此可見教會及西洋傳教士予中山先生之啓發與協助，曾在國民革命過程中發生莫大影響。

四、由神道入治道

　　由於中山先生為虔誠之教徒，對宗教信仰能予人莫大之精神支助力量，亦知之甚稔。光緒二十年（1896）九月，中山先生在倫敦為清朝駐倫敦使館誘捕囚禁時，曾日夜祈禱，以得心安，他在脫險後，曾致書區鳳墀云：

---

[22] 同註7。

[23] 見《國父全集》，第三冊，演講，〈宗教與政治〉，民國元年在法教堂歡迎會講。

[24] 見《國父全集》，第三冊，演講，〈以宗教上之道德補政治之所不及〉，民國元年九月五日在北京教會歡迎會講。

弟被誘擒於倫敦，牢於清使館十有餘日……弟此時惟有痛心懺悔，懇切祈禱而已。一連六七日，日夜不絕祈禱，愈祈愈切。至第七日，心中忽然安慰，全無憂色，不期然而然，自云此祈禱有應，蒙神施恩矣。……弟遭此大故，如蕩子還家，亡羊復獲，此皆天父大恩。」[25]

對耶穌教之道德教化功能，亦認為有裨於社會，中山先生云：

宗教與政治，有連帶之關係。國家政治之進行，全賴宗教以補助其所不及。蓋宗教富於道德故也。兄弟希望大眾以宗教上之道德，補政治之所不及。[26]

中山先生更進一步批評中國之信仰狀況，並對耶穌教徒提出深切期許，云：

民國成立，政綱宣佈，信仰自由，則固可以消除昔日滿清時代民教之衝突；然凡國家政治所不能及者，均幸得宗教有以扶持之，則民德自臻上理。世上宗教甚夥，有野蠻之宗教，有文明之宗教。我國偶像遍地，異端尚盛，未能一律崇奉一尊之宗教。今幸有西方教士為先覺，以開導吾國。惟願將來全國皆欽崇至尊全能之宗教，以補民國政令之不逮。[27]

而受到肯定與鼓舞之耶教徒，遂有美以美會之高翼聖、韋亞傑等人上書，謂欲於中國自立耶教會，並請政府以國力傳教。而中山先生卻不之許，主張政、教分離，人民有奉教之自由。中山先生云：

政教分離，幾為近世文明國之公例，蓋分立則信教、傳教皆得自由，不特政治上少紛擾之原因，且使教會得發揮其真美宗旨。外國教士傳教中國者，或有時溢出範圍，涉及內政，此自滿清法令不修，人民程度不高有以致之。即有一二野心之國，藉宗教為前驅之諜者，然不能舉以擬政教分立之利也。今但聽人民自由奉

---

[25] 見《國父全集》，第四冊，函電（上），〈倫敦被難脫險後致香港道濟會堂區鳳墀書〉。
[26] 同註 24。
[27] 同註 23。

教，一切平等，即傾軋之見無自而生，而熱心向道者，亦能登峯造極，放大光明於塵世。若借國力以傳教，恐信者未集，反對已起，於國於教，兩均無益。至君等欲自立中國耶教會，此自為振興真教起見，事屬可行，好自為之，有厚望焉。」[28]

　　中山先生出任臨時大總統，即將其個人身份置於國家元首之位，不再拘泥於本身為耶教信徒之地位，故其處理宗教事務，即能不受個人好惡之影響。對於與耶穌教立於競爭地位之佛教，亦以平等待之。民國元年（1912）三月，佛教會李翊灼上書大總統，請准佛教會立案並予保護，中山先生即令教育部查照准予立案，文云：

佛教會李翊灼等函稱：設立佛教會以求世界永久之和平，及眾生完全之幸福為宗旨，並呈會章要求保護前來。查近世各國政教之分甚嚴，在教徒苦心修持，絕不干與政治，而在國家盡力保護，不稍吝惜。此種美風最可效法。民國約法第五條載明中華民國人民一律平等，無種族、階級、宗教之區別；第二條第七項載明人民有信教之自由。條文雖簡，而含義甚宏。是，該會要求者，盡為約法所容許。有行政之責者，自當力體斯旨，一律奉行。合將該會大綱發交該部，仰即查照，批准立案可也。[29]

並覆函佛教會，予以勉勵，云：

貴會揭宏通佛教，提振戒乘，融攝世間、出世間一切善法，甄擇進行，以求世界永久之和平及眾生完全之幸福為宗旨。道衰久矣，得諸君子闡微索隱，補弊救偏，既暢宗風，亦禆世道，曷勝瞻仰。[30]

　　是，中山先生對有組織、有宗旨，能效力社會教化之宗教，皆加以護持。反之，對於無補於世道人心者，則視為淫祠，不稍容情。民國元

---

[28] 見〈臨時政府公報〉，第九號（民國元年二月六日），復收錄於《國父全集》第四冊，函電（上），復美以美會高翼聖韋亞傑論中國自立耶教會函。

[29] 見〈臨時政府公報〉，第四十七號，令示，大總統令教育部查照佛教會李翊灼等函請保護即予批准立案文，民國元年三月二十四日。

[30] 見〈臨時政府公報〉，第四十九號，紀事，大總統覆佛教會函，民國元年三月二十七日。

年二月，陸軍部通告各省，迅將前清湘、楚、淮軍昭忠各祠改建為大漢忠烈祠，並詳細訪查各省盡忠大漢死事諸君子入祀其中。[31]時江西都督馬毓寶卻上電大總統，請令行各省，前清顯宦專祠不能任意銷毀。中山先生即義正辭嚴加以批駁，云：

> 艷電稱請令行各省，前清顯宦專祠不能任意銷毀。此以留作辦公廨宇為前提尚確，若謂藉此以崇體統、保文明，殊為不合。查前清專祠崇祀之顯宦，莫如曾左，然曾左之所以得馨香俎豆者，特以彼能獻同胞之骨肉於滿廷，而滿廷乃亦以塵飯土羹酬酢之，且欲誘吾漢族子孫萬禩視曾左為師法而遂其煮豆燃萁之計。……夫崇德報功，應以國利民福為衡準，而後不論何朝，皆能血食。蓋果功德在民，斯民亦永矢勿諼，榮以崇祀，庶標矩矱。若功不過一姓之良，績不過一時之著，此當時資其效用者，固宜圖有以報稱之，而於後世何與焉？況此中有道德標準之關係，更安能以人人目為自殘手足之人，乃因滿廷私意，建有專祠，遂永使吾民馨香之，嚮往之，模範之以淆亂是非公論乎！本總統為世道人心起見，對於前清顯宦，固不欲因敝制而率行崇祀以惑是非，亦決不執偏私而有意推求以誣賢哲。惟前清諸顯宦，倘人民對之已無敬愛之心，即政府視之，應在淫祀之列，理應分別充公，改作正用，勿濫祀典致蠹來滋，是則崇體統，保文明之正當辦法也。特覆，孫文支。[32]

在此覆文中，中山先生已將政府之祠祀原則說明得非常清楚，凡能福國利民者，政府當崇德報功，使萬年血食。而為一姓一家而屠戮同胞者，前朝政府固為建祠，但仍應視為淫祠，以免混淆是非。反之，前清所建昭忠祠及專祠，若其人確有保國衛民之功，則仍許其留存供人祭祀。民國元年三月，福建都督孫道仁將其父孫開華專祠及外附昭忠祠歸

---

[31] 參見〈臨時政府公報〉，第二十二號，令示，陸軍部通告各省迅將前清湘楚淮軍昭忠各祠改建為大漢忠烈祠。

[32] 見〈臨時政府公報〉，第三十一號，令示，大總統覆江西都督馬毓寶毀淫祀電文，民國元年三月七日。

公，後面自建住屋亦報效入官。[33]然而中山先生並不之許，在其呈文中批示：

> 查陸軍部漾電所稱應歸公專祠及昭忠祠係指前清時效忠滿洲覺羅一姓殘殺同胞者而言，該都督故父於前清甲申中法之役，在臺北戰勝敵人，保全中國土地，因於閩省得建專祠……外附昭忠祠一所係同軍人合建以祀將士之捍衛同胞者，此都督故父，戰勝強敵，捍衛封疆，既功德之在人，宜廟食之永享……該督請取銷故父專祠及祠後住宅入官之處，著毋庸議。此批。」[34]

由此可見中山先生將祠祀與淫祀分別看待，祠祀許其存在，淫祀則需歸公，此屬於政府施政之範圍。至於宗教，則為人民信仰之範疇，他希望各宗教中人，皆能發揮宗教社會功能或愛國心，並不因其耶教徒身份而有所偏愛。民國元年九月，中山先生在北京回教俱樂部歡迎會上，即云：

> 今日之中華民國，乃五族同胞合力造成，國家政體既經改良，不惟五族平等，即宗教亦均平等。當初地球上最有力量者為回教，崇信回教之國亦不少。現宜以宗教感情，聯絡全國回教中人，發其愛國思想，擴回教勢力，恢復回教狀態。[35]

民國五年（1916）八月，在軍務倥傯之餘，仍與胡漢民、鄧家彥等赴佛教聖地普陀山遊覽，於普濟寺小住，為山僧書「與佛有緣」、「常樂」、「我淨法堂」、「味盦詩錄」等字，並撰一文《遊普陀山誌奇》。[36]時中山先生身為平民，但其舉動，卻使佛教界人士振奮不已，並視為一項奇蹟。[37]

---

[33] 見〈臨時政府公報〉，第四十五號，紀事，閩都督呈報遵照部議取銷昭忠祠並報效住屋由，民國元年三月二十二日。

[34] 見〈臨時政府公報〉，第四十七號，令示，大總統批閩都督遵照部議取銷昭忠祠並報效住屋呈，民國元年三月二十四日。

[35] 見《國父全集》，第三冊演講，聯絡全國回教發其愛國思想，民國元年九月中旬在北京回教俱樂部歡迎會演講大意。

[36] 見《國父全集》，第九冊，雜文〈遊普陀山誌奇〉、〈書贈普陀山僧〉，民國五年八月二十五日。

[37] 如釋東初，蔣總統與佛教，兩個神異不可思議的啟示，即特別強調此事。甚或目中山先生為

　　中山先生對各宗教持平等之看法，完全出自真心，因此，當其屬下在宗教行為上有逾越本份時，皆破除情面加以制止。民國六年（1917）九月，中華民國軍政府在廣州成立，國會非常會議選中山先生為中華民國軍政府海陸軍大元帥。中山先生特任徐謙代理大元帥府秘書長。[38]徐謙為耶教徒，為宣傳耶教，在大元帥府倡辦查經班，中山先生即加以禁止。戴傳賢先生曾追述此事云：

> 昔年傳賢隨侍　國父於大元帥任所，其時季龍徐君，繼傳賢任秘書長，彼本為不信教之人，初受基督教洗禮，是以特別熱心於宣傳，遂在帥府開班講經。國父特乎告之曰：『此事不可行，君欲講聖經，可在教會或任何處所。政府乃全國人民一切宗教信徒，乃至不信教者共同之政府，不能為一宗教所私用也。』

徐君不明此義，疾聲厲色向　國父曰：

「先生非基督徒耶？」

徐君終不解。而帥令不能違，乃移其講經班於他所。[39]中山先生此類行為，卻引起耶教徒疑慮其背棄教會，中山先生乃說出對耶教會之態度，云：

> 予孰非基督徒者；予之家庭且為基督徒之家庭。予妻、予子、予女、予婿，孰非基督徒乎？予深信予之革命精神，得力於基督徒者實多，徒以我從事革命之秋，教會懼其波及，宣言去予，是教會棄予，非予棄教會也，故不當在教會。但非教義不足貴也。教會在現制度下，誠有不免麻醉青年及被帝國主義者利用之可能，然如何起而改良教會，謀獨立自主，脫去各帝國主義之羈絆，此教友人人應負之天責，亦為一般從事宗教運動者，應急起為之者也。[40]

燃燈古佛轉世。

[38] 見《國父全集》，第八冊，人事命令，特任徐謙代理秘書長令，民國六年九月二十二日。

[39] 見戴季陶，《戴季陶先生文存》，第三冊，佛學部門，〈覆陳藹士屆文六先生書〉，民國三十四年九月十九日。民國四十八年，中央文物供應社印行。

[40] 見《真道週刊》，包世傑，請保護教會促進自立呈文。轉引自：呂芳上，《革命之再起》，

是中山先生對教會愛之深，期望甚殷，尤其在「自立」傳教，擺脫外國教會之羈絆上，更是明顯。而教會在此方面，似未達中山先生之理想，故直至其逝世前，始再承認自己是耶教徒。[41]

五、以宗族代替宗教

民國八年（1919）五四運動以後，學術界接著展開一股追求民主與科學之熱潮。而宗教——不論國產之道教、外來佛教或挾西洋思潮入中國之耶穌教，皆被目為違反科學原則，而在破除之列，甚至非宗教之儒家學說亦飽受批評。中山先生所領導之中國國民黨，則將反基督教視為民族主義中「反帝國主義」重要的一環，黨人吳稚暉、汪精衛、廖仲愷、鄒魯等人，都曾在不同場合，表達反基督教的態度，朱執信更毫不容情地加以攻擊。[42]然而中山先生對宗教仍有其獨特看法，並不受時代潮流所左右。

民國十三年（1924）一月二十七日，中山先生在廣州演講〈民族主義〉第一講時，即說明宗教信仰為構成民族之五項要素之一，而且是一個民族不會被異族消滅之最主要支持力量。中山先生云：

> 宗教在造成民族的力量中也很雄大，像阿剌伯和猶太兩國，已經亡了許久，但是阿拉伯人和猶太人，至今還是存在。他們國家雖亡，而民族之所以能夠存在的道理，就是因為各有各的宗教。……猶太民族的天質是很聰明的，加以宗教之信仰，故雖流離遷徙於

第四章，革命黨人迎接新思潮，第三節、二，反宗教態度。民國七十八年四月，中央研究院近代史研究所印行。

[41] 中山先生原配盧夫人，在中山先生逝世後應香山縣商會詢問有關中山先生事蹟時，曾云：「氏德才綿薄，無能多導人歸主，故盼宗主諸兄姊，常為氏祈禱，能引多人悔改，多結善果，奉回在天聖父，氏之日夕誠禱者也。科父返天國，得聞離世前一日，自證我本基督徒，與魔鬼奮鬥四十餘年，爾等亦要如是奮鬥，更當信上帝。此乃科兒手書所言。十分多謝天父，允氏祈求，復賜科父信上帝之心，此乃氏至安慰者。」見三民公司編，《孫中山軼事集》，第五輯，〈軼事拾零，盧夫人述中山先生歷史函〉。民國十六年四月，上海，三民公司三版。

[42] 參見呂芳上，《革命再起》，第四章，第三節，科學、宗教及新文學，二，反宗教態度。

各國，猶能維持其民族於長久。阿拉伯人所以能夠存在的道理，也是因為他們有謨罕默德的宗教。其他信仰佛教極深的民族，像印度，國家雖然亡到英國，種族還是永遠不能消滅。[43]

當時中國則存有佛教、回教、耶穌教及道教等合法宗教，佛、回、耶三教皆外來宗教，道教雖為本土自產，卻淪於符籙驅邪避煞之途。無一足以堪的起結合民族之重任。

中山先生心目中，足與外來宗教等量齊觀者，則為中國人之祖宗信仰。中山先生謂：

> 大凡人類奉拜相同的神，或信仰相同的祖宗，也可結合成一個民族。

並謂宗族觀念，在外國人看起來，或者以為沒有用處，但對中國人而言，卻十分重要，他說：

> 敬祖親宗的觀念，入了中國人的腦，有了幾千年。國亡他可以不管，以為人人做皇帝，他總是一樣納糧。若說到滅族，他就怕祖宗血食斷絕，不由得不拼命奮鬥。[44]

中山先生更主張發展敬祖親宗觀念，聯絡各姓宗族以成中華民國國族，始為救亡圖存之根本辦法。中山先生云：

> 中國人對於國家觀念，本是一片散沙，本沒有民族團體，但……中國有很堅固的家族和宗教團體，中國人對於家族和宗教的觀念是很深的。中國國民和國家結構的關係，先有家族，再推到宗族，再然後才是國族。這種組織一級一級的放大，有條不紊，大小結構的關係，當中是很實在的。如果用宗族為單位，改良當中的組織，再聯合成國族，比較外國用個人為單位，當然容易聯絡得多。……在每一姓中，用其原來宗族的組織，拿同宗的名義，先從一鄉一縣聯絡起，再擴充到一省一國，各姓便可以成一個很大

---

43 見《國父全集》，第一，三民主義，民族主義第一講。
44 見《國父全集》，第一，三民主義，民族主義第五講。

的團體……到了各姓有很大的團體之後，再由有關係的各姓，互相聯合起來，成許多極大的團體。更令各姓的團體，都知道大禍臨頭，死期將至，都結合起來，便可以成一個極大中華民國的國族團體。有了國族團體，還怕甚麼外患，還怕不能興邦嗎。……所以救中國危亡的根本方法，在自己先有團體，用三四百個宗族的團體來顧國家，便有辦法，無論對付那一個，都可以抵抗。[45]

　　中山先生所提這套辦法，似乎甚具可行性，可惜次年三月，他即因病逝世。當時思想界反傳統、反封建之風甚熾，故無人認真思考其可行性，更遑論推行於全國矣！

六、結語

　　孫中山先生，生於清季國勢凌夷之秋，家中本為傳統神道之崇奉者，其本人亦不能免俗，拜鄉中廟神「北帝」為誼父。及少年以後，因隨母赴檀香山依長兄，得見輪舟之奇，遂生慕西學之心，旋在檀香山、廣州、香港等地西人所辦教會學校或醫校就讀，習染耶穌教義甚深，思想因而為之一變，視傳統神道為迷信，並極力加以破除。

　　乙酉中法之役後，中山先生鑒於國家民族危若累卵，遂由宗教改革切入政治革命之途，立推翻腐敗清室之志。此後奔走海外，結合同志，經十次革命失敗，終將滿清推翻，建立民國。在此過程中，耶穌信仰及教會人士所給予之協助，不可以數計。

　　民國成立後，中山先生被選為臨時大總統，耶教人士或期自力耶教會，並以國家之力傳教。然中山先生深知政府應超然於各宗教之上，待各宗教一律平等，如此，神道始能納於治道之下，否則紛爭必起，因此對耶穌教亦未特別優遇。其見諸言論或行事者，如：期待耶穌教徒致力擺脫外國教會羈絆，自立傳教；對回教則望其啟發教徒愛國心，結合成一大教派；對傳統神道，則目為國家施政之一環，前此各地所建專祠，

---

[45] 同註44。見《國父全集》，第一，三民主義，民族主義第五講。

其神主果有功於國於民者，則准其萬年血食；若為屠戮同胞，僅盡忠於一姓一朝者，則視為淫祀，加以取締，祠宇充公。其本人不僅不曾公開明言自己為耶教徒，遇耶教徒欲利用公署為宣教處所，更毫不容情加以禁止。

中國傳統神道，祠祀對象可分為三大系統，一為對人類生存、農業耕種有恩之天地、山川、日月、星辰等之崇祀，一為有功德於國家民族者之祠祀，一為對祖先之崇祀，中山先生認為對同一祖先之崇祀，與信奉同一宗教相似，皆有固結民族之作用，因而中山先生並不排斥祖先崇祀，並期望團結各宗姓，共同保家衛國。

中山先生畢生棲棲惶惶，以救國家、救民族於危亡為己任。其晚年所提出救中國危亡之根本辦法，全非時人所主張之民主與科學，反而是民國八年以降新文化運動者所致力打倒之封建家族（或宗族）觀念及祖先崇拜之行為。可惜中山先生提出此主張之次年即病逝，其所提藉家族、宗族以結合成一大中華民國國族之主張遂無人加以貫徹，十分可惜。

國家圖書館出版品預行編目資料

蔡相煇臺灣史研究名家論集（二編）/蔡相煇 著者.-- 初版. –
臺北市 ： 蘭臺, 2018.06
面 ； 公分. -- (臺灣史研究名家論集 ; 2)
ISBN 978-986-5633-70-7 （全套：精裝）

1.臺灣研究 2.臺灣史 3.文集
733.09   107002074

臺灣史研究名家論集 2

蔡相煇臺灣史研究名家論集（二編）

著　　者：蔡相煇
主　　編：卓克華
編　　輯：高雅婷、沈彥伶、塗語嫻
封面設計：塗宇樵
出 版 者：蘭臺出版社
發　　行：蘭臺出版社
地　　址：台北市中正區重慶南路 1 段 121 號 8 樓之 14
電　　話：(02)2331-1675 或(02)2331-1691
傳　　真：(02)2382-6225
E—MAIL：books5w@gmail.com 或 books5w@yahoo.com.tw
網路書店：http://bookstv.com.tw/、http://store.pchome.com.tw/yesbooks/、
　　　　　博客來網路書店、博客思網路書店、三民書局
總 經 銷：聯合發行股份有限公司
電　　話：(02) 2917-8022　　　　傳 真：(02) 2915-7212
劃撥戶名：蘭臺出版社　帳號：18995335
香港代理：香港聯合零售有限公司
地　　址：香港新界大蒲汀麗路 36 號中華商務印刷大樓
　　　　　C&C Building, 36,Ting, Lai, Road, Tai,Po, New,Territories
電　　話：(852) 2150-2100　　　傳真：(852) 2356-0735
經　　銷：廈門外圖集團有限公司
地　　址：廈門市湖里區悅華路 8 號 4 樓
電　　話：86-592-2230177　　　　傳 真：86-592-5365089
出版日期：2018 年 6 月初版
定　　價：新臺幣 30000 元整（套書，不零售）
ISBN：978-986-5633-70-7

《臺灣史研究名家論集》

（共十四冊）卓克華總編，汪毅夫等人著作

王志宇、汪毅夫、卓克華、周宗賢、林仁川、林國平、韋煙灶、
徐亞湘、陳支平、陳哲三、陳進傳、鄭喜夫、鄧孔昭、戴文鋒

ISBN：978-986-5633-47-9

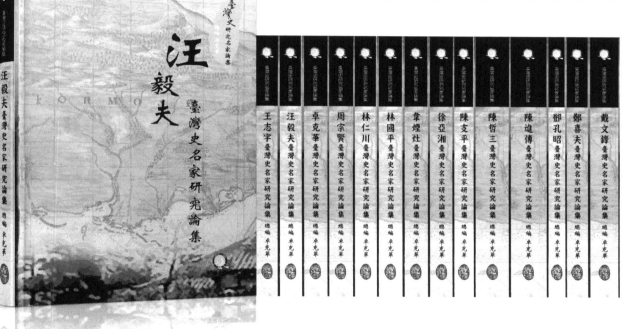

套叢書是兩岸研究台灣史的必備文獻，解決兩岸問題也可以從中找到契機！

　　這套叢書是十四位兩岸台灣史的權威歷史名家的著述精華，精采可期，將是臺
史研究的一座豐功碑及里程碑，可以藏諸名山，垂範後世，開啓門徑，臺灣史的
來新方向即孕育在這套叢書中。展視書稿，披卷流連，略綴數語以說明叢刊的成
經過，及對臺灣史的一些想法，期待與焦慮。

臺灣史料研究叢書(套書)定價：28000元

《臺灣史研究名家論集》 共十四冊

陳支平——總序

　　臺灣史研究的興盛，主要是從二十世紀八十年代開始的。臺灣史研究的興起與興盛，一開始便與政治有著密切的聯繫。從大陸方面講，「文化大革命」的結束與「改革開放」政策的實行，使得大陸各界，當然包括政界和學界，把較多的注意力放置在臺灣問題之上。而從臺灣方面講，隨著「本土意識」的增強，以及之後的「臺獨」運動的推進，學界也把較多的精力轉移到對於臺灣歷史文化及其現狀的研究之上。經過二三十年的摸索與磨練，臺灣歷史文化的學術研究，逐漸蔚為大觀，成果喜人。以大陸的習慣性語言來定位，臺灣史研究，可以稱之為「臺灣史研究學科」了。未完待續……

汪毅夫——簡介

1950年3月生，臺灣省臺南市人。曾任福建社會科學院研究員，現任中華全國臺灣同胞聯誼會會長，福建師範大學社會歷史學院兼職教授、博士生導師，享受國務院特殊津貼專家。撰有學術著作《中國文化與閩臺社會》、《閩臺區域社會研究》、《閩臺緣與閩南風》、《閩臺地方史研究》、《閩臺地方史論稿》、《閩臺婦女史研究》等15種，200餘萬字。曾獲福建省社會科學優秀成果獎7項。

汪毅夫名家論集—目次

100 台北市中正區重慶南路1段121號8樓之14
TEL：（8862）2331 1675 FAX：（8862）2382 6225
E-mail：books5w@gmail.co
網址：http://bookstv.com.t